Werner G. Faix
Annette Schulten
Ardin Djalali
Claus-Peter Hammer
Christine Golisch
(Hrsg.)

Management von Wachstum und Globalisierung

Best Practice

Band 2

SCHOOL OF INTERNATIONAL BUSINESS AND ENTREPRENEURSHIP
STEINBEIS UNIVERSITY BERLIN

SIEMENS

Werner G. Faix, Annette Schulten, Ardin Djalali,
Claus-Peter Hammer, Christine Golisch (Hrsg.):

Management von Wachstum und Globalisierung. Best Practice.
Band 2. Steinbeis-Edition, 2008.

www.Steinbeis-Edition.de

Umschlaggestaltung & Druck: Lutz, Werbung & Design, 73527 Schwäbisch Gmünd
Innenlayout & Satz: Julia Schulze, 10247 Berlin

Printed in Germany

ISBN 978-3-938062-24-1

Vorwort der Herausgeber

Im aktuellen Kampf um die besten Talente werden Personalverantwortliche immer mehr von Verwaltern zu Gestaltern. Es muss ihnen gelingen, den durch die Globalisierung bedingten Quantensprung der Optionen und Anforderungen aktiv zu gestalten und die besten Nachwuchskräfte zu definieren und zu binden. Berufsbegleitende Weiterbildung muss diesen Anforderungen dienend zur Seite stehen.

Diese Herausforderung erkennend entwickelte die Siemens Professional Education in Kooperation mit der School of International Business and Entrepreneurship (SIBE) einen transfer- und anwendungsorientierten Studiengang zum Master of Business Administration (MBA). Im Zentrum steht die Arbeitspraxis des einzelnen Teilnehmers, manifestiert in Form eines Studienprojektes. Die Themen sind dem alltäglichen Jobumfeld des einzelnen Teilnehmers entnommen. Unter Anwendung des Studienwissens wird das gewählte Studienprojekt Schritt für Schritt ausgearbeitet und in der alltäglichen Arbeitspraxis umgesetzt - gecoacht und begleitet von den Dozenten der SIBE und den Business Mentoren sowie Studienkollegen der Siemens AG. Für die Siemens AG ermöglicht dieses duale Vorgehen ein berufsbegleitendes Assessment engagierter Mitarbeiter vor allem auf Basis des Outputs der Studienprojektbearbeitung. Gleichzeitig haben die Teilnehmer die Möglichkeit, sich selbst und ihre Fähigkeiten praxisorientiert zu erweitern, sich selbst im Unternehmen stärker einzubringen und darüber hinaus ein belastbares Netzwerk innerhalb der Gesamtorganisation aufzubauen.

Im vorliegenden Jahrbuch werden exemplarisch die Studienprojekte des ersten Jahrgangs dieses MBA-Programms beschrieben. Analog zur Systematik werden die Ausgangssituation zu Beginn des Studiums, das Lösungsvorgehen sowie die Umsetzung und die während der Bearbeitung entstandenen Fragen erläutert. Die Darstellungen zeigen einerseits einen kleinen Ausschnitt der aktuellen Management- und Businessthemen, andererseits wird die große Innovationskraft und Kreativität engagierter Mitarbeiter deutlich, die bereit sind, sich über die oft stark beanspruchte Arbeitszeit hinaus zum Nutzen des Unternehmens und des eigenen Fortkommens einzusetzen.

Wir danken allen beteiligten Business Mentoren und Dozenten, die den Teilnehmern während des Studiums mit Rat und Tat zur Seite standen. Vor allem ist allen beteiligten Studierenden zu danken, die sich zwei Jahre lang auf mehr Arbeit und das im Unternehmen Siemens neue Studienprogramm eingelassen haben!

Wir wünschen Ihnen allen viel Erfolg auf Ihrem weiteren Lebensweg!

Ardin Djalali; Werner G. Faix; Christine Golisch; Claus-Peter Hammer; Annette Schulten
School of International Business and Entrepreneurship (SIBE)
und Siemens Professional Education (SPE)

Die Studierenden des Siemens-MBA-Studienprogramms

Diplom-Ingenieur (FH) Carsten Eichfuss, Diplom-Ingenieur Stefan Förste, Diplom-Ingenieur Holger Griesenauer, Diplom-Ingenieur Thomas Hagedorn, Diplom-Ingenieur (FH) Dirk Klein, Diplom-Ingenieur Thomas Krause, Diplom-Ingenieur Volker Kuhne, Diplom-Ingenieur (FH) Juan-Manuel López-Vecino, Diplom-Betriebswirt (BA) Sascha Mayer, Diplom-Betriebswirt (FH) Torsten Merke, Diplom-Ingenieur Klaus Pachner, Diplom-Betriebswirtin (Fachhochschule) Judit Richwien, Diplom-Ingenieur Ulrich Rüth, Diplom-Ingenieur Michael Schmelz, Ingenieur d´Etat en Genie Electrique/INELEC Mohamed Sidi-Yacoub, Betriebswirt (VWA) Markus Tusch, Diplom-Ingenieur (FH) Michael Werner, Diplom-Ingenieur (FH) Rupert Westner, Diplom-Ingenieur (FH) Torsten Winterwerber.

Business Mentoren

Hr. Klaus Alisch, Dr. Norbert Becker, Diplom-Ingenieur Peter Biersack, Diplom-Ingenieur Wilhelm Bock, Diplom-Kaufmann Daniel Bornmann, Diplom-Ingenieur Matthias Chollet, Diplom-Ingenieur Harald Dörenbach, Diplom-Ingenieur Ronald Heine, Diplom-Ingenieur Hans-Jürgen Hoyer, Diplom-Ingenieur Herman Kirchberger, Diplom-Ingenieur Gunnar Liehr, Dr.-Ingenieur Ulrich Lingner, Diplom-Ingenieur Jörg Marks, Diplom-Ingenieur (FH) Bernd Oblinger (†), Dr.-Ingenieur Georg Rosenbauer, Dr. Ralph Schneider, Richard Timms, M.Sc. MBA, Diplom-Ingenieur Siegfried Treichl, Dr. Christina Würthner.

Dozenten

Prof. Dr. Thomas Becker, Diplom-Ingenieur Rainer Carius, M.S.M., Prof. Dr. Werner G. Faix, Diplom-Pädagoge Stephan Fischer-Fels, Prof. Dr. Jörg Fuß, Diplom-Informatiker (FH) Bernd Hoeck, M.Sc., Prof. Dr. Carola Jungwirth, Dr. Gerhard Keck, Dr. Ralf Morshäuser, Prof. Dr. Dr. Kurt Nagel, Prof. Dr. Nazem Nascimento, Dr. Wolfgang Nauendorf, Dr. Joachim Sailer, Prof. Dr. Werner Sauter, Dr. Thomas Schmidt, Prof. Dr. Werner Seebacher, Dr. Carolin Siegrist, Diplom-Ingenieur Hans-H. Steinbeck, Prof. Dr. Thomas Wessels.

Vorwort Günther Hohlweg

Innovationsprozesse, sich ständig wandelnde globale Märkte, neue Produkte und Dienstleistungen - das sind nur einige Stichworte, welche die hohen Anforderungen an Siemens im internationalen Wettbewerb grob beschreiben. Dazu braucht das Unternehmen kompetente und hoch motivierte Mitarbeiter, die ständig ihr Know-How weiterentwickeln, über ihren Tellerrand der Tagesarbeit hinausblicken und auch bereit sind, neue Wege zu beschreiten.

Weiterbildende Maßnahmen spielen hier eine überragende Rolle: Sie unterstützen und fördern die Sichtweisen und Fähigkeiten der Mitarbeiter. Allein der zu treffende Entschluss, sich nach einem erfolgreichen Erststudium und mehrjähriger Berufstätigkeit weiterzubilden, fällt mit zunehmendem Abstand zum Berufseinstieg schwerer. Berufsbegleitende Studiengänge schließen diese zeitliche Lücke und sind deshalb besonders geeignet, ein Unternehmen im internationalen Wettbewerb weiter nach vorne zu bringen.

Der speziell auf Siemens zugeschnittene MBA-Aufbaustudiengang ermöglicht den Studierenden, auf ihre bisherige Arbeit und Ausbildung aufzubauen, fachlich in den Management-Bereich einzutauchen und sich darüber hinaus Führungsqualifikationen anzueignen beziehungsweise bereits vorhandene zu festigen.

Der MBA-Studiengang zeichnet sich durch die Konzeption als „Projekt-Kompetenz-Studium“ aus. Jeder Studierende bearbeitet ein Praxisprojekt aus seinem eigenen beruflichen Umfeld. Dadurch findet eine Verzahnung von Theorie und Praxis statt. Hier profitieren sowohl die Studierenden als auch Siemens. Denn: Die Studierenden bearbeiten in realen Projekten eine konkrete und anspruchsvolle Aufgabenstellung wissenschaftlich fundiert und praxisnah. So lernen die Studierenden in der beruflichen Realität und nicht in fiktiven Fallstudien. Wir als Unternehmen profitieren durch die Erfahrung im Wissens- und Technologietransfer und erhalten durch die Projektarbeiten konkrete Problemlösungen, Entscheidungsgrundlagen und messbare Wertschöpfung.

Durch die berufsbegleitende Konzeption des Studienganges wird es dem Mitarbeiter und Siemens möglich, die berufliche Tätigkeit engagiert fortzuführen und gleichzeitig das Master-Studium zu absolvieren. Die Gestaltung des MBA-Studiums als Blended Learning Programm - also der Verknüpfung von Präsenzseminaren und selbstgesteuerten Lernphasen - hat sich als optimale Kombination für Berufstätige bewährt.

Günther Hohlweg
Leitung Siemens Berufsausbildung

Vorwort Klaus Stegemann

Das Gesundheitswesen steht vor komplexen Herausforderungen – und das sowohl auf nationaler sowie auf internationaler Ebene. Weltweit nimmt die Bevölkerung zu und wird im Mittel immer älter. Dieser demographische Wandel führt zu einer stetig steigenden Nachfrage an Gesundheitsdienstleistungen und die Gesunderhaltung der Bevölkerung eines Landes wird zu einem entscheidenden volkswirtschaftlichen Faktor.

Nach den Informationen des statistischen Bundesamtes hat Deutschland im Jahr 2006 rund 240 Milliarden Euro für Gesundheitsleistungen aufgewendet. Der Anteil der gesetzlichen Krankenversicherung an dieser Summe betrug alleine 148 Milliarden Euro. Im Gesundheitswesen arbeiten dabei mittlerweile weit über 4 Millionen Menschen. Damit wird ersichtlich, welche Bedeutung dem Gesundheitswesen eines Landes zugemessen werden muss. Diese Zahlen alleine geben allerdings noch keine Auskunft über die Qualität oder Effizienz im Gesundheitswesen.

Die Qualität im deutschen Gesundheitswesen weiterhin zu steigern, die medizinische Versorgung auf dem aktuellen Stand der Wissenschaft allen Menschen zu Gute kommen zu lassen und dabei gleichzeitig die Kosten im Gesundheitswesen zu senken, ist eine der größten Herausforderungen unserer Zeit. Dabei geht es nämlich nicht allein um Kosteneinsparungen, sondern um eine effizientere patienten- und prozessorientierte Versorgung, die alle Beteiligten sowie den Gesamtprozess, von der Prävention, über Diagnose und Behandlung bis hin zur Rehabilitation und Pflege, einbezieht. Und darüber hinaus soll der solidarische Grundgedanke bei den Überlegungen zur Finanzierung des Gesundheitswesens gewahrt bleiben.

Damit müssen sich auch Unternehmen wie Siemens nicht mehr nur mit der Entwicklung innovativer bildgebender Systeme beschäftigen, sondern mit der ganzheitlichen Optimierung von Arbeitsabläufen im Gesundheitswesen unter Einbeziehung aller verfügbaren Fakultäten wie beispielsweise der Informationstechnologie oder der Molekularmedizin.

Unweigerlich wachsen hierdurch aber auch die Anforderungen an die Mitarbeiter eines Unternehmens. Neben den individuellen fachlichen Disziplinen wie z.B. der Produktentwicklung, müssen Mitarbeiter betriebswirtschaftliche Zusammenhänge kennen, die Welt und Herausforderungen der Kunden verstehen und in der Lage sein, in einem komplexen Umfeld Schlussfolgerungen und Entscheidungen zu treffen.

Dazu ist stetiges Lernen und Weiterbilden unumgänglich und gerade transfer- und praxisorientierte Ausbildungen wie der MBA-Studiengang der Steinbeis-Hochschule Berlin sind hierfür hervorragend geeignet. Durch die Kombination von theoretischem Wissen aus verschiedenen Management- und Geschäftsbereichen bei gleichzeitigem Bezug auf praktische Themen im Rahmen von Projekten aus dem jeweiligen individuellen Umfeld des Studierenden, werden genau diese Kompetenzen gefördert.

In dem vorliegenden Jahrbuch werden einige der umgesetzten Studienprojekte exemplarisch vorgestellt. An dieser Stelle sei allen gedankt, die bei der Umsetzung und Ausbildung der Studenten unterstützt haben. Und natürlich den Studenten selber, die durch ihr persönliches Engagement im Rahmen dieses Studiums nicht nur für sich, sondern auch für unser Unternehmen einen entscheidenden Beitrag zum zukünftigen Erfolg geleistet haben.

Wir wünschen allen Absolventen weiterhin alles Gute und viel Erfolg!

Klaus Stegemann
CFO Siemens Healthcare

Inhalt

Werner G. Faix

Die Unternehmensentwicklung zu Wachstum und Globalisierung

Inhalt

1 Einleitung

Über die letzten dreißig Jahre hinweg hat die internationale Verflechtung von Volkswirtschaften und die Grenzen überschreitende Geschäftstätigkeit von Unternehmen einen erheblichen Anstieg erlebt. Diese Entwicklung stellt ein weltweites Phänomen dar und wird gemeinhin als Globalisierung bezeichnet (OESTERLE, WOLF, 1999).

Das Ergebnis, eine heute beinahe vollständig globalisierte Welt mit unzähligen Wachstumsmärkten, stellt alle Unternehmen vor ganz neue Herausforderungen. Einige haben die sich aus der neuen Situation ergebenen Chancen für unternehmerisches Wachstum sehr erfolgreich wahrgenommen, während sich viele andere Unternehmen eher schwer tun, Wachstum, den entscheidenden Erfolgsfaktor im Wettbewerb, zu generieren.

In diesem Kapitel wird übersichtlich, knapp und möglichst anschaulich die Systematik des Unternehmensentwicklungsprozess zu Wachstum und Globalisierung aufgezeigt.

Josef Schumpeter schrieb bereits 1912 in seiner Theorie der wirtschaftlichen Entwicklung jegliche Entwicklungstendenzen dem Wesen eines schöpferischen Unternehmers zu, dessen Handeln darauf gerichtet ist, einen wirtschaftlichen Gleichgewichtszustand in Form von vollständiger Konkurrenz nicht zuzulassen. Unternehmer sind gezwungen, Wachstum in Form von Innovationen, also der Neukombination von Produktionsmitteln, die ihrem früheren Gebrauch entzogenen wurden, zu generieren, um im Wettbewerb standhalten zu können oder sogar ihre Mitwettbewerber hinter sich zu lassen. Dazu hat Schumpeter folgende fünf Faktoren der unternehmerischen Entwicklung definiert (siehe Abbildung 1):

1. Herstellung eines neuen, d.h. dem Konsumentenkreise noch nicht vertrauten Gutes oder eine wesentliche Verbesserung der Qualität eines bereits bestehenden Gutes.
2. Einführung einer neuen, d.h. dem betreffenden Industriezweig noch nicht praktisch bekannten Produktionsmethode, die keineswegs auf einer wissenschaftlich neuen Entdeckung zu beruhen braucht und auch in einer neuartigen Weise bestehen kann, mit einer Ware kommerziell zu verfahren.
3. Erschließung eines neuen Absatzmarktes, d.h. eines Marktes, auf dem der betreffende Industriezweig des betreffenden Landes bisher noch nicht eingeführt war, mag dieser Markt schon vorher existiert haben oder nicht.
4. Eroberung einer neuen Bezugsquelle von Rohstoffen oder Halbfabrikaten, wiederum: gleichgültig, ob diese Bezugsquelle schon vorher existierte – und bloß nicht beachtet wurde oder für unzugänglich gehalten wurde – oder ob sie erst geschaffen werden muss.
5. Durchführung einer Neuorganisation, wie Schaffung einer Monopolstellung (z.B. durch „Vertrustung“) oder Durchbrechen eines Monopols.

Abbildung 1: Fünf Faktoren der ökonomischen Entwicklung nach Schumpeter (1934/1997)

Auf die heutige Sicht übertragen wird der Faktor „Einführung neuer Produktionsmethoden“ um die Einführung neuer Geschäftsprozesse erweitert und der Faktor „Reorganisation von Wirtschaftszweigen“ durch den Faktor „Einführung neuer Organisationsstrukturen“ ersetzt. Letzterer beinhaltet all diejenigen Neuerungen, die die Organisationen eines Unternehmens betreffen, wie Mergers & Acquisitions, Joint Ventures, Kooperationen usw. aber auch interne Neuorganisationen. Der Faktor „Erschließung neuer Bezugsquellen von Rohstoffen und Halbfabrikaten“ bezieht sich auch auf den Aufbau neuer Lieferantenstrukturen.

Da die prosperierenden Unternehmen ein wirtschaftliches Gleichgewicht nicht zulassen, sondern bestrebt sind wettbewerbliche Vorteile aufzutun und diese dann auszunutzen, bedeutet dies für Unternehmen die „stehen bleiben“, dass sie automatisch zurückfallen und gegebenenfalls sogar vom Markt verdrängt werden. Daraus ergibt sich eine unternehmerische Notwendigkeit zu Wachstum.

Um nachhaltiges, d.h. bleibendes und für die Zukunft ebenfalls andauerndes Wachstum zu generieren, sollte diese Notwendigkeit zu Wachstum an wenigstens einem der fünf Schumpeter‘schen Faktoren ausgerichtet sein.

Im Folgenden wird erst einmal auf den Begriff der Innovation allgemein eingegangen, da diese einer der wesentlichen Erfolgsfaktoren und eine der Haupttriebfedern von Wachstum und Globalisierung darstellt.

Daraufhin wird in Kapitel 3 der eigentliche Unternehmensentwicklungsprozess näher betrachtet.

2 Innovationen als Triebfedern von Wachstum und Globalisierung

Laut Schumpeter (siehe voriges Kapitel), auf den sich viele Innovationstheoretiker beziehen, sind unter Innovationen alle Neuerungen zu verstehen, die neues Wissen und neue Wissenschaften generieren. Unter Beachtung der fünf Faktoren der wirtschaftlichen Entwicklung lassen sich Innovationen in zwei Gruppen aufteilen: Prozessinnovationen, d.h. die Veränderung des gesamten organisatorischen Prozesses, also der Entwicklung, Bewertung und Realisation von Ideen, und in Produktinnovationen, die dem Sachziel von Organisationen dienen, ihre am Markt abzusetzenden Güter, ihre Anzahl etc. zu verändern und nutzbar zu machen (FAIX ET AL., 1994).

Als dritte Gruppe können Sozialinnovationen genannt werden, die sich auf Veränderungen im Humanbereich beziehen. Auf die genauere Darstellung wird jedoch an dieser Stelle verzichtet, da dem Personal ein eigenes Kapitel gewidmet wird, in dem auf diesen Aspekt näher eingegangen wird (siehe Kapitel 5).

Die Analysen marktorientierter Unternehmen fußen häufig in dem sogenannten Lebenszyklus-Konzept, das für die Entwicklungsphasen wirtschaftlicher Betrachtungsobjekte allgemein gültige Gesetzmäßigkeiten zu bestimmen versucht, um Anhaltspunkte für eine geeignete marktorientierte Unternehmensführung zu finden. Das ursprüngliche und wohl bekannteste Konzept ist das Produktlebenszykluskonzept, in dem der Produktlebenszyklus in fünf Phasen eingeteilt wird, Einführung, Wachstum, Reife, Sättigung und Abschwung (DILLERUP, STOI, 2006):

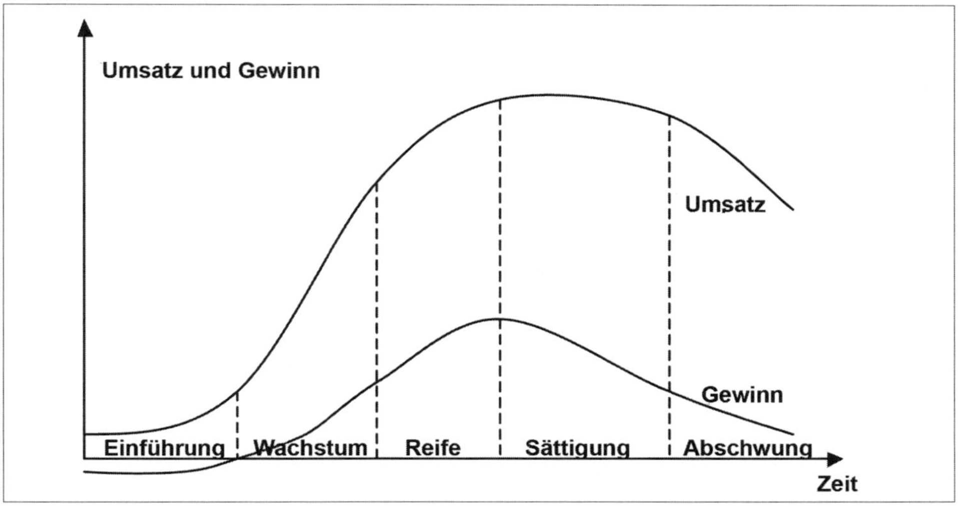

Abbildung 2: Der Produktlebenszyklus

Aus Abbildung 2 lässt sich ableiten, dass das Produktportfolio eines Unternehmens immer ausgeglichen über die einzelnen Phasen verteilt sein sollte. Außerdem ist es unerlässlich im Herstellungsprozess und der Produktpalette neu und innovativ zu agieren, um eine gleichverteilte Produktverteilung auf die fünf Phasen gewährleisten zu können.
In den letzten Jahren hat sich die internationale Wettbewerbssituation aufgrund einer zunehmenden Änderungsgeschwindigkeit in allen Unternehmensbereichen und eine weitgehende Internationalisierung der Geschäftstätigkeit in rapidem Maße verstärkt (FAIX ET AL., 1991). Hochentwickelte Industrienationen haben permanent mehr Schwierigkeiten damit, sich im Wettbewerb gegenüber kostengünstiger operierenden Billiglohnländern zu behaupten. Auch auf Branchen- und einzelwirtschaftlicher Ebene lässt sich eine Verstärkung des Konkurrenzkampfes beobachten.
In besonderem Maße lässt sich dies ebenfalls anhand der Veränderung von Produktlebenszeiten veranschaulichen (siehe Abbildung 3).
Lange Produktzyklen, die in der Vergangenheit unternehmerische Strategien beeinflussten und prägten, erlaubten auch noch einem Imitator, auf einem vorbereiteten Markt Fuß zu fassen und durch die die Nachahmer begünstigende Produktkonstanz gewinnbringend der Spur des Innovators zu folgen. Heute hat der Imitator auf einem vorgeprägten Markt wesentlich geringere Chancen, da die entscheidend verkürzten Produktlebenszyklen das Nachahmen zusehends relativieren.
Die Rolle des Imitators zahlt sich nur noch aus, wenn das Imitat wesentlich kostengünstiger produziert werden kann (z.B. in einem Billiglohnland).

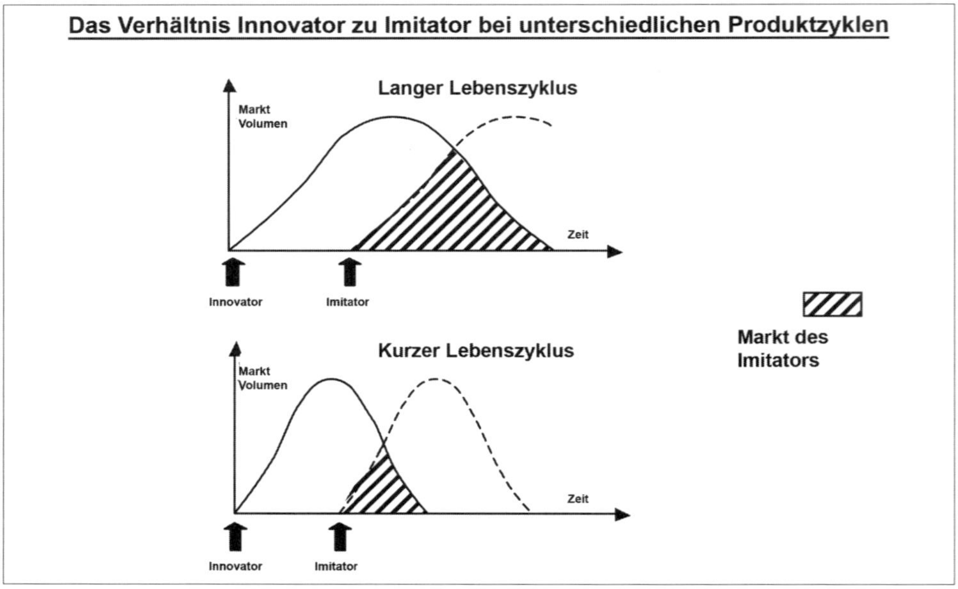

Abbildung 3: Das Verhältnis Innovator zu Imitator nach Nagel (1991)

Dem Innovator gehört die Zukunft, Wettbewerbsvorteile werden mittlerweile in Monaten gemessen. Demnach ist heutzutage weniger zu beobachten, dass kleine Unternehmen von großen geschluckt werden, sondern dass vielmehr die langsamen traditionellen Unternehmen von den schnellen und innovativen ins Abseits gestellt werden (FAIX, 1994).
Die Innovationstätigkeit und die Innovationsfähigkeit sind somit Schlüsselqualifikationen für das Überleben von Unternehmen im Wettbewerb. Um am Weltmarkt partizipieren zu können, müssen insbesondere die Unternehmen der westlichen Industrienationen den Innovationsbegriff völlig verinnerlichen und sämtliche Innovationspotentiale ausnutzen. Kurz angemerkt sei an dieser Stelle, dass das Innovationspotential eines Unternehmens entscheidend von der Mitarbeiterqualität abhängt (siehe Kapitel 5).
Unternehmen sind gezwungen ihre Wertschöpfung bewusst, systematisch und stetig zu erneuern, um ihr Überleben zu sichern. Demnach wird der Innovationsprozess als ein nichtendender Entwicklungsgang angesehen, der von Unternehmen immerwährend weitergeführt werden muss.
Durch Innovationen im Hinblick auf Unternehmensprozesse, die Einführung neuer Produkte und die Erschließung neuer Märkte lassen sich der Absatz und die Produktion eines Unternehmens ständig erhöhen, sodass mit zunehmender Zeit eine immer höhere Quantität und/oder Qualität und somit der Erhalt bzw. der ständige Ausbau der Wettbewerbsfähigkeit sowie ein permanentes Wachstum gewährleistet wird.
Dies ist in der folgenden Abbildung dargestellt:

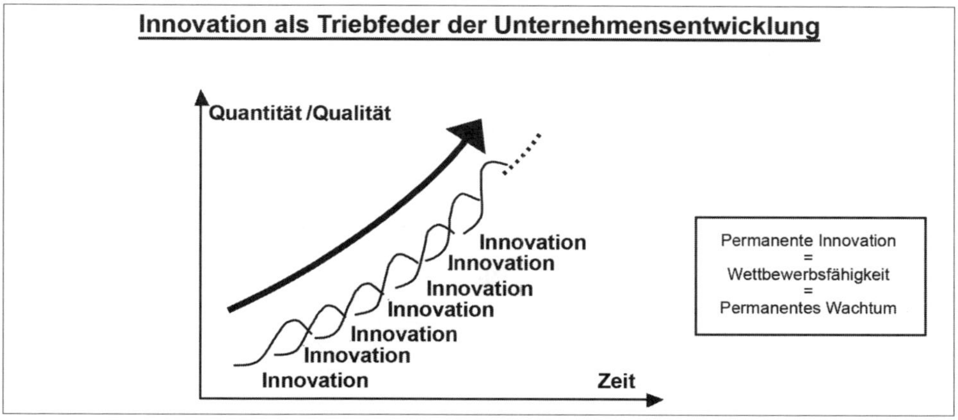

Abbildung 4: Innovation als Triebfeder der Unternehmensentwicklung

Um ein stetiges unternehmerisches Wachstum gewährleisten zu können, ist, wie auch oben schon kurz erwähnt wurde, unbedingte Voraussetzung, dass das Innovationsbestreben eines Unternehmens in jedem unternehmerischen Segment verinnerlicht und mitgetragen wird. Der gesamte Unternehmensentwicklungsprozess sollte darauf ausgerichtet sein.

Wie der Unternehmensentwicklungsprozess genau aussieht, wird im nächsten Kapitel genauer betrachtet.

3 Der Unternehmensentwicklungs-Prozess zu Wachstum und Globalisierung

„Zukunft braucht Herkunft" hat der Philosoph Odo Marquard formuliert (SIEMENS AG 1994).
Und wiederum Schumpeter betonte, dass jeder konkrete Unternehmensentwicklungsvorgang auf vorangehenden Entwicklungen beruht, dass auch der eifrigste Unternehmer mit den bereits vorhandenen Fakten eines Unternehmens rechnen und seine Entscheidungen aus diesen ableiten muss, – die Zukunft nichts anderes schaffen kann, wozu in der Gegenwart bereits die Basis geschaffen wurde (SCHUMPETER, 1997).
Unternehmensentwicklung ist also ein zeitlich fortschreitender Prozess im Spannungsfeld zwischen Forderungen und Möglichkeiten der Um- und Innenwelt eines Unternehmens. d.h. es gibt eine Unternehmens-Vergangenheit, eine Unternehmens-Gegenwart und eine Unternehmens-Zukunft. Unternehmensentwicklung kann demnach nur stattfinden, indem sich die Planung der Zukunft des Unternehmens auf Betrachtungen der Herkunft, d.h. der Vergangenheit und der Gegenwart stützt. Nur auf diese Weise kann ein Unternehmenslernprozess generiert werden, der die Basis für unternehmerisches Wachstum darstellt (BLEICHER, 2004).
Diese grundlegende Betrachtung des Unternehmensentwicklungs-Prozesses ist in Abbildung 5 dargestellt.

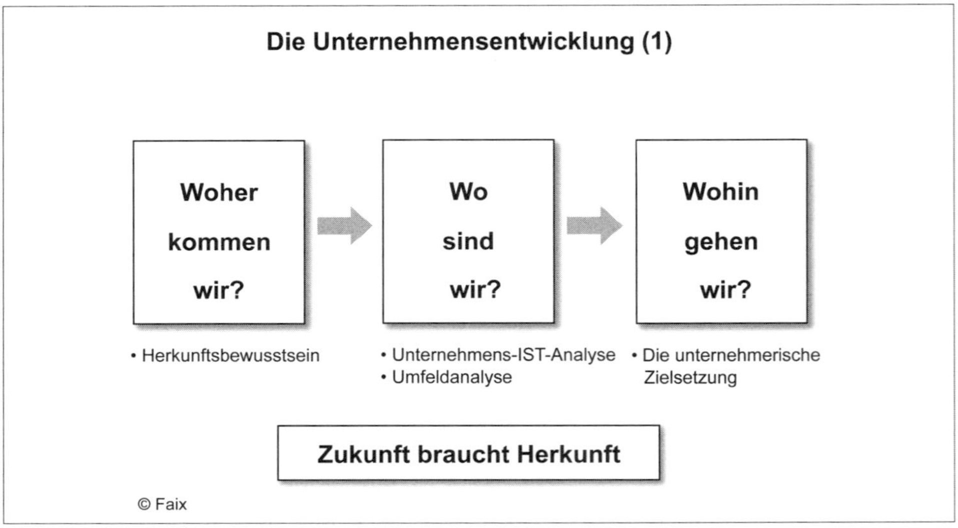

Abbildung 5: Die Unternehmensentwicklung (1)

Ebenfalls aus dieser Darstellung ergibt sich, dass Unternehmensentwicklung ein jederzeit dynamischer, fortschreitender Prozess ist.
Dieser dynamische Prozess ist die Basis für die vier Elemente der Unternehmensentwicklung (FAIX, BUCHWALD, WETZLER, 1994; RASNER, FÜSER, FAIX, 1999; FAIX, RASNER, SCHUCH, 1996):

1. Die IST-Situation, d.h. die gegenwärtige Situation des Unternehmens, in Abb. 6 dargestellt als „IST".
2. Die Rahmenbedingungen unter denen das Unternehmen agiert. In Abb. 6 dargestellt als „RAHMENBEDINGUNGEN".
3. Der Soll-Zustand, d.h. die Zielsetzung des Unternehmens in der Zukunft, in Abb. 6 dargestellt als „ZIELE".
4. Der Weg um von der gegebenen, aktuellen IST-Situation des Unternehmens zur SOLL-Situation des Unternehmens, d.h. zur Erreichung der unternehmerischen ZIELE zu gelangen. Dieser Weg ist die Strategie des Unternehmens. Dies ist in Abb. 6 als Pfeil von IST und von RAHMENBEDINGUNGEN zu den ZIELEN des Unternehmens dargestellt und mit dem Begriff „STRATEGIE" versehen.

Die in Abbildung 6 gezeigte Darstellung wurde vom Autor als das „Strategische Dreieck des Transformationsprozesses" (FAIX ET AL., 1996) eingeführt und kann aus heutiger Sicht als das „Strategische Dreieck der Unternehmensentwicklung" tituliert werden.

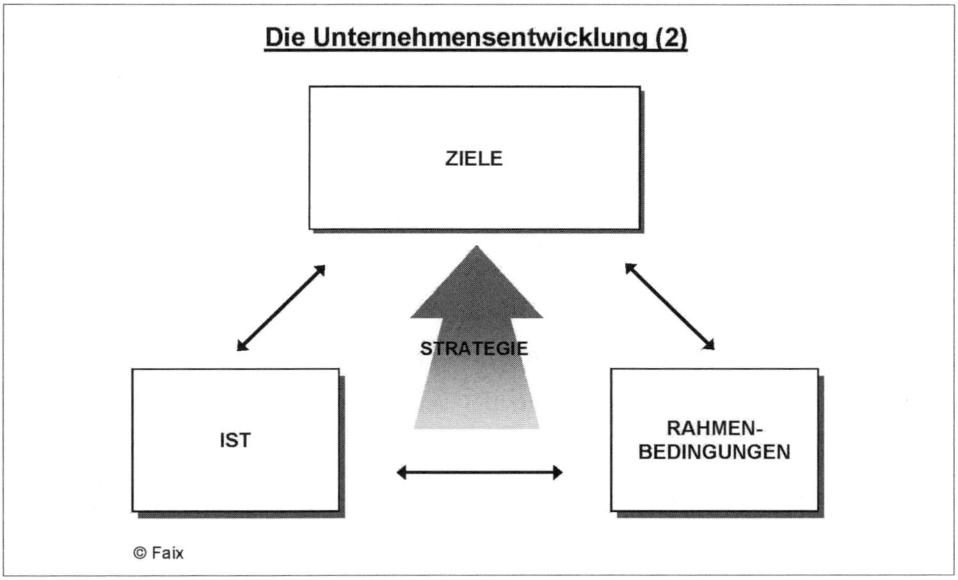

Abbildung 6: Strategisches Dreieck der Unternehmensentwicklung (2)

3.1 Unternehmensziele als treibende Kraft

Beim Prozess der Unternehmensentwicklung spielen die unternehmerischen Ziele eine zentrale Rolle (FAIX ET AL., 1996). Ziele stellen das Entscheidungskriterium von Unternehmen dar, d.h. eine Auswahl von Handlungsalternativen ist nur unter Berücksichtigung der vorher formulierten Ziele eines Unternehmens möglich. Außerdem dienen Unternehmensziele als hilfreiche Eckpfeiler zur Orientierung, Koordination und zur Legitimation von Unternehmensentscheidungen (MACHARZINA, 2003). Die Ziele, das Erreichen Wollen der unternehmerischen Ziele ist die wesentliche Triebkraft des Unternehmertums und damit von Unternehmen.

Unternehmensziel

Die wesentliche Triebkraft des Unternehmertums liegt in dem ERREICHEN WOLLEN der Unternehmensziele.

Abbildung 7: Unternehmensziel

Zahlreiche Weisheiten bringen dies wie folgt zum Ausdruck:

„Nur wer das Ziel kennt, kann treffen." Griechisches Sprichwort.
„Jede Unternehmung braucht einfache, klare und sie zusammenhaltende Ziele." Peter F. Drucker
„Ziele schaffen Fakten." Hermann Simon
„Wer das Ziel nicht kennt, kann den Weg nicht finden."
„Wer den Hafen nicht kennt, für den ist kein Wind günstig." Seneca

Die erfolgreiche deutsche Unternehmerin Anne Burda antwortete auf die Frage nach dem Geheimnis ihres Erfolges: *„…immer klare Ziele vor Augen zu haben…"*.

3.2 Unternehmensziele und Unternehmensstrategie

Da oft in der Management-Diskussion nicht sauber zwischen den Begrifflichkeiten Ziel und Strategie getrennt wird, sei hier nochmals klargestellt: Die Ziele des Unternehmens bestimmen die strategische Ausrichtung, und zwar unter Berücksichtigung der Potentiale und Rahmenbedingungen des Unternehmens. Um ein bestimmtes Unternehmensziel zu erreichen, muss eine Fülle einzelner Maßnahmen durchgesetzt werden, die in einem harmonischen Verhältnis zueinander stehen und aus einer Vielzahl von Alternativen ausgewählt wurden. Ein solches geplantes Paket von Maßnahmen zur Erreichung eines Ziels oder mehrerer Ziele, also der Weg zum Ziel, ist eine Strategie (MACHARZINA, 2003; VENZIN, RASNER,

MAHNKE, 2003). Unternehmensziele stellen die Vorgaben dar, die durch Strategien als Wege zur Zielerreichung erfüllt werden sollen (DILLERUP, STOI, 2006) (siehe Abbildung 8).
Durch die in der Regel große Masse an unterschiedlichen Wegen zur Zielerreichung und die demnach recht komplizierte Auswahl der Einzelmaßnahmen wird der Unternehmensstrategie in Diskussionen, Publikationen etc. oftmals viel mehr Platz eingeräumt als den Zielen selbst. Dies ergibt sich aus der Natur der Sache – trotzdem, ohne Ziele nützt die beste Strategie nichts.

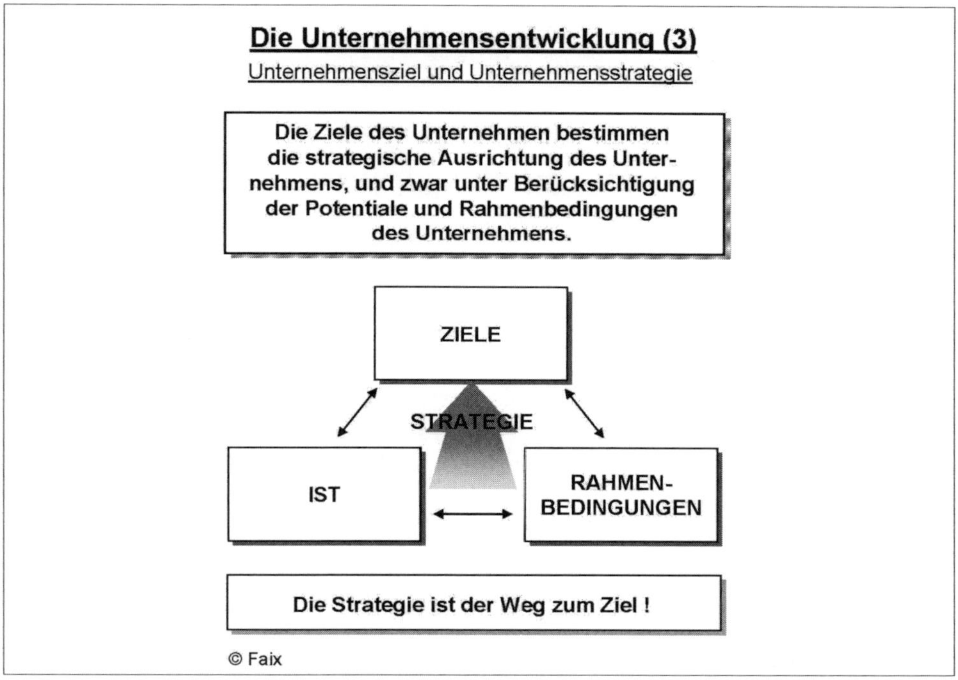

Abbildung 8: Die Unternehmensentwicklung (3) – Unternehmensziel und Unternehmensstrategie

Daraus ergibt sich ebenfalls, dass es eine der wichtigsten Management-Aufgaben ist, die richtige Strategie, also unter den jeweils gegebenen Bedingungen (IST-Situation, RAHMENBEDINGUNGEN, ZIELE des Unternehmens) den jeweils richtigen Weg, zu definieren. Demnach ist eine Strategie ein konkreter Vorgehens-Plan um die definierten Ziele eines Unternehmens zu erreichen (siehe Abbildung 9). Die Strategie gewährleistet damit nachhaltig den unternehmerischen Erfolg, vorausgesetzt, die Ziele wurden richtig definiert.

Unternehmensstrategie

Die Unternehmensstrategie ist ein konkreter Vorgehens-Plan, um die definierten Ziele eines Unternehmen zu erreichen. Damit wird der Unternehmenserfolg nachhaltig gewährleistet.

Abbildung 9: Unternehmensstrategie

3.3 Analyse der RAHMENBEDINGUNGEN und der IST-Situation

Die für das Unternehmen passenden Ziele und die richtige Strategie zur Zielerreichung können erst definiert werden, wenn die IST-Situation, also der gegenwärtige Stand des Unternehmens und die RAHMENBEDINGUNGEN, also die Veränderung der Unternehmensumwelt, bekannt sind (MACHARZINA, 2003).
Diese Analysen müssen mit einer hohen Intensität durchgeführt werden, da von ihnen alle weiteren Entscheidungen abhängen. Neben der notwendigen Gründlichkeit kann es vorteilhaft sein, dabei die bestehenden Wege und Meinungen zu verlassen und das bisherige Unternehmen und Wettbewerbsumfeld aus anderen Blickwinkeln zu betrachten.
Aus den bisher gemachten Aussagen und den Abbildungen der Unternehmensentwicklung 1 – 3 lässt sich nunmehr der gesamte Unternehmensentwicklungs-Prozess ableiten.

3.4 Die acht Schritte des Unternehmensentwicklungs-Prozesses

Der Unternehmensentwicklungs-Prozess umfasst im Ganzen acht Schritte, die immer wieder durchlaufen werden. Diese sind in der Abbildung 10 dargestellt.

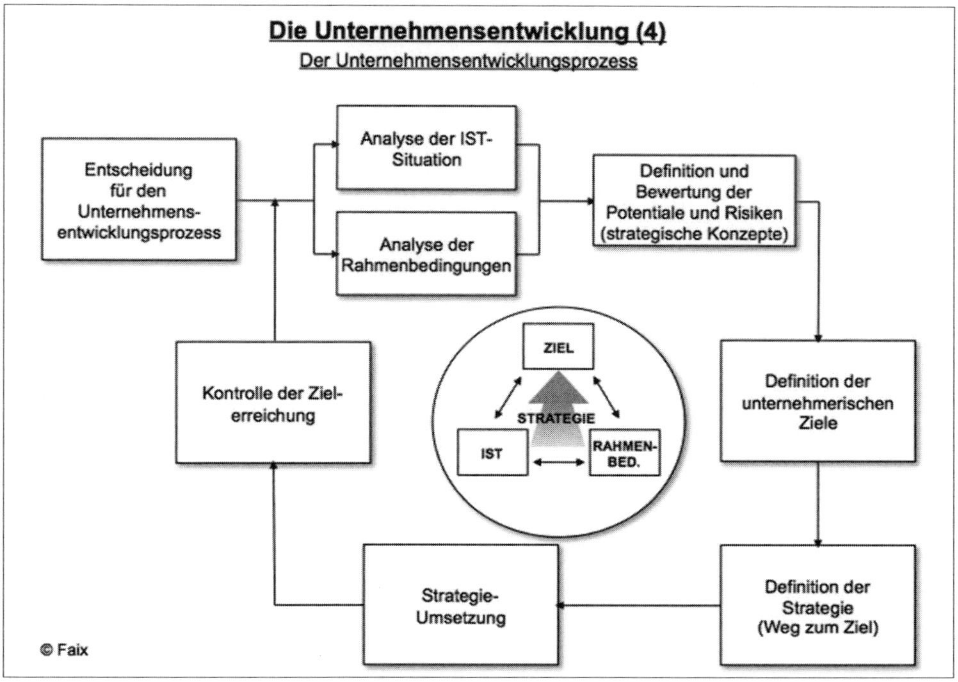

Abbildung 10: Die Unternehmensentwicklung (4) – Der Unternehmensentwicklungsprozess

Schritt 1: Die Entscheidung für den Unternehmensentwicklungs-Prozess. Die Unternehmensleitung muss sich aktiv für den Entwicklungsweg entscheiden. Da die Entwicklung des Unternehmens eine Voraussetzung des Überlebens im Wettbewerb darstellt, bedarf die Entscheidung für den Unternehmensentwicklungsprozess jedoch keiner allzu großen Überlegung.

Schritt 2: Analyse der IST-Situation des Unternehmens und Analyse der Rahmenbedingungen des Unternehmens. Wie schon vorher dargelegt, müssen diese Analysen mit der nötigen Sorgfalt durchgeführt werden, da mit diesen Analysen die Basis für die folgenden Ziel- und Strategieüberlegungen gelegt wird.

Schritt 3: Aus den Analyse-Ergebnissen abgeleitet die Definition und Bewertung der Potentiale und Risiken des Unternehmens. Auch hier ist besondere Sorgfalt von Nöten. Da es sich bei der Definition von Unternehmenspotentialen und -risiken um eine zukunftsorientierte Prognose handelt, besteht immer die Gefahr von Fehlern in der Einschätzung.

Schritt 4: Definition der unternehmerischen Ziele. Aus den Potentialen und Risiken und den strategischen Konzepten werden die Ziele des Unternehmens abgeleitet. Diese werden dann für die einzelnen Geschäftsbereiche und Hierarchie-Ebenen heruntergebrochen.

Schritt 5: Definition der Strategie, d.h. des Vorgehensplanes, um die unternehmerischen Ziele zu erreichen. Auch hier wird erst die generelle Strategie entwickelt und dann Teilstrategien für die unterschiedlichen Geschäftsbereiche und Unternehmenshierarchieebenen.

Schritt 6: Die Umsetzung der Strategie in allen Geschäftsbereichen und Hierarchie-Ebenen des Unternehmens.

Schritt 7: Die Kontrolle der Zielerreichung, d.h. wurde genau das erreicht, was mit den Zielen vorgegeben wurde und wenn nein, wo liegen die Abweichungen und/oder Defizite.

Schritt 8: Der Neueintritt in den Prozess. Wie anfangs betont, ist es für ein Unternehmen aufgrund der Notwendigkeit zum unternehmerischen Wachstum (SCHUMPETER, 1912) unabdingbar, sich ständig weiterzuentwickeln.

Im nächsten Kapitel werden aufbauend, auf der vorher erläuterten Gesamtprozess-Darstellung (Abbildung 10), genauer und in Einzelheiten, die Elemente des Unternehmensentwicklungs-Prozesses erklärt.

4 Elemente des Unternehmensentwicklungs-Prozesses

In Abbildung 11 ist das strategische Dreieck der Unternehmensführung nochmals mit Erläuterungen zu den Begriffen IST, RAHMENBEDINGUNGEN, ZIELE und STRATEGIE dargestellt.

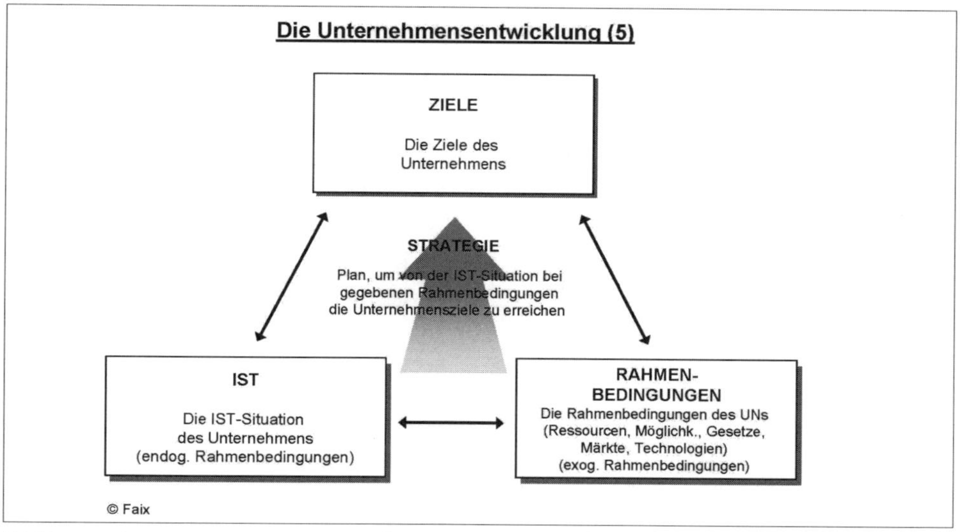

Abbildung 11: Die Unternehmensentwicklung (5)

4.1 Analyse der IST-Situation

Das erste Element im Entwicklungsprozess ist die Analyse der IST-Situation. Durch diese Analyse der unternehmensinternen Faktoren und den Vergleich mit bereits in der Unternehmensvergangenheit durchgeführten ähnlichen Analysen wird ein genaues Unternehmensgegenwartsprofil erstellt, aus dem sich der exakte Stand des Unternehmens ableiten lässt.

Das Ergebnis soll ein möglichst klares, aussagefähiges bzw. aussagekräftiges Bild des IST-Zustandes des Unternehmens darstellen (MACHARZINA, 2003).

Um eine solche Analyse mit einem möglichst präzisen Ergebnis zu erreichen, existiert eine Vielzahl von Methoden bzw. Werkzeugen; einige wesentliche und häufig angewandte und damit bewährte Analyse-Tools sind (siehe Abbildung 12):

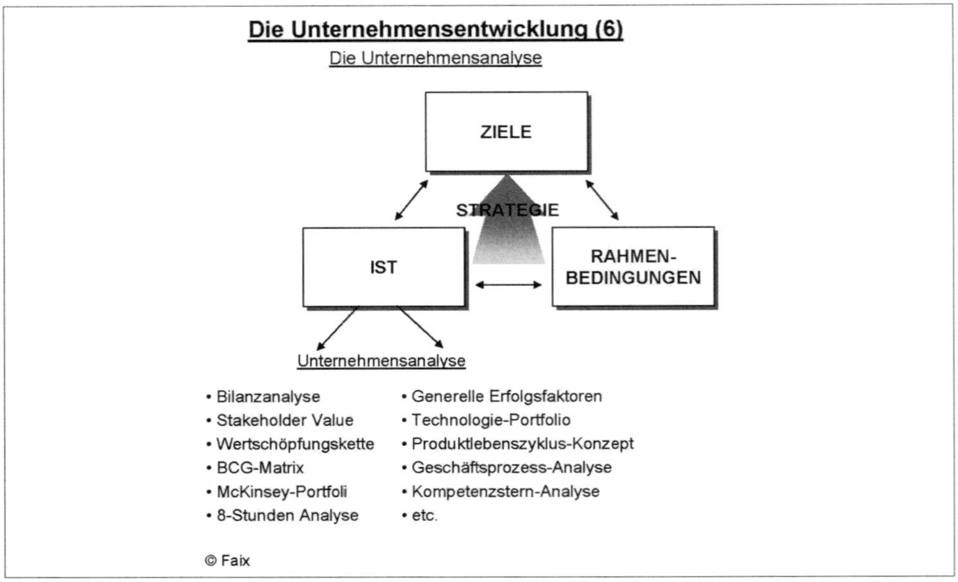

Abbildung 12: Die Unternehmensentwicklung (6) - Die Unternehmensanalyse

- **Die Bilanzanalyse** (SCHNEIDER, 2005): Die Bilanzanalyse befasst sich mit der momentanen und der zukünftigen Lage eines Unternehmens anhand des Jahresabschlusses, der die Bilanz, die Gewinn- und Verlustrechnung, sowie den Anhang umfasst. So werden verschiedene Kennzahlen eines Unternehmens ermittelt, aus denen u.a. Prognosen zu künftigen Gewinnen und Wachstum abgeleitet werden können.

- **Stakeholder Value** (FREEMAN, 1984): Als Stakeholder werden alle Anspruchsgruppen eines Unternehmens bezeichnet. Mit Stakeholder Value wird eine Analyse der gegenseitigen Verknüpfungen zwischen Stakeholdern und dem Unternehmen betitelt. Die Stakeholder werden benannt, charakterisiert und ihre Relevanz für das Unternehmen eingestuft, sodass auf diese Weise Potentiale und Lücken aufgedeckt werden können.

- **Die Analyse der Wertschöpfungskette** (SCHNEIDER, HOPFMANN, BAUR, 1994; PORTER, 1985): Die Wertschöpfungskette ist eine Beschreibung aller Prozesse in einem Unternehmen, die der Transformation von Input in Output dienen. Durch eine jeweilige Analyse der einzelnen Teilbereiche der Wertschöpfungskette, lassen sich diese detailliert darstellen und ihre Beziehungen zu anderen Prozessen inner- und außerhalb des Unternehmens gut beschreiben.

- **Die BCG-Matrix** (HEDLEY, 1999; BAUM, COENENBERG, GÜNTHER, 2004): Die BCG-Matrix stellt eine Portfolioanalyse dar, die einzelne Geschäftseinheiten eines Unternehmens in Hinblick auf ihre Wettbewerbsstärke und Attraktivität des Marktes mithilfe einer Matrix zu beurteilen vermag. Die untersuchten Indikatoren sind hierbei der relative Marktanteil und die Marktwachstumsrate.

- **Das McKinsey-Portfolio** (SCHNEIDER, 2005; BAUM ET AL., 2004): Das McKinsey-Portfolio bewertet ebenfalls anhand einer Matrix die Marktattraktivität und die relative Geschäftsfeldstärke eines Produktes.
- **Die Analyse der generellen Erfolgsfaktoren** (NAGEL, 2003; KECK, SAILER, 2004): die generellen Erfolgsfaktoren (siehe Kapitel 5) sind alle Faktoren, die den Erfolg oder Misserfolg eines Unternehmens direkt beeinflussen. Es wird der Reifegrad bzw. die Ausprägung von Faktoren wie Strategie, Organisation, Informations-System, Mitarbeiter, Führungs-System und Kundenorientierung im Unternehmen bewertet.
- **Das Technologie-Portfolio** (PFEIFFER, DÖGL, 1999): Dem Faktor Technologie wird in Bezug auf das Thema Unternehmensentwicklung eine besondere Stellung eingeräumt. Bei diesem Portfolio gehen Markt- und Technologiekriterien in gleichem Maße in die Analyse mit ein. Gemessen werden die jeweilige Attraktivität und die relative Position im Vergleich zur Konkurrenz.
- **Das Produktlebenszyklus-Konzept** (HAYES, WHEELWRIGHT, 1979): Der Produktlebenszyklus beschreibt die einzelnen Phasen, die ein Produkt ab seiner Einführung bis zum Marktverschwinden durchläuft: Einführung, Wachstum, Reife, Sättigung, Abschwung.
- **Die Geschäftsprozess-Analyse** (GAITANIDES, 1994; GADATSCH, 2005): Als Geschäftsprozesse bezeichnet man die grundlegenden Aufgaben eines Unternehmens, die wesentlich zum Kundennutzen und zur betrieblichen Wertschöpfung beitragen, z.B. Produktentstehungsprozesse, Auftragserfüllungsprozesse.
- **Die Kompetenzsternanalyse** (BORNHOLDT, 2004): Die Kompetenzen eines Unternehmens sind alle seine Fähigkeiten, Ressourcen, Maßnahmen, Partner, Informationen, Visionen und Erfahrungen, die für seine Innovationen zur Verfügung stehen und die sich in seinen Ergebnissen niederschlagen. Mit Hilfe der Kompetenzstern-Analyse wird die Kompetenzbeurteilung eines Unternehmens in eine Struktur eingebunden und schließlich in einer Bewertungsskala visualisiert.

Für ein aussagefähiges Analyseergebnis genügt es in der Regel, wenn 3 - 5 dieser Werkzeuge zur Anwendung kommen.

4.2 Exogene RAHMENBEDINGUNGEN

Nach der endogenen Unternehmensanalyse folgt als nächstes Element im Unternehmensentwicklungsprozess die Analyse der exogenen RAHMENBEDINGUNGEN. Mithilfe dieser Analyse versucht die Unternehmung, systematisch aus in-

ternen und externen Quellen ein Situationsbild zu generieren, um später geplante Entscheidungen treffen zu können. Wie intensiv auch immer die Bemühungen sein mögen, der Informationsstand nach Abschluss der Analyse bleibt prinzipiell lücken- oder auch fehlerhaft, da beispielsweise Informationen über die Konkurrenz nicht vollständig vorliegen werden. Demnach muss trotz großer analytischer Anstrengungen letztlich doch unter einer gewissen Unsicherheit gehandelt werden, die jedoch auf einem überschaubaren Maß gehalten werden kann (STEINMANN, SCHREYÖGG, 2005).
Grundsätzlich werden bei der Analyse der exogenen Rahmenbedingungen die beiden Analyseebenen ‚unternehmensbezogene Umfeldanalyse' und ‚allgemeine Umfeldanalyse' separat betrachtet. Die allgemeine Umfeldanalyse umfasst eine weitere ökonomische Analyse von allgemeinen Umweltbedingungen, wie soziokulturelle, technologische, politisch-rechtliche oder makroökonomische Faktoren, während sich die unternehmensbezogene Umfeldanalyse speziell mit der engeren ökonomischen Umwelt eines Unternehmens, wie Rivalität unter den Anbietern im Markt, Kundensituation oder Lieferantensituation befasst (STEINMANN, SCHREYÖGG, 2005, S.176-204).
In Abbildung 13 sind die wesentlichen Analyse-Methoden der beiden Bereiche dargestellt.

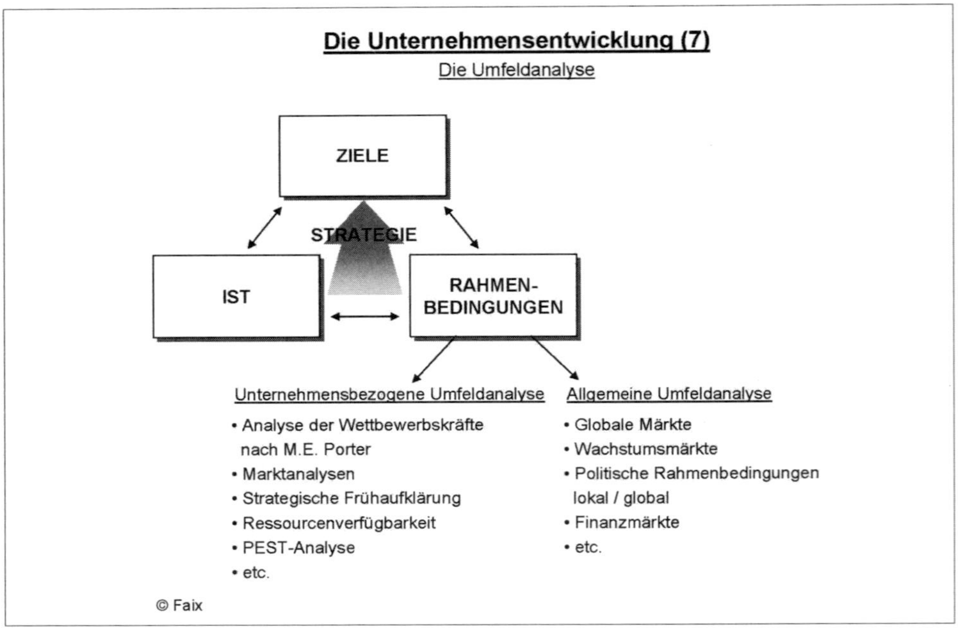

Abbildung 13: Die Unternehmensentwicklung (7) – Die Umfeldanalyse

Die Analyse des unternehmensbezogenen Umfelds orientiert sich an der aktuellen Situation des Unternehmens, dem aktuellen, relevanten Wettbewerbsumfeld im Markt, Industriezweig oder der Branche.

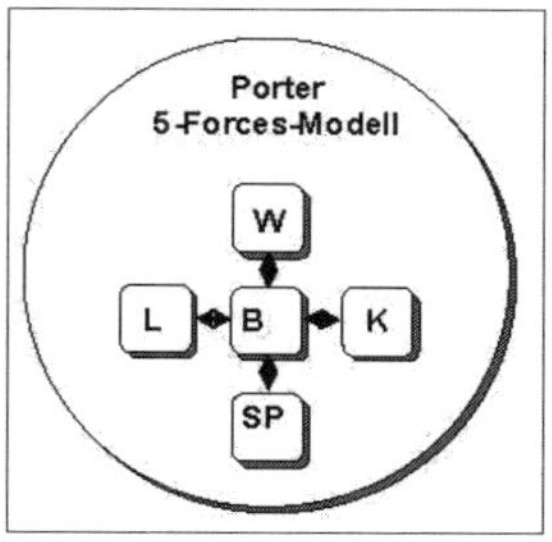

Zu den bekanntesten Konzepten zählt das Wettbewerbskräftemodell von Porter (PORTER, 1999). Demnach wird die Rivalität zwischen den Marktteilnehmern von fünf Faktoren bestimmt. Dazu zählen die Verhandlungsmacht der Lieferanten und der Kunden, die Konkurrenz durch Substitutionsprodukte, die Anzahl der Konkurrenten sowie die Bedrohung durch neue Konkurrenten bzw. neue Produkte.

Die PEST-Analyse (Political, Economical, Social, Technology Analysis) ist ein Konzept um das globale Umfeld eines Unternehmens als Ganzes zu erfassen. Als wichtigste Faktoren werden hierbei die politisch-rechtlichen, ökonomischen, sozialen und technologischen gesehen.

Die allgemeine Umfeldanalyse beschäftigt sich darüber hinaus mit Entwicklungen, die sich auf volkswirtschaftlicher und politischer Ebene ereignen (DILLERUP, STOI, 2006). Im Interesse der Analyse stehen zwangsläufig nur die Faktoren, die sich auf die Unternehmensentwicklung allgemein im positiven wie im negativen auswirken bzw. auswirken könnten. Von besonderer Bedeutung ist an dieser Stelle die Analyse der unterschiedlichsten Märkte sowohl für den Export als auch für den Einkauf um Chancen für das Unternehmen rechtzeitig erkennen zu können (LAU/ZYWIETZ, FAIX, SCHULTEN, 2006; FAIX, ZYWIETZ, SCHULTEN, TABORE-STRAUB, 2003; FAIX, KISGEN, LAU, SCHULTEN, ZYWIETZ, 2006).

Konkrete Ereignisse, die unmittelbar Folgen für die Branche haben, sind hingegen eher Bestandteil der unternehmensbezogenen Umfeldanalyse. Eine klare Trennung der einzelnen Analysefelder ist mitunter schwierig. Dies wird an den aufstrebenden Märkten wie China und Indien deutlich. Zum einen stellen diese Märkte neue Chancen für das Unternehmen dar, wobei auch Unternehmen aus diesen Ländern zu einer Wettbewerbsverschärfung führen können. Entsprechend betrifft es die Struktur der jeweiligen Branche. Zum anderen spielen wirtschaftspolitische und produkttechnologische Faktoren eine Rolle, die die Entwicklung der gesamten Wirtschaft beeinträchtigen. Dazu zählen beispielsweise die Wechselkurse oder auch die Produkt- bzw. Markenpiraterie in China. Je nach Größe des Unternehmens und der Branche sind für die allgemeine Umfeldanalyse auch politische Ereignisse von Bedeutung. (RAVENHILL, 2004)

Bei beiden Analyseebenen ist es außerordentlich wichtig, aus den möglichen, unzähligen Faktoren und Einflüssen, die in die Analyse eingehen könnten, nur die relevantesten und aussagekräftigsten zu nutzen, um die Übersicht zu wahren und letztendlich zu einem klaren Ergebnis zu kommen (SCHREYÖGG, STEINMANN, 2005, S.189).

4.3 Ableitung der Potentiale und Risiken des Unternehmens (strategische Konzepte)

Aus der Analyse des Unternehmens und den Analysen der Rahmenbedingungen können nun aus der so genannten Vereinigung beider Analysen wesentliche Aussagen zur Definition und Bewertung der Chancen sowie Risiken und damit zur Ableitung von Zielen und Strategien gemacht werden, die sogenannten strategischen Konzepte (SIMON, V.D.GATHEN, 2002). Strategische Konzepte haben einen stärker prognostizierenden Charakter als bloße Analysetools.
Es ist wichtig, zwischen strategischen Konzepten mit entsprechendem Einfluss auf die Unternehmensziele und auf die Strategie und der eigentlichen Strategie mit den entsprechenden Strategie-Instrumenten (siehe Kapitel 4.5) zu differenzieren. Die strategischen Konzepte sollten vor der Definition der Unternehmensziele festgelegt werden, da sie großen Einfluss auf Ziele und Strategien haben können – deswegen auch die Begrifflichkeit ‚strategische Konzepte', d.h. Konzepte mit Wirkung/Einfluss auf die Strategie (MONTGOMERY, PORTER 1991; SIMON 2002).
Die folgende Grafik verdeutlicht noch einmal die Ableitung der Potentiale und Risiken sowie die Bewertung dieser als strategische Konzepte. Auf diese Weise ergibt sich eine Zusammenfassung der Ergebnisse aus der Analyse der Rahmenbedingungen und der Situationsanalyse.

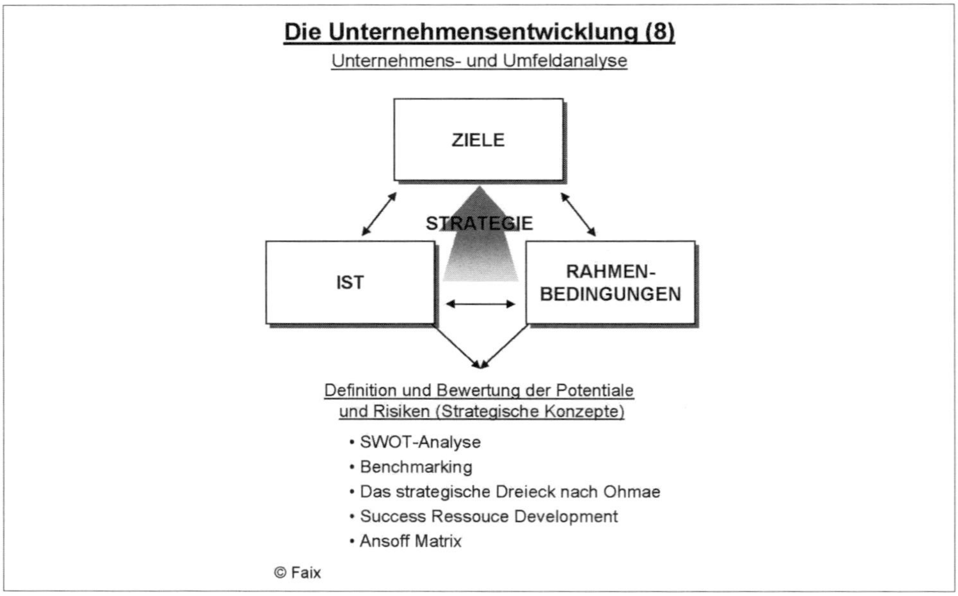

Abbildung 14: Die Unternehmensentwicklung (8) – Unternehmens- und Umfeldanalyse

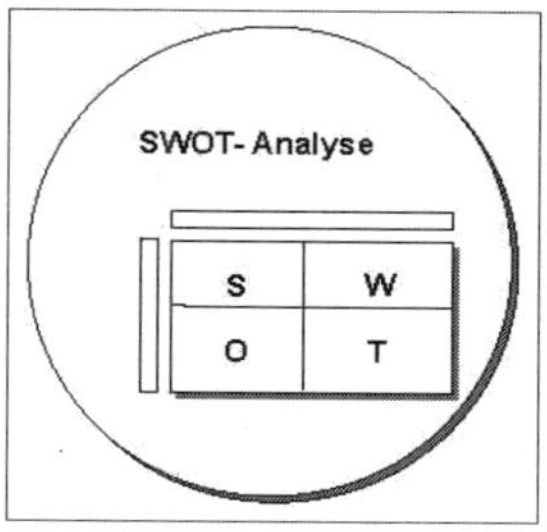

Eine typische methodische Vorgehensweise um strategische Konzepte zu erstellen ist beispielsweise die SWOT-Analyse (LOMBRISER, ABPLANALP, 1998). Diese Vorgehensweise vereinigt die zwei Analyseebenen miteinander, indem die Stärken (strengths) und Schwächen (weaknesses) des Unternehmens sowie die Chancen (opportunities) und Gefahren (threats) des Marktes thematisiert werden.

Beim Benchmarking wird ein strategischer Vergleich mit den wichtigsten Wettbewerbern vorgenommen, um Lücken zu identifizieren und Maßnahmen zu entwickeln, die nicht nur den Abstand zu den Konkurrenten verringern, sondern auch einen nachhaltigen Wettbewerbsvorteil verschaffen sollen (CAMP, 1994).

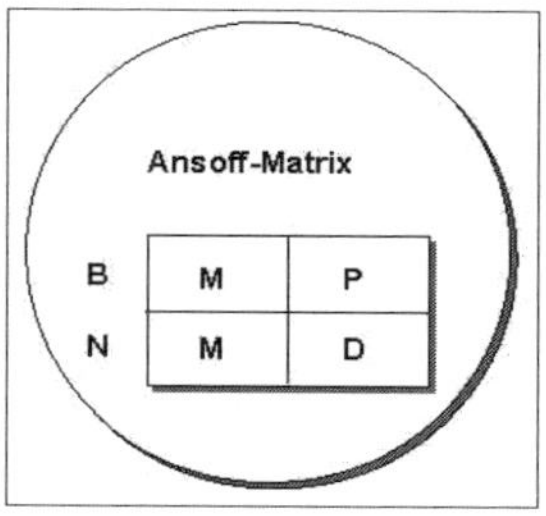

Die Ansoff-Matrix stellt ein strategisches Wachstumskonzept dar und verdeutlicht die Richtungen einer expansiven Unternehmensentwicklung (ANSOFF, 1966; SIMON ET AL., 2002). Mit anderen Worten handelt es sich um ein Produkt-Markt-Konzept. Für bestehende Produkte und Märkte lässt sich eine Marktdurchdringung ableiten, woran sich in der Regel für bestehende Produkte eine Erschließung neuer Märkte anschließt. Eine andere Konstellation des Wachstums stellt die Situation bestehender Märkte und neuer Produkte dar. Hierbei ist eine Produktdurchdringung in den vorhandenen Markt erforderlich. Eine ganz neue Richtung des Wachstums bietet die Diversifikation für das Unternehmen. Allerdings wird in diesem Falle das bisherige Geschäftsfeld verlassen, um Marktchancen in gänzlich neuen Branchen zu suchen.

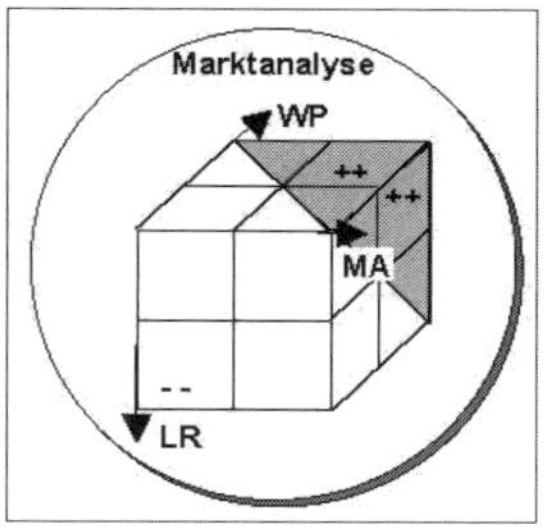

In welchen Zielmärkten und mit welchen Produkten das Unternehmen seine Ziele erreichen möchte, kann mit Hilfe einer 3D-Matrix aus Marktattraktivitäts-, Länderrisiko- und die eigene Wettbewerbsfähigkeit bewertenden Portfolios abgeleitet werden. Ziel ist es ein möglichst geringes Länderrisiko bei einer möglichst starken eigenen Wettbewerbsposition und einer hohen Marktattraktivität zu erreichen (++, grauer Bereich) (LAU, ZYWIETZ, FAIX, SCHULTEN, 2006; FAIX, ZYWIETZ, SCHULTEN, TABORE-STRAUB, 2003; FAIX, KISGEN, LAU, SCHULTEN, ZYWIETZ, 2006). Da eine enge Verknüpfung zwischen den Entscheidungen für Markt und Produkt vorliegt, spricht man auch von Produkt-Markt-Strategien (MACHARZINA, 2003, S. 242). Diese Festlegung determiniert auch die Kernkompetenzen eines Unternehmens, also die Kernfähigkeiten einer Organisation, aus der Produkte und Dienstleistungen generiert werden (PRAHALAD, HAMEL, 1990). Als Kernfähigkeiten werden solche Fähigkeiten bezeichnet, in denen das Unternehmen im Wettbewerb eine Spitzenposition einnimmt.

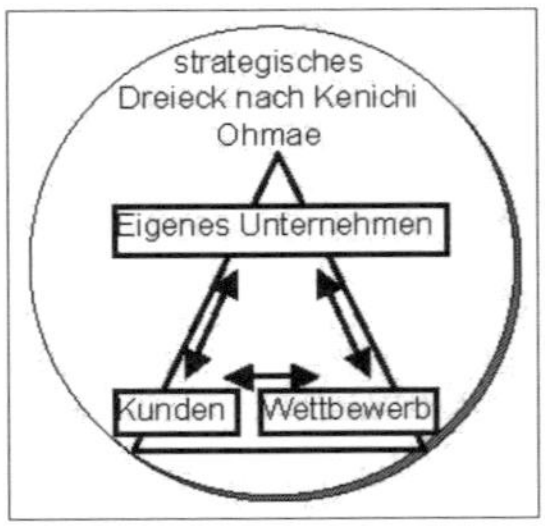

Das strategische Dreieck nach Kenichi Ohmae (KENICHI OHMAE, 1985) berücksichtigt bei der Ableitung von Unternehmenszielen und bei der Definition von möglichen Geschäftsstrategien 3 Faktoren: das eigene Unternehmen, die Kunden und die Konkurrenz. Unternehmensbezogene Strategien zielen dabei auf die Stärkung der eigenen Organisation im Vergleich zu den Wettbewerbern. Die Kunden, als der zweite Faktor des Ohmae'schen Dreiecks können nach Ohmae Basis jeder möglichen Strategie sein. Konkurrenzbezogene Strategien zielen auf die Differenzierung der eigenen Leistungen im Vergleich zum Wettbewerb.

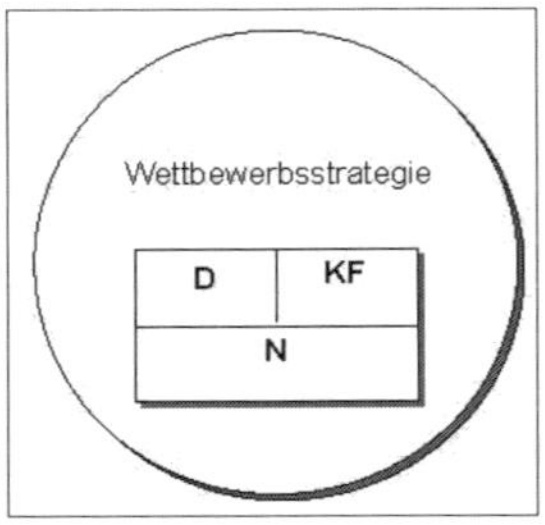

Nach Porter gibt es drei Arten von Wettbewerbsstrategien: Kostenführerschaft, Differenzierung und die Konzentration auf Schwerpunkte (Nischenstrategie) um erfolgreich mit den fünf Wettbewerbskräften umzugehen und andere Unternehmen in derselben Branche zu übertreffen. Die drei in sich geschlossenen Strategiegruppen können getrennt oder kombiniert verwandt werden. Letztendlich ist jedoch die beste Strategie für ein Unternehmen spezifisch zu wählen und eine einmalige Konstruktion, die sich an die Porter'schen drei Wettbewerbsstrategien anlehnen kann, in jedem Fall jedoch vollen Einsatz wie auch unterstützende Organisatorische Maßnahmen erfordert (PORTER, 1999).

Bevor es an die Formulierung von Zielen geht, sollten die Ergebnisse der Unternehmensanalyse, der Umfeldanalyse und die gewonnenen strategischen Konzepte noch einmal genau betrachtet werden. Nur unter Betrachtung dieser drei Analyseebenen zusammen lassen sich realistische Unternehmensziele ableiten, wie dies in Abbildung 15 beispielsweise anhand der SWOT-Analyse, der Analyse der Wettbewerbskräfte, der Wettbewerbsstrategie, der Schumpeter-Faktoren und der Marktanalysen sowie der Ansoff-Matrix aufgezeigt ist.

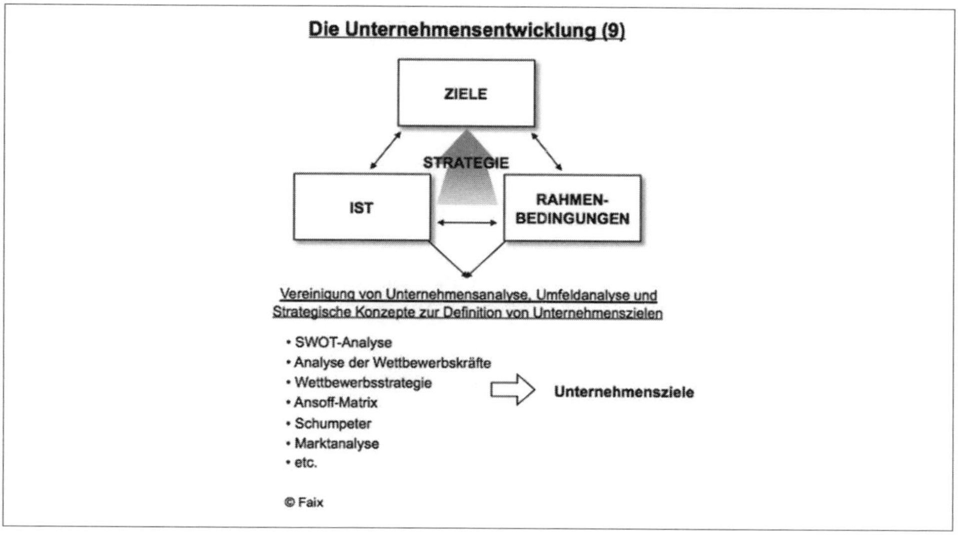

Abbildung 15: Unternehmensentwicklung (9)

Da die Definition der unternehmerischen Ziele für die Entwicklung, die Wettbewerbsfähigkeit und den Fortbestand des Unternehmens von entscheidender Bedeutung sind, sollten sie auf einem soliden Entscheidungsfundament getroffen werden. Dieses Fundament ist durch die beschriebene IST-Analyse, die Analyse der Rahmenbedingungen und die daraus abgeleiteten Potentiale/Chancen und Risiken und die strategischen Konzepte gegeben. D.h. Fragen, wie die nachfolgend genannten müssen beantwortbar sein:

- Welches realistische Wachstumsziel ist mit welchen existierenden bzw. neuen Produkten/ Dienstleistungen in welchen bereits erschlossenen bzw. neu zu erschließenden Märkten mit welchen Ressourcen und Investitionen wann realisierbar?
- Welches realistische Wachstumsziel ist mit welcher neuen Organisationsstruktur mit welchen Ressourcen und Investitionen wann realisierbar?
- Welche Steigerung der Wettbewerbsfähigkeit und damit verbunden welches Wachstumsziel ist durch den Aufbau neuer Lieferantenstrukturen oder die Erschließung neuer Quellen für Rohstoffe bzw. Halbfabrikate verbunden mit welchen Ressourcen und Investitionen wann realisierbar?
- Welche Steigerung der Produktivität und damit verbunden welches realistische Wachstumsziel ist durch die Einführung neuer Geschäftsprozesse bzw. durch die Einführung neuer Produktionsmethoden mit welchen Ressourcen und Investitionen wann realisierbar?

Im nächsten und wesentlichen Schritt der Unternehmensentwicklung werden die erwähnten Analyseresultate und die strategischen Konzepte zu einem ganzheitlichen Prozess verknüpft. Auf diese Weise lässt sich die Ableitung der unternehmerischen Ziele konstruieren (Abbildung 16).

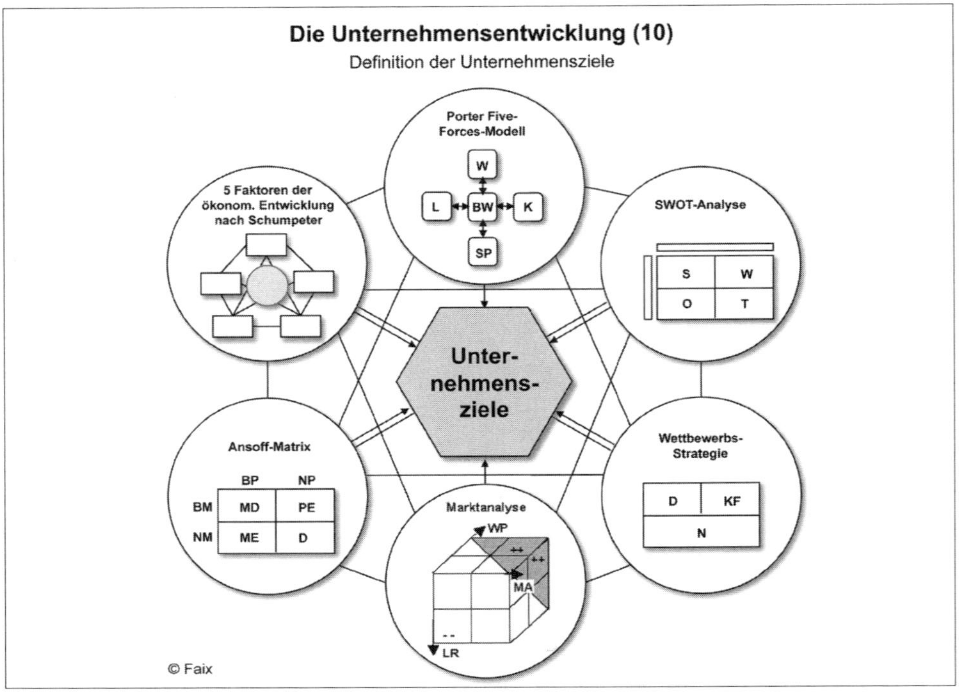

Abbildung 16: Die Unternehmensentwicklung (10) – Definition der Unternehmensziele

Die in Abbildung 15 und Abbildung 16 gezeigten und damit hervorgehobenen Analyse-Instrumente und strategischen Konzepte sind als Auswahl zu betrachten. Je nach Unternehmenssituation und in Abhängigkeit der geplanten Ziele sind andere Instrumente zusätzlich oder alternativ anzuwenden. Gezeigt werden soll jedoch, dass nur eine detaillierte Basis zur IST-Situation des Unternehmens und zu den RAHMENBEDINGUNGEN des Unternehmens eine fundierte ZIEL-Definition ermöglicht. Ziele sollten so definiert sein, dass sie zwar eine (große) Herausforderung darstellen, gleichzeitig jedoch erreichbar sind und von den Mitarbeitern und Führungskräften verstanden und getragen werden können.
Damit sind nun alle Voraussetzungen geschaffen, dass die Unternehmensziele im nächsten Schritt genauer betrachtet werden können.

4.4 Unternehmerische Ziele

Unternehmensziele legen die Entwicklung eines Unternehmens (kurz-, mittel- und langfristig) fest (DILLERUP, STOI, 2006, S.79). Nur wenn diese klar vorgegeben sind, lässt sich der Weg dorthin sinnvoll beschreiben und planen.
Eine klare Zielsetzung ist wie ein Leuchtturm, der über allen Analysen, Konzepten sowie Umfeldbedingungen steht. Er gibt allen Beteiligten stets einen Fixpunkt, an dem sie ihr Handeln ausrichten können.
Diese Orientierungsfunktion ist ein wesentlicher Erfolgsfaktor für die Entwicklung

eines Unternehmens. Im Zeitalter der Globalisierung, der zunehmenden Vernetzung, der hohen Mobilität von Kapital, Wissen und Menschen gibt es unzählige Möglichkeiten für Wachstum. Ziele helfen aus diesen Möglichkeiten genau diejenigen auszuwählen, die für die eigene Entwicklung geeignet sind.
Bevor nun auf die unterschiedlichen Dimensionen von Zielen eingegangen wird, sollen die Kriterien, die ein Ziel auszeichnen, näher betrachtet werden.

4.4.1 Kriterien eines Ziels

In der Literatur gibt es viele unterschiedliche Kriterien, welche vorliegen müssen, damit es sich um ein Ziel handelt (HORVÁTH, 2004). Eine der bekanntesten und am besten auf die Praxis übertragbare Definition ist SMART.

Spezifisch:
: Ist Ihr Ziel eindeutig und präzise formuliert? Haben Sie es schriftlich formuliert? Haben Sie ein klares Bild, wie es sein wird, wenn Sie Ihr Ziel erreicht haben?

Messbar:
: Können Sie eindeutig überprüfen, ob Sie Ihr Ziel erreicht haben oder nicht?

Aktionsorientiert:
: Zeigt Ihr Ziel eine positive Veränderung auf? Falsch sind Anweisungen, was nicht sein soll.

Realistisch:
: Ihr Ziel kann ruhig hoch gesteckt sein, es muss aber erreichbar sein. Entscheidend ist Ihre persönliche Einschätzung. Die Motivation, ein unerreichbar scheinendes Ziel anzustreben, ist nämlich ziemlich gering.

Terminierbar:
: Ist Ihr Ziel zeitlich zuordenbar? Gibt es ein definiertes Ende? Was sind die Meilensteine, die Sie erreichen wollen?

Von einem Ziel im Sinne von SMART spricht man, wenn alle fünf Kriterien erfüllt sind.

Kein Ziel nach SMART	*Ziel im Sinne von SMART*
„Wir werden unseren Umsatz erheblich steigern."	„In den nächsten 12 Monaten werden wir den Umsatz im Bereich Retail um 20 % steigern."
„Ich habe mir vorgenommen in nächster Zeit weniger zu essen, um nicht mehr so dick zu sein."	„Bis in 30 Tagen werde ich 4 Kg abnehmen und täglich 30 Minuten Joggen, um wieder zufriedener zu sein."

Die Terminierbarkeit von Zielen führt direkt zum Zeithorizont von Zielen im Unternehmensentwicklungs-Prozess.

4.4.2 Unternehmensziele nach Zeithorizont

Die vorherrschende Meinung unterteilt Unternehmensziele in lange, mittlere und kurze Fristen. Diese Unterteilung ist jedoch mit einer gewissen Willkür verbunden.

Der lange Zeithorizont unterstreicht die generelle Orientierungsfunktion (Leuchtturm) eines Ziels, da auf diese Weise ein gewisser Fixpunkt in der Zukunft vorgegeben wird. Unternehmensziele mit kurz- und mittelfristigem Charakter dienen als Schritte auf dem Weg zum langfristigen Ziel.

In Abbildung 17 werden beide Anforderungen aufgezeigt. Die lang- und mittelfristige Ausrichtung (5-Jahres-Ziel, Jahresziel) wird durch Kreise symbolisiert. Die Quadrate (Quartalsziele) beziehen sich auf die kurzfristige Ausrichtung. Ausgehend von den langfristigen Zielen werden die Jahresziele und anschließend die Quartalsziele definiert.

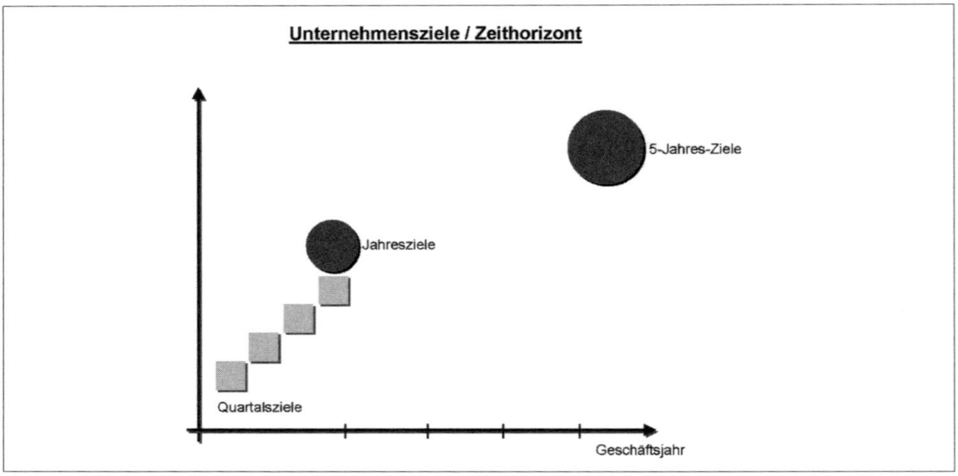

Abbildung 17: Unternehmensziele/Zeithorizont

Die Wahl des richtigen Zeithorizonts von Zielen ist auch von der jeweiligen Zielgruppe abhängig. Dies wird durch die Unternehmensziel-Pyramide deutlich.

4.4.3 Zielgruppenspezifische und hierarchiebezogene Unternehmensziele

Neben der Dimension Zeit können Ziele noch nach der Dimension Zielgruppe (MEIER, 2001; STROEBE, STROEBE, 2003) und/oder nach hierarchischen Zielebenen (ZOLLONDZ, 2005) untergliedert werden. Analog zur zeitlichen Ableitung von den langfristigen zu mittel- und kurzfristigen Zielen, gilt es bei der zielgruppenspezifischen Betrachtung von Unternehmenszielen auf die Geschäftsbereichsziele, die Abteilungsziele und auf die Mitarbeiterziele abzuleiten (siehe Abbildung 18).

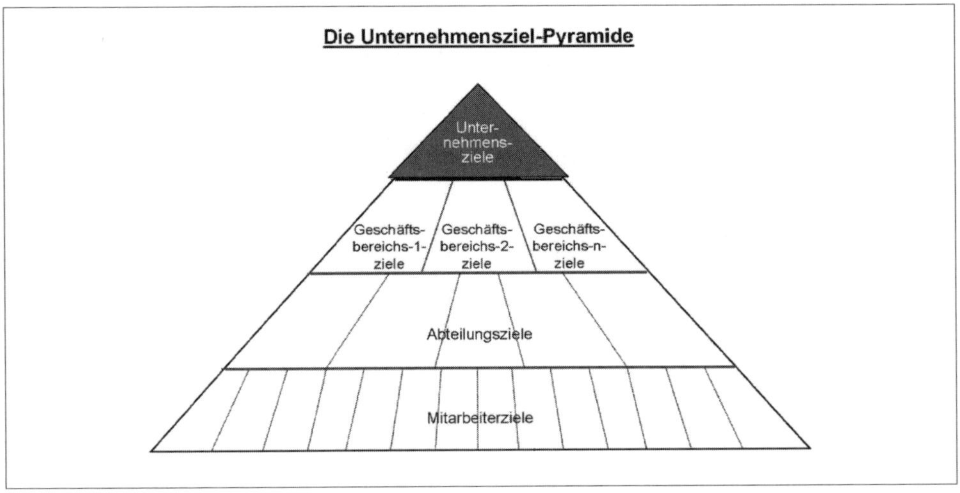

Abbildung 18: Die Unternehmensziel-Pyramide

Entsprechendes gilt für die Ableitung von Zielen für Projekte (siehe Abbildung 19).

Abbildung 19: Hierarchische Zielebenen des Unternehmens (ZOLLONDZ, 2005)

Neben internen Zielgruppen können auch externe Zielgruppen (Stakeholder) berücksichtigt werden (FREEMAN, 1984). Bei Stakeholdern handelt es sich um Anspruchsgruppen wie Kunden, Lieferanten, Kapitalgeber und die Öffentlichkeit. Hingegen bilden die Aktionäre als Shareholder eine ganz besondere Stakeholder-Gruppe, da sie als Kapitalgeber das unternehmerische Risiko tragen (RAPPAPORT, 1996). Die Zielpyramide kann somit um die Gruppe der Stakeholder

erweitert werden.
Im weiteren Verlauf der Untersuchung stehen nunmehr die langfristigen Ziele des Unternehmens (= Unternehmensziele) im Vordergrund.

4.4.4 Was sind Unternehmensziele?

Das erste Kriterium von SMART (spezifisch) kann mithilfe der folgenden W-Fragen auf Unternehmensziele angewandt werden:
Mit den Punkten welche Geschäfte, mit welchen Ressourcen, mit was, wo, mit wem und wie konkretisiert werden sind alle Eigenschaften, die ein Unternehmensziel ausmachen zusammengefasst. (siehe Abbildung 20: Unternehmensziele):

Unternehmensziele

Welche Ziele,
welche Geschäfte
welche Ergebnisse

will das Unternehmen

mit welchen
Ressourcen

mit was

wo

mit wem

wann

wie

erreichen bzw.
machen?

Abbildung 20: Unternehmensziele

Die oben dargestellte Systematik beschreibt alle Merkmale eines Unternehmensziels. Diese unterstützen den Zielfindungsprozess und führen zu einer umfassenden Beschreibung des Zielzustands (HORVÁTH ET. AL., 2004). Mit der Berücksichtigung all dieser Merkmale entsteht eine in sich stimmige Zieldefinition, die bei der Umsetzung und Kommunikation des Ziels wichtig ist. Die restlichen Eigenschaften des SMART-Prinzips (speziefisch, messbar, aktionsorientiert, realistisch, terminierbar) müssen jedoch ebenfalls beachtet werden um eine sinnvolle Zielfindung zu gewährleisten.
In Abbildung 21 sind die einzelnen Merkmale kurz erläutert.

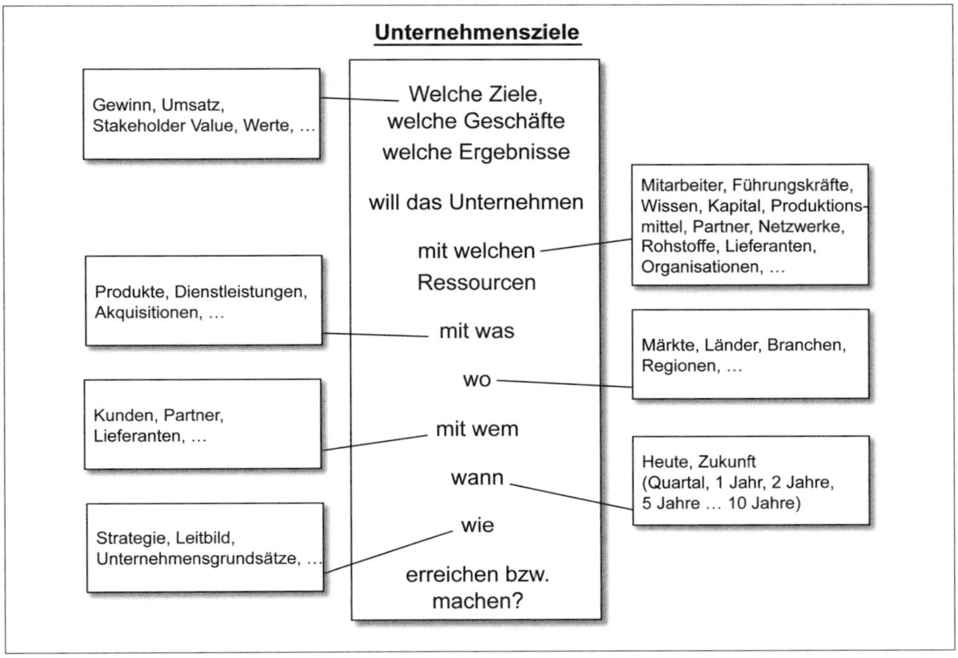

Abbildung 21: Unternehmensziele mit Erläuterungen

Mit Hilfe von Kennzahlen wie Gewinn und Umsatz lassen sich die Ziele eines Unternehmens konkretisieren. Die aufgestellten Ziele lassen sich mit den Ressourcen erreichen (WERNERFELT, 1984; BARNEY, 1991). Dazu zählen die Mitarbeiter, das eingesetzte Kapital oder auch das Wissen, die Kompetenz bzw. das Humankapital, das in der Organisation des Unternehmens vorhanden ist. Aus diesen Ressourcen wird schließlich die Leistung erstellt, die im Wesentlichen aus den Produkten und den Dienstleistungen besteht. Dazu bedarf es jedoch der Einbeziehung von Stakeholdern, wie Partnergesellschaften oder Lieferanten. Das „Wo“ bei den Unternehmenszielen steht für die Märkte, Branchen und Regionen, in denen das Unternehmen tätig ist. Insbesondere der internationale Charakter des „Wo“ hat in Zeiten der Globalisierung stark an Bedeutung gewonnen. Dem Zielsystem liegt abschließend der anhand Abbildung 17 schon erläuterte Zeithorizont zugrunde. Eine der letzten zu klärenden Fragen eines Unternehmensziels zählt das „Wie“. Darunter wird die Definition von Strategien aber auch von Leitbildern und zum Bsp. von Unternehmensgrundsätzen verstanden.

4.4.5 Unternehmensziele auf der Basis des bestehenden Geschäftes

Basis der Zieldefinition in den Unternehmen ist in der Regel das bestehende Geschäft. (Zukunft braucht Herkunft, IST-Zustand). Die Ergebnisse eines Geschäftszeitraumes werden als Grundlage der Zielsetzung für die weiteren Zeiträume für eben diese Geschäftsart genommen. Je nach Rahmenbedingungen werden auf

Basis des bestehenden Geschäfts Wachstumsziele definiert.
Beispiel: Wir wollen im nächsten Geschäftsjahr in dem Geschäftsbereich xy mit den bestehenden Produkten in den existenten Märkten einen um 10 Prozent höheren Umsatz erzielen.

4.4.6 Unternehmensziele nach den fünf Faktoren der ökonomischen Entwicklung

Entsprechend der in der Einleitung beschriebenen Theorie der wirtschaftlichen Entwicklung nach Schumpeter (1934/1997) und der darin definierten fünf Faktoren der unternehmerischen Entwicklung, lassen sich fünf Fragestellungen für Zielbereiche von Wachstum und Globalisierung ableiten. Diese sind in Abbildung 22 aufgezeigt und lauten wie folgt:

1. Welche neuen Produkte / Dienstleistungen werden eingeführt? Auf welchen bestehenden Märkten werden diese platziert? Welches Ergebnis bzw. welches Wachstum kann damit erzielt werden?
2. Welche neuen Absatzmärkte werden wie und mit welchen bestehenden, angepassten oder neuen Produkten bzw. Dienstleistungen erschlossen? Welches Ergebnis bzw. welches Wachstum kann damit erzielt werden?
3. Welche neuen Organisationsstrukturen werden eingeführt? Welche Joint-Ventures sind in welchen Märkten für welche Produkte bzw. Dienstleistungen geplant? Welche Fusionen und Übernahmen (Mergers and Acquisitions) sind sinnvoll? Welches Ergebnis bzw. Wachstum kann mit diesen Maßnahmen erzielt werden? Die Bedeutung der Mergers and Acquisitions hat in den letzten Jahren auch in Europa stark an Bedeutung gewonnen. Die Gründe für Fusionen und Übernahmen decken ein weites Spektrum ab, darunter Markt-, Wettbewerbs- und Kostenüberlegungen oder die Wahrnehmung sich ergebender Chancen.
4. Welche neuen Bezugsquellen von Rohstoffen oder Halbfabrikaten und welche neuen Lieferanten werden aufgebaut? In welchen bestehenden und in welchen neuen Märkten werden diese Bezugsquellen aufgebaut? Welche Vorteile und daraus abgeleitet, welches Ergebnis bzw. welches Wachstum kann damit erzielt werden?
5. Welche neuen Geschäftsprozesse und welche neuen Produktionsmethoden werden eingeführt? An welchen Standorten und in welchen Märkten werden diese eingeführt? Welche Vorteile und daraus abgeleitet welches Ergebnis bzw. welches Wachstum kann damit erzielt werden?

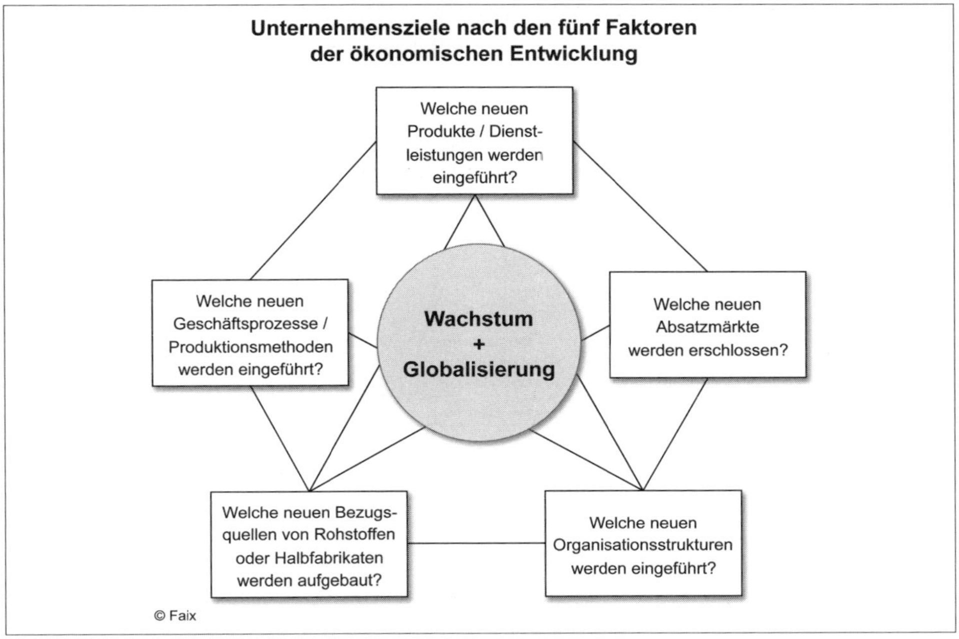

Abbildung 22: Unternehmensziele nach den fünf Faktoren der ökonomischen Entwicklung

4.4.7 Unternehmensziele nach der Bedürfnispyramide des Unternehmens

Analog der Bedürfnispyramide für Menschen nach Maslow (MASLOW, 1954) kann auch eine Bedürfnispyramide für Unternehmen (siehe Abbildung 23) formuliert werden. Diese Bedürfnispyramide besteht aus drei Stufen (RASNER ET AL., 1999):

1. Überlebensbedürfnis
2. Wachstums- und Globalisierungsbedürfnis
3. Gestaltungsbedürfnis

Diese drei Stufen können sehr anschaulich an der New Economy beschrieben werden. Zu Beginn des Internet-Hypes gab es sehr viele Start-Ups, die sich auf der untersten Stufe der Bedürfnispyramide befanden. Diese Unternehmen versuchten ihre Innovation oder Idee im Markt zu etablieren, Mitarbeiter zu rekrutieren, Kunden zu gewinnen und so Umsatz und Gewinn zu erzielen.
Von dieser breiten Masse konnte sich nur ein Bruchteil zur zweiten Stufe vorarbeiten. Die Unternehmen der zweiten Stufe erwirtschafteten zunehmend Gewinn und förderten mit Innovationen die weitere Entwicklung im Web voran.
Nur einige wenige Unternehmen (z. B. Google, Ebay, ...) befinden sich heute auf der dritten und letzten Stufe. Google versucht durch zahlreiche neue Wege seinen Einfluss und Macht einerseits auszubauen andererseits in neuen Bereichen

Marktmacht aufzubauen (z. B. Google-Maps, Google-Mail).
In Abhängigkeit der jeweiligen Stufe, auf welcher sich ein Unternehmen befindet, wird jedes Unternehmen unterschiedliche Ziele definieren.

Abbildung 23: Die Unternehmensziele nach der Bedürfnispyramide des Unternehmens

Nachdem der Zielfindungsprozess eines Unternehmens erläutert wurde, ist nun das folgende Element des Unternehmensentwicklungs-Prozesses, die Entwicklung der Unternehmens-Strategie näher zu beleuchten.

4.5 Unternehmensstrategie

Wie in Kapitel 3 beschrieben, sind in der Regel viele Wege definierbar, um ein unternehmerisches Ziel zu erreichen. Die jeweils richtigen Wege zu definieren um gesetzte unternehmerische Ziele effizient und effektiv zu erreichen, ist eine der wichtigen Management-Aufgaben. Unter den jeweils gegebenen Bedingungen (IST-Situation, RAHMENBEDINGUNGEN, ZIELE des Unternehmens) die geeignete STRATEGIE zu definieren ist demnach das vierte Element des strategischen Dreiecks der Unternehmensentwicklung (siehe z.B. Abbildung 11) (BURR, MUSIL, STEPHAN, WERKMEISTER, 2005). Die Unternehmens-Strategie ist, wie schon in Kapitel 3 beschrieben und in Abbildung 8 und 9 dargestellt, ein konkreter Vorgehensplan, um die definierten Ziele eines Unternehmens zu erreichen. Dabei gibt es entsprechend der Unternehmensziel-Pyramide (Abbildung 18) Gesamt-Unternehmens-Strategien, Geschäftsbereichs-Strategien, Abteilungs-Strategien und letztlich Strategien jedes einzelnen Mitarbeiters, um die entsprechenden Ziele zu erreichen. Diese scheinbare Strategie-Vielfalt sollte, ähnlich wie die Summe der Einzelziele das Unternehmensziel ergibt, sich nicht widersprechen sondern harmonisch zueinander passen, damit der Unternehmenserfolg nachhaltig gewährleistet werden kann.

<u>Unternehmensstrategie</u>

Die Unternehmensstrategie ist ein konkreter Vorgehens-Plan, um die definierten Ziele eines Unternehmen zu erreichen. Damit wird der Unternehmenserfolg nachhaltig gewährleistet.

Abbildung 24: Unternehmensstrategie

Klassifiziert werden Strategien nach der Hierarchie der Unternehmensorganisation (MACHARZINA, 2003, S.241-248). Auf der Gesamtunternehmensebene (Corporate Strategies) soll geklärt werden, welche Ziele von welchem Unternehmensbereich mit welchen Ressourcen realisiert werden müssen. Auf der Geschäftsbereichsebene wird entschieden mit welcher Strategie die Geschäftsbereichsziele erreicht bzw. der Wettbewerb bestritten werden soll (PORTER, 1983). Geschäftsbereichsstrategien (Business Strategies) betreffen den einzelnen Geschäftsbereich und müssen immer genau auf die Gesamtunternehmensstrategie abgestimmt werden (MACHARZINA, 2003, S.248). Mit der Funktionsbereichsstrategie (Functional Strategies) kann noch eine weitere Strategieebene formuliert werden, die vor allem auf die einzelnen Funktionalbereiche innerhalb der Organisation abzielen.

Der Weg zur Zielerreichung (Umsetzung) wird durch verschiedene Strategie-Instrumente unterstützt. Ein Strategie-Instrument gibt konkrete Handlungsanweisungen wie das gesteckte Ziel erreicht werden kann. Im übertragenen Sinne kann man Strategie-Instrumente mit Straßenkarten vergleichen, welche den Weg zum Ziel aufzeigen. In Abbildung 25 sind wesentliche Strategie-Instrumente aufgeführt.

Abbildung 25: Die Unternehmensentwicklung (11) – Strategie-Instrumente

Unter den Strategie-Instrumenten können im Folgenden einige kurz hervorgehoben werden (SIMON ET AL., 2002; HUNGENBERG, 2004).

Bei dem Instrument „Führen durch Zielen“ bzw. „Management by Objectives“ werden innerhalb der Organisation gemeinsame Ziele vereinbart (FUCHS-WEGNER, 1987). In der Folge erhalten die Mitarbeiter bzw. die Arbeitsgruppen vorab definierte Handlungsspielräume. Um einen Anreiz zu schaffen, die formulierten Ziele zu erreichen, können die Mitarbeiter an den Erfolgen beteiligt werden. Diese genaue Zieldefinition ermöglicht auch die Messbarkeit der Zielerreichung.

Die Balanced Scorecard (KAPLAN, NORTON, 1996; FINK, HEINEKE, 2006; HORVÁTH ET AL., 2004) stellt ein umfassendes Kennzahlensystem dar, das nicht nur quantitative Zielgrößen mit einbindet, sondern ganz gezielt auch qualitative Kennzahlen berücksichtigt. Die Integration aller Unternehmensziele zu einem ganzheitlichen Führungsinstrument erleichtert zudem die Akzeptanz innerhalb der Organisation, da die Messung der Zielerreichung ermöglicht wird und eine Überschaubarkeit des Zielsystems gegeben ist.

Die Ermittlung der spezifischen Erfolgsfaktoren und deren Bewertung mittels der Vester'schen Vernetzungsmatrix ist ein auf allen Hierarchieebenen gut anzuwendendes Strategie-Instrument zur Definition eines jeweils konkreten Aktionsplanes zur Erreichung eines konkreten Zieles (NAGEL, FAIX, SCHULTEN, KECK, SAILER, 2007).

Das Wissen eines Unternehmens rückt als Ressource immer stärker in den Vordergrund (AMELINGMEYER, 2002). Dementsprechend ist ein ganzheitliches Wissensmanagement zu implementieren, um das Wissen der Mitarbeiter und der Organisation zu erhöhen. Das Wissen und die Fähigkeiten fließen somit in den Leistungserstellungsprozess ein, womit ein Wettbewerbsvorteil gegenüber den Konkurrenten erlangt werden kann.
Die Anwendung der einzelnen Strategie-Instrumente hängt von der Präferenz der jeweiligen Unternehmen und von der Situation ab. Zudem müssen mit einzelnen Strategie-Instrumenten Erfahrungen gesammelt werden.
Die Wahl des Strategie-Instruments ist mitunter auch abhängig von dem gesteckten Ziel, aber auch von der Stufe der Bedürfnispyramide des Unternehmens, der Unternehmenskultur und den Unternehmenskompetenzen.
Das operative Management ist in dem aufgezeigten Unternehmensentwicklungsprozess ein wesentlicher Bestandteil der Strategieumsetzung, da die „Ausbeutung" der verfügbaren Erfolgspotentiale im Sinne einer bestmöglichen Zielverwirklichung in den Aufgabenbereich des operativen Managements fällt (AMANN, 1995). Zur Erreichung der definierten Unternehmensziele und bei deren Umsetzung sind ein entsprechendes Marketing- und Vertriebs-Management, ein Finanz-Management, ein Forschungs- und Entwicklungs-Management, ein Produktions-Management, ein Beschaffungs-Management, ein Organisations-Management und nicht zuletzt ein Human-Ressources-Management von entscheidender Bedeutung. Wie in dem Unternehmensentwicklungsprozess in Abbildung 10 dargestellt, folgt nach der „Definition der Strategie" und der „Strategieumsetzung" die „Kontrolle der Zielerreichung". Jederzeit ein klares Bild über den Zustand der strategischen Umsetzung und über den Grad der Zielerreichung zu haben, ist ein wesentlicher Erfolgsfaktor.

5 Die generellen Erfolgsfaktoren des Unternehmens

Der oben dargestellte Unternehmensentwicklungs-Prozess umfasst wichtige Aspekte wirtschaftlichen Handelns. Um jedoch wirtschaftlich erfolgreich zu sein, gilt es „generelle Erfolgsfaktoren" zu beachten. Erfolgsfaktoren sind alle Faktoren, die auf den Erfolg oder den Misserfolg eines Unternehmens konkreten Einfluss nehmen. Das Konzept der Erfolgsfaktoren geht davon aus, dass nur wenige Einflüsse über den Erfolg oder den Misserfolg einer Unternehmung entscheiden. Demnach besteht zwischen diesen Faktoren und dem Unternehmenserfolg eine hohe Korrelation: Nur wenn die Erfolgsfaktoren vom Unternehmen beherrscht werden, kann es erfolgreich sein und seinen Wert steigern. (DILLERUP, STOI, 2006, S.128)
In der betriebswirtschaftlichen Lehre gibt es eine Vielzahl verschiedener Konzepte von Erfolgsfaktoren. Ausgangspunkt dieser Überlegungen ist der Erklärungsansatz von Kurt Nagel (NAGEL, 1995).
Nach Kurt Nagel sind die generellen Erfolgsfaktoren: Strategie, Organisation, In-

formations-Systeme, Mitarbeiter, Führungssystem und Kundennähe.
Im Zeitalter einer immer komplexeren Wirtschaftswelt und einer zunehmenden Globalisierung reichen diese sechs Erfolgsfaktoren nicht mehr aus. Ergänzt werden diese deshalb durch die folgenden neuen Erfolgsfaktoren: Ziele, Wachstum, Globalisierung, Kundenorientierung statt Kundennähe und Innovation (KECK, SAILER, 2004). Dies ist in den Abbildungen 26 und 27 wiedergegeben.

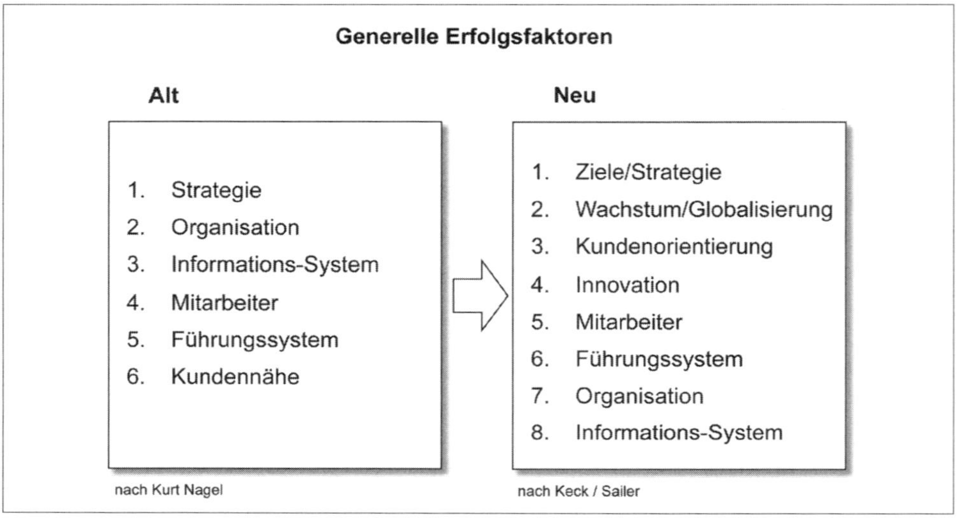

Abbildung 26: Generelle Erfolgsfaktoren

Die generellen Erfolgsfaktoren unterscheiden sich in der Intensität der Anwendung in Abhängigkeit der Branche und des Entwicklungsstandes (Bedürfnispyramide) des Unternehmens. Dabei ist zu beachten, dass die Erfolgsfaktoren nicht isoliert betrachtet werden können. Alle Erfolgsfaktoren sind voneinander abhängig. Deshalb sollten im erfolgreichen Unternehmensentwicklungs-Prozess immer alle Erfolgsfaktoren berücksichtigt werden, jedoch mit unterschiedlicher Intensität.
Im Folgenden sollen die Erfolgsfaktoren ‚Wachstum' und ‚Globalisierung' kurz erörtert werden, um die Bedeutung für die Unternehmensentwicklung darzustellen.
Das Aufstreben der Schwellenländer hat dazu geführt, dass nicht nur drei Wachstumszentren nach dem Triade-Konzept (Nordamerika, Europa, Japan) existieren, sondern eine Vielzahl Neue hinzugekommen sind (DB RESEARCH, 2005). Darunter fallen nicht nur die BRIC-Staaten Brasilien, Russland, Indien und China sondern auch die sogenannten Future11 wie Vietnam, Thailand, Indonesien, die Türkei etc.. Es lassen sich noch eine Reihe von weiteren Ländern aufführen, die als neue Wachstumszentren angesehen werden können.
Gemäß der Bedürfnispyramide des Unternehmens müssen nicht nur die großen, sondern mittlerweile auch die kleinen und mittelgroßen Unternehmen international wachsen, um weitere Marktanteile zu gewinnen. Dies ist notwendig geworden, weil die Märkte in den Industrieländern stark gesättigt sind. Ein Marktwachstum

ist somit oft nur im Ausland möglich. Die Erschließung neuer Absatzpotentiale ist demnach ein wichtiger Erfolgsfaktor geworden, um im Rahmen der globalisierten Märkte zum Erfolg zu kommen (KUTSCHKER, SCHMID, 2004; WELGE, HOLTBRÜGGE, 2003).

Die Globalisierung der Leistungserstellung ist jedoch nicht nur auf der Vertriebsseite erforderlich, sondern auch beim Einkauf und in der Produktion. Der Bezug von Modulen, Komponenten und Teilen wird global organisiert, da zunehmend viele Lieferanten in vielen Ländern die geforderte Qualität gewährleisten können. Entsprechend wird der Einkauf gebündelt und weltweit abgewickelt, um alle Preisvorteile auszunutzen. Diese Verfahrensweise wird auch durch sinkende Transportkosten möglich (PERLITZ, 2004).

Die Verlagerung der Produktion ins lohnkostengünstige Ausland wird in vielen Industrieländern heftig diskutiert. Eine Sättigung der Märkte macht Kosteneinsparungen immer wertvoller, da das Absatzpotential in den Heimatmärkten stagniert. Entlang der gesamten Wertschöpfung werden die Chancen der Globalisierung genutzt, um günstiger einzukaufen und zu produzieren und um neue Märkte zu erschließen.

Diese Überlegungen decken sich auch mit einigen Schumpeter'schen Faktoren. Die Erschließung neuer Bezugsquellen von Halbfabrikaten entspricht dem global organisierten Einkauf. Eine weitere Deckung liegt bei der Erschließung neuer Absatzmärkte vor. Das internationale Wachstum eines Unternehmens ist vor allem zur Erlangung von Betriebsgrößenvorteilen (economies of scale) notwendig (MILGROM, ROBERTS, 1992). Diese werden erreicht, wenn in einer vordefinierten Zeiteinheit die Stückkosten bei zunehmender Produktion sinken. Mit den Betriebsgrößenvorteilen wird vor allem die Last der Fixkosten reduziert. Um diesen Effekt voranzutreiben, sind neue Absatzmärkte zu erschließen, damit die Produktion gesteigert werden kann. Neue Kapazitäten können aber auch durch Akquisitionen hinzugewonnen werden (PICOT, 2002).

Das internationale Wachstum bildet somit eine wichtige Phase innerhalb der Unternehmensentwicklung. Diesen Weg haben auch viele kleinere und mittlere Unternehmen genommen, um die Chancen der Globalisierung zu nutzen (SIMON, 1996). Globalisierung ist somit nicht nur eine Domäne der großen Unternehmen, sondern wird zunehmend von allen Unternehmen angegangen.

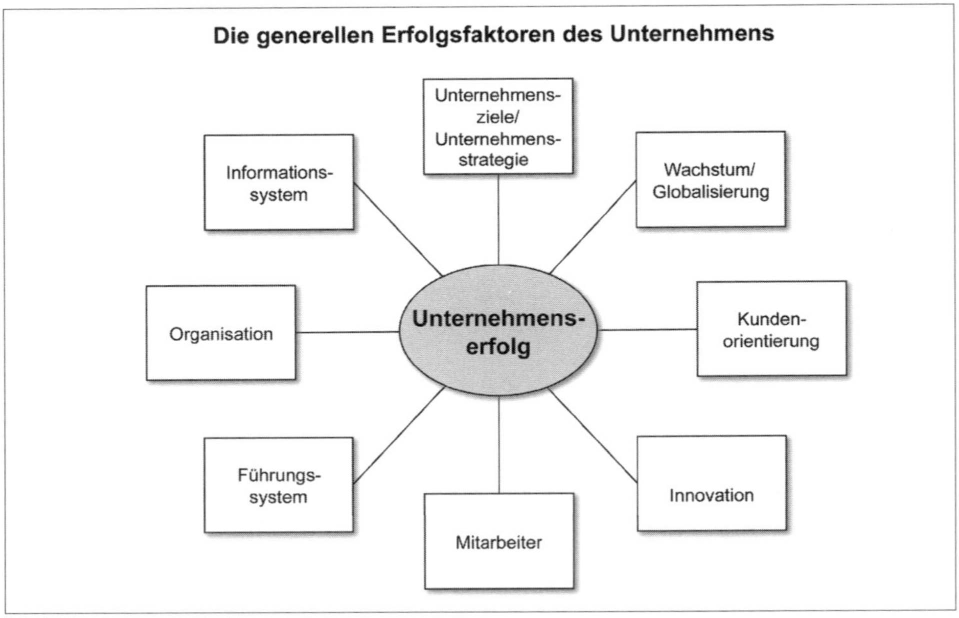

Abbildung 27: Die generellen Erfolgsfaktoren des Unternehmens

6 Mitarbeiter und Führungskräfte für Wachstum und Globalisierung

6.1 Die allgemeine Beschleunigung der Lebensprozesse

Eine genaue soziologische Analyse moderner Zeitverhältnisse enthüllt, dass wir uns heute in einer Beschleunigungsspirale befinden, in der sich drei logisch und kausal voneinander unabhängige und zum Teil sogar einander widersprechende Prozesse im Verbund gegenseitig bedingen und eine immer schnellere Veränderung der Welt hervorbringen (ROSA, 2008).
Diese drei Prozesse sind

- die technische, bzw. technologische Beschleunigung,
- die Beschleunigung des Lebenstempos und
- die Beschleunigung des sozialen Wandels.

Die technologische Beschleunigung bezieht sich insbesondere auf die Bereiche Transport, Kommunikation und Produktion. Entfernungen spielen heutzutage kaum mehr eine Rolle und können durch Internet, Telefon oder auch physisch mit Hilfe der Luftfahrt binnen weniger Stunden oder gar Sekundenbruchteilen überwunden werden.
Als Beschleunigung des Lebenstempos wird eine Verknappung von Zeitressourcen trotz permanenter technischer Zeiteinsparungen durch ein exponentielles

Wachstum von Aufgaben und Möglichkeiten gegenüber nur linearen Temposteigerungen verstanden.
Die Beschleunigung des sozialen Wandels spiegelt sich insbesondere in einer Steigerung der Verfallsraten von handlungsorientierten Erfahrungen und Erwartungen und in einer Verkürzung der für die jeweiligen Funktions-, Wert- und Handlungssphären als Gegenwart zu bestimmenden Zeiträume wider.
Zusammengefasst heißt das, der Mensch muss die Fähigkeit besitzen, sich immer öfter und schneller umorientieren zu können, da sich auf jeglicher Ebene des menschlichen Lebens alles immer schneller verändert (siehe Abbildung 28).

Abbildung 28: Gegenseitige Verstärkung im Dreieck des Wandels (ROSA, 2008)

Die oben angesprochenen Fähigkeit, sich in seinem immer schneller verändernden Umfeld zurecht zu finden, wird allgemein als Kompetenz definiert. Demnach ist nur ein kompetenter Mensch den aus der sich ständig erneuernden Umfeldsituation entstehenden Herausforderungen gewachsen.
Eine generellere Definition des Begriffes Kompetenz ist die in Entwicklungsprozessen entstandene, generalisierte Selbstorganisationsdisposition komplexer, adaptiver Systeme zu reflexivem, kreativem Problemlösungshandeln im Hinblick auf allgemeine Klassen von komplexen, selektiv bedeutenden Situationen (ERPENBECK, VON ROSENSTIEL, 2007; ERPENBECK, HEYSE, 2007; ERPENBECK, SAUTER, 2007).
Die folgende Abbildung liefert noch einmal eine Zusammenfassung des Kompetenzbegriffs:

Definition Kompetenzen

Kompetenzen sind die Fähigkeiten zum selbstorganisierten Handeln, sind **Selbstorganisationsdispositionen.**

Selbstorganisiert wird das Handeln in **offenen** Problem- und Entscheidungssituationen, in **komplexen**, oft **chaotischen** Systemen.

Es gib ein anhaltend großes Interesse an Selbstorganisation,
- da die unternehmensinterne, soziale, politische Komplexität und Veränderungsdynamik ansteigt,
- da die Notwendigkeit des Managements instabiler-komplexer Prozesse (change management) immer weiter zunimmt,
- da Kompetenzen unerlässlich sind für das Handeln in der Risikogesellschaft sind.

Abbildung 29: Kompetenzdefinition (ERPENBECK, VON ROSENSTIEL, 2007)

Kompetenzen schließen zwar Fähigkeiten, Wissen und Qualifikationen ein, lassen sich jedoch nicht darauf reduzieren, da Kompetenzen zusätzlich dem Kompetenzträger zueigene selbstverantwortete Regeln, Werte und Normen mit beinhalten (siehe Abbildung 30).

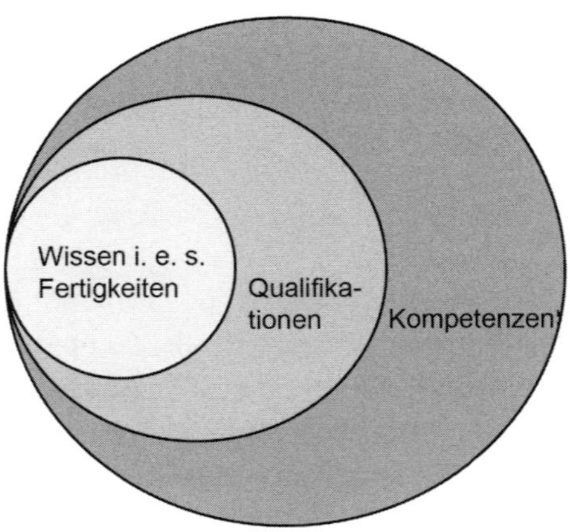

Abbildung 30: Der Zusammenhang Wissen-Qualifikation-Kompetenz (ERPENBECK, VON ROSENSTIEL, 2007).

Die oben angesprochene Beschleunigung auf soziologischer Ebene zeigt sich entsprechend in der Wirtschaft.
In den letzten Jahrzehnten konnte eine stark zunehmende Verflechtung der internationalen Wirtschaftsbeziehungen und eine Liberalisierung des Welthandels be-

obachtet werden. Dieses heute noch andauernde Phänomen wird gemeinhin als Globalisierung bezeichnet und führt zu einer Beschleunigung des Wettbewerbs und einem verstärkten Konkurrenzkampf. Die damit einhergehende zunehmende Integration der internationalen Kapitalmärkte ermöglicht Kapitalflüsse und Investitionen in jeder beliebigen Region unserer Erde.
Heute konkurrieren Unternehmen nicht mehr nur mit ihren direkten regionalen Nachbarn, sondern mit Unternehmen aus aller Welt. Ein Unternehmen, das im Markt standhalten möchte muss seinen Konkurrenten zeitlich und fachlich immer um eine Nasenlänge voraus sein. Dies gilt insbesondere für Unternehmen aus den westlichen Industrienationen, die gegenüber Unternehmen aus sogenannten Billiglohnländern in Bezug auf die Kostenstrukturen benachteiligt sind.
Für das einzelne Unternehmen bedeutet ein Stillstehen und Ausruhen bereits ein Zurückfallen im internationalen Wettbewerb und ein großes Existenzrisiko. Das Unternehmen sollte sich deshalb nicht vor dem globalen Wandel verschließen, sondern diesen mittragen und die gegebenen Herausforderungen annehmen. Im Klartext heißt das auf der Basis eines tragfähigen Geschäftsmodells immer neue Geschäftsmöglichkeiten erfolgreich zu realisieren, d.h. immer neue Ziele und Strategien zu erarbeiten, diese in die Tat umzusetzen und die fünf Faktoren der Unternehmensentwicklung nach Schumpeter zu verinnerlichen. Wie das im Einzelnen aussieht veranschaulicht die folgende Grafik:

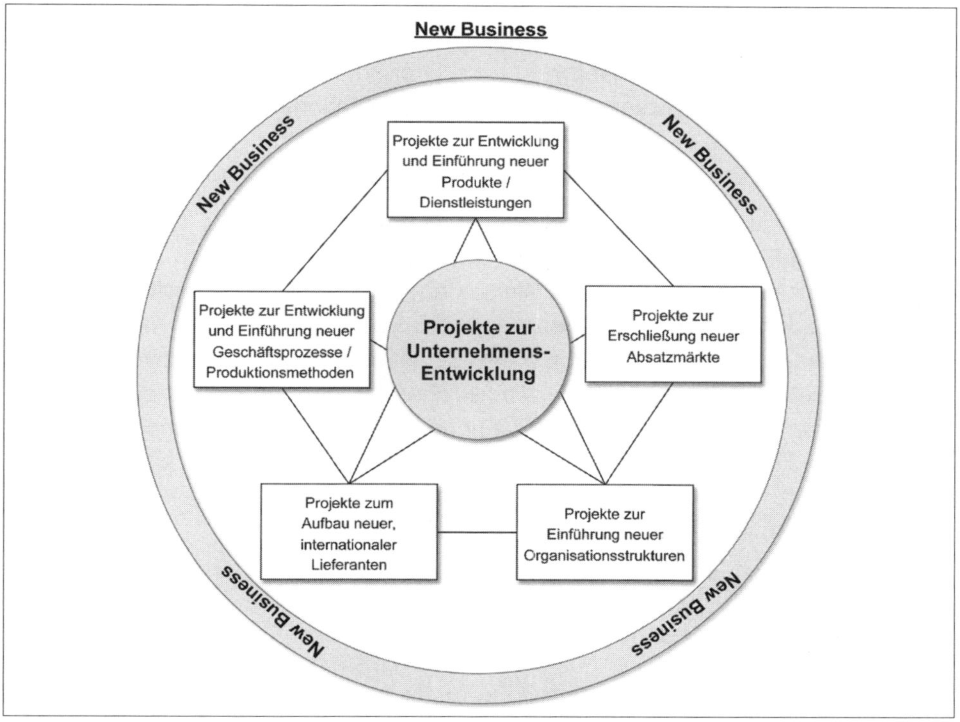

Abbildung 31: New Business: Projekte zur Entwicklung neuer Geschäftsmöglichkeiten nach Schumpeter

6.2 Das Humankapital als der entscheidende Faktor

Um Projekte im Sinne der Schumpeter'schen Unternehmensentwicklung überhaupt entwickeln und durchführen zu können, ist es von entscheidender Bedeutung den wesentlichen Erfolgsfaktoren für die Unternehmensentwicklung im Unternehmen besondere Beachtung zu schenken.
Eine Schlüsselstellung kommt dem Faktor Mensch zu; denn nur mit Hilfe von handlungs-kompetenten Mitarbeitern und Führungskräften ist das Unternehmen in der Lage, neue Ziele zu definieren und diese mit Hilfe innovativer Projekte und Strategien in die Realität umzusetzen.
Dies bedeutet, dass im Unternehmen Mitarbeiter und Führungskräfte definiert werden müssen, die für die erfolgreiche Durchführung der Schumpeter- Projekte verantwortlich und vor allem auch dazu in der Lage, d.h. kompetent sind.
Da aus den Schumpeter- Projekten die zukünftige Wettbewerbsfähigkeit des Unternehmens resultiert, sind die daran beschäftigten Mitarbeiter und Führungskräfte im engeren Sinne als das eigentliche Humankapital eines Unternehmens zu bezeichnen.
Angelehnt an Schumpeter (siehe Einleitung) gehören zum Humankapital eines Unternehmens all diejenigen Menschen, die

- neue Produkte und Dienstleistungen entwickeln, produzieren und auf den Markt bringen,
- neue Geschäftsprozesse und Produktionsverfahren definieren,
- neue Märkte und neue Absatzwege erschließen,
- die Unternehmensprozesse durch neue Organisationsformen effizienter gestalten und
- neue, günstigere, alternative Rohstoffquellen und Lieferanten finden.

Zusammengefasst zählen zum Humankapital also diejenigen Mitarbeiter und Führungskräfte, die Verantwortung im Unternehmen übernehmen, Innovationen auf den Weg bringen und auf diese Weise dem Unternehmen zu Wettbewerbsvorteilen und dadurch zu einer Steigerung des Unternehmensnutzens verhelfen.
Unternehmen können sich nur durch ihre Qualität an Humankapital von der Konkurrenz abheben. Dies gilt innerhalb einer Branche und eines Landes, aber vielmehr im internationalen Vergleich. Hochqualifizierte, innovative und handlungskompetente Mitarbeiter sind genau das, was für hochentwickelte Industrienationen Vorteile schafft.
In der folgenden Abbildung wird dies noch einmal verdeutlicht:

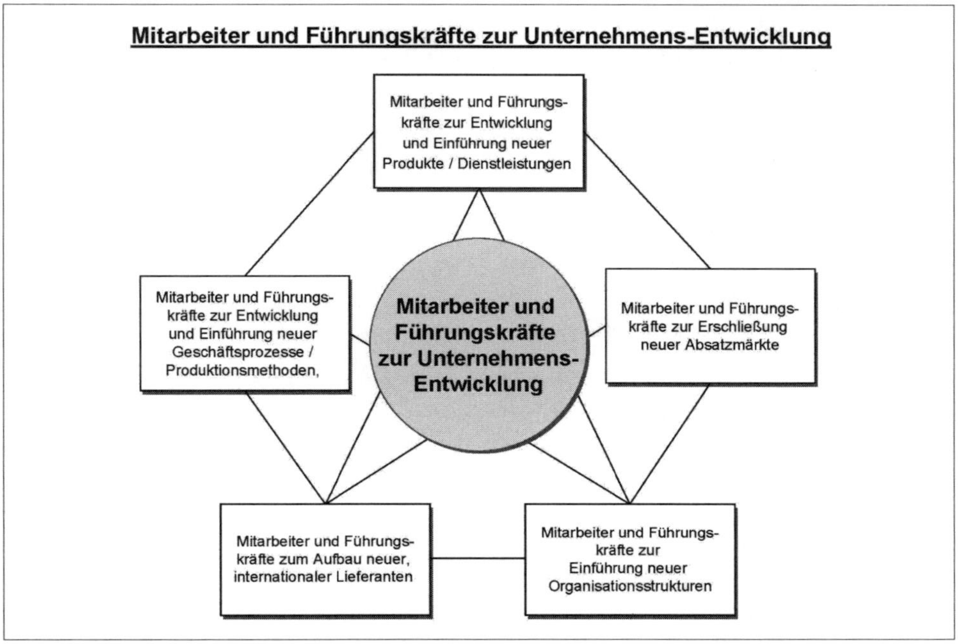

Abbildung 32: Mitarbeiter und Führungskräfte zur Unternehmensentwicklung

Wie der monetäre Wert des Humankapitals eines Unternehmens in Zahlen ausgedrückt bzw. gemessen werden kann, mit dem Ziel Steuerungsimpulse abzuleiten, zeigen die folgenden Ansätze (BARTHEL ET. AL., 2007):

6.2.1 Die Saarbrücker Formel

Die an der Uni Saarbrücken entwickelte und 2004 vorgestellte Formel versucht in ihre Berechnung des Humankapitals (HC) zentrale personalwirtschaftliche Handlungsfelder einzubeziehen, durch die der Wert der humankapitalrelevanten Einflussgrößen determiniert wird:

$$HC = \sum_{i=1}^{g} \left[\left(FTE_i \times l_i \times f_i(w_i, b_i) + PE_i \right) \times M_i \right]$$

1.	i	Beschäftigungsgruppen, in die die Mitarbeiter aufgeteiltwerden	
2.	FTE_i	Full Time Equivalents gemäß der tatsächlichen Beschäftigungsverhältnisse	Preiskomponente
3.	l_i	Marktgehälter	
4.	w_i	beschäftigungsgruppenspezifische Wissensrelevanzzeit	Verlust an HC durch Wissens-veraltung
1.	b_i	durchschnittliche Betriebszugehörigkeitsdauer	
2.	PE_i	Kosten für Personalentwicklungsmaßnahmen: Kompensation des Wissensverlusts.	
3.	M_i	aggregierte Mitarbeitermotivation (Commitment, Hygienefaktoren, Retention)	

Abbildung 33: Die Saarbrücker Formel

Es ergeben sich insgesamt zehn Stellschrauben zur Optimierung des resultierenden Humankapitals:

Die Mitarbeiter werden verschiedenen Beschäftigungsgruppen i (1) auf Basis ihrer tatsächlichen Beschäftigungsverhältnisse zugewiesen und als Full Time Equivalents FTEi (2) ausgewiesen, d.h. auf Vollzeitarbeitskräfte normiert. Diese FTE-Werte werden mit den Marktgehältern li (3) multipliziert und es ergibt sich der Preis der Arbeitnehmer für das Unternehmen. Multipliziert werden mit dem Preis die beschäftigungsspezifische Wissensrelevanzzeit wi (4) und die durchschnittliche Betriebszugehörigkeitsdauer bi (5), die anzeigen, wie lange das aktuelle Wissen der Mitarbeiter wertschöpfungsrelevant bleibt oder auch wie schnell Wissensveraltung zu einem Verlust an Humankapital führt. Zur Kompensation des gruppenspezifischen aggregierten Wissensverlusts fi(wi,bi) dienen Personalentwicklungsmaßnahmen mit den Kosten PEi (6). Diese Variable kann jedoch modifiziert werden, da nicht alle PE-Maßnahmen unmittelbar auszahlungswirksam sind (7). Die Mitarbeitermotivation Mi, mit der der ganze Term multipliziert wird, stellt eine aggregierte Größe dar, die die zentralen „weichen Faktoren“ Commitment (8), Hygiene(9) und Retention (10) subsumiert.

Neben einzelnen Problemen im Zusammenhang mit der Nichtberücksichtigung von Interdependenzen zwischen den einzelnen Variablen, sowie Messproblemen, wird in der Berechnung des Humankapitals mit Hilfe der Saarbrücker Formel die Heterogenität der Mitarbeiter nicht berücksichtigt. Dies ist jedoch ein zentraler Aspekt des betrieblichen Humankapitals: da sich geringer qualifizierte Arbeitskräfte weltweit nicht sonderlich unterscheiden (Produktivität kann durch Masse ersetzt werden), gehören zum Humankapital im engeren Sinne lediglich diejenigen Arbeitskräfte, die durch ihre Fähigkeiten Innovationen einführen und so den zukünftigen Unternehmenserfolg sicherstellen.

Beispielhaft verdeutlicht sei dies wie folgt: Ein Automobilproduzent mit Produktionswerken in Deutschland und China, in denen jeweils bei gleicher Auslastung die gleiche Anzahl an Fahrzeugen produziert wird, weist in Deutschland nach der Saarbrücker Formel einen deutlich höheren Humankapitalwert auf als das Werk in China. Da bei einem entsprechenden Kapitaleinsatz ein Werk in China innerhalb von 1-2 Jahren realisierbar ist, scheint es nicht sinnvoll, den Humankapitalwert nach der Saarbrücker-Formel zur Definition der Wettbewerbsfähigkeit zu nutzen.

6.2.2 Der Kompetenzkapitalindex nach Erich Barthel

Erich Barthel führt einen Kompetenzkapitalindex (KK) (BARTHEL, ERPENBECK, HASEBROOK, ZAWACKI-RICHTER, 2007) ein, in dem das Verhältnis der individuellen und organisationalen Kompetenzen eines Unternehmens zusammengefasst wird.

Dieser Sichtweise der Unternehmenskompetenzen liegt eine neue Definition der Kompetenzebenen des Unternehmens zugrunde, in dem insbesondere individuelle, team- und organisationale Kompetenzen unterschieden werden.

Unter organisationale Kompetenzen wird die Auswahl und Verknüpfung von Ressourcen verstanden, die auf den Ressourcenbasierten Ansatz zurückgeht (SCHREYÖGG, 2003).

Im Zusammenhang mit dem EFQM- Modell (European Foundation of Quality Management) gelingt es, Erfolgsfaktoren des betrieblichen Kompetenzmanagements herauszuarbeiten und die Empirik der Erfolgsfaktoren mit der Theorie organisationaler Kompetenzentwicklung zu verbinden.

Auf dieser Grundlage ergibt sich der Kompetenzkapitalindex in Form einer multiplikativen Kombination von organisationalen Kompetenzen und individuellen Kompetenzen, in dem die Parallelität von individueller und organisationaler Kompetenz auf Basis eines gediegenen Selbstorganisationsansatzes, der Synergetik, deutlich wird.

Der Ansatz des Kapitalkompetenzindexes wird in der folgenden Abbildung dargestellt:

Der Kompetenzkapitalindex

$$KK = KI \times KO$$

KI = Index für individuelle Kompetenzen (errechnet aus einem Personalportfolio)

KO = Index für organisationale Kompetenzen (als Punktwert aus dem EFQM-Ansatz errechnet)

Abbildung 34: Der Kompetenzkapitalindex

Der Kompetenzkapitalindex nach Barthel stellt einen weiteren Ansatz dar, um den Wert des Humankapitals in einem Unternehmen zu berechnen. Der zentrale Kritikpunkt besteht jedoch, wie auch in Bezug auf die Saarbrücker Formel, im Einbeziehen des gesamten Unternehmenspersonals in die Berechnung des Kompetenzkapitalindexes. Es wird vorausgesetzt, dass jeder Mitarbeiter über Kompetenzen verfügt, die in die Berechnung des KK mit eingehen.
Da jedoch in einem Unternehmen nur Führungskräfte und Mitarbeiter mit generalisierten Selbstorganisationsdispositionen Kompetenzträger für Innovationen und damit für die zukünftige Unternehmensentwicklung darstellen, sollten auch nur diese zur Wertberechnung des Humankapitals eines Unternehmens genutzt werden. Nur so ergibt sich eine Differenzierung bezüglich der Zukunftsfähigkeit eines Unternehmens.

Ein Berechnungsvorschlag, der auf die vorangegangene Problematik eingeht stellt die folgende Methode dar.

6.2.3 Die neue Herrenberger Formel

Im Gegensatz zur Saarbrücker Formel ist die neue Herrenberger Formel wesentlich leichter zu handhaben. Sie besteht aus zwei Komponenten, die sich multiplikativ ergänzen, nämlich der Gesamt-Ergebniserwartung für fünf Jahre GEE5 und dem Wahrscheinlichkeitsfaktor für die Ergebnis-Realisierung WF:

Human-Kapital (HK)

$$HK = GEE_5 \times WF$$

HK = Human-Kapital
GEE_5 = Gesamt-Ergebnis-Erwartung für 5 Jahre
WF = Wahrscheinlichkeitsfaktor für die Ergebnis-Realisierung

Abbildung 35: Die neue Herrenberger Humankapitalformel

Die Herrenberger Humankapitalformel muss unternehmens- bzw. projektbezogen angewendet werden, da sie sich auf spezifische unternehmensbezogene bzw. projektbezogene Werte bezieht. Die Dauer der Gesamt-Ergebnis-Erwartung kann jeweils variiert werden. In Anbetracht der bereits erwähnten beschleunigten Verfallszeit von Neuerungen erscheinen jedoch fünf Jahre als ein geeigneter Zeitraum. Der Wahrscheinlichkeitsfaktor für die Ergebnis-Realisierung kann Werte zwischen 0 und 1 annehmen, liegt aber üblicherweise zwischen 0,5-0,9%.
Die Gesamtergebniserwartung wird wie folgt berechnet:

Gesamt-Ergebnis-Erwartung aus den Projekten zur Unternehmens-Entwicklung (GEE_5)

$$GEE_5 = EE_{PD5} + EE_{NM5} + EE_{NO}5 + EE_{NL5} + EE_{NGP/PM5}$$

$$GEE_5 = \Sigma\ EE_5$$

Abbildung 36: Berechnung der Gesamtergebniserwartung

In Anlehnung an Grafik 31 lassen sich die bereits genannten fünf Projektarten zur Generierung von Unternehmensentwicklung unterscheiden. Die Gesamt-Erwartung ergibt als die Summe der jeweiligen Einzelergebniserwartungen der fünf Teilprojektgebiete:

Ergebnis-Erwartung aus den Projekten zur Unternehmens-Entwicklung

1. Ergebnis-Erwartung (Gewinn vor Steuern und Abgaben) aus den Projekten zur Entwicklung und Einführung neuer Produkte / Dienstleistungen [für die ersten 5 Jahre nach der Markteinführung der neuen Produkte / Dienstleistungen]
   $= EE_{PD5}$
2. Ergebnis-Erwartung aus den Projekten zur Erschließung neuer Absatzmärkte [für die ersten 5 Jahre nach der Platzierung von bestehenden oder neuen Produkten / Dienstleistungen in den neuen Märkten]
   $= EE_{NM5}$
3. Ergebnis-Erwartung aus den Projekten zur Einführung neuer Organisationsstrukturen [für die ersten 5 Jahre nach der Einführung]
   $= EE_{NO5}$
4. Ergebnis-Erwartung aus den Projekten zum Aufbau neuer, internationaler Lieferanten [für die ersten 5 Jahre der Nutzung dieser Lieferanten]
   $= EE_{NL5}$
5. Ergebnis-Erwartung aus den Projekten zur Entwicklung und Einführung neuer Geschäftsprozesse / Produktionsmethoden [für die ersten 5 Jahre nach der Einführung]
   $= EE_{NGP/PM5}$

Abbildung 37: Parameter zur Berechnung der Gesamtergebniserwartung

Die neue Herrenberger Formel eröffnet eine neue Möglichkeit in übersichtlicher und leicht handzuhabender Art und Weise, den Wert des in einem Unternehmen oder einem Projekt gebundenen Humankapitals zu berechnen. Dabei werden die Kompetenzen und die Qualität des Humankapitals an den zukünftigen Unternehmenserfolg, d.h. Gewinn, bzw. den Projekterfolg geknüpft und bewertet. Die Ergebniserwartung wird insbesondere durch diejenigen Mitarbeiter beeinflusst, die Verantwortung für die fünf Schumpeter- Bereiche übernehmen und diese so maßgeblich beeinflussen können.

Unternehmen ohne innovative Schumpeterprojekte haben entsprechend der Herrenberger Formel einen Humankapitalwert von 0. D. h. solche Unternehmen haben in der Regel eine zeitlich begrenzte Zukunft, da sie nur mit bestehenden Produkten/ Dienstleistungen in existierenden Märkten mit unveränderter Organisation mit den bestehenden Lieferanten und den vorhandenen Geschäftsprozessen und Produktionsmethoden agieren. Andere Unternehmen werden über kurz oder lang Produkte/ Dienstleistungen gleicher Qualität sehr viel günstiger oder auch qualitativ wesentlich bessere Produkte/ Dienstleistungen anbieten können. Demnach kann mit dem Humankapitalwert nach der neuen Herrenberger Formel auf den ersten Blick die Zukunftsfähigkeit eines Unternehmens beurteilt werden. Bei Unternehmen mit innovativen Schumpeterprojekten, d.h. bei Unternehmen mit Zukunft, entspricht das Humankapital der Ergebniserwartung aus der Einführung neuer Produkte/ Dienstleistungen aus der Erschließung neuer Märkte, der Einführung neuer Organisationsstrukturen, aus dem Aufbau neuer Lieferanten und aus der Einführung neuer Geschäftsprozesse und neuer Produktionsmethoden. Bei einem zukunftsorientierten Unternehmen mit einem jährlichen Wachstum von ca. 10% sollte der Humankapitalwert mindestens das 2,5 fache des derzeitigen Jahresergebnisses bzw. mindestens 25% des derzeitigen Jahresumsatzes betragen.

7 Fazit – Management von Wachstum und Globalisierung

Ein erfolgreicher Unternehmensentwicklungs-Prozess beginnt immer bei einer fundierten Analyse der IST-Situation und der RAHMENBEDINGUNGEN des eigenen Unternehmens. Aus den Analyseergebnissen und mit Hilfe der strategischen Konzepte lassen sich Potentiale für das Unternehmen definieren.

- Potentiale zur Erweiterung der bisherigen Geschäftstätigkeit mit bestehenden Produkten und Dienstleistungen in existierenden Märkten.
- Potentiale für neue Produkte und für neue Dienstleistungen.
- Potentiale für bestehende Produkte und bestehende Dienstleistungen und für neue Produkte und neue Dienstleistungen durch die Erschließung neuer Absatzmärkte.
- Potentiale mit neuen Organisationsstrukturen, neuen Kooperationen, neuen Joint Ventures und neuen Unternehmenszukäufen.
- Potentiale durch den Aufbau neuer Bezugsquellen für Rohstoffe und Halbprodukte in für das Unternehmen bereits existierenden Märkten und vor allem durch den Aufbau neuer Bezugsquellen in neuen Märkten und Ländern.
- Potentiale durch die Entwicklung und den Einsatz neuer Geschäftsprozesse und Produktionsmethoden.

All dies sind Potentiale für Wachstum und Potentiale für Globalisierung (siehe Abbildung 31).

Zur Zukunftssicherung des Unternehmens müssen entsprechend der Abbildung 31 permanent Projekte zur Entwicklung neuer Geschäftsmöglichkeiten nach Schumpeter aufgesetzt werden. Zur Identifikation von Potentialen, zur Klärung der Realisierbarkeit und zur Definition der Aufwands- und Ergebniserwartung sind solche Projekte parallel zur „normalen“ Geschäftstätigkeit für den zukünftigen Erfolg eines Unternehmens von entscheidender Bedeutung. Besetzt mit kreativen, innovativen und erfolgsorientierten Mitarbeitern und Führungskräften können solche Projekte Wachstumschancen konkret identifizieren und realisieren. Mit entsprechendem wachstumsorientierten Management lassen sich daraus erfolgreich neue Geschäftsbereiche entwickeln und neue Märkte erschließen (LAURIE, DOZ, SHEER, 2006; HARVARD BUSINESS REVIEW, 1998). Beispiele für solche Projekte bietet das vorliegende Buch.
Aus den oben genannten Potentialen für das Unternehmen und aus der Bewertung der Realisierbarkeit können die Ziele für das Unternehmen abgeleitet werden – kurzfristige, mittelfristige und langfristige unternehmerische Ziele. Nach der Definition des „Zielpunktes“ kann der Weg zur Zielerreichung – die Strategie – festgelegt werden.

Jedes Element (Ist-Situation, Rahmenbedingungen, Ziele, Strategie) erfüllt im Prozess der Unternehmensentwicklung eine wichtige Funktion. Eine Berücksichtigung aller 4 Elemente im Unternehmensentwicklungs-Prozess ist eine ausgezeichnete Basis für eine Unternehmensentwicklung im Sinne von Wachstum und Globalisierung.

Abbildung 38: Die Unternehmensentwicklung (12) – Management von Wachstum und Globalisierung

Diesen Unternehmensentwicklungs-Prozess gilt es zu starten und fortwährend zu aktualisieren. Einmal in Gang gesetzt führt er dazu, dass sich das Unternehmen stetig selbst in Frage stellt. Diese kritische Reflexion des eigenen Verhaltens führt unter der Anwendung des vorgestellten Unternehmensentwicklungsprozesses zu neuen Zielen und zu neuem, nachhaltigem Wachstum.

Anhang

Abbildungsverzeichnis

Literaturverzeichnis

Acker, H.B. (1973): Organisationsanalyse – Verfahren und Techniken praktischer Organisationsarbeit, 9. Auflage, Bad Homburg v.d. Höhe.

Amann, K. (1995): Unternehmensführung-Strategisches und operatives Management, Stuttgart.

Amelingmeyer, J. (2002): Wissensmanagement, 2. Auflage, Wiesbaden.

Ansoff, H.I. (1966): Management-Strategie, München.

Barney, J. (1991): Firm resources and sustained competitive advantage, in: Journal of Management, 17 (1), S. 99-120.

Barthel E., Erpenbeck J., Hasebrook J., Zawacki-Richter O. (Hrsg.) (2007): Kompetenzkapital heute, Wege zum integrierten Kompetenzmanagement, Frankfurt School Verlag.

Baum, H.-G., Coenenberg, A.G. und Günther, T. (2004): Strategisches Controlling, 3. Auflage, Stuttgart.

Bleicher, K. (2004): Das Konzept Integriertes Management, 7. Auflage, Frankfurt am Main u.a..

Bornholdt, W. (2004): Business Check. Unternehmen und Innovationen, beurteilen, profilieren, überwachen, Gabler Verlag.

Burr, W., Musil, A., Stephan, M. und Werkmeister; C. (2005): Unternehmensführung, München.

Camp, R.C. (1994): Benchmarking, München.

DB Research (2005): Globale Wachstumszentren, Aktuelle Themen Nr. 324 vom 14. Juni 2005 (verfügbar unter www.dbresearch.de).

Dillerup, R. und Stoi, R. (2006): Unternehmenserfolg, München.

Erpenbeck, J. und Heyse, V. (2007): Die Kompetenzbiographie, Münster.

Erpenbeck, J. und Sauter W. (2007): Kompetenzentwicklung im Netz, Köln.

Erpenbeck, J., von Rosenstiel, L. (Hrsg.) (2007): Handbuch Kompetenzmessung, 2. Überarbeitete und erweiterte Auflage, Stuttgart.

Faix, W.G., Buchwald, C. und Wetzler, R. (1994): Der Weg zum schlanken Unternehmen, Landsberg.

Faix, W.G., Buchwald, C. und Wetzler, R. (1991): Skill Management. Qualifikationsplanung für Unternehmen und Mitarbeiter, Wiesbaden.

Faix, W.G., Rasner, C. und Schuch, M. (1996): Das Darwin-Prinzip, Landsberg.

Faix, W.G., Zywitz, T., Schulten, A., Tabore-Straub, S. (2003): Going International, Erfolgsfaktoren im Auslandsgeschäft, Stuttgart.

Faix, W.G., Kisgen, S., Lau, A., Schulten, A., Zywitz, T. (2006): Praxishandbuch Außenwirtschaft, Wiesbaden.

Fink, C.A. und Heineke, C. (2006): Die Balance Scorecard mit dem Zielvereinbarungssystem verbinden, in: in: D. Hahn und B. Taylor (Hrsg.): Strategische Unternehmensplanung – Strategische Unternehmensführung, 8. Auflage, Heidelberg, S. 375-394.

Freeman, R.E. (1984): Strategic management, A stakeholder approach, Boston u.a.

Fuchs-Wegner, G. (1987): Management-by-Konzepte, in: A. Kieder, G. Reber und R. Wunderer (Hrsg.): Handwörterbuch der Führung, Stuttgart, Spalte 1366ff.

Gadatsch, A. (2005): Grundkurs Geschäftsprozessmanagement, 4. Auflage, Wiesbaden.

Gaitanides, M. (1994): Prozessmanagement: Konzepte, Umsetzungen und Erfahrungen des Reengineering, München u.a..

Harvard Business Review (1998): Strategies for Growth, Boston.

Hayes, R.H. und Wheelwright, S.C. (1979): The Dynamics of Process Products Life Cycles, in: Harvard Business Review, 2/57, 127-136.

Hedley, B. (1999): Strategy and the "Business Portfolios", in: D. Hahn und B. Taylor (Hrsg.): Strategische Unternehmensplanung – Strategische Unternehmensführung, 8. Auflage, Heidelberg, S. 373-384.

Horváth & Partners (2004): Balanced Scorecard umsetzen, 3. Auflage, Stuttgart.

Hungenberg, H. (2004): Strategisches Management in Unternehmen, Wiesbaden.

Kaplan, R.S. and Norton, D.P. (1996): The Balanced Scorecard: Translating Strategy Into Action, Harvard.

Keck, G. und Sailer, J. (2004): Praktische Unternehmensführung, Seminar-Handout, Herrenberg.

Kutschker, M. und Schmid, S. (2004): Internationales Management, München.

Lau, A., Zywietz, T., Faix, W.G. und Schulten, A. (2006): Going International, DIHK, Berlin.

Laurie, D.L., Doz, Y.L., Sheer, C.P. (2006): So schaffen Sie Plattformen für neues Wachstum, Harvard Business Manager, 07/2006, S. 64-79.

Lombriser, R. und Abplanalp, P.A. (1998): Strategisches Management, Zürich.

Macharzina, K. (2003): Unternehmensführung, 4. Auflage. Wiesbaden.

Maslow, A. (1954): Motivation und personality, New York.

Meier, R. (2001): Führen mit Zielen, Regensburg.

Milgrom, P. und Roberts, J. (1992): Economics, Organization and Management, Englewood-Cliffs.

Montgomery, C.A. und Porter, M.E. (1991): Strategy, Seeking und Securing Competitive Advantage, Boston.

Nagel, K. (1995): Die 6 Erfolgsfaktoren des Unternehmens, Landsberg.

Nagel, K. (2003): Praktische Unternehmensführung, Landsberg/Lech.

Nagel, K., Faix, W.G., Schulten, A., Keck, G., Sailer, J. (2007): General Management Tools, Stuttgart.

Oesterle, M.-J., Wolf, J. (Hrsg.) (1999): Evolution and Revolution in International Management, Management International Review, 39. Jg., Special Issue 2.

Ohmae, Kenichi (1985): Die Macht der Triade: Die neue Form des weltweiten Wettbewerbs, Wiesbaden.

Perlitz, M. (2004): Internationales Management, 5. Auflage, Stuttgart.

Pfeiffer, W. und Dögl, R. (1999): Das Technologie-Portfolio-Konzept zur Beherrschung der Schnittstelle Technik und Unternehmensstrategie, in: D. Hahn und

B. Taylor (Hrsg.): Strategische Unternehmensplanung – Strategische Unternehmensführung, 8. Auflage, Heidelberg, S. 440-468.

Picot, G. (2002): Handbuch Mergers & Acquisitions, 2. Auflage, Stuttgart.

Porter, M.E. (1983): Wettbewerbsstrategie. Methoden zur Analyse von Branchen und Konkurrenten, Frankfurt am Main.

Porter, M.E. (1985): Competitive Advantage, New York.

Porter, M.E. (1999): Wettbewerbsstrategie. Methoden zur Analyse von Branchen und Konkurrenten, Frankfurt am Main.

Prahalad, C.K. und Hamel, G. (1990): The Core Competence of the Corporation, in: Harvard Business Review, Vol. 68, 3/1990, S. 79-91.

Rappaport, A. (1986): Creating Shareholder Value: The New Standard for Business Performance, New York.

Rasner, C., Füser, K. und Faix, W.G. (1999): Das Existenzgründer-Buch, 4. Auflage, Landsberg.

Ravenhill, J. (2004): Global Political Economy, Oxford.

Rosa, H. (2008): Im Wirbel der Beschleunigungsspirale. In: Spektrum der Wissenschaft, Februar 2008, S. 82-87.

Schawel, C. und Bitting, F. (2004): Top 100 Management Tools, Wiesbaden.

Schneider, D., Hopfmann, L. und Baur, C. (1994): Re-Design der Wertkette durch make or buy, Wiesbaden.

Schneider, D. (2005): Unternehmensführung und strategisches Controlling – Überlegene Instrumente und Methoden, 4. Auflage, München u.a..

Schumpeter, J. (1997): Theorie der wirtschaftlichen Entwicklung: eine Untersuchung über Unternehmergewinn, Kapital, Kredit, Zins und den Konjunkturzyklus, 9. Aufl., unveränd. Nachdr. der 1934 erschienenen 4. Aufl., Berlin.

Siemens AG (1994): Zukunft braucht Herkunft, München.

Simon, H. und von der Gathen, A. (2002): Das große Handbuch der Strategieinstrumente. Alle Werkzeuge für eine erfolgreiche Unternehmensführung, Frankfurt am Main.

Simon, H. (1996): Die heimlichen Gewinner. Die Erfolgsstrategien unbekannter Weltmarktführer – Hidden Champions, Frankfurt am Main u.a..

Simon, H. (2002): Das große Handbuch der Strategiekonzepte, Frankfurt am Main.

Steinmann, H., Schreyögg, G. (2005): Grundlagen der Unternehmensführung. Konzepte-Funktionen- Fallstudien, 6. Aufl., Wiesbaden.

Stroebe, A.I. und Stroebe, R.W. (2003): Motivation durch Zielvereinbarungen, Heidelberg.

Venzin, M., Rasner, C. und Mahnke, V. (2003): Der Strategie-Prozess, Frankfurt/M..

Welge, M. und Holtbrügge, D. (2003): Internationales Management, Kempten.

Wernerfelt, B. (1984): A Resource-based View of the Firm, in: Strategic Management Journal, Vol. 5/1984, S. 171-180.

Dipl.-Ingenieur
Stefan Förste, MBA

Global Process Framework Competitive Intelligence for a Leading Supplier of Electronics Assemly Equipment

Inhalt

1 Introduction

1.1 Challenge

Siemens DT EA is a part of the "Drive Technologies" division of the Business Sector Industry of the German Siemens AG, headquartered in Munich. It is a leading supplier of automatic placement systems for SMD[1] components as used for the assembly of modern electronic products. The business unit Electronics Assembly manufactures, sells and maintains respective machines, systems and solutions under the brand name SIPLACE. This thesis is conducted from within the Strategic Marketing Group of the Global Marketing department at EA, which belongs to the EA CRM process.

SIPLACE equipment is used globally for production of almost all types of electronics products (e. g. for mobile phones, computers, IT and telecommunications network infrastructure, automotive electronics, industrial automation, etc.) in all relevant regions worldwide. The revenue in fiscal year 2006/2007 totalled about 650 million Euro, which made Siemens number two within the high end SMD assembly equipment market.

The field of competitors is rather small with the top five covering about 80% of the machine market (Siemens and four Japanese competitors). Focusing the upper segments only, the market is dominated by two Japanese competitors and Siemens with the three companies accounting for about 70% of all machine sales. Despite the high technological demands, the market for SMT assembly systems has reached a very mature level. Differentiation between different competitors by system performance features is increasingly difficult; price became the central element already. This is particularly a critical issue as the recent development of exchange rates of Euro versus Dollar and Yen put strong pressure on Siemens as the main competitors are coming from Japan. EA is facing increasing challenges to stay competitive.

Due to these circumstances, a globally consistent, systematically organized and effectively controlled process for collection, analysis, and utilization of competitor information ("Competitive Intelligence", CI) becomes a key factor for future business success.

The term "Competitive Intelligence" is used for "the systematical process of information gathering and analysis of fragmented (raw) information on Competitors including relations to markets and technologies", providing "decision makers with a clear understanding of the relevant competitive environment to base decisions on."[2] It includes only legal and ethical ways to gather information. Espionage, theft

1 Surface Mount Devices. For further reading refer to [Siemens2001] or [Scheel99].

2 Michaeli, Rainer; in: "Competitive Intelligence"; Springer Verlag; Berlin Heidelberg 2006.

of data or any dubious method are explicitly excluded.[3]

The generally accepted approach towards Competitive Intelligence is based on cyclic phases starting with a profound definition of what information is required, a data collection and analysis phase, and final phase for dissemination.

At EA it was felt that the current state of CI implementation was not sufficient to meet the challenging market situation. The general perception was that competitor monitoring at EA takes place mainly focusing technical aspects with direct product relation, and that e. g. corporate financial indicators or strategic thrusts at other than product levels were not systematically analyzed. A global approach for competitor analysis was not seen, although suitable structures already existed (Global CRM Organization, Global Marketing Network, etc). It was complained that individual expertise would be not satisfyingly networked and utilized, leading to insufficient information levels both at strategic and operational levels.

1.2 Objective of the Thesis

Starting at this situation, the objective of the thesis was threefold: For the first step, it was requested to get a comprehensive and objective picture of the current state of CI at EA. Secondly, this picture was supposed to evaluated in depth by appropriate analysis tools to get sufficient input for the third element: a proposal for a Global "CI Process" at Siemens EA.

This target process had to be tailored to the specific situation in the business environment and corporate structures of the company. The core domain was to be the Global Marketing Network as part of the Global EA CRM[4] organization. Interfaces to all other departments that require CI competence from or that can supply CI competence to the CRM group were to be considered in the proposal in order to achieve an overall optimized process and avoid an isolated solution.

The Global Marketing network as core element reflects the current company setup defines most of all CI related responsibilities to this group. Moreover, the Global Marketing Network provides an established platform for global information exchange.

1.3 Proceeding

The proceeding was based on the standard approach for process development.[5] A current state description was created based on feedback from all EA Groups that are in some extent involved with CI activities. The findings were evaluated in

3 Compare statements from the "Society of Competitive Intelligence Professionals" (www.scip.org) or "Deutsches Competitive Intelligence Forum" (www.dcif.de).

4 The CRM (Customer Relationship Management) Organization is the combined Sales and Marketing Organization of EA.

5 E. g. Gausemeier, Fink: Führung Im Wandel, Hanser Verlag München, 1999.

a current state analysis consisting of different review methods in order to create a prioritized list of weaknesses to be addressed. Eventually, a target process was developed to improve on the identified shortfalls in CI. Figure 1 below displays the whole structure.

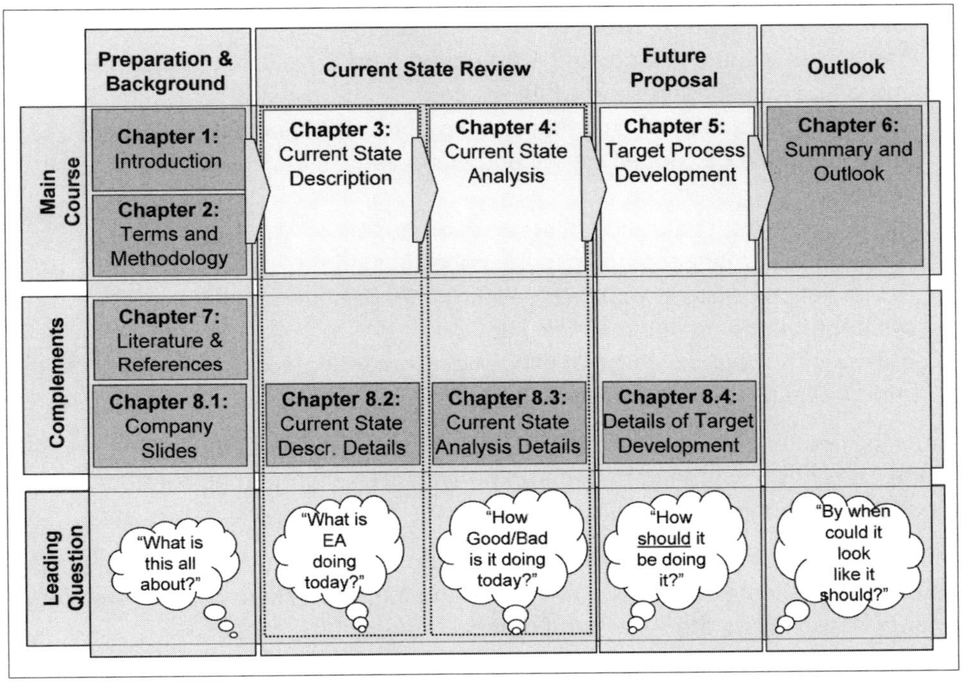

Abbildung 1: General Proceeding

2 Current State Description

In order to achieve a sufficient quality of the current state picture, all groups whose members potentially have contact with sources of relevant information and / or need such information for their work were included in the inquiry process. This involved members of the EA Management Team, the EA Global Marketing Network at Global Headquarters, the EA Reverse Engineering Team and the R&D Group, the Regional Marketing and Product Management groups, the regional Management Teams, the regional Sales and Service Staff, and some additional SIPLACE Team members of relevant functions.

Information was actually collected through personal interviews, electronically distributed questionnaires, and group workshops. The survey yielded a lot of material that was then further analysed in the next step.

3 Current State Analysis

The Current State Analysis was designed to review the collected information from different angles. Therefore, a set of different analysis types were chosen:

- Interaction Analysis (to understand cooperation of departments and roles)
- Analysis of value chain coverage (to understand the different scopes of each group and identify gaps and white spaces)
- Review of the quality of processes and project management (in order to understand the current efficiency and effectiveness of the existing CI activities.)
- Review of current utilization of information opportunities, (in order to understand improvement potentials at the collection side)
- Review of utilization of existing tools (in order to understand technical and system requirements and usage), and
- Review of current coverage of history, present, and future issues (in order to understand the strategic capabilities).

From the results of the different analysis streams, 35 weaknesses and 16 strengths of the current CI approach have been derived. The high number of addressable weaknesses required a prioritization before the target model was developed.

Therefore, all entries were rated in a workshop involving the group leaders of the HQ Marketing team. The group estimated the expected degree of the weakness / strength as well as the expected potential impact of the respective issue. In addition, they gave their input for a cross impact analysis which was performed to identify "hidden" drivers. Eventually, the group estimated the efforts required for significant improvement.

A combined prioritization yielded the list of key weaknesses to be improved.

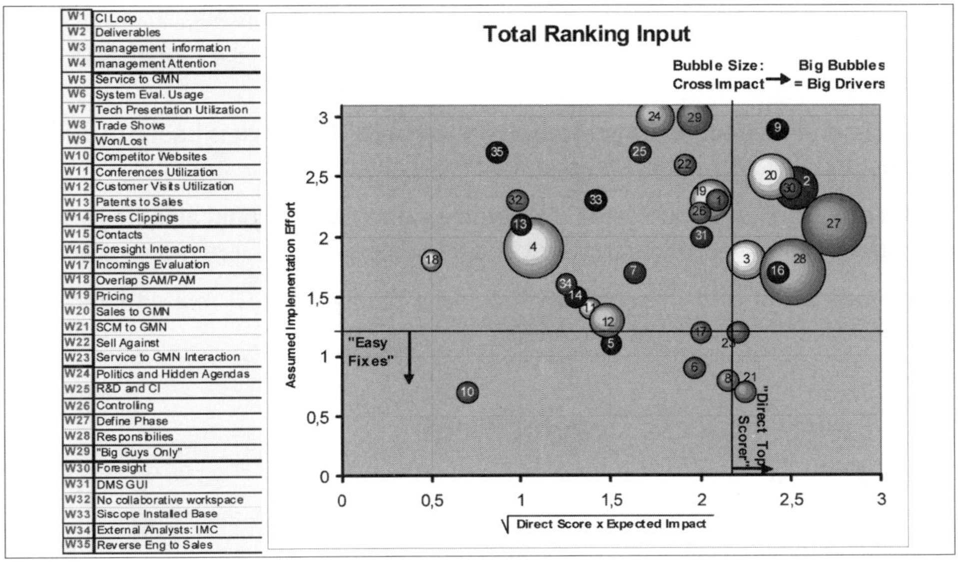

Abbildung 2: All prioritization criteria decision portfolio

Selected because...	Category	Description
"Top Scorer"	Project Management	No dedicated definition phase for research projects and objectives for ongoing scanning
	General CI Methodology	No dedicated deliverables are deifned (content, schedule, responsibility)
	Project Management	No clear assignments of tasks and responsibilities
	Time Horizon	Anticipation of future actions of competitors are not systematically covered
	Info Opportunity	Won / Lost information available in Siscope is not used systematically
	Interaction	No systematic exchange of information / oppinions regarding future developments at Competitor side
	Interaction	Information Flow from Sales to GMN is better, but still needs improvement as it is the key source
	General CI Methodology	No regular info to EA Mngt wrt CI
	Interaction	Information flow from Eval-Team to Marketing is not systematics but based on occasional exchange
	Interaction	Information flow from Service to Marketing is not systematics but based on occasional exchange
"Levers"	General CI Methodology	Management Attention of ongoing activities is limited
	Info Opportunity	Customer Visits are not systematically used for info gathering
	Interaction	Information on pricing is not sufficiently exchanged / displayed
"Easy Fixes"	Info Opportunity	Trade Shows are not sufficiently used as source
	Info Opportunity	Info Flow to GMN and Sales freely but only semi formal (distribution issue)
	Info Opportunity	Info Flow to GMN and Sales freely but only semi formal (distribution i
	Info Opportunity	Websites are scanned through on individual basis only

Abbildung 3: Selected Priority Weaknesses

The identified weaknesses are to a high degree interwoven and linked to other issues. A design for an optimized process should therefore not address each weakness separately but follow major thrusts for improvement.

CI Cycle and Project Management: Establish a CI Cycle that is based on the key phases and utilizes project management tools and methods.

Deliverables: Define dedicated deliverables that can be maintained by Project Management tools. (Defined content and deadlines with clear responsibilities).

Communication and Interaction: Provide a platform for CI related interaction between all effected groups within ES.

4 Target Process Development

4.1 Proceeding

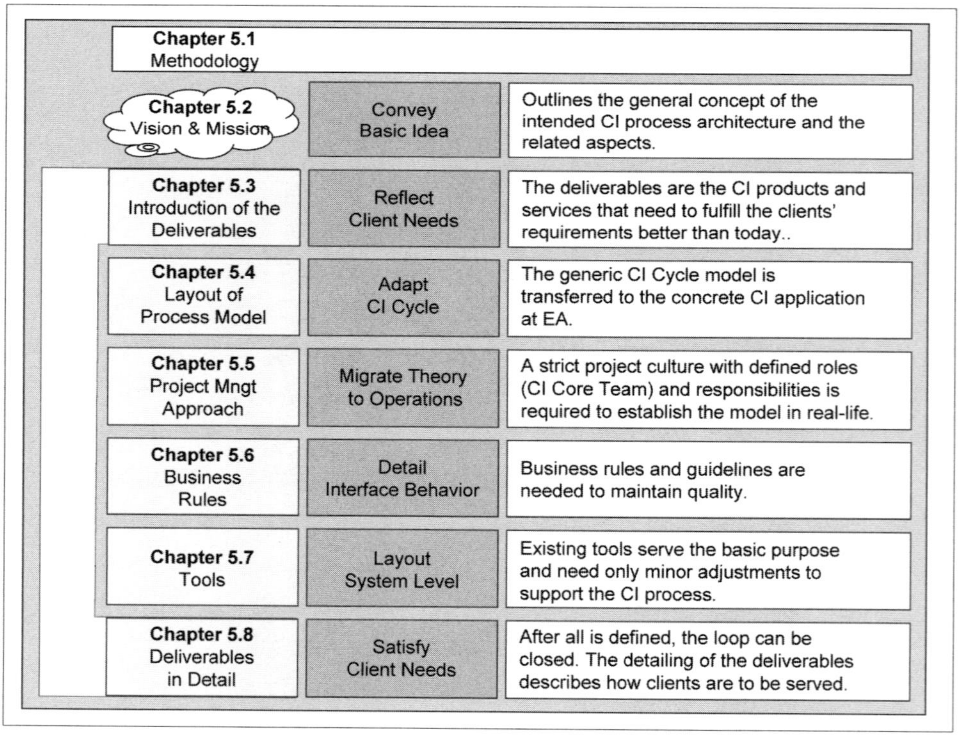

Abbildung 4: Storyline of Target Process Development in Chapter 5

Based on the improvement targets derived and defined in the Current State Analysis, the thesis defines the target model for the EA CI process architecture.

As an introduction to the general idea behind the target model, a "process vision and mission" is given to explain the basic intention. Based on this foundation, the key deliverables are listed as they provide the core element of the proposed CI architecture in EA. An adapted CI cycle serves as process model, which is operationalized using a project management oriented approach. Business Rules and Tools complement the structure on which the finally detailed deliverables can create benefit for the organization.

The whole development approach is displayed in Figure 4 above.

4.2 Deliverables

The deliverables constitute the "CI product and services", and as such they reflect the needs of the clients and define the actual process needs.

- Competitor Profiles
- Strategy Proposal
- Won-Lost Analysis
- Pricing Monitor
- Competitor Newsletter
- Sell Against Material
- Competitor Product Overview (Competitor Website)
- CI Status Update
- Unified CI Trade Show Reports

A detailed description of each deliverable explains the requirements, clients and process facilitators, responsibilities and deadlines.

4.3 Process Model

A process model derived directly from the CI cycle serves as a platform for implementation and framework for all CI activities. It encompasses the basic phases "Define", "Collect", "Process", "Analyse", "Disseminate", and "Utilize" which are renamed to better describe the actual content of each step.

- **Define:** Project Definition, Controlling, and Review
- **Collect:** Monitoring / Scanning and further Research.
- **Processing:** New Content Evaluation
- **Analysis I:** Focused "Per View" Analysis (Marketing & Communication Analysis and Sales, Products & Value Analysis, Business, Sales & Market Analysis, Infrastructure & Organization Analysis)
- **Analysis II:** Cross View Consolidation
- **Disseminate:** Deliverables Dissemination
- **Utilize:** Usage at Clients

The model includes as well further control levels and resources. Figure 5 displays the whole structure.

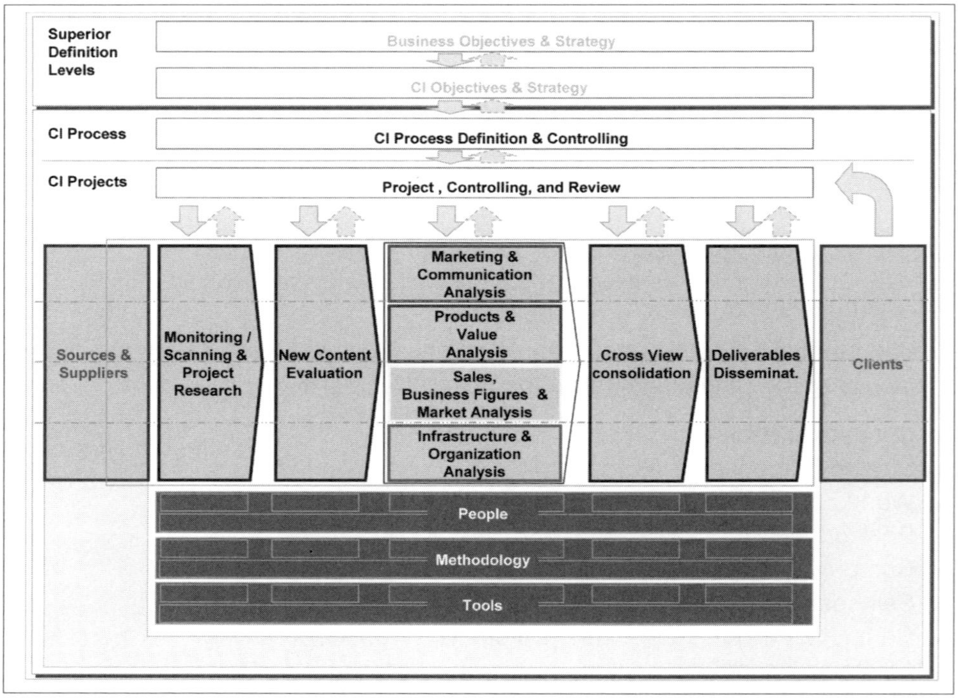

Abbildung 5: Figure 4 2: Process Model

4.4 Key Roles

For implementation and facilitation, key roles are defined with the respective responsibilities:

- **Project Managers:** Responsible for a defined deliverable and "horizontal" project follow up.
- **Competitor Product Champions:** Responsible for consolidating product related expertise with regards to a defined competitor.
- **CI Core Team:** Coordination and Exchange, each member responsible for a specific analysis stream or CI related tasks due to the normal EA function (Marketing Communication, Product Marketing, etc).
- **CI Manager:** Responsible for overall coordination.
- **Project Facilitators:** Supporters in each project.
- **„Steering Body":** Mentoring the CI process in EA management team.

4.5 Business Rules and Tools

For daily operations, certain business rules are required as guideline for how to support the CI process. For the same purpose, tools are proposed that can be used to ease data collection, information exchange, and dissemination of deliverables.

4.6 Implementation Schedule

The actual implementation of the process will be done in successive steps. Initially, the CI Core Team will gather and define the detailed schedule. The deliverables will be phased in according to the requirements of their client schedule (e. g. trade show reports).

5 Status and Outlook

The CI Process framework is already mainly implemented as described. The roles and responsibilities are assigned and first experience showed very positive results.

As the next step, the current implementation will be reviewed to identify further potentials to improve EA competitiveness. In particular, a better integration of R&D is already planned. Further, the commercial administration organization is not embedded yet. It will be analysed in how far this can be a further potential for improvement.

Dipl.-Ingenieur
Holger Griesenauer, MBA

Einführung der digitalen Planung im Gerätewerk Amberg

Inhalt

1 Summary

Im Übergang vom PLM- zum SCM-Prozess hat das Gerätewerk Amberg, trotz seiner hervorragenden Performance, weiteres Verbesserungspotential entdeckt. Mit der Einführung der digitalen Planung wurde dieses Potential gehoben.

Die Fertigungs- und Prüfplanung hat bei diesem Übergang die Aufgabe, die neu entwickelten Produkte in die Produktion einzuführen. Hierzu muss von Projektbeginn an eng mit allen Prozessbeteiligten zusammengearbeitet werden. Die Vorgehensweisen bei den einzelnen Projektteams waren jedoch sehr unterschiedlich und vorhandene Informationen wurden nicht immer optimal genutzt.

Mit der Einführung der „Digitalen Planung“ wurden Strukturen und Prozesse geschaffen, die für alle Prozessbeteiligten verbindlich sind. Die notwendigen Planungsdaten wurden sowohl vom Umfang her erweitert (z.B. 3D-Produkt- und Produktionsmodelle), als auch logisch miteinander verknüpft, um maximale Aussagekraft und Wiederverwendung zu gewährleisten. Zusätzliche Dokumente werden den einzelnen Planungsstadien entsprechend dem Projekt bzw. den Projektmodulen zugeordnet.

„Digitale Planung“ heißt auch, durch den Einsatz von Materialfluss- und Montagesimulationen einzelne Fertigungsabschnitte zu optimieren, bevor sie in Realität existieren. Diese Anwendungen werden durch Spezialisten bedient und kommen bei Neuentwicklungs- als auch bei Rationalisierungsprojekten zum Einsatz.

Durch „Digitale Planung“ erreicht das GWA eine Optimierung von:

- Entwicklungs-/Planungszeit
- Entwicklungs-/Planungskosten
- Entwicklungs-/Planungsqualität

Die Optimierung wird erreicht durch:

- Durchgängiges Datenmanagement
- Simultane Produkt- und Produktionsentwicklung
- Frühzeitige Berücksichtigung von Produktionsanforderungen in der Entwicklung

2 Einleitung

2.1 Problemstellung

Immer kürzer werdende Entwicklungszeiten und ein stetig zunehmender Kostendruck sind die zentralen Anforderungen, denen sich ein Unternehmen stellen muss.

Die Problematik des Kostendrucks wird im Schaubild „Preisverfall und Kostenerhöhung“ verdeutlicht.

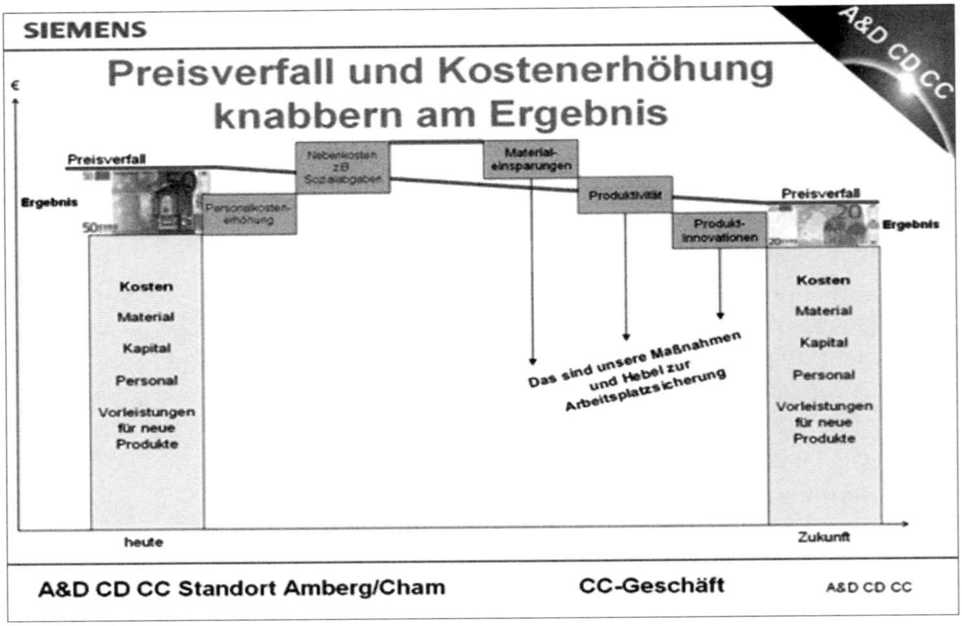

Abbildung 1: Preisverfall und Kostenerhöhung[1]

Zentrale Aufgabe der Fertigungsplanung im Gerätewerk Amberg ist es, durch Steigerung der Produktivität bzw. optimale Gestaltung der Produktionseinrichtungen bei Neuentwicklungen dem Preisverfall entgegenzuwirken und somit einen essentiellen Beitrag zum Ergebnis des Geschäftsgebiets zu liefern.

Um dies zu erreichen, müssen bestehende Vorgehensweisen und Prozesse stetig auf ihre Effizienz und Effektivität überprüft und optimiert werden. Hierzu ist es wichtig, neue technische und technologische Möglichkeiten zu erkennen und nutzbringend für das Unternehmen einzusetzen.

Ein Ansatz hierzu ist das Simultaneous Engineering in Neuentwicklungsprojekten,

1 Peter Biersack, Preisverfall und Kostenerhöhung, Amberg 2003.

bei dem die bislang sequentiellen Prozessschritte zunehmend parallel durchgeführt werden. Diese Vorgehensweise erfordert einen ständigen Austausch projektspezifischer Informationen zwischen Konstruktion, Fertigungsplanung, Anlagenbau, Logistik und Werksinfrastruktur. Die Anforderungen an Prozesse steigen somit sehr stark an. Es ist daher notwendig, diese mit entsprechenden Systemen zu unterstützen.

Ausgehend von der Erkenntnis, dass die aktuell vorhandenen Prozesse im Übergang vom PLM- zum SCM-Prozess nicht mehr der geforderten Qualität und der Geschwindigkeit entsprechen, wurde nach entsprechenden Lösungsansätzen gesucht und mit dem Einsatz von digitalen Planungstools gefunden.

2.2 Begriffsklärung

Process Designer: Der Process Designer ist eine Plattform für die Entwicklung, Standardisierung, Speicherung und Wiederverwendung bewährter Prozesspläne. Die Know-how-Datenquelle kann bei der Einführung neuer Projekte wieder verwendet werden. Prozessingenieure können so Unternehmens-Know-how zum schnelleren Produktionsanlauf nutzen.

Process Simulate: Mit Process Simulate können einzelne Abschnitte des Fertigungsprozesses überprüft werden. Montageprozesse, manuelle Operationen, Schweißvorgänge, kontinuierliche Prozesse wie Laserschweißen und Kleben oder sonstige Roboterprozesse können in einer definierten Umgebung simuliert werden, was die Simulation ganzer virtueller Produktionsbereiche ermöglicht. Die Simulation bildet menschliches Verhalten, Robotersteuerungen und SPS-Logik realistisch nach.

Plant Simulation: Plant Simulation ermöglicht die Modellierung und Simulation von Produktionssystemen und -prozessen. Materialfluss, Ressourcennutzung und Logistik können auf allen Ebenen der Werksplanung einer Optimierung vor der eigentlichen Realisierungsphase unterzogen werden - von globalen Produktionsstätten über lokale Werke bis hin zu spezifischen Produktionslinien.

3 Ausgangssituation

3.1 Geschäftsgebiet A&D CD

Das Geschäftsgebiet Controls and Distribution (A&D CD) bietet für Niederspannung-Schalttechnik ein Komplettprogramm an Produkten und Lösungen rund um Funktionen wie z.B. Schalten, Schützen und Starten von motorischen und Ohm'schen Lasten sowie zum Verteilen von Strom.

Die Produkte der Familien Sirius, Sentron und Sivacon stehen dabei für Innovationen und langjährige Erfahrungen in Mechanik, Elektronik und Software.

A&D CD ist weltweit mit 11.500 Mitarbeitern an 25 Standorten vertreten und erwirtschaftete im Jahr 2005 einen Umsatz von 1"732' Euro.

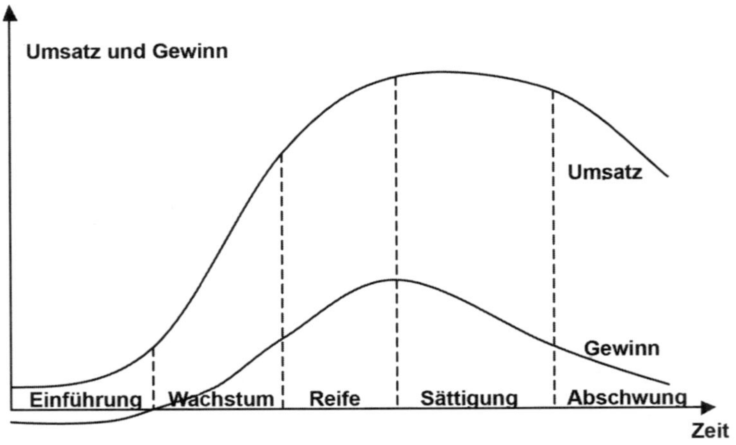

Abbildung 2: A&D CD - auf einen Blick

3.2 Gerätewerk Amberg (GWA)

Das Gerätewerk Amberg (GWA) ist Teil des Geschäftszweiges A&D CD CC und seit Jahren eine Ergebnisstütze des Siemenskonzerns. Als Lead-Factory für das weltweite Produktionsnetzwerk spielt das Gerätewerk Amberg eine zentrale Rolle. Hier werden neue Produkte entwickelt und gefertigt, aber auch für die Fertigung in der Welt vorbereitet.

Mit rund 2.500 Mitarbeitern werden in Amberg/Cham Produkte wie Schütze, Überlastrelais, Motorschutzschalter, Drucktaster, Positionssensoren und Sanftanlaufgeräte für den Weltmarkt gefertigt. Eine Übersicht der Produkte ist in der folgenden Abbildung dargestellt.

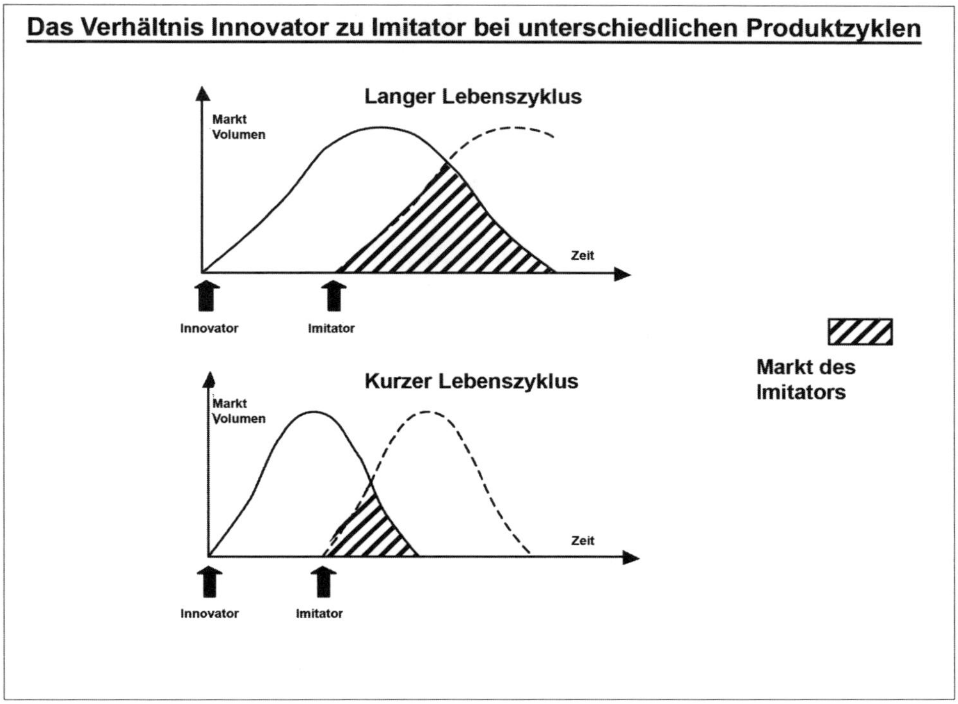

Abbildung 3: Produktübersicht

Lead-Factory zu sein setzt voraus, eine wettbewerbsfähige Kostenposition zu haben und Vorreiter bei der Neu- und Weiterentwicklung von Technologien, Methoden und Prozessen zu sein. Das Gerätewerk Amberg konnte in den vergangenen Jahren durch konsequente Optimierung der Prozesse beide Ziele erreichen. Siehe hierzu Abbildung 4 Entwicklung GWA.

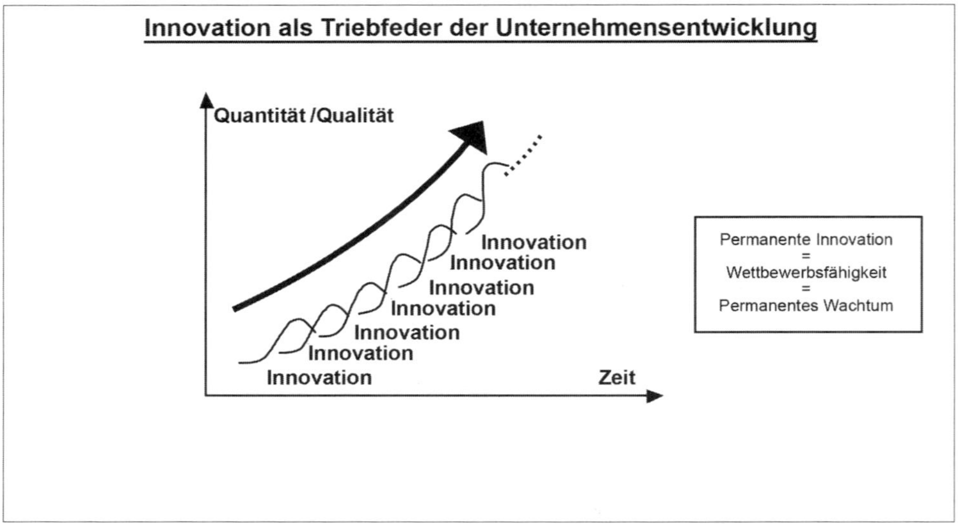

Abbildung 4: Entwicklug GWA

Das Gerätewerk Amberg hat seine Organisation im Jahr 2002 an die SCM-Prozesse angepasst. So bilden die 4 Produktionsabteilungen die zentralen wertschöpfenden Einheiten. Diese werden durch prozessübergreifende Abteilungen Eingangslogistik, Ordermanagement, Lieferlogistik, Lieferantenqualität, Fertigungs-/ Technologie-/ Qualitätsplanung unterstützt.

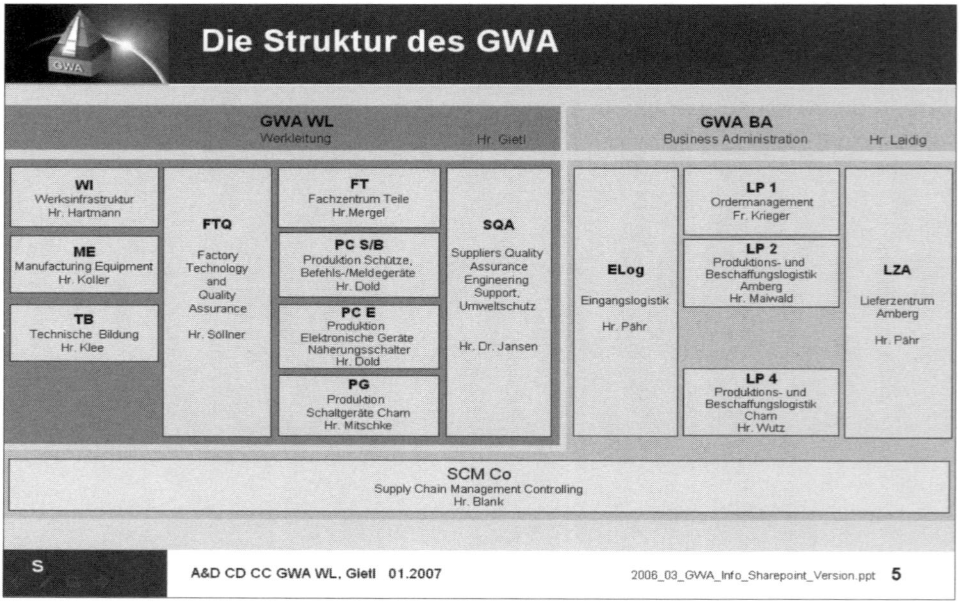

Abbildung 5: Struktur GWA

3.3 Gesamtsituation (Herausforderungen) des GWA

Das GWA bewegt sich im Umfeld von 25 intern konkurrierenden Fertigungsstandorten und den globalen Herausforderungen des Siemenskonzerns.

Die Gesamtsituation des GWA mit seinen Herausforderungen wird zusammengefasst in Abbildung 6 Gesamtsituation (Herausforderungen) des GWA dargestellt.

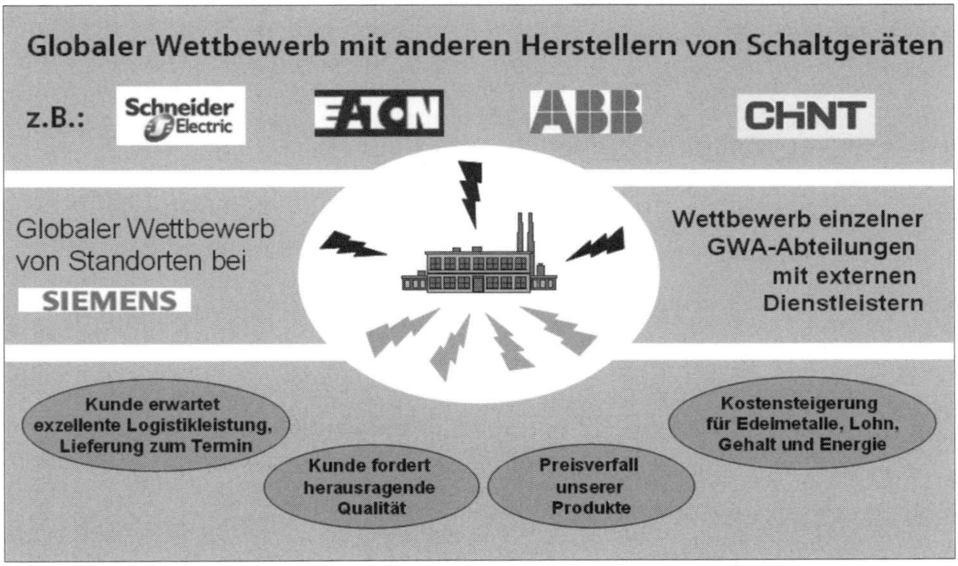

Abbildung 6: Gesamtsituation (Herausforderungen) des GWA[2]

Um sich diesen Herausforderungen noch besser stellen zu können, wurden in verschiedenen Audits und Workshops Optimierungsmöglichkeiten erarbeitet. Ein Ansatzpunkt befindet sich im Bereich des Übergangs von den PLM- zu den SCM-Prozessen.

3.4 Handlungsbedarf im Bereich Fertigungsplanung

Die wachsende Komplexität von Produkten und Fertigungsprozessen konfrontiert das Gerätewerk Amberg mit Herausforderungen wie Reduzierung „time-to-market" und ständiger Optimierung von Betriebsmitteln. Eine Aufgabe der Fertigungs- und Prüfplanung ist daher einwandfreie Produktneueinführungen unter den Aspekten Termin-, Kosten-, Qualitäts- und Produktionsanlaufvorgaben sicherzustellen. Innerhalb der Fertigungs- und Prüfplanung im Gerätewerk Amberg befassen sich aktuell ca. 80 Planer mit diesen Herausforderungen. Jeder dieser Planer bringt unterschiedliche Fähigkeiten, Erfahrungen und Kenntnisse in seine Aufgaben mit ein. Zwar werden Wissen und Vorgehensweisen von den erfahrenen Planern an

2 A&D CD CC MT, Oktober 2006.

die neuen Mitarbeiter weitergegeben, für den Aufbau und die Ablage von vorhandenen Informationen gibt es bislang jedoch keine Vorgaben. Der Wissenstransfer zwischen den einzelnen Planern wird dadurch erheblich erschwert.

Die einzelnen Planer arbeiten bei der Erstellung neuer Fertigungskonzepte vorrangig mit Excel. Dies hat eine uneinheitliche Aufbereitung und Darstellung der Arbeitsergebnisse zur Folge und macht die Erstellung verschiedener Planungsalternativen sehr aufwändig. Die Auswahl der optimalen Alternative ist aus diesem Grund nicht immer sichergestellt.

Prinzipiell stehen den Planern in anderen Systemen Informationen zur Verfügung, werden aber nicht richtig oder nicht ausreichend genutzt. So existieren in den CAD-Programmen der Konstruktion und des Anlagenbaus 3-dimensionale Produkt- bzw. Anlagenmodelle, die nur ansatzweise verarbeitet werden können. Diese Informationen sind jedoch Voraussetzung für eine optimale Gestaltung der Fertigungskonzepte.

In einem Workshop wurde diese Thematik mit Fachkennern aus den einzelnen Fertigungsplanungsgruppen ausführlich analysiert und die in Abbildung 7 Kategorisierung des Handlungsbedarf dargestellten Handlungsfelder identifiziert.

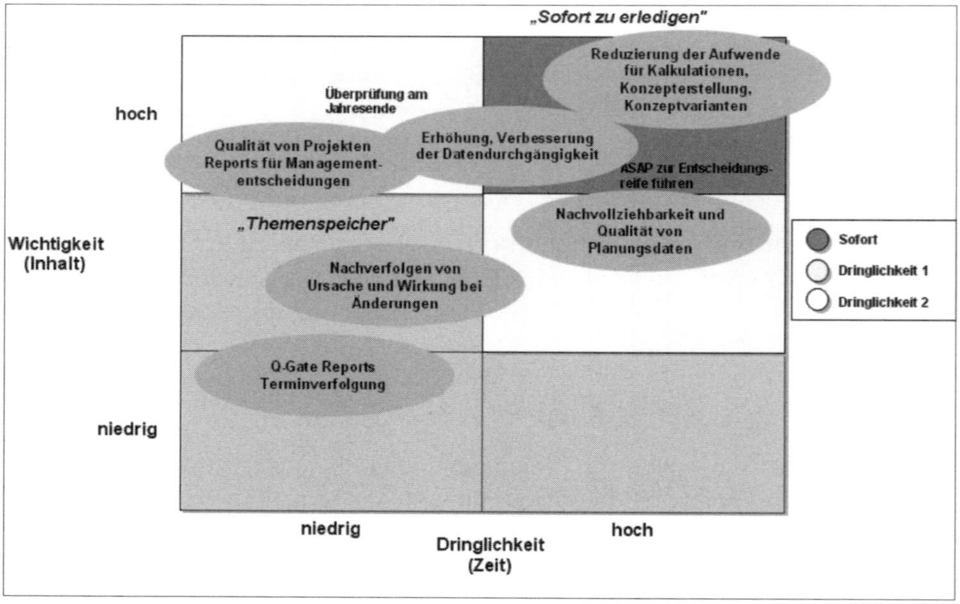

Abbildung 7: Kategorisierung des Handlungsbedarfs

Resümee des Workshops aufgrund der aufgezeigten Problemfelder war, dass der heutige Planungsprozess nicht mehr den Anforderungen an Geschwindigkeit und Qualität entspricht.

Im Folgenden wurden also Lösungsansätze gesucht, mit denen diese Problemfelder bearbeitet werden können.

Besuche bei anderen Siemens Standorten und Gespräche mit Siemens Corporate Technologie ergaben, dass der Einsatz von digitalen Planungstools der Firma UGS, die unter dem Markennamen Tecnomatix geführt werden, Ansatzpunkte zur Verbesserung in den identifizierten Handlungsfeldern bieten. Es wurde nach einem dreimonatigen Pilotprojekt, in dem die prinzipielle Verwendbarkeit der Software getestet wurde beschlossen, dass die Softwareprogramme Process Designer, Process Simulate und Plant Simulation im Gerätewerk Amberg eingeführt werden.

Die Software wird prinzipiell in der Abteilung Fertigungsplanung angewendet. Sie soll die einzelnen Mitarbeiter bei ihren Aufgaben in Neuentwicklungsprojekten und der Serienbetreuung unterstützen. Der Fokus liegt vor allem auf der Optimierung der Prozesse in der Fertigungsplanung. Die notwendigen Anpassungen der Planungsprozesse betreffen aber auch weitere Abteilungen wie Konstruktion, Anlagenbau, Rechnungswesen usw.. Die digitalen Planungstools können somit nicht losgelöst vom Gesamtumfeld GWA gesehen, geschweige denn eingeführt werden.

4 Einführung der digitalen Planungstools

4.1 Ziel des Projekts

Ziel ist es, mit der Nutzung der digitalen Planungstools, die Umstellung der Konstruktion vom Reißbrett auf CAD-Software auf die Fertigungsplanung auszuweiten und somit eine durchgängig digitale Planung bis hin zum Produktanlauf zu gewährleisten.

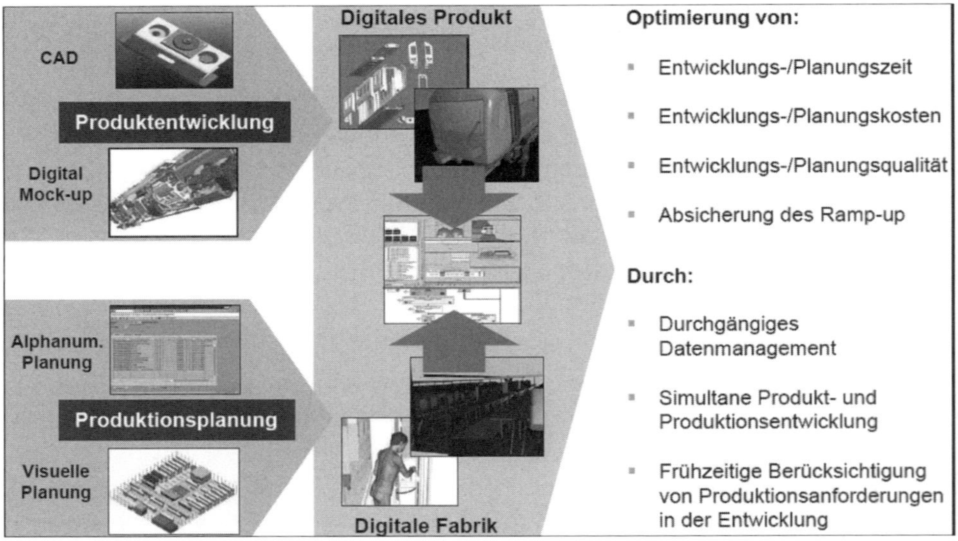

Abbildung 8: Zielsetzung digitale Planungstools

Mit der Einführung der „Digitalen Fabrik" sollen Strukturen und Prozesse geschaffen werden, die für alle Planer verbindlich sind. Die notwendigen Planungsdaten werden sowohl vom Umfang her erweitert (z.B. 3D-Produkt- und Produktionsmodelle), als auch logisch miteinander verknüpft, um maximale Aussagekraft und Wiederverwendung zu gewährleisten.

Zusätzliche Dokumente können den einzelnen Planungsstadien entsprechend dem Projekt bzw. den Projektmodulen zugeordnet werden.

Ziel der „Digitale Planung" ist auch, durch den Einsatz von Materialfluss- und Montagesimulationen einzelne Fertigungsabschnitte abzusichern und zu optimieren, bevor sie in Realität existieren.

Im Einzelnen wurden folgende Ziele verfolgt:[3]

- Gesteigerte Standardisierung bei hoher Datenaktualität
- Förderung der Integration/Kommunikation
- Reduzierung der Iterationsschleifen
- Erhöhung der Transparenz
- Besseres Produkt- und Produktionsverständnis
- Verbesserte Ergonomiebewertung
- Datendurchgängigkeit und einheitlicher Planungs- Workflow
- Gesteigerte Prozessflexibilität
- Minimierte Datenredundanz
- Nutzung von Best-Practice und Wissenstransfer

3 Workshop Aufgaben Fertigungsplanung, GWA November 2005.

- Wiederverwendung der Daten
- Verbesserung der Planungsergebnisse (Planungssicherheit)

4.2 Der digitale Planungsprozess und seine Vorteile

Der Planungsprozess wird sich, wie in Abbildung 9: Digitaler Planungsprozess dargestellt, verändern. Die einzelnen Prozessschritte werden durch die digitalen Planungstools unterstützt.

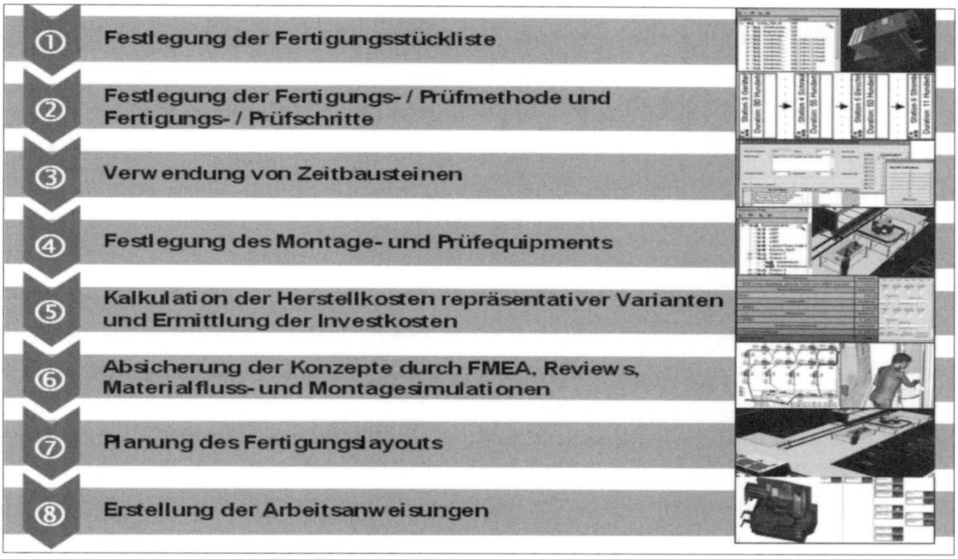

Abbildung 9: Digitaler Planungsprozess

Dieser Planungsprozess unterteilt sich prinzipiell in zwei Bereiche. Die Schritte 1 bis 7 entsprechen den Tätigkeiten, die zur Erstellung eines Fertigungskonzeptes bzw. Konzeptvarianten notwendig sind. Ein Fertigungskonzept umfasst alle Informationen die notwendig sind, um die Art und Weise der Herstellung eines Produktes (Schaltgerät) zu beschreiben. Die einzelnen Arbeitsschritte werden während eines Neuentwicklungsprojektes mit zunehmender Genauigkeit und Umfang an Daten mehrfach durchlaufen und sind Basis der Projekt- und Produktkostenkalkulation sowie der Lastenhefte für die Betriebsmittelerstellung/-beschaffung.

Ergebnisse dieser Planung sind folgende Dokumente:

- Pert-Diagramm (organisatorischer Prozessablauf)
- Gannt-Diagramm (zeitlicher Prozessablauf)
- Kalkulationsbericht
- Kapazitätsbericht
- Kostenbericht
- 3D-Layout
- Montagesimulationen
- Materialflusssimulationen

Der Schritt 8 wird erst nach Verabschiedung des Fertigungskonzeptes durchgeführt. Er beinhaltet die Erzeugung von Dokumenten (Arbeits- und Prozesspläne) für die Serienbetreuung. Zu jedem Produkt das gefertigt wird, benötigt man im MES (SAP) eine eigene Stückliste und einen eigenen Arbeits- oder Prozessplan. Die Stücklisten beschreiben den Aufbau eines Produktes, die Arbeitspläne den Arbeitsinhalt (Vorgabezeiten zur Entlohnung) und die Prozesspläne die Arbeitsschritte einer automatischen Montagelinie.

Dieser Arbeitsschritt soll das Anlegen von Arbeits- und Prozessplänen erleichtern bzw. automatisieren. Heute muss im Amberger MES (SAP) jeder Arbeits- und Prozessplan manuell angelegt werden.

Mit der Erstellung des Fertigungskonzepts sind alle notwendigen Informationen, die für die Arbeits- und Prozesspläne benötigt werden, in den digitalen Planungstools vorhanden. Über eine Schnittstelle wird ein Austausch dieser Informationen mit SAP ermöglicht und so die bisherige, teilmanuelle Anlage von Arbeitsplänen, Stücklisten und Prozessplänen in SAP ersetzt.

Die Vorteile des digitalen Planungsprozesses: Um von Anfang an die Akzeptanz bei den zukünftigen Anwendern zu schaffen, wurden die Vorteile theoretisch und praktisch, zusammen mit ausgewählten (von den Kollegen akzeptierten und respektierten) Planern erarbeitet. In einem Pilotprojekt wurde der heutige Planungsprozess mit den zukünftigen Möglichkeiten verglichen. Gleichzeitig haben die Planer ihr aktuelles Projekt mit den digitalen Planungstools bearbeitet. Die somit kombinierte theoretische und praktische Erarbeitung der Vorteile durch Betroffene, macht diese zu hervorragenden Multiplikatoren und Meinungsbildnern für alle weiteren Anwender.

Einige Vorteile sind im Folgenden aufgelistet:

- Effizienzsteigerung im Projektumfeld
  - Integrierte Projektdokumentation
  - Definierte Verwaltung von Varianten
  - Integriertes Berichtswesen
    - Relevante Planungsdaten permanent im Überblick
    - Ad Hoc Analyse von Planungsalternativen
    - Visuelle Absicherung des Planungsinhaltes
    - Standardisierte Weitergabe von Informationen (Bericht)
    - Beschleunigung der Planungsarbeit

- Datenkonsistenz und Transparenz
  - Standardisierte Dateiablage
  - Lückenlose Archivierung und Versionierung
  - Einheitliche Erzeugung von Planungsvarianten
    - Schnelle Orientierung in neuen Projektdaten

  - Keine Datenredundanz
  - Arbeit erfolgt im aktuellen Planungsstand

- Abteilungsübergreifende Kommunikation
  - Übersichtliche Darstellung von Anlagen, Produkten und Abläufen
  - 3D-Darstellung fördert das Verständnis auf allen Ebenen
    - Effizientere Zusammenarbeit
    - Verkürzte Planungsdauer (weniger Iterationen)
    - Erhöhte Planungssicherheit (Steigerung der Planungsqualität)

4.3 Aufwand und Nutzen

Die für das Projekt anfallenden Kosten sowie das Einsparungspotential wurden in verschiedenen Workshops mit Experten der Fa. UGS, Fertigungsplanern und Siemens IT-Spezialisten ermittelt. Für die Gegenüberstellung der Kosten zum Einsparungspotential wurden nur die budgetrelevanten Kosten berücksichtigt.

Aufwand und Nutzen für das Projekt werden entsprechend der Projektvereinbarung zur Einführung von Softwaretools für die nächsten vier Jahre betrachtet. Die Amortisationszeit liegt bei 2,5 Jahren und es wird ein Geschäftswertbeitrag von 1‘605 Euro erreicht.

Aufwand: Der größte Kostenblock bei der Einführung der digitalen Planungstools entsteht durch den Kauf der Lizenzen. Sie verursachen ca. 50% der Kosten in den nächsten 4 Jahren. Für Wartung und Pflege dieser Lizenzen werden Kosten in Höhe von 18% des Kaufpreises veranschlagt.

Der Umgang mit der Software muss erlernt werden. Hierfür sind 130 Manntage für Training und Coaching durch UGS-Spezialisten vorgesehen.

Um die entstehenden Projektdaten sicher zu verwalten, wird ein Server mit Web-Diensten und Datenbank benötigt.

Zur Integration von Daten aus anderen Softwaretools sind Schnittstellen einzurichten.

Siemens-Mitarbeiter müssen die Software betreuen und bei der Einführung mitarbeiten.

Invest und Kosten	Jahr 06/07	Jahr 07/08	Jahr 08/09	Jahr 09/10	Jahr 10/11	Jahr 11/12
Anzahl Lizenzen	9 + 4	13	0	0	0	0
Kosten Lizenzen	0'398	0'397				
Wartung Lizenzen UGS	0'072	0'071	0'138	0'138	0'138	0'138
Training UGS	0'018	0'004				
Coaching UGS	0'051	0'046	0'031	0'015	0'015	0'015
Hardware + Basisbetrieb	0'016					
Betrieb Webserver + Oracle + Backup	0'022	0'030	0'030	0'030	0'030	0'030
Schnittstellen UGS	0'062					
Schnittstellen Siemens	0'040					
Customization (Berichte, Anpassung...)	0'019	0'004				
Betreuungsaufwand Software (Siemens)	0'016	0'016	0'016	0'016	0'016	0'016
Interner Projektaufwand	0'144					
Gesamt	**0'858**	**0'567**	**0'214**	**0'199**	**0'199**	**0'199**
Projektaufwand	**0'697**	**0'404**				
laufende Kosten	**0'161**	**0'163**	**0'214**	**0'199**	**0'199**	**0'199**

Abbildung 10: Invest und Kosten für Einführung digitaler Planungstools

Nutzen: Untersuchungen des Frauenhofer Instituts, Erfahrungswerte aus Studien von Siemens CT sowie Aussagen von Daimler und Ford, geben durch den Einsatz von digitalen Planungstools folgenden Nutzen an.

Nutzenpotential	Dimension
Schnellerer Anlauf	bis zu 15%
Höhere Produktivität	bis zu 10%
Steigerung der Produkivität vorhandener Anlagen	um 15-20%
Reduzierung der Anlagen, Werkzeuge, Hilfsmittel	um 40%
Geringere Projektinvestitionen	bis zu 10%
Reduzierung der Investitionskosten bei der Planung neuer Produktionsanlagen	um bis zu 20%
Verbesserung der produzierten Qualität	um bis zu 15%
Steigerung des Produkt-/Anlagenreifegrades	5-10%
Verkürzung der Projektzeit	bis zu 20%
Reduzierung der Änderungsaufträge	bis zu 20%
Größere Effizienz in der Kommunikation und Zusammenarbeit	35%

Abbildung 11: Publizierter Nutzen der digitalen Planungstools

Für die Ermittlung der Einsparungspotentiale bei Siemens wurde diese Veröffentlichung als Grundlage herangezogen. Die Einsparpotentiale in vier hinterlegten Kategorien wurden auf die Siemensprozesse übertragen. Diese Vorgehensweise birgt jedoch gewisse Unsicherheiten, da die genauen Prozesse der Vergleichsunternehmen nicht bekannt sind. Um dennoch eine vertrauenswürdige Basis zu schaffen, wurden die Vergleichswerte sehr konservativ betrachtet.

4.4 Chancen und Möglichkeiten

Der Einsatz der digitalen Planungstools bildet den nächsten konsequenten Schritt für das Gerätewerk Amberg, um den Aufgaben einer Lead-Factory auch in Zukunft gerecht zu werden. Eine Lead-Factory muss stets beweisen, dass ihre Prozesse Benchmark sind. Hier wird vor allem der Einsatz des Process Designers weitreichende Verbesserungen bringen. Er ermöglicht es, alle Informationen, die für die Erstellung und Bewertung verschiedener Fertigungskonzepte notwendig sind, an zentraler Stelle zusammenzuführen. Die Auswahl des unter den gegebenen Randbedingungen optimalen Fertigungskonzeptes kann somit sichergestellt werden. Einmal erstellte Konzepte und Montageprozesse können in Bibliotheken als Standards definiert werden und stehen somit für die Erstellung neuer Konzepte jedem Planer zur Verfügung.

Auch in der Kommunikation können erhebliche Potentiale gehoben werden. Durch die 3-dimensionale Darstellung von Produkten und Produktionsanlagen besteht eine wesentlich verbesserte Kommunikationsbasis mit Konstrukteuren, Anlagenbauern, Mitarbeitern der Werkinfrastruktur und dem Fertigungspersonal. Vor allem die Planung und Durchsprachen der neuen Fertigungslayouts auf Basis 3-dimensionaler Darstellungen wird deutlich verbessert. Häufig ist festzustellen, dass einige Mitarbeiter mit den momentan verwendeten 2-dimensionalen Layouts nicht zurecht kommen. Ihnen fehlt die Vorstellungskraft für die 3. Dimension. Dies führt immer wieder zu Missverständnissen, welche sich bei der Umsetzung der Planung herausstellen. Mit den 3-dimensionalen Darstellungen können diese Missverständnisse aus dem Weg geräumt werden.

Ein weiteres Potential ergibt sich aus dem optimierten Investmenteinsatz: Bereits in der Phase des Pilotprojekts konnten durch die Anwendung des Simulationstools erste Erfolge nachgewiesen werden. So wurde eine Magnetmontagelinie mit Plant Simulation simuliert. Es zeigte sich, dass man anstatt der in einer statischen Berechnung bestimmten 40 Werkstückträger nur 20 Werkstückträger benötigt. Die Einsparung bewegt sich im 5-stelligen Bereich.

An das Gerätewerk Amberg wird zunehmend die Forderung nach internationaler Unterstüt-zung gestellt. Der Geschäftszweig A&D CD CC hat die Verantwortung für Standorte in der Türkei, Tschechien, China, Indien, USA und Brasilien. Die digitalen Planungstools werden es in Zukunft ermöglichen, die dort vorhandenen Fertigungsprozesse abzubilden und zu optimieren. Ein webbasierter Viewer unterstützt die internationale Zusammenarbeit.

4.5 Grenzen und Möglichkeiten der digitalen Zusammenarbeit

Der Einsatz der digitalen Planungstools erfolgt aktuell in der Fertigungs- und Prüfplanung sowie im Bereich der Betriebsmittelerstellung. Hier konnte die Effizienz der Arbeitsabläufe und vor allem der Informationsgehalt von Fertigungskonzepten deutlich gesteigert werden. Für die Umsetzung der Konzepte wurden somit verbesserte Voraussetzungen geschaffen.

Die Planungstools werden aber noch als Insellösung betrieben. Die Kommunikation mit anderen Systemen erfolgt per manuellem Export und Import ohne durchgängige Datenbereitstellung und Datenverwendung.

Einzige aktive Anwender der Softwaretools sind die Fertigungsplaner. Sie benutzen die Softwaretools um mit Schnittstellenpartnern über Fertigungskonzepte bzw. deren Inhalte zu kommunizieren und zu diskutieren. Die Weiterverwendung der durch die Fertigungsplanung erarbeiteten Kenntnisse und Modelle findet nur bedingt statt.

Die ideale digitale Zusammenarbeit beginnt mit der Erzeugung der CAD-Produktdaten in den CAD-Systemen und endet mit der Bereitstellung aller produktions- und produktrelevanten Daten in zielgerichteter und verständlicher Form für jeden Nutzer. Datenaustausch ist ohne aufwändige oder komplexe Konvertierung und Schnittstellen zu gewährleisten. Aktualität, Versionierung und Archivierung sind Selbstverständlichkeiten, die vom System über automatisierte Benachrichtigung und Workflows für die Anwender sichergestellt werden.

Konstrukteure und Planer müssen in die Lage versetzt werden auf die gleichen Daten zugreifen zu können. Änderungen die der eine an Modellen durchführt, müssen dokumentiert und dem anderen umgehend über einen eingerichteten Workflow mitgeteilt werden. Es ist folglich notwendig für alle Informationen einen gemeinsamen Datenpool zur Verfügung zu stellen.

Der gleiche Prozess muss auch für die Zusammenarbeit mit den Anlagenbauern eingerichtet werden. Hier müssen in enger Zusammenarbeit die CAD-Modelle für Maschinen und Anlagen entstehen. Auch diese sollen ohne Konvertierung direkt von beiden Partnern eingesehen und optimiert werden können.

Nachdem vollständige Fertigungskonzepte mit Produkt-, Prozess- und Ressourceninformationen erstellt wurden, müssen diese auf ERP/MES-Systeme und Maschinen- und Anlagensteuerungen übertragen werden. Auch dies soll ohne weiteren manuellen Aufwand für Export und Import geschehen. Ziel ist es, der Fertigung alle zur Produktion notwendigen Informationen, ohne weitere Zwischenschritte, zum benötigten Zeitpunkt zur Verfügung zu stellen.

Vorraussetzung für diese Vorgehensweise ist ein durchgängiger Datenbackbone, der alle Informationen für alle Anwender ohne redundante Datenhaltung zugreifbar macht. Alle Applikationen, die im Gerätewerk Amberg Anwendung finden, müssen hierzu auf diese Daten zugreifen.

Diese Zusammenhänge sind in Abbildung 12: Digitale Zusammenarbeit grafisch dargestellt.

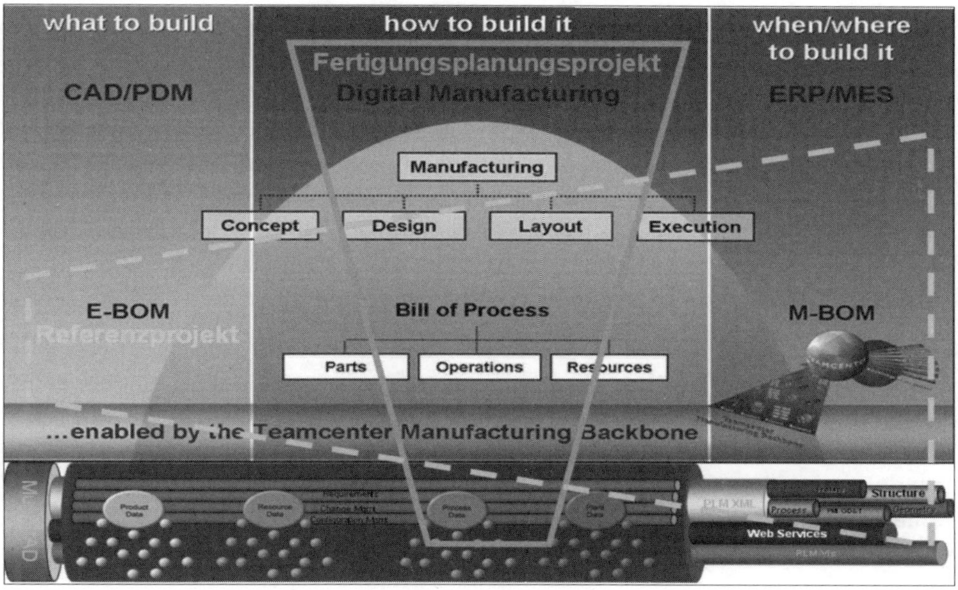

Abbildung 12: Digitale Zusammenarbeit

Das bisher realisierte Projekt entspricht in seinem Umfang dem Rahmen mit durchgezogener Linie.

In einem weiterführenden Projekt (Referenzprojekt) müssen parallel zur weiteren Ausbreitung und Optimierung der bestehenden Vorgehensweise, die oben beschriebenen Prozessänderungen vorangetrieben werden.

Des weitern bietet UGS mit ihren Softwaretools noch weitere Möglichkeiten die PLM und SCM Prozesse zu optimieren. Auch diese sollten im Referenzprojekt betrachtet, bewertet und bei entsprechendem Nutzen eingeführt werden.

5 Fazit und Ausblick

Dem Gerätewerk Amberg kommt aufgrund seiner Stellung als Lead-Factory im Fertigungsverbund der A&D CD eine besondere Bedeutung zu. Es ist seine Aufgabe neue Möglichkeiten zur Prozessverbesserung zu erkennen und zu entwickeln.

Die Betrachtung des GWA innerhalb der Audits und verschiedenen Workshops hat gezeigt, dass trotz hervorragender Performance singuläre Schwachstellen vorhanden sind und sich einzelne Prozesse weiter optimieren lassen. Besonderer Handlungsbedarf wurde im Übergang von den PLM zu den SCM Prozessen erkannt und deren mögliche Optimierung durch den Einsatz digitaler Planungstools beschrieben.

Der dargestellte Aufwand und Nutzen lässt klar erkennen, dass sich die Anwendung digitaler Planungstools für das GWA und seine Kunden wirtschaftlich lohnt und die Position des Gerätewerk Amberg als Lead-Factory festigt.

Mit dem Einsatz der digitalen Planungstools werden nicht nur die Prozesse und Ergebnisse im Gerätewerk Amberg verbessert, sondern auch eine Basis für die internationalen Aufgaben geschaffen. Das Gerätewerk wird dann in der Lage sein, die optimalen Fertigungskonzepte, im internationalen Einsatz, in kürzerer Zeit zu planen und umzusetzen. Durch die strukturierte Vorgehensweise und dem zusätzlichen Einsatz von Simulationen werden die notwendigen Investitionen verringert und der Serienanlauf optimiert.

Zusätzlich zur aktuellen Nutzung der digitalen Planungstools um Fertigungskonzepte zu erstellen, optimieren und abzusichern, müssen die weiteren Potentiale, wie Datendurchgängigkeit und automatisierte Weiternutzung der erstellten Konzeptdaten gehoben werden. Hierzu werden aktuell die Möglichkeiten geprüft ein weiteres Projekt aufzusetzen, in dem der digitale Gesamtprozess betrachtet, bewertet und optimiert wird.

Das Gerätewerk Amberg wird sich durch den weiteren Ausbau und Optimierung der digitalen Planungstools die technologische Führung in diesem Bereich sichern. Somit wird das GWA auch in Zukunft seinen Status als Lead-Factory beibehalten und eine Ergebnisstütze des Siemenskonzerns bleiben.

Anhang

Dipl.-Wirtschaftsingenieur
Thomas Hagedorn, MBA

Entwicklung einer Vertriebs- und Marketingstrategie für die Vertriebsregion Nordasien am Beispiel Südkorea

Inhalt

1 Summary

Im letzten Jahrzehnt des 20. Jahrhunderts wurde die Kraftwerksindustrie als nicht besonders zukunftsträchtig betrachtet. In dieser Zeit ging eine Vielzahl von Anbietern in den großen vier Anbietern Siemens, GE, Alstom und Mitsubishi auf. Jetzt erlebt dieser Industriezweig jedoch einen Boom, da die Notwendigkeit besteht, zusätzliche Kapazitäten vor allem in den aufstrebenden Ländern aufzubauen, in denen der Stromverbrauch mit voraussichtlich 5,2% pro Jahr ansteigen wird. Darüber hinaus müssen ältere Kraftwerke in den OECD-Ländern ersetzt werden.
In einem solchen Umfeld könnte man fragen, ob noch die Notwendigkeit für Marketing besteht, da in diesem Fall nicht der Vertrieb der Engpass ist, sondern die Fertigung, um die hohe Nachfrage zu befriedigen. Die derzeitige Situation beinhaltet jedoch mehrere Herausforderungen, die vom Vertrieb und Marketing angegangen werden müssen.

Die Kunden erwarten, dass zum Beispiel Siemens alle ihre Kraftwerkprojekte innerhalb ihres Budgets und der geplanten Termine ausführen kann. Da jedoch die Produktionskapazitäten für Kraftwerksausrüstung weltweit beschränkt sind, was sich auch durch hohe Preise und lange Lieferzeiten ausdrückt, muss dieser Umstand kommuniziert werden. Lösungen müssen hierfür entwickelt werden, um diese Kluft zu überwinden.

Der Markt für Kraftwerksausrüstung ist in der Regel zyklisch, d.h. nach Zeiten hoher Nachfrage folgen Zeiten mit weniger Nachfrage. Kapazitätsergänzungen in der Fertigung werden nur langsam umgesetzt, da aufgrund der erheblichen Investitionskosten und aufgrund der langen Investitionszyklen Entscheidungen diesbezüglich nur mit großer Zurückhaltung getroffen werden. Aus der Marketing- und Vertriebsperspektive müssen die Kunden aber ausreichend auch in diesem Boom betreut werden.

In diesem Artikel porträtiert der Autor Korea als ein wichtiger Markt in Asien für Kraftwerksausrüstung, wo Siemens Energy, Fossil Power Generation in den vergangenen Jahren recht erfolgreich war.
Korea hat eine bemerkenswerte wirtschaftliche Entwicklung seit dem Koreakrieg in den 1950er Jahren durchschritten und ist dabei von einem der ärmsten Länder der Welt zu einem industrialisierten Land aufgestiegen, dessen Pro-Kopf-Einkommen bereits höher ist als das der schwächeren Länder in der Europäischen Union. Korea wird in den nächsten Jahren umfangreiche Investitionen in neue Kraftwerkskapazität tätigen.

2 Einleitung - Ausgangssituation

Als mit dem Ende der 1980er Jahre weniger Nuklearkraftwerke gebaut wurden, stieg allerdings nicht gleichzeitig die Nachfrage nach fossilen Kraftwerken. Folglich wurde während dieser Zeit der Kraftwerksbau als nicht besonders attraktiv betrachtet. Diese ablehnende Haltung war insbesondere deswegen ausgeprägt, weil die Gewinnspannen der Unternehmen, die in diesem Sektor tätig waren, verhältnismäßig gering waren.

Entsprechend befand sich die Kraftwerksindustrie im letzten Jahrzehnt des 20. Jahrhundert in einer Zeit der Konsolidierung, wo viele der Akteure in diesem Bereich durch die verbleibenden vier wichtigsten Wettbewerber wie Siemens, General Electric (GE), Alstom und Mitsubishi Heavy Industries (MHI) absorbiert wurden. Im November 1997 beispielsweise kündigte Siemens die Akquisition der fossilen Kraftwerkssparte von Westinghouse Electric an und im Jahr 1998 erwarb Alstom alle ABB Anteile des Gemeinschaftsunternehmens ABB Alstom Power. Eine der letzten größeren Transaktionen wurde im Sommer 2003 vollzogen, als Siemens von Alstom Power die Industrieturbinengruppe kaufte. Alstom kämpfte zu dieser Zeit mit den technischen Problemen seiner großen Gasturbine, die den finanziellen Zustand dieses französischen Konglomerats verschlechterte.

Zu Beginn des 21. Jahrhunderts boomte in den USA der Bau von Gasturbinen- und GUD-Kraftwerken. Dieser Boom endete jedoch abrupt im Jahr 2002 nach dem Terroranschlag auf das World Trade Center in New York und den Enron sowie WorldCom Bilanzierungsskandalen in 2001 und 2002. Auf diesen Boom in den USA folgte eine starke Nachfrage nach Kraftwerken in anderen Regionen der Welt und seither steigt die Nachfrage stetig. Es wird prognostiziert, dass dieser Trend für die nahe und fernere Zukunft anhält.

Korea, das eine bemerkenswerte wirtschaftliche Entwicklung seit dem Koreakrieg in den 1950er Jahren durchschritt und heute als Industrieland bezeichnet werden kann, investierte in den letzten zehn Jahren zurückhaltend in neue Kraftwerke, obwohl es die asiatische Finanzkrise im Jahr 1997 recht schnell überwunden hatte. Seit einigen Jahren wird prognostiziert, dass das Investitionsvolumen für Kraftwerke ansteigen wird. Der Regierungsplan für den Bau zusätzlicher Kraftwerkskapazitäten für die Jahre bis 2016 bestätigt diese Prognose.

In dieser Situation wurde das Projekt „Entwicklung einer Vertriebs- und Marketing-Strategie für die Vertriebsregion Nordasien am Beispiel von Südkorea und Vietnam“ mit dem Ziel aufgesetzt, über das übliche Maß hinausgehen, das während des jährlichen Marktprognose- und -planungsprozesses angewandt wird.

Das Projekt umfasst eine PEST Analyse über Korea und Vietnam, eine detaillierte Marktanalyse des koreanischen Marktes für Kraftwerksausrüstung, die Analyse der Wettbewerbskräfte entsprechend Porters Five Forces Modell sowie eine

SWOT Analyse. Auf der Grundlage der Ergebnisse dieser Analysen wurden die Marketingziele, die Verkaufsstrategie und der Marketingplan entwickelt. Da die meisten der in diesem Projekt enthaltenen Informationen vertraulich sind, werden in diesem Artikel nur die PEST Analyse über Südkorea, die Marktanalyse des koreanischen Marktes für Kraftwerksausrüstung, die Analyse der Wettbewerbskräfte entsprechend Porters Five Forces Modell und die SWOT Analyse kurz skizziert.

3 Siemens AG Energy - Fossil Power Generation

3.1 Produkte und Organisation

Die Fossil Power Generation Division ist Teil des Siemens AG Energy Sector und ist tätig im fossilen Kraftwerksbau. Sie stellt die benötigten Produkte und Lösungen her, die für die Umwandlung fossiler Energieträger in Elektrizität in großen Kraftwerken von 100 MW und mehr benötigt werden (Abb. 1). Für Kraftwerke, die mit Erdgas befeuert werden, können Gasturbinen von Siemens entweder in reinen Gasturbinenkraftwerken zur Stromerzeugung in einem Spitzenlastkraftwerk verwendet werden oder in sogenannten Gas- und Dampfkraftwerken mit Abhitzedampferzeugern und Dampfturbinen für Grundlast- oder Zwischenlastanlagen mit Wirkungsgraden von mehr als 58%. Für die Umwandlung von Kohle in Strom bietet Siemens hocheffiziente und zuverlässige Dampfturbinen an, die in konventionellen mit Kohle befeuerten Kraftwerken mit höchsten Dampfparametern eingesetzt werden können.

Die Fossil Power Generation Division gliedert sich in die Business Units „Products", „Energy Solutions" und „Instrumentation & Electrical". Die Products Business Unit ist verantwortlich für das Design, das Engineering und die Herstellung von Gasturbinen, Dampfturbinen und Generatoren. Sie verkauft ihre Produkte direkt an die Kunden, die sich dafür entschieden haben, ihre Kraftwerke selbst zu entwerfen und zu bauen.

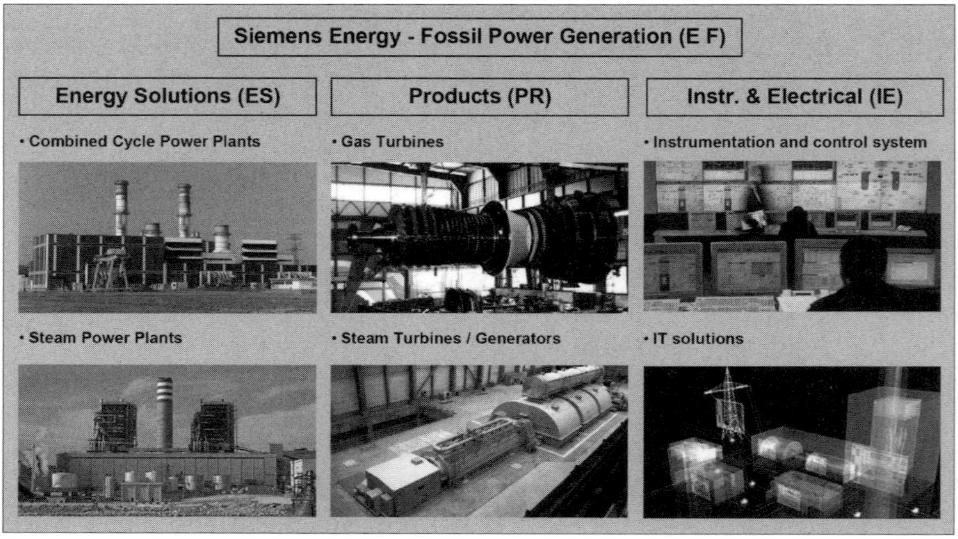

Abbildung 1: Siemens Energy Fossil Power Generation

Für Kunden, die schlüsselfertige Lösungen bevorzugen, bietet die Energy Solutions Business Unit den Bau von Gesamtanlagen an, wobei die Gasturbinen, Dampfturbinen und Generatoren mit den Gebäuden, Dampferzeugern, Rohrleitungen, Pumpen usw. zu Kraftwerken integriert werden. Um solche Projekte abwickeln zu können, befinden sich in der Energy Solutions Business Unit Prozess-, Bau-, Dampferzeuger, Elektro- und Maschinenbau- sowie Einkaufs-, Projektmanagement- und Baustellenmanagementabteilungen. Die „Instrumentation & Electrical" Business Unit entwickelt und fertigt die Leittechniksysteme für alle Arten von Kraftwerken.

3.2 Kraftwerksmarkt

3.2.1 KUNDEN

Die Kunden für Großkraftwerke sind entweder Versorgungsunternehmen oder unabhängige Stromerzeugungsunternehmen. Letztere finanzieren sich vor allem durch Bankdarlehen, die hauptsächlich mit Hilfe des generierten Cash Flows im Rahmen des Geschäftsmodells zurückgezahlt werden, wobei ein möglichst geringes Eigenkapital eingesetzt wird. Versorgungsunternehmen waren in früheren Zeiten vor allem Staatsunternehmen, jedoch werden durch die fortschreitende Liberalisierung des Strommarktes mehr und mehr Versorgungsunternehmen privatisiert. Zusätzlich zu diesen Kunden gibt es sogenannte Architect Engineers (A/E), die schlüsselfertige Anlagen an Anlagenbetreiber (die gleichen Kunden wie oben erwähnt) anbieten, wobei die A/E die Kraftwerkskernkomponenten wie Gasturbinen und Dampfturbinen von OEM wie Siemens kaufen.

3.2.2 DER ENERGIEMARKT

Es wird erwartet, dass die weltweite Nachfrage nach Energie in den nächsten drei Jahrzehnten enorm steigen wird. Die Energy Information Administration (EIA) des US Department of Energy geht von einer Zunahme um 57% von 2004 bis 2030 für die Nachfrage nach Energie aus.[1]

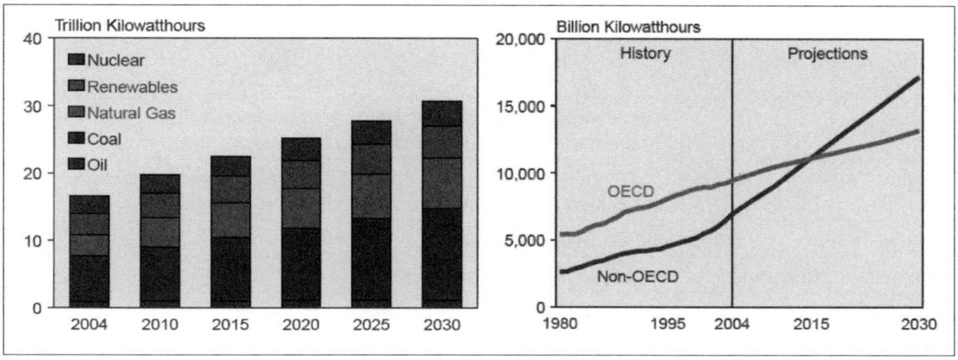

Abbildung 2: Prognose über die Entwicklung der weltweiten Stromerzeugung, 2004-2030[2]

Für die Nachfrage nach Elektrizität wird in der EIA Prognose eine Steigerung um 100% bis 2030 angegebenen. Gemäß dieser Prognose wächst die weltweite Stromerzeugungskapazität von 16.424 Mrd. kWh im Jahr 2004 auf 30.364 Mrd. kWh im Jahr 2030 mit einer durchschnittlichen Rate von 2,4% pro Jahr. Während die Erzeugungskapazitäten der erneuerbaren Energien wie Wasserkraft, Windkraft, Biomasse, Solarenergie usw. zunehmen werden und auch die Atomkraft weiter ausgebaut wird, werden in den nächsten Jahrzehnten die fossilen Energieträger Kohle, Erdöl und Erdgas auch weiterhin die wichtigste Rolle bei der Versorgung mit Elektrizität spielen und ihr Anteil wird von 65% im Jahr 2004 auf 72% im Jahr 2030 steigen. In den Schwellenländern wird mehr neue Kapazität hinzugefügt als in den OECD-Ländern und damit wird um 2015 die installierte Kapazität in diesen Ländern die der OECD-Länder übersteigen. In den OECD-Ländern liegt der Schwerpunkt auf dem Ersatz von älteren Kraftwerken.[3]

4 Allgemeine Umweltanalyse von Südkorea

4.1 Südkorea - Überblick

Die Republik Korea, die auch gemeinhin Südkorea genannt wird, ist ein ostasiatisches Land, das die südliche Hälfte der koreanischen Halbinsel einnimmt. Ein unabhängiger koreanischer Staat oder eine Ansammlung von Staaten gab es fast

1 Vgl. U.S. Department of Energy, Highlights, International Energy Outlook 2007, S. 1.
2 Vgl. U.S. Department of Energy, Highlights, International Energy Outlook 2007, S. 3, S.8.
3 Vgl. U.S. Department of Energy, Electricity, International Energy Outlook 2007, S. 61ff.

ununterbrochen für mehrere Jahrtausende. Nach der ersten Vereinigung im 7. Jahrhundert bis zum 20. Jahrhundert existierte Korea als ein einziges unabhängiges Land. Nach dem Russisch-Japanischen Krieg (1905) wurde Korea zum Protektorat und 1910 Kolonie des kaiserlichen Japan. Korea erhielt seine Unabhängigkeit nach der Niederlage Japans im Jahr 1945 zurück.[4]

Ländername	Republik Korea 
Klima	Vier ausgeprägte Jahreszeiten: Juni - August heiß und schwül, Dezember - Februar kalt und trocken, Frühjahr und Herbst mild
Lage	Südlicher Teil der Koreanischen Halbinsel, Grenze zwischen Nord- and Südkorea ungefähr am 38. Breitengrad
Fläche	99.600 Quadratkilometer
Hauptstadt (Einwohner)	Seoul (10 Millionen)
Bevölkerung	49 Millionen Einwohner
Sprache	Koreanisch
Religion	Buddhisten (10,7 Mio.), Protestanten (8,6 Mio), Katholiken (5,1 Mio.)
Politisches System	Republik mit präsidialer Verfassung
Staatsoberhaupt	Präsident: Lee Myung-bak (seit 25. Februar 2008)
Regierungschef	Prime Minister Han Seung-soo (seit 29. Februar 2008)
Parlament	Nationalversammlung mit 299 Sitzen, Wahlen alle 4 Jahre, letzte Wahl im April 2008
Regierungspartei	Grand National Party
Opposition	United Democratic Party
Mitgliedschaft in internationalen Organisationen	UNO (1991), Weltbank (1955), IWF (1955), Asian Development Bank (1966), WTO (1995), OECD (1996), etc.

Tabelle 1: Südkorea - Überblick[5]

Nach dem Zweiten Weltkrieg wurde die Republik Korea in der südlichen Hälfte der koreanischen Halbinsel gegründet, während im Norden die Demokratische Volksrepublik Korea (DVRK) installiert wurde. Während des Koreakrieges (1950-53), verteidigen US- und UN-Truppen zusammen mit südkoreanischen Soldaten Südkorea gegen nordkoreanische Angriffe, die durch China und die Sowjetunion unterstützt wurden. Ein Waffenstillstand wurde 1953 unterzeichnet, wobei die Halbinsel entlang einer entmilitarisierten Zone etwa in der Höhe des 38. Breitengrad geteilt wurde. Nach dem Koreakrieg konzentrierte sich Südkorea auf die wirtschaftliche Entwicklung, während eine Demokratisierung unterdrückt wurde. Nach einem Putsch in 1961 übernahm eine Reihe von militärischen Führern die Macht. Eine aufkeimende Zivilgesellschaft zwang 1987 die militärischen Führer

4 Vgl. CIA, South Korea, The World Fact Book, 28. February 2008. Vgl. Library of Congress – Federal Research Division, Country Profile: South Korea, Mai 2005, S. 14.

5 Vgl. Auswärtiges Amt: Südkorea, Übersicht, März 2008.

freie und demokratische Wahlen abzuhalten. Aber erst 1993 nach 32 Jahren Militärherrschaft wurde Kim Young-sam Südkoreas erster ziviler Präsident.

4.2 Politisches und rechtliches Umfeld

Südkorea ist heute eine präsidiale Demokratie mit einem Einkammerparlament. Am 25. Februar 2008 wurde Lee Myung-bak als neuer Präsident eingeführt und ist damit der Nachfolger von Roh Moo-hyun. Roh hatte die Sun Shine Politik seines Vorgängers Kim Dae-jung zur Verbesserung der Beziehungen zu Nordkorea fortgesetzt. Der neue Präsident Lee betont im Gegensatz zu Roh eine starke Allianz mit den USA, die Vorrang vor der innerkoreanischen Versöhnung haben soll.[6]
Südkoreas rechtliches System kombiniert Elemente des kontinental-europäischen Zivilrechts, des angloamerikanischen Rechts und des klassischen chinesischen Denkens. Der angloamerikanische Einfluss lässt sich vor allem an der präsidialen Verfassung ablesen, während das Zivilrecht stark von Japan während dessen Herrschaft beeinflusst wurde und daher zu einem großen Teil der deutschen Rechtsordnung ähnelt.[7] Im Hinblick auf das Rechtssystem und auf die Durchsetzung der eigenen Rechte durch die Gerichte ist zu bemerken, dass ein solches Verfahren im Widerspruch zu den konfuzianischen Wertvorstellungen steht. Die Beilegung von Konflikten durch staatliche Institutionen gilt allgemein als ein Zeichen von fehlender Reife und eine Klage beendet oft die Geschäftsbeziehung zwischen beiden Parteien.[8]

Korea trat 1967 dem ehemaligen General Agreement on Tariffs and Trade bei und ist daher ein Gründungsmitglied der WTO. Dennoch beschränkte Korea Importe umfangreich während der ersten Jahrzehnte seiner Industrialisierung. Mittlerweile wurden die koreanischen Bestimmungen für die Einfuhr von Waren liberalisiert und folgen nun den WTO Regeln. Das Ministry of Commerce, Industry and Energy[9] veröffentlicht jährlich die Export-Import-Bekanntmachung, welche festlegt, welche Wareneinfuhr verboten, beschränkt oder frei ist. Derzeit besteht kein Einfuhrverbot. Mit Chile, Singapur, der EFTA und dem ASEAN hat Südkorea Freihandelsabkommen unterzeichnet, die die Befreiung von Zöllen auf Einfuhren vorsieht. Das Freihandelsabkommen mit den USA, das KORUS Free Trade Agreement, wurde 2007 unterzeichnet. Es ist jedoch noch nicht durch die Parlamente ratifiziert worden. Mit Japan, Mexiko, Kanada, Australien und der EU verhandelt Südkorea im Moment Freihandelsabkommen.[10]

6 Vgl. Auswärtiges Amt: Südkorea, Innenpolitik, März 2008.

7 1898 wurde in Japan ein Zivilrechts eingeführt, das stark von einem Entwurf für das deutsche Bürgerliche Gesetzbuch beeinflusst worden war. Als Japan sein Reich am Anfang des 20. Jahrhunderts ausdehnte, wurde dieses Zivilrecht auch in Korea und Taiwan eingeführt. Law of Japan: Article in Wikipedia. 7. März 2008. http://en.wikipedia.org/wiki/Law_of_Japan.

8 Vgl. Bayerischer Industrie- und Handelskammertag, Aussenwirtschaftszentrum Bayern: Exportbericht Republik Korea, S. 24.

9 Das Ministry of Commerce, Industry and Energy wurde mit der Einsetzung der neuen Regierung in Ministry of Knowledge Economy umbenannt.

10 Vgl. Bundesagentur für Außenwirtschaft: Zolltipps, Korea Rep., 2008, S. 8ff. Vgl. Bayerischer Industrie- und Handelskammertag, Aussenwirtschaftszentrum Bayern: Exportbericht Republik Korea. 2006, S. 22.

4.3 Wirtschaftliche Situation

4.3.1 WIRTSCHAFTSWACHSTUM

Innerhalb der kurzen Zeitspanne seit den 1960er Jahren hat Südkorea ein unglaubliches Wirtschaftswachstum verzeichnet und die Integration in die High-Tech-Welt der modernen Wirtschaft geschafft. Vor vier Jahrzehnte betrug das Pro-Kopf-Einkommen ungefähr soviel wie das der ärmeren Länder Afrikas und Asiens, aber heute ist Koreas Pro-Kopf-Einkommen vergleichbar mit dem der schwächeren Volkswirtschaften der EU. Dieser Erfolg wurde erzielt durch ein System von engen Beziehungen zwischen Regierungsstellen und Unternehmen, gelenkten Krediten, Einfuhrbeschränkungen, Sponsoring von bestimmten Branchen und einem starken Arbeitseinsatz. Dieser wirtschaftliche Erfolg wird auch als das „Wunder vom Han-Fluss“ (ein Verweis auf den Fluss der durch Seoul fließt) bezeichnet. Am 12. Dezember 1996 Korea wurde der 29. Mitgliedsstaat der Organisation für wirtschaftliche Zusammenarbeit und Entwicklung (OECD).[11]

Koreas Wirtschaftswunder bekam jedoch mit der asiatischen Finanzkrise einige Kratzer. Die asiatische Finanzkrise begann im Juli 1997 in Thailand mit einer raschen Abwertung des Baht. Als der koreanische Won im Oktober 1997 drastisch fiel, setzte eine zweite Welle von raschen Abwertungen lokaler Währungen und Aktienkurse in ganz Ostasien ein. Vor der Asienkrise sanken die Exporte Südkoreas, da seine Wettbewerbsfähigkeit durch die Abwertung der Währungen seiner Wettbewerber abnahm. Dadurch kamen die Schwächen der koreanischen Konglomerate mit ihrer geringen Eigenkapitalquote zum Vorschein. Im Januar 1997 brach mit Hanbo Steel das erste Chaebol zusammen. Als die Verstaatlichung von Kia - Koreas drittgrößtem Automobilhersteller - scheiterte, verlor der Markt schließlich das Vertrauen und Korea konnte nicht verhindern, dass sich im Herbst 1997 die Krise auf seine Wirtschaft ausdehnte, obwohl es fast seine gesamten Devisenreserven zur Stützung seiner Währung einsetzte.[12]

Im November 1997 wandte sich die südkoreanische Regierung schließlich an den Internationalen Währungsfond, der Kredite von USD 57 Mrd. zur Verfügung stellte. Diese Kredite wurden ergänzt durch weitere Kredite und Umschuldungen von Krediten durch japanische, US-amerikanische und europäische Banken. Die koreanische Regierung selbst injiziert USD 181 Mrd. zur Stärkung der zusammenbrechenden Finanzinstitutionen. Außerdem wurden strikte Reformen des Finanzsektors und der Konglomerate eingeleitet. Instabile Banken und Firmen wurden durch Verkäufe und Fusionen liquidiert. Im August 2001 - drei Jahre früher als geplant - waren alle Kredite zurückgezahlt worden.[13]

11 Vgl. CIA, South Korea, The World Fact Book, 28. February 2008.

12 Vgl. Cronin, R. P.: Asian Financial Crisis: An Analysis of U.S. Foreign Policy Interests and Options, 1998, S. 1f. Vgl. Noland, M.: South Korea's Experience with International Capital Flows, Capital Control, 2005, S. 28ff.

13 Vgl. Korea fully recovered from 1997-98 financial crisis: Article in Korea.net, 20. November 2007.

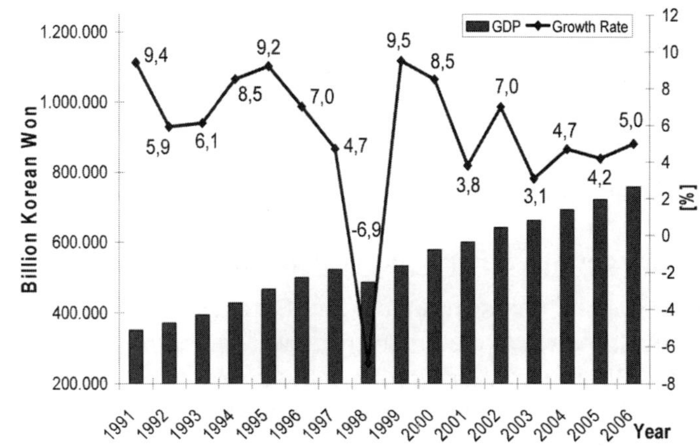

Abbildung 3: BIP und Wachstumsrate [14]

In Korea wurde die Krise relativ rasch überwunden und das Wirtschaftswachstum stieg wieder auf 9,5% im Jahr 1999 und 8,5% in 2000. Seitdem war das Wachstum moderat und betrug in den Jahren 2003-2006 durchschnittlich 4-5%. Inzwischen rangiert Südkorea als 11.-größte Handelsnation, als 14.-größte Volkswirtschaft der Welt und als 4.-größte in Asien. Für 2008 wird erwartet, dass sich das Wirtschaftswachstum auf 4,7% verringert, da vor allem die US-Wirtschaft und damit Koreas zweitgrößter Exportmarkt schwach ist.[15]

4.3.2 WIRTSCHAFTS- UND GELDPOLITIK

Die Wirtschaftspolitik unter dem jetzigen Präsidenten Lee konzentriert sich auf die Förderung des wirtschaftlichen Wachstums in der so genannten 7-4-7 Kampagne, welche zum Ziel hat, dass die koreanische Wirtschaft um 7% pro Jahr wächst, dass das Pro-Kopf-Einkommen in zehn Jahren 40.000 US-Dollar betragen soll und dass Korea in zehn Jahren die siebtgrößte Volkswirtschaft ist. Die Maßnahmen zur Erreichung dieser Ziele umfassen unter anderem die Entschuldung privater Schuldner im Wert von USD 7,2 Mrd., die Steigerung der Attraktivität Südkoreas für ausländische Investitionen und die Förderung von Unternehmensinvestitionen.[16]

Die Zielvorgabe für die Inflation wurde von der Bank von Korea mit 3,0 ± 0,5% festgelegt. Seit Dezember 2007 übertrifft die Inflation jedoch die obere Grenze und zum Beispiel im Februar stiegen die Verbraucherpreise um 3,6%. Die Regierung kündigte daraufhin die Verringerung der Steuern auf Benzin und Öl an, da

14 Vgl. Korea Statistical Information Service: Gross Domestic Product, 2008.

15 Vgl. Korea Statistical Information Service: Gross Domestic Product, 2008. Vgl. CIA, South Korea, The World Fact Book, 28. February 2008.

16 Vgl. Ambitious Goals Harsh Realities, Article in: The Korea Times, 25. February 2008.

diese als die größten Inflationstreiber gelten. Die Bank von Korea ließ jedoch die Call-Rate bei 5,0% für den siebten Monat in Folge.[17]

Nach vielen Jahren mit Devisenkontrolle wurde mit der asiatischen Finanzkrise der freie Handel des koreanischen Won (KRW) zugelassen. Der KRW rangierte in den letzten zwei Jahren zwischen 900 und 940 je 1 USD und gewann tendenziell an Wert. Vor allem im Februar 2008 verlor der KRW jedoch rasch an Wert gegen die drei großen Währungen USD, EUR und JPY.

4.3.3 HAUPTWIRTSCHAFTSBEREICHE UND HANDELSBILANZ

Koreas Industrie konzentriert sich auf die fünf Bereiche Schiffbau (weltweit Nr. 1), IT & Elektronik (weltweit Nr. 4), Automobil (weltweit Nr. 5) und Stahl (weltweit Nr. 5). Korea führte 2007 Waren im Wert von USD 371,5 Mrd. aus. Dies entspricht einer Exportquote von 37,8% des gesamten BIP. Wichtigste Exportgüter sind Fahrzeuge, Telekommunikationsausrüstung, Chemikalien, elektronische Bauteile, Maschinen, Schiffe, Computer und Stahl. Wichtigste Exportländer sind China, USA, Japan und Hong Kong. Auf die Einfuhren entfielen 356,8 Mrd. USD. Wichtigste Einfuhrwaren sind Öl, Gas und andere fossile Brennstoffen, andere Rohstoffe, Chemikalien, Maschinen, Elektronik und elektronische Geräte sowie Stahl. Hauptimportpartner sind China, Japan, die USA, Saudi-Arabien und die Vereinigten Arabischen Emirate.[18]

4.4 Soziokulturelles Umfeld

Bevölkerung	49 Mio.	**Pro-Kopf-Einkommen**	USD 24.500 (PPP)
Bevölkerungswachstum	0,39%	**Armutsrate**	9,84% (2001)
Lebenserwartung		**Alphabetisierungsrate**	(Definition: 15 Jahre und älter kann schreiben und lesen)
Gesamtbevölkerung:	77,23 Jahre	Gesamtbevölkerung:	97,9%
Männer:	73,81 Jahre	Männer:	99,2%
Frauen:	80,93 Jahre	Frauen:	96,6%

Tabelle 2: Bevölkerung - Hauptmerkmale[19]

Koreas Bevölkerung ist eine der ethnisch und sprachlich homogensten in der Welt. Außer einer kleinen chinesischen Gemeinschaft (ca. 20.000) haben praktisch alle

17 Vgl. Bank of Korea: Monetary Policy Report, September 2007, S. 61. Vgl. Inflation becomes No. 1 Threat to Economy: Article in The Korea Times, 4. März 2008. Vgl. South Korea Central Bank Keeps Interest Rates Unchanged March 2008: Article in South Korea Economy Watch, 7. März 2008.

18 Vgl. Korea Trade Investment Promotion Agency (KOTRA): Investing in Korea 2008, World-class Industries, 2008, S. 30. Vgl. CIA, South Korea, The World Fact Book, 28. February 2008. Vgl. Bundesagentur für Außenwirtschaft (Federal Agency for Foreign Trade): Wirtschaftsdaten kompakt, Republik Korea, 2007.

19 Vgl. CIA, South Korea, The World Fact Book, 28. February 2008. Vgl. World Bank: Republic of Korea: Four Decades of Equitable Growth, 2004, S. 5.

Koreaner ein gemeinsames kulturelles und sprachliches Erbe. Im Vergleich zu anderen OECD-Ländern ist Koreas Bevölkerung mit einem durchschnittlichen Alter von 35,8 Jahren (Deutschland 43 Jahre) noch jung. Allerdings wird sich die demografische Struktur wegen der sehr niedrigen Geburtenrate von 1,19 - der niedrigsten in der Welt - und wegen der zunehmenden Lebenserwartung schnell ändern.[20]

Bildung gilt in Korea als sehr wichtig und entsprechend werden fast 100% der Kinder in die Grundschulen eingeschult. Mehr als 90% besuchen die Sekundarschule und 60% schließlich gehen zur Universität. Insgesamt 7,2% des BIP wurden aus öffentlichen und privaten Mitteln für die Bildung ausgegeben, was mehr ist als der OECD-Durchschnitt von 6,2%. In den PISA Studien 2000 - 2006 erzielten koreanischer Schüler sehr gute Ergebnisse. Generell sind Koreaner bereit einen großen Betrag ihres Einkommens für die Erziehung ihrer Kinder z. B. für privaten Unterricht oder internationale Erfahrung auszugeben.[21]

Im Januar 2008 hatten 22.960.000 Koreaner eine feste Beschäftigung. Die Beschäftigung im Dienstleistungssektor stieg weiterhin stark an, während die des verarbeitenden Gewerbes aufgrund struktureller Faktoren abnahm. Die Gesamtarbeitslosenquote lag bei 3,3% und die Jugendarbeitslosigkeit bei 7,1%. Beide waren um 0,3%-Punkte niedriger als im Vorjahr.[22]

Obwohl Korea über hart arbeitende und gut ausgebildete Arbeitskräfte verfügt, kommt es regelmäßig zu Streiks und Korea verliert dadurch verhältnismäßig mehr Arbeitstage als alle anderen OECD-Länder. Seit einer ganzen Weile ist Korea bereits kein Niedriglohnland mehr und ist das zweitteuerste Land in Asien hinter Japan. In den letzten Jahren stiegen nicht nur die direkten Löhne, sondern auch die Lohnnebenkosten, da mit höherem Lebensstandard auch die sozialen Sicherungssysteme ausgebaut werden.[23]

4.5 Geographie, Infrastruktur und Technologische Situation

4.5.1 GEOGRAPHIE, KLIMA, RESSOURCEN UND INFRASTRUKTUR

Südkorea hat keine ausgedehnten Ebenen. Etwa 30% der Fläche von Korea bestehen aus Niederungen, der Rest besteht aus Hügeln und Bergen. Aufgrund der begrenzten Niederungen hat Südkorea eine der weltweit höchsten Bevölkerungsdichten. Die Hauptbevölkerungszentren befinden sich im Nordwesten (Seoul-In-

20 Vgl. Feyzio lu, T.; Skaarup, M. and Syed, M.: Addressing Korea's Long-Term Fiscal Challenges, Demographic Change, 2008, S. 4. Vgl. CIA, South Korea, The World Fact Book, 28. February 2008.

21 Vgl. OECD: Education at a Glance 2007, OECD Indicators, 2007, S. 194. Vgl. OECD: PISA (Programme for International Student Assessment) 2006, 2006.

22 Vgl. Ministry of Finance and Economy: Republic of Korea, Economic Bulletin, The Green Book: Current Economic Trends, March 2008, S. 24.

23 Vgl. United States of America Department of Commerce, US Commercial Service: Investment Climate Statement, 2008. Vgl. Bundesagentur für Außenwirtschaft: Lohn- und Lohnnebenkosten, Korea (Rep.), 2007, S. 3.

cheon), Südosten (Pusan) und in den Ebenen südlich von Seoul-Incheon. Südkorea hat ein gemäßigtes Klima mit vier unterschiedlichen Jahreszeiten. Die Winter sind in der Regel lang, kalt und trocken, während die Sommer kurz, heiß und feucht sind. Frühling und Herbst sind angenehm. Das Land hat im Allgemeinen ausreichend Niederschläge für seine Landwirtschaft. Südkorea ist weniger anfällig für Taifune als Japan oder Taiwan. Meistens im Spätsommer (August) kommen ein bis drei Taifune. Südkorea hat keine natürlichen Ressourcen in nutzbarem Umfang und daher müssen alle Energieträger und Rohstoffe importiert werden.[24]

Abbildung 4: Karte von Südkorea

Südkorea hat eine sehr fortschrittliche und moderne Infrastruktur. Sowohl die südkoreanische Regierung als auch der private Sektor beteiligen sich an der Finanzierung, am Bau und am Betrieb von verschiedenen Infrastrukturprojekten und Dienstleistungen. In den ersten 20 Jahren des 21. Jahrhunderts beabsichtigt die Regierung mehrere hundert Milliarden USD für Flughäfen, Straßen, Eisenbahnen, Mega-Ressorts und Kraftwerke auszugeben.[25]

4.5.2 FORSCHUNG & ENTWICKLUNG

Korea hat bereits seine erste industrielle Entwicklungsphase hinter sich gelassen, in der der vorherrschende Produktionsfaktor den Entwicklungsschwerpunkt bestimmt. In dieser Zeit (1960er und 1970er Jahre) lag Koreas Wettbewerbsvorteil in seinen reichlich vorhandenen und kostengünstigen Arbeitskräften. In der nächsten Phase - der durch Investitionen bestimmten Phase (1980er und frühen 1990er Jahren) - konzentrierte sich Korea auf den Erwerb und die Aufnahme der modernsten Fertigungstechniken.[26]

1998 lancierte Korea offiziell eine nationale Kampagne, um den Übergang zu einer fortgeschrittenen wissensbasierten Volkswirtschaft einzuleiten, in der eigene Innovationen die wichtigste Quelle von Wettbewerbsvorteilen sind, die eine höhere Produktivität und insgesamt ein dauerhaftes Wirtschaftswachstum gewähr-

24 Vgl. Library of Congress: A Country Study: South Korea, Climate, 1990.

25 Vgl. National Economics Encyclopedia: Korea, South - Infrastructure, power, and communications. S. 29. März 2008.

26 Vgl. Mitchell, G. R.: Korea's Strategy for Leadership in Research and Development, 1997, S. 9.

leisten. Korea war bis jetzt recht erfolgreich bei der Umsetzung dieser Kampagne und belegt derzeit beim Knowledge Economy Index mit 7,48 Punkten einen Platz knapp hinter Frankreich.[27]

5 Marktanalyse

5.1 KRAFTWERKSMARKT

Der Energiesektor in Südkorea ist vollständig abhängig von der Einfuhr von Brennstoffen zum Beispiel aus dem Nahen Osten für Gas und Öl und aus Australien für Kohle. Aufgrund der relativ hohen Gaspreise werden Dampf- und Kernkraftwerke eingesetzt, um den Großteil des koreanischen Stroms zu erzeugen. Da jedoch diese Art von Kraftwerken den raschen Veränderungen des täglichen Strombedarfs nicht folgen kann, sind ebenfalls flexiblere gasbefeuerte Gas- und Dampfkraftwerke erforderlich.

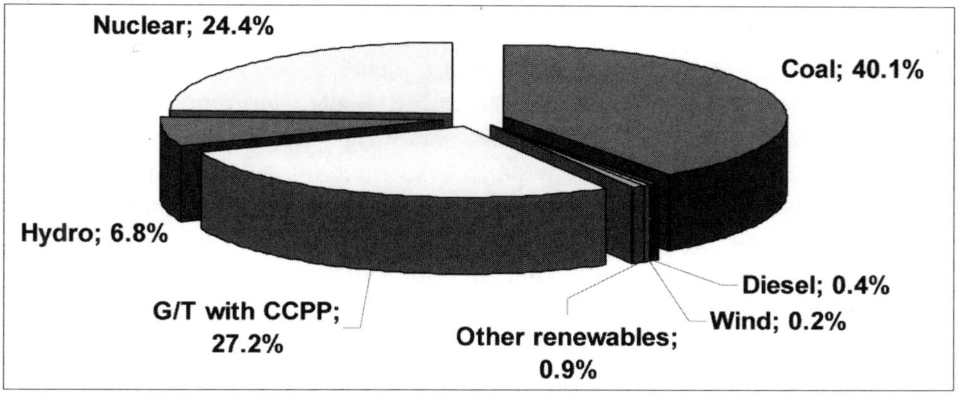

Abbildung 5: Installierte Kraftwerksleistung (2007)

Im Sommer 2007 war eine Kraftwerksleistung von 73 GW in Südkorea installiert. Abb. 5 zeigt die installierte Kraftwerksleistung per Kraftwerkstyp. Die Kraftwerkskapazitäten einschließlich der Verteilung der Kapazitäten je nach Stromerzeugungsart wird durch das Ministry for Knowledge Economy für die nächsten zehn bis 15 Jahren festgelegt und alle paar Jahre im Government Plan veröffentlicht. Entsprechend des im Dezember 2006 veröffentlichten Plans wird Südkorea acht weitere Kernkraftwerke, 14 kohlebefeuerte Dampfkraftwerke (DKW) und 17 gasbefeuerte GuD bis 2016 errichten.[28] Dies entspricht mehr als 22 GW an geplanter neuer Kraftwerkskapazität.

27 Vgl. World Bank: Korea as a Knowledge Economy, Evolutionary Process and Lessons Learned, 2006, S. 6, S. 33.

28 Vgl. S. Korea to spend US$31.3 bln on new power plants by 2020: Article in AsiaPulse, 2006-12-11.

5.2 KUNDEN

Die wichtigsten Kunden in Korea sind sechs Versorgungsunternehmen, die aus der Korea Electric Power Corporation (KEPCO) in 2001 hervorgegangen sind, mit dem Ziel, sie zu privatisieren. Alle sechs Versorgungsunternehmen sind jedoch weiterhin im Besitz von KEPCO, das von der Regierung durch direkten Besitz von Anteilen und durch indirekten Besitz über die staatliche Korea Development Bank kontrolliert wird.[29] Alle koreanischen Elektrizitätsversorger erzeugen 82% des koreanischen Strombedarfs.

Neben diesen Versorgungsunternehmen betreiben unabhängige Stromerzeugungsunternehmen Kraftwerke. Sie haben einen 7%-tigen Anteil an der Gesamtstromerzeugung, wobei sie den Schwerpunkt auf flexible gasgefeuerte GuD setzen. Die restlichen 11% werden von Korea District Heating Corporation, das einen Großteil der Kraft-Wärme-Kopplungsanlagen in Korea betreibt, und von Kraftwerken in industriellen Komplexen wie Chemieanlagen und Stahlwerke erzeugt.

5.3 WETTBEWERBER

In Südkorea sind oder waren alle vier großen Gasturbinen- und Dampfturbinenhersteller - Siemens, GE, Alstom und Mitsubishi Heavy - vertreten. Neben diesen vier ausländischen Anbietern ist Doosan als einziger koreanischer Anbieter ein sehr starker Wettbewerber auf dem Markt für Dampfturbinen für Dampfkraftwerke (DKW). GE hat bei weitem die größte Flotte von Gas- und Dampfturbinen in Korea verkauft. Wenn man auch Doosan mit einbezieht, das Dampfturbinen für DKW im Rahmen einer Lizenzvereinbarung mit GE produziert, dann ist der Marktanteil von GE größer als 50%. Siemens ist die Nummer 3 in Korea, knapp hinter Alstom. Der Marktanteil von MHI ist in dieser Betrachtung vernachlässigbar klein.

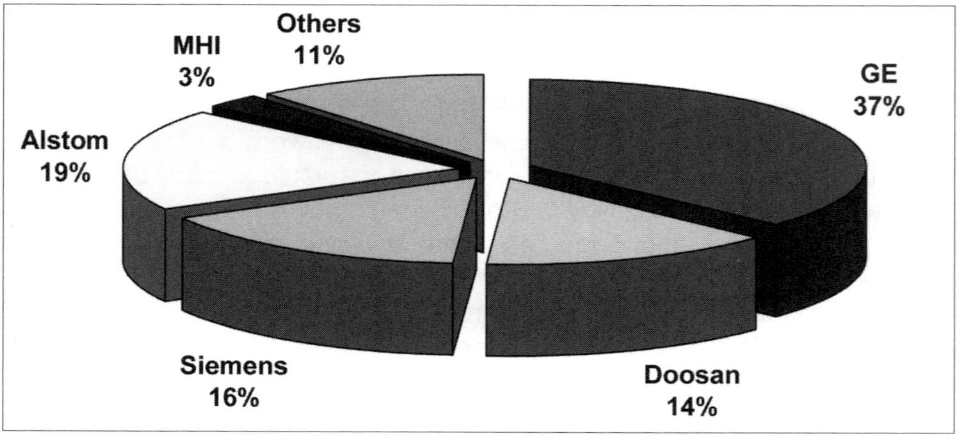

Abbildung 6: Marktanteil

29 Vgl. Korea Electric Power Corporation: Investor Presentation April 2008, S. 13.

Doosan als einziger lokaler Lieferant ist der bevorzugte Anbieter für Dampf- und Kernkraftwerke. Auch wegen der Einfuhrzölle auf Dampfturbinen ist der Dampf- und Kernkraftwerkmarkt nicht zugänglich für ausländische Anbieter. Daher liegt der Schwerpunkt für ausländische Lieferanten eindeutig auf GuD-Kraftwerken mit ihren Gasturbinen. Dementsprechend werden in dieser Analyse ausschließlich GuD-Kraftwerke betrachtet.

Seit 1998 konnte Siemens sechs der elf GuD Projekte gewinnen. Die anderen fünf Projekte gingen an MHI (4 Projekte) und GE (1 Projekt). Vier dieser sechs Projekte von Siemens sind im kommerziellen Betrieb und haben hervorragende Leistungen und Anlagenverfügbarkeiten gezeigt. Diese Referenzen sind definitiv eine solide Basis für den künftigen Erfolg von Siemens Energy in Korea.

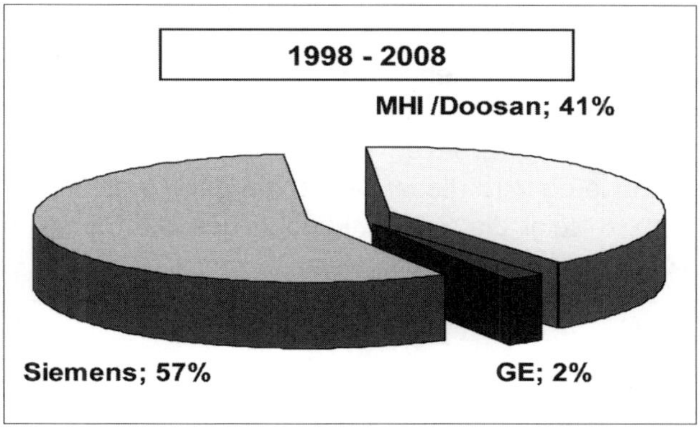

Abbildung 7: Marktanteil GUD-Kraftwerke

Betrachtet man die gesamte Kraftwerksleistung dieser sechs Projekte, die 6.750 MW beträgt, dann entfallen 3.850 MW oder 57% auf Siemens. MHI konnte in den letzten zehn Jahren erfolgreich den koreanischen Markt für sich öffnen. GE konnte seine ehemalige Marktführerschaft nicht verteidigen.

5.4 Marktchancen und -probleme

5.4.1 KUNDENANFORDERUNGEN

a) **Lebenszykluskostenanalyse**:

Für die Kunden von Siemens Energy sind Kraftwerke zunächst einmal eine Investition zur Erzielung von Gewinnen. Um festzustellen, ob die Investition rentabel ist, wird eine Wirtschaftlichkeitsanalyse bzw. eine so genannte Lebenszykluskostenanalyse durchgeführt. In dieser Wirtschaftlichkeitsanalyse wird der Netto-Barwert oder die interne Rendite unter Berücksichtigung der Investitionskosten, der Kosten für Brennstoffe, Finanzierung, Betrieb, Wartung, Steuern und sonstiger Abgaben auf der einen Seite und den Einnahmen für den Verkauf von Strom auf der anderen Seite berechnet.

Wegen der hohen Gaspreise in Korea und als ein weiteres Ergebnis der Wirtschaftlichkeitsanalyse bevorzugen Kunden Anlagen mit hohem Wirkungsgrad und nicht Anlagen mit hoher Leistung. Außerdem spielen Verfügbarkeit, Zuverlässigkeit und Wartungsfreundlichkeit eine wichtige Rolle, jedoch lassen diese Faktoren

Raum für das eigene Ermessen, da sie nicht als harte Fakten in den Angeboten oder Verträgen über die Lieferung von Kraftwerken festgelegt werden können.

b) **Weitere Kundenbedürfnisse**

GUD-Kraftwerke werden in der Regel nicht als Grundlastanlagen betrieben, die mit 100% Leistung den ganzen Tag über mehrere Monate laufen, sondern sie werden vor allem für die sogenannte Zwischen- und Spitzenlast verwendet. In diesen Betriebsarten werden die Kraftwerke entweder am Morgen gestartet und am späten Abend abgeschaltet oder sie gehen am Montagmorgen ans Netz und werden erst am Samstagnachmittag heruntergefahren, wobei sie mit Volllast tagsüber und mit reduzierter Last in der Nacht betrieben werden.

Bei diesen Betriebsarten zielen die Kraftwerksbetreiber auf die höheren Strompreise in einem liberalisierten Markt ab, wo Strom auf einem elektronischen Marktplatz gehandelt wird. Im Fall von Korea wird dieser Markt von der Korea Power Exchange (KPX) betrieben. Abb. 8 zeigt die Schwankungen des Strompreises und die Bereiche Grundlast-, Zwischenlast und Spitzenlast.

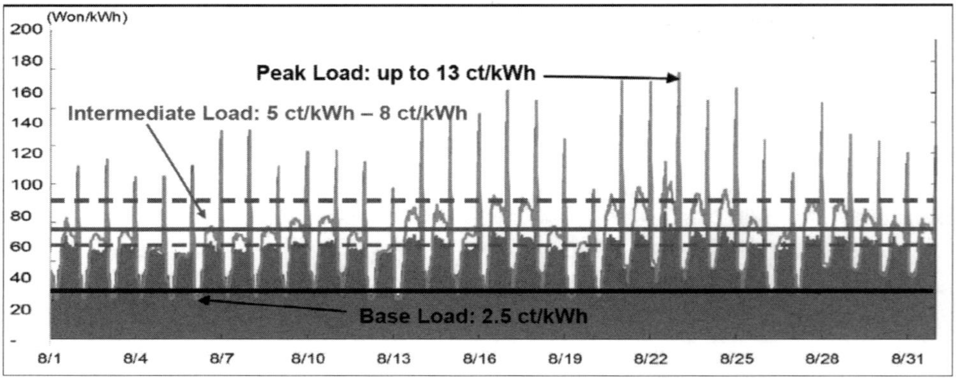

Abbildung 8: Liberalisierter Markt[30]

5.4.2 RISIKOANALYSE

Die folgenden Risiken wurden für den koreanischen Markt identifiziert:

a) **Geistiges Eigentum**:

Im Umgang mit Korea muss man sich bewusst sein, dass koreanische Unternehmen versuchen, Technologien und Konzepte zu kopieren. Bislang haben die hohen Investitionskosten für die Entwicklung von Gasturbinen - die Kernkomponente in einem GuD-Kraftwerk - verhindert, dass koreanische Unternehmen in diesen Bereich des Kraftwerksausrüstungsmarktes eingestiegen sind. Allerdings wird die Lizenzvereinbarung für Gasturbinen zwischen Doosan und MHI, die 2007 geschlossen wurde, Doosan in die Lage versetzen, relativ schnell und ohne extreme Entwicklungskosten die Gasturbinentechnologie zu erwerben.

30 Korea Power Exchange: KPX Monthly Market Report August 2007, S. 4.

b) **Lizenzabkommen zwischen MHI und Doosan**:
Durch diese Lizenzvereinbarung wird Doosan in die Lage versetzt, Gasturbinen zu produzieren und damit seine Wettbewerbsposition ausbauen. Ein Einfuhrzoll von 8% auf Gasturbinen Doosan schützt zusätzlich vor ausländischen Lieferanten.

c) **Umsetzungswahrscheinlichkeit der geplanten Projekte**:
Während die koreanischen Versorgungsunternehmen ihre Kraftwerksprojekte entsprechend dem festgelegten Zeitplans realisieren, kommt es bei den unabhängigen Stromerzeugungsunternehmen vor, dass sie ihre Projekte verzögern oder sogar streichen. Im heutigen Markt, wo die Preise für Kraftwerkausrüstung hoch und die Lieferzeiten lang sind, erreicht das gesamte Investitionsvolumen für neue Kraftwerke ein sehr hohes Niveau. Darüber hinaus sind die Preise für das importierte Gas in Korea hoch, was zum Teil daran liegt, dass Gas nur durch das regierungseigene Monopol KOGAS eingeführt wird. Auf der anderen Seite sind die Strompreise nicht sehr hoch und werden aus politischen Gründen auch wohl kaum steigen. Diese Kombination führt zu einer relativ niedrigen internen Rendite für Kraftwerksprojekte.

d) **Währungskurse**:
Grundlage für die Bewertung der Angebote ist die lokale Währung Won (KRW). Wie in den vorangegangenen Kapiteln gezeigt, hat der KRW extrem an Wert gegenüber dem Euro verloren. Auch gegenüber dem USD und dem JPY wurde der KRW abgewertet, allerdings nicht in der gleichen Größenordnung wie gegenüber dem Euro.

6 Porters Five Forces Modell

Zur Beurteilung der Wettbewerbsposition eines Unternehmens in einem bestimmten Markt kann Porters Five Forces Modell herangezogen werden. Porters Modell konzentriert sich auf die fünf Kräfte, die das Geschäft prägen. Das sind die Verhandlungsmacht von Lieferanten und Käufern, die Substituierbarkeit von Produkten und das Risiko durch neue Wettbewerber und die Rivalität zwischen den etablierten Unternehmen.[31]

Abb. 9 enthält die Ergebnisse der externen Analyse für Siemens Energy entsprechend Porters Five Forces Modell. Obwohl die weltweite Nachfrage nach großen Kraftwerken zunimmt und mittlerweile beobachtet werden kann, dass pro Projekt nicht mehr alle großen Wettbewerber anbieten ist der Wettbewerb noch sehr intensiv.

Es wird nicht damit gerechnet, dass es mehr als die vier großen derzeitigen OEM für große GUD-Kraftwerke in naher Zukunft geben wird, da die Entwicklung gro-

31 Vgl. Hill, C. W. L., Jones, G. R., Porter's Five Forces, Strategic Management, S. 46.

ßer Gasturbinen, die die Kernkomponente in Kraftwerken dieser Art ist, kostspielig und zeitaufwendig ist. Ob Doosan durch den Lizenzvertrag mit MHI in die Gruppe der OEM vordringen kann, bleibt abzuwarten.

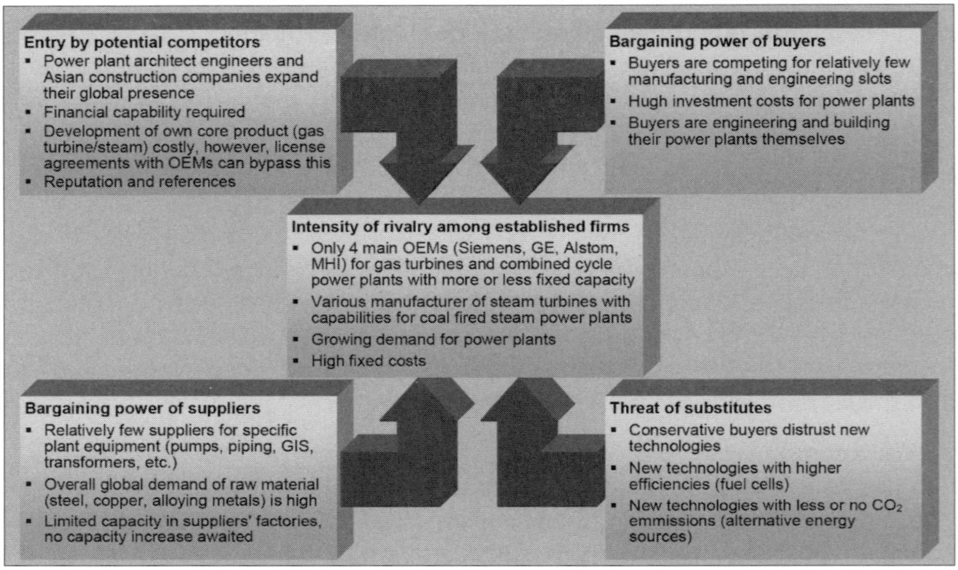

Abbildung 9: Externe Analyse - Porters Five Forces Modell

Allerdings sind je nach Region Architect Engineers sowie asiatische und dabei vor allem koreanische Ingenieurfirmen starke Konkurrenten bzw. werden immer stärkere Wettbewerber für das EPC-Geschäft. Im Nahen Osten sind vor allem koreanische Ingenieurfirmen in den Markt für schlüsselfertige GuD-Kraftwerke eingedrungen. Dabei verlassen sie sich noch auf die Lieferung der Kernkomponenten von den etablierten OEM.

Für Dampfkraftwerke, die z.B. mit Kohle befeuert werden, ist die Zahl der Konkurrenten größer, da nicht nur zwei weitere japanische Firmen (Toshiba, Hitachi) über die Dampfturbinentechnologie und die erforderlichen Referenzen verfügen, sondern auch die chinesischen Hersteller vor allem auf der Kostenseite ein sehr wettbewerbsfähiger Rivale sind.

In den letzten Jahren stiegen durch die hohe Nachfrage aus China die Preise für Rohstoffe wie Stahl, Kupfer, usw.. Darüber hinaus haben die Lieferzeiten für die Produkte, die daraus hergestellt werden, wie warmfeste Rohre, Generatoren und Dampfturbinen enorm zugenommen, weil es an Produktionskapazitäten im Vergleich zur Nachfrage mangelt. Als der Kraftwerksmarkt noch hart umkämpft war, konnten diese Bedingungen nicht an die Kunden von Siemens Energy weitergegeben werden.

Die Substitution der akzeptierten Technologie der gasbefeuerten GUD-Kraftwerke durch Kohlevergasungskraftwerke, die beispielsweise mit Kohlendioxidabscheidungsanlagen kombiniert werden können, durch Brennstoffzellen, durch Solarenergie oder durch andere alternative Methoden der Stromerzeugung ist eine Bedrohung, die eher relevant ist für die ferne Zukunft. Ihre Einführung in den Markt und ihre Akzeptanz durch den Markt hängt in erster Linie von den Preisen für Öl und Gas ab.

7 SWOT-Analyse

Mit einer SWOT-Analyse werden die wichtigsten Kräfte, denen ein Unternehmen ausgesetzt ist, in einer Matrix zusammengefasst. Für die externe Perspektive nennt man diese Kräfte Chancen (Opportunities) und Gefahren (Threats) sowie für die interne Perspektive Stärken (Strengths) und Schwächen (Weaknesses). Auf der Grundlage der internen und externen Analysen werden die Felder mit den relevanten Einflussfaktoren gefüllt. Wenn diese Faktoren zueinander in Bezug gesetzt werden, können Vorschläge für Strategien entwickelt werden. Für den Vertrieb Nordasien wurde eine SWOT-Analyse mit dem besonderen Schwerpunkt Korea durchgeführt und die Ergebnisse wurden in Abb. 10 zusammengefasst.
Basierend auf den Ergebnissen der Kapitel 3 bis 6 wurde die Verkaufsstrategie und der Marketingplan entwickelt. Diese können hier jedoch nicht skizziert werden, da sie vertrauliche Informationen enthalten.

Chancen (Opportunities)	**Gefahren (Threats)**
▪ Steigende weltweite Nachfrage nach Kraftwerken ▪ Korea plant die Errichtung von 8 Nuklear-, 14 Dampf- und 17 GuD Kraftwerken ▪ Anzahl der Wettbewerber in Korea für Gasturbinen reduziert auf (GE, MHI, Siemens)	▪ GE und MHI aggressive Wettbewerber ▪ Doosan geschützt durch Zölle bei Nuklear- und Dampfkraftwerken ▪ Doosan kaufte die Gasturbinenlizenz von MHI ▪ Der Rohstoff- und Halbfabrikatemarkt ist heute ein Lieferantenmarkt → hohe Preise, lange Lieferzeiten
Stärken (Strengths)	**Schwächen (Weaknesses)**
▪ Exzellente Projektmanagement und technische Kompetenz für schlüsselfertige Anlagen ▪ Wettbewerbsfähige Gasturbinen, modernste Dampfturbinen ▪ Hervorragende Referenzen in Korea	▪ Limitierte Ressourcen ▪ Fragmentierte Matrixorganisation

Abbildung 10: SWOT-ANALYSE

8 Resümee, praktische Erfahrungen und Ausblick

Südkorea besitzt auffallende wirtschaftliche Stärken: Es hat ein stabiles politisches System, eine starke kulturelle Arbeitsethik, gut ausgebildete Arbeitskräfte und kann zurückblicken auf technologische Innovationen. Auf der anderen Seite muss Korea weitere wirtschaftliche Reformen durchführen, wenn es nicht an Attraktivität für Investoren im Vergleich vor allem zu China verlieren will. Um wirtschaftliche Stagnation zu vermeiden, muss Südkorea die Kräfte des Marktes anstelle von Regierungs- und Gewerkschaftsinterventionen zulassen. Es sollte das Investitionsumfeld durch Gesetzesreformen und die Umsetzung von Strukturreformen verbessern, um die Wettbewerbsfähigkeit und die Rentabilität der südkoreanischen Unternehmen zu steigern. Südkoreas nächster Präsident muss mit versierter Hand das Steuer im Hinblick auf wirtschaftliche Belange führen und die Bereitschaft zeigen, früh in seiner Amtszeit mutige Aktionen durchzuführen.[32]

Siemens hat einen sehr guten Ruf in Südkorea erworben. Die Projekte, die Siemens in den letzten paar Jahren abgewickelt hat, haben gezeigt, dass die Siemensprodukte eine gute Qualität haben, eine gute Performance aufweisen und über eine hohe Verfügbarkeit verfügen. Mit dieser Reputation im Hintergrund wird Siemens als ein wichtiger Akteur für Kraftwerke und als ein willkommener Partner in Korea betrachtet. Auf der anderen Seite stellen die hohen Preise für Material und Ausrüstung, die Lizenzvereinbarung zwischen Doosan und MHI für Gasturbinen, die im Allgemeinen aggressiven Wettbewerber GE und MHI Bedrohungen dar, die es im Rahmen der Marketingstrategie und dem damit verbundenen Marketingplan zu mitigieren gilt. Die Marketingstrategie und der Marketingplan wurden im Unternehmensprojekt und in der Master Thesis „Entwicklung einer Vertriebs- und Marketing-Strategie für die Vertriebsregion Nordasien am Beispiel von Südkorea und Vietnam" entwickelt.

Die ersten vielversprechenden Ergebnisse der Marketingstrategie und des Marketingplans kann man in der jüngsten Akquisition des POSCO Power GUD-Kraftwerks erkennen. Dieses Projekt konnte Siemens trotz des höheren Preises gewinnen. Der Hauptgrund zur Rechtfertigung des höheren Preis war nicht nur die hervorragende Performance der angebotenen Gas- und Dampfturbinen, sondern auch die zielgerichtete Kommunikation durch die lokalen Vertriebsmitarbeiter im Vorfeld der Akquisition.

Der Erfolg in Korea selbst leistet auch einen Beitrag für andere Regionen, da viele koreanische Unternehmen Investitionen außerhalb von Korea tätigen und nach vertrauenswürdiger Unterstützung durch Siemens suchen. Darüber hinaus konzentrieren sich viele koreanische Engineering & Construction Unternehmen

32 Vgl. Klingner, B.; Kim, A. B.: Economic Lethargy: South Korea Needs a Second Wave of Reforms, 2007, S. 13.

sowie Ingenieursfirmen auf EPC / Turnkey-Kraftwerkprojekte weltweit. Für ihre Projekte benötigen sie Kraftwerksausrüstung und kompetente Unterstützung von Siemens.

Auch wenn im Kraftwerksbau Änderungen vor allem wegen der langen Entwicklungszyklen und dem konservativen Ansatz der Kunden nicht über Nacht kommen, müssen der Wettbewerb und die Kunden mit ihren Projekten genau beobachtet werden, da bereits kleine Veränderungen große Auswirkungen haben können. Daher ist die Marketingstrategie und der Marketingplan, die in diesem Projekt entwickelt wurden, nur eine vorübergehende Momentaufnahme und bedürfen einer ständigen Weiterentwicklung und Anpassung in Abhängigkeit von den Signalen, die vom Markt empfangen werden.

Anhang

Abbildungsverzeichnis

Tabellenverzeichnis

Literaturverzeichnis

A Bücher und Sammelwerke

1. Auswärtiges Amt: Südkorea. Internet. http://www.auswaertiges-amt.de/diplo/de/Laender-informationen/01-Laender/KoreaRepublik.htm. Berlin: März 2008.

2. Bank of Korea: Monetary Policy Report, September 2007, Seoul: 2007.

3. Bayerischer Industrie- und Handelskammertag, Aussenwirtschaftszentrum Bayern: Exportbericht Republik Korea. München: September 2006.

4. Bundesagentur für Außenwirtschaft: Lohn- und Lohnnebenkosten, Korea (Rep.), Köln: August 2007.

5. Bundesagentur für Außenwirtschaft: Wirtschaftsdaten kompakt, Republik Korea. Köln: November 2007.

6. Bundesagentur für Außenwirtschaft: Zolltipps, Korea Rep. Köln: 2008.

7. Central Intelligence Agency (CIA): The World Fact Book. Internet. https://www.cia.gov/cia/ publications/factbook/geos/ks.html, 28. Februar 2008.

8. Cronin, Richard P.: Asian Financial Crisis: An Analysis of U.S. Foreign Policy

Interests and Options. CRS Report for Congress, Washington: 23. April 1998.

9. Feyzioğlu, Tarhan; Skaarup, Michael and Syed, Murtaza: Addressing Korea's Long-Term Fiscal Challenges, IMF Working Paper, Washington: Januar 2008.

10. Hill, Charles W.L;, Jones, Gareth R.: Strategic Management, An Integrated Approach, Seventh Edition, Boston, New York: 2007.

11. Klingner, Bruce; Kim, Anthony B.: Economic Lethargy: South Korea Needs a Second Wave of Reforms. The Heritage Foundation. Washington: 07. Dezember 2007.

12. Korea Electric Power Corporation: Investor Presentation April 2008, Seoul: April 2008.

13. Korea Power Exchange: KPX Monthly Market Report August 2007, Preliminary settlement. Seoul: August 2007.

14. Korea Statistical Information Service: Various statistics about economic indicators. Internet: http://www.kosis.kr/eng/index.htm, März 2008.

15. Korea Trade Investment Promotion Agency: Presentation "Investing in Korea 2008", Seoul: 2008.

16. Law of Japan: Internet. Article in: Wikipedia, http://en.wikipedia.org/wiki/Law_of_Japan, dated March 7, 2008.

17. Library of Congress – Federal Research Division, Country Profile: South Korea, Washington: Mai 2005.

18. Library of Congress: A Country Study: South Korea, Washington: 1990.

19. Ministry of Finance and Economy: Republic of Korea, Economic Bulletin, The Green Book: Current Economic Trends, Vol. 30, No. 3, Seoul: März 2008.

20. Mitchell, G. R.: Korea's Strategy for Leadership in Research and Development, U.S. Department of Commerce, Office of Technology Policy, Washington: 1997.

21. Müller-Stewens, Günter; Lechner, Christoph: Strategisches Management, Wie strategische Initiativen zum Wandel führen, 3., aktualisierte Auflage, Stuttgart: 2005.

22. National Economics Encyclopedia: Korea, South - Infrastructure, power, and communications. Internet: www.nationsencyclopedia.com/economies/. 29. März 2008.

23. Noland, Marcus: South Korea's Experience with International Capital Flows. Working Paper 11381, National Bureau of Economic Research, Cambridge (MA) USA: May 2005.

24. OECD: Education at a Glance 2007, OECD Indicators, Paris: 2007.

25. OECD: PISA (Programme for International Student Assessment) 2006, Paris: 2006.

26. United States of America Department of Commerce, US Commercial Service: Investment Climate Statement, Washington: 07 März 2008.

27. U.S. Department of Energy: Office of Integrated Analysis and Forecasting, Energy Information Administration. International Energy Outlook 2007, Washington: Juni 2007.

28. World Bank: Republic of Korea: Four Decades of Equitable Growth, Washington: 2004.

29. World Bank: Korea as a Knowledge Economy, Evolutionary Process and Lessons Learned. Washington: 2006.

B Magazine und Zeitungen

1. Ambitious Goals Harsh Realities: Artikel in: The Korea Times, vom 25. Februar 2008.

2. Inflation becomes No. 1 Threat to Economy: Artikel in: The Korea Times, vom 04. März 2008.

3. Korea fully recovered from 1997-98 financial crisis: Artikel in: Korea.net, 20. November 2007.

4. S. Korea to spend US$31.3 bln on new power plants by 2020: Artikel in: Asia-Pulse, http://www.asiapulse.com/ vom 11. Dezember 2006.

5. South Korea Central Bank Keeps Interest Rates Unchanged March 2008: Artikel in: South Korea Economy Watch, vom 07. März 2008.

Abkürzungsverzeichnis

Abb.	Abbildungsverzeichnis
ABB	Asea Brown Boveri
A/E	Architect Engineer
ASEAN	Association of South Asian Nations (Mitgliedsstaaten: Brunei, Kambodscha, Indonesien, Laos, Malaysia, Myanmar, Philippines, Singapor, Thailand, Vietnam; gegründet 8. August 1967 in Bangkok; Sitz: Jakarta)
BIP	Bruttoinlandsprodukt
Chaebol	Industriekonglomerate in Südkorea, die von Familien kontrolliert werden.
CIA	Central Intelligence Agency

DKW	Dampfkraftwerk
DVRK	Demokratische Volksrepublik Korea
EFTA	European Free Trade Association (Mitgliedsstaaten: Schweiz, Norwegen, Island und Liechtenstein; gegründet 1960)
EIA	Energy Information Administration, U.S. Department of Energy
EPC	Engineering, procurement, construction
EU	European Union
EUR	Euro
GE	General Electric
GT	Gasturbine
GuD	Gas- und Dampfkraftwerk
GW	Gigawatt, 1 Milliarde Watt (Einheit für Leistung)
IMF	International Monetary Fund
IWF	Internationaler Währungsfond
JPY	Japanischer Yen
KEPCO	Korea Electric Power Corporation
KOGAS	Korea Gas Corporation
KPX	Korea Power Exchange
KRW	Koreanischer Won
kW	Kilowatt, 1000 Watt (Einheit für Leistung)
kWh	kilowatt hour (Einheit für Energie)
Mercosur	Spanish: Mercado Común del Sur. Regionales Handelsabkommen zwischen Brasilien, Argentinen, Uruguay and Paraguay, gegründet in 1991
MHI	Mitsubishi Heavy Industries
Mrd.	Milliarden
MW	Megawatt, 1 Million Watt (Einheit für Leistung)
OECD	Organization for Economic Co-operation and Development
OEM	Original equipment manufacturer
PPP	Purchasing Power Parity
SWOT	Strength, Weaknesses, Opportunities, Strengths
UN	United Nations
US, USA	Vereinigte Staaten von Amerika
USD	US Dollar
WTO	World Trade Organization

Dipl.-Ingenieur (FH)
Dirk Klein, MBA

Ausarbeitung, Definition und Implementierung einer mittelfristigen Werkstrategie für den Standort Bebra/Mühlhausen

Summary

Der vorliegende Jahrbuchbeitrag beruht auf der Master Thesis mit dem Titel „Ausarbeitung, Definition und Implementierung einer mittelfristigen Werkstrategie für den Standort Bebra/Mühlhausen“. Der Autor gibt einen komprimierten und zusammenfassenden Überblick über die gewählte Projektstruktur, die verwendeten Werkzeuge und die erzielten Ergebnisse, die inhaltlich in die Master-Thesis eingeflossen sind.

Das im Rahmen des MBA-Studiums an der Steinbeis-Hochschule Berlin durchgeführte Projekt „Ausarbeitung und Definition eines mittelfristigen Strategiemodells für das Werk Bebra“ bildet in diesem Zusammenhang die Grundlage für die Ausarbeitung der Master Thesis. Da es sich grundsätzlich bei den Inhalten einer Werksstrategie um wettbewerbsrelevante Daten und Informationen handelt, bittet der Autor um Verständnis, dass die eigentlichen Ergebnisse nur prinzipiell und zusammenfassend in diesem Beitrag dargestellt werden.

Nach der Einleitung und der Unternehmensdarstellung der VDO Automotive AG, die im Dezember 2007 von der Siemens AG an die Continental AG verkauft wurde, sowie einigen Detailinformationen zum Standort Bebra/Mühlhausen, wird die Planung des Projektes behandelt. Die relevanten Informationen in diesem Kapitel sind die Inhalte des Projektauftrages und die Darstellung der verwendeten Projektmanagementwerkzeuge, die in Form des Projektstrukturplans, des Projektablaufplans und des Projektterminplans das Projekt beschreiben und definieren. Die Realisierung des Projektes orientierte sich an dem „Business Unit Strategic-Planning Process“ nach Kotler und Keller, der in Abbildung 1 dargestellt ist (vgl. Seite 51 aus Kotler, Philip; Keller, Kevin L. (2006): Marketing Management. 12. Edition. Upper Saddle River, New Jersey: Pearson Prentice Hall.).

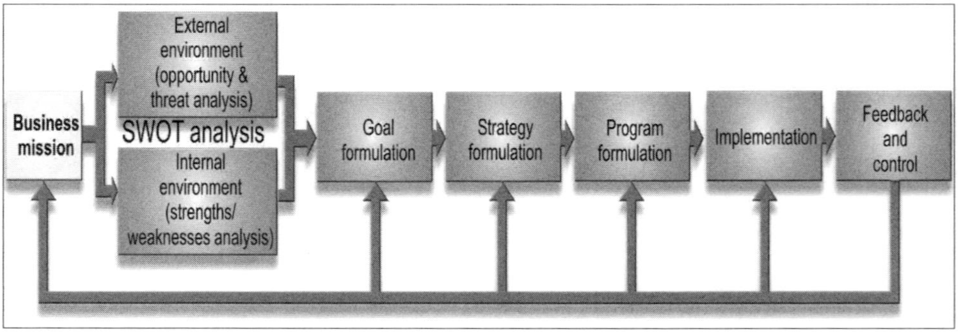

Abbildung 1: The Business Unit Strategic-Planning Process

Die Beschreibung der Ausgangssituation (internes und externes Umfeld) des Standortes Bebra/Mühlhausen ist der Inhalt eines weiterführenden Kapitels. Im Anschluss an die Ermittlung der Umsatzverteilung nach Kunden und der Definition und Bewertung der Kundenerwartungen werden die Erfolgsfaktoren des Standortes einer genaueren Betrachtung unterzogen. Diese Betrachtungen schließen mit einer Analyse und Bewertung der Aktiv- und Passivanteile der identifizierten Erfolgsfaktoren ab.

Weiterführend wird das Produktportfolio des Standortes ermittelt und dem Produktlebenszyklus zugeordnet. Abgerundet wird die Beschreibung der Ausgangssituation des Werkes Bebra/Mühlhausen durch genaue Untersuchungen des Technologieportfolios und der internationalen Beziehungen und Verflechtungen des Standortes. Inhaltlich werden die internationalen Unterstützungsaktivitäten und die realisierten bzw. erforderlichen Aktivitäten zur Kostenreduzierung und Umsatzsteigerung beschrieben. Zusätzlich werden die Chancen und Risiken der internationalen Aktivitäten und Verflechtungen aufgezeigt, die Ergebnisse der gesamten Analyse der Ausgangssituation des Standortes Bebra/Mühlhausen werden abschließend in einer SWOT-Analyse verarbeitet. Dabei werden sowohl die endogenen als auch die exogenen Analyse- und Betrachtungsschwerpunkte sowie die Ergebnisse nach ihrer Priorität dargestellt.

Im Anschluss an die bewerteten Ergebnisse der Ausgangssituation werden die Werksziele in Form der Haupthandlungsrichtungen in einem weiteren Kapitel definiert. Zusammenfassend handelt es sich hierbei um die Werksziele bzw. um die Haupthandlungsrichtungen Qualitätsverbesserung, erfolgreiche Produkteinführungen und die Verbesserung der Kundenbeziehungen.

Auf der Basis der beschriebenen Haupthandlungsrichtungen führt der Autor in einem weiteren Kapitel durch die Definition der Strategieinhalte und beschreibt die Verbesserungspotentiale, die sich aus den Werkszielen bzw. aus den Haupthandlungsrichtungen ableiten. Bei den identifizierten Verbesserungspotentialen handelt es sich um die Erfolgsfaktoren Kundennähe, Informationssystem, Innovation und Mitarbeiter. Den Zusammenhang zwischen den Haupthandlungsrichtungen und den Erfolgsfaktoren beschreibt die Abbildung 2. Inhaltlich wird dargestellt, dass die Beeinflussung aller definierten Haupthandlungsrichtungen über eine Verbesserung der ermittelten Erfolgsfaktoren führt.

Abbildung 2: Main Courses of Action and Improvements of Factors for Success

Aufbauend auf den identifizierten Verbesserungspotentialen wird im nächsten logischen Schritt die Formulierung und Implementierung der Strategie beschrieben. Aus Sicht des Werkes Bebra/Mühlhausen stellt dieses Kapitel den Kern des Projektes dar. Im Detail wird die Umsetzung der Strategie bzw. Aktivierung und Realisierung der beschriebenen Verbesserungspotentiale in einem Aktions- und Maßnahmenplan für den Standort Bebra/Mühlhausen erfasst. Das Kapitel beschreibt weiterführend die Bedingungen, die bei der Definition des Aktions- und Maßnahmenplans berücksichtigt wurden und den „Roll-Out“ der Strategie. Der Autor beschreibt, wie die Strategie in der Form des Aktions- und Maßnahmenplans als Produkt in der Form einer Dienstleistung dargestellt wurde und unter der Berücksichtigung von relevanten Marketingaspekten an den Kunden offeriert wurde. Bei der Wahl der Marketingaspekte orientierte sich der Autor an dem Modell des sog. „Marketing-Mixes“ nach Fuß (vgl. Seite 10 aus Fuß, Jörg (2007): Market Analysis and Marketing Concept. Vorlesungsunterlagen zum Modul „Marktanalyse“ des GeneralMBA-Kurses Siemens01.).

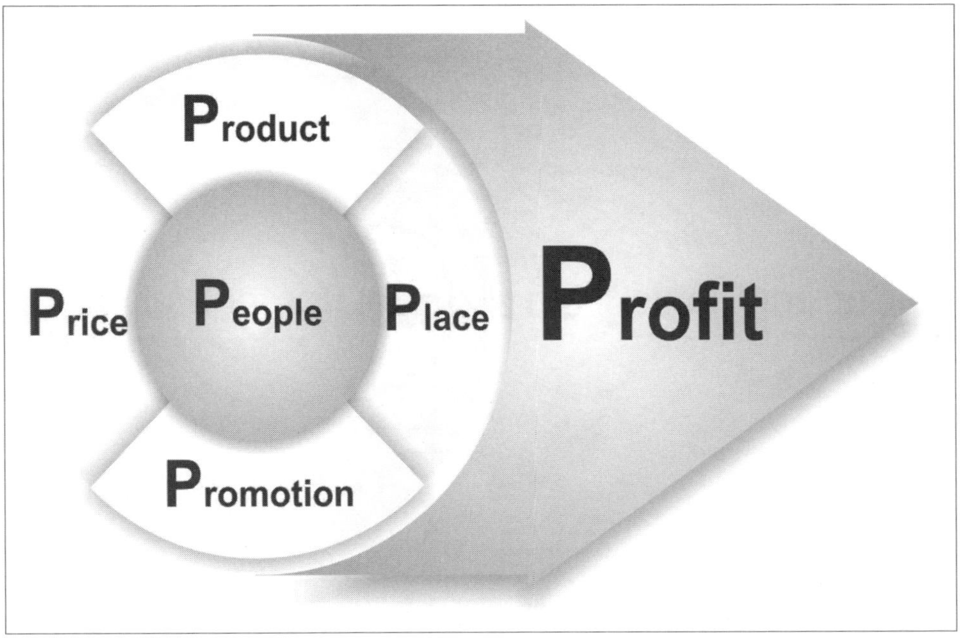

Abbildung 3: „The 6 P's" des „Marketing-Mixes"

Nach diesem Modell (vgl. Abbildung 3), welches im klassischen Sinne für materielle Produkte eingesetzt wird, ist der Erfolg (Profit) des Projektes von der Akzeptanz der beteiligten Personen abhängig (People). Die Akzeptanz basiert wiederum auf der Qualität der Ausarbeitung (Product), dem Aufwand für die Umsetzung (Price) und der Überzeugungsleistung (Promotion) des Projektleiters bzw. der Umgebungsbedingungen (Place), die durch die Standortleitung in Bebra/Mühlhausen definiert werden. Da der beschriebene Prozess bzw. die geplante Umsetzung des Aktions- und Maßnahmenplans durch verschiedene Rahmenbedingungen und Risiken belastet wird, geht der Autor auf die Rahmenbedingungen und die erwarteten Risiken ein. Basierend auf einer freien Darstellung nach Faix (vgl. Eröffnungsveranstaltung GeneralMBA-Kurs Siemens01 am 03.07.2006 in Berlin) hat der Autor den Sachverhalt unter Berücksichtigung der Risiken erweitert und in Abbildung 4 dargestellt.

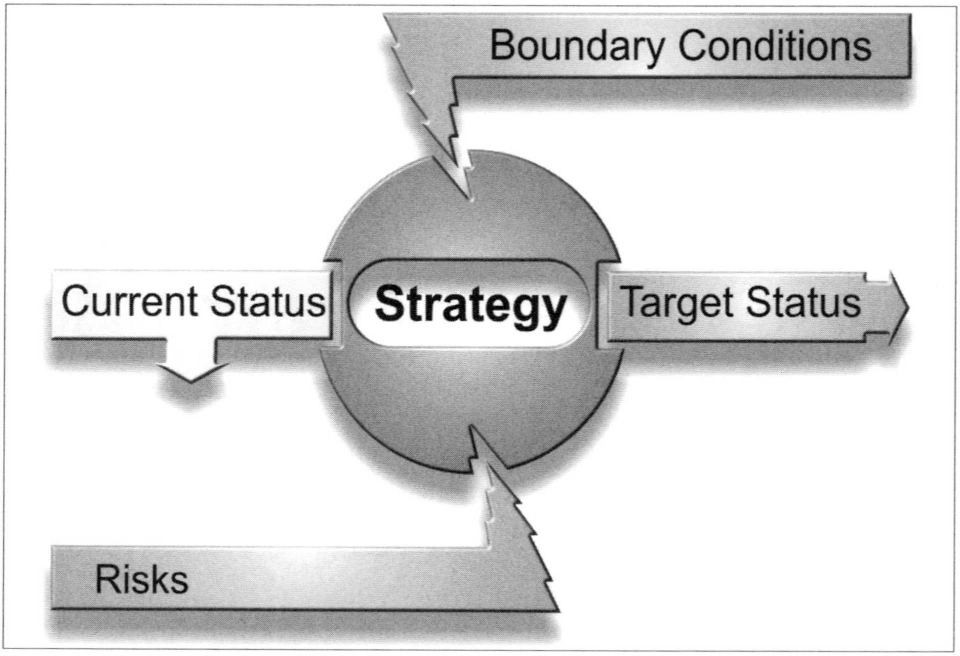

Abbildung 4: Development of a Company

Weiterführend beschreibt der Autor erforderliche Gegenmaßnahmen, die ggf. zu ergreifen sind, wenn die beschrieben Risiken zutreffen und eintreten sollten.

Unter dem finanziellen Blickwinkel wird zum Abschluss der Master Thesis ein vollständiges Unternehmensbudget über einen Zeithorizont der zukünftigen drei Geschäftsjahre vorgestellt. Ausgangspunkt dieses Unternehmensbudgets stellen die Planung der Umsätze, der Deckungsbeiträge und der Fixkosten dar. Auf dieser Basis und unter Berücksichtigung der Bilanz und der Gewinn- und Verlustrechnung des abgelaufenen Geschäftsjahres 2006/2007 werden der Erfolgsplan, der Finanzplan und die Planbilanz für die Geschäftsjahre 2007/2008 bis 2009/2010 erstellt. Der Autor beschreibt inhaltlich die Planung der Investitionen bzw. Abschreibungen, der Warenlager und die Forderungen bzw. Verbindlichkeiten. Er führt den Leser durch die entstehenden Effekte im Finanzplan und der Planbilanz. Ebenfalls werden relevante Kennzahlen auf der Basis des Erfolgsplans und der Planbilanz in ihrer Berechnungsgrundlage erklärt und die Veränderung in den drei betrachteten Geschäftsjahren von Seiten des Autors interpretiert.

Die Master Thesis schließt mit der Einschätzung des Autors ab, welchen Beitrag die implementierte und erfolgreich umgesetzte Werkstrategie voraussichtlich auf den Standort Bebra/Mühlhausen haben wird. Von Seiten des Autors werden die jüngsten organisatorischen Veränderungen und Ereignisse dargestellt und mit den Inhalten und Zielen der Werkstrategie abgeglichen.

Anhang

Abbildungsverzeichnis

Dipl.-Wirtschaftsingenieur
Thomas Krause, MBA

Planung und Konzeption eines Innovationsnetzwerkes für Gasturbinen

Inhalt

1 Zusammenfassung

Das Innovationsnetzwerk für Gasturbinen beschreibt, wie die Prozess- und Informationsarchitektur aufgebaut werden sollte, um die Zusammenarbeit von Konstruktion und Fertigung im fossilen Kraftwerksgeschäft der Siemens AG zu optimieren. Mit der Umsetzung dieses MBA-Projektes werden drei Ziele verfolgt:

1. Erhöhung der Produktivität um 10 % für Produktentwicklung und Service,
2. Reduktion der Entwicklungszeiten für Produkte im Neubau und im Service um 25 %,
3. Erhöhung des Geschäftswertbeitrags für Gasturbinen um mindestens 2 Mio. € innerhalb des Planungszeitraums von 5 Jahren nach Einführung.

Mit dieser Ausrichtung unterstützt das Innovationsnetzwerk die Strategie, das Produktionsvolumen für Gasturbinen innerhalb der nächsten Jahre zu verdoppeln, ohne in großem Umfang Personalkapazitäten aufzubauen.

Dies wird durch Einführung eines neuen Arbeitsprozesses erreicht, der ein integriertes Konstruieren und Produzieren ermöglicht. Als Plattform wird die Software „Teamcenter“ des Siemens Industry Sector verwendet. Die Software wird zur Abbildung des Produktentwicklungsprozesses, zur Verwaltung von 3D CAD Modellen, für den Know-How-Transfer zu Lizenznehmern/ Kooperationspartnern und für ein harmonisiertes Grunddatenmanagement für Gasturbinen im Neubau und im Service verwendet.

Schnittstellen werden eingesetzt, um aus den 3D CAD Modellen CNC-Programme zu erstellen. 3D Scanner werden für die Qualitätssicherung eingesetzt, um im weltweiten Fertigungsverbund einen hohen Qualitätsstandard sicherzustellen. Die Mitarbeiter werden durch den neuen Arbeitsprozess befähigt, das Potenzial moderner Informationssysteme auszuschöpfen.

2 Einleitung

Das Gasturbinengeschäft ist Teil des fossilen Kraftwerksgeschäfts der Siemens AG. Das fossile Kraftwerksgeschäft beinhaltet die Funktionen Strategieentwicklung, Marketing, Produktentwicklung, Konstruktion, Fertigung von Gasturbinen, Dampfturbinen, Generatoren, Leittechnik, Brennstoffzellen und Kohlevergasungsanlagen. Die Standorte für die Konstruktion und Fertigung von Gasturbinen sind Berlin und Mülheim a. d. Ruhr (Deutschland), Orlando (USA), Hamilton (Kanada). Dieser Fertigungsverbund stützt sich auf ein weltweites Netzwerk von ca. 300 Lieferanten. Der größte Fertigungsstandort ist Berlin, wo momentan 46 Gasturbinen pro Jahr hergestellt werden.

Die Herausforderungen des Gasturbinengeschäfts liegen in den hohen einmaligen Entwicklungskosten und in der Bewältigung technischer Risiken, die mit der Einführung neuer Produkte verbunden sind. Um die hohen Entwicklungskosten wirtschaftlich tragen zu können, ist ein hohes Produktionsvolumen notwendig, das in kürzest möglicher Zeit nach Fertigstellung und erfolgreicher Markteinführung der neuen Produkte zu erreichen ist. Für etablierte Produkte wird von den Kunden ein lokaler Wertschöpfungsanteil verlangt, der einen gezielten Know-How Transfer erfordert.

Weltweit wird die Elektrizitätserzeugung bis zum Jahr 2030 um 70 % wachsen. Diese Wachstumsaussichten werden den Wettbewerbsdruck auf dem Weltmarkt weiter verschärfen. Die größten Wachstumsmärkte sind China und Indien, wobei Indien stärker für das Dampfturbinengeschäft relevant ist. Der Mittlere Osten wird aufgrund einer wachsenden Anzahl von Meerwasserentsalzungsanlagen interessant, die einen hohen Energiebedarf aufweisen. Europa wird aufgrund des erwarteten hohen Neubaugeschäfts insbesondere in Deutschland und Spanien eine stabile Geschäftsentwicklung aufweisen. Die Kunden sind Energieversorgungsunternehmen, auf Kraftwerksprojekte spezialisierte „Architect Engineers", aber auch Finanzinvestoren, die schlüsselfertige Kraftwerke inkl. des Betriebs von Siemens erwerben.

Diese ausgewogene Kundenstruktur führt zu der Situation, das sich das fossile Kraftwerksgeschäft zu jeweils einem Drittel auf schlüsselfertige Kraftwerke, Einzelkomponenten (Gasturbinen, Dampfturbinen, Generatoren) und Service (Ersatzteile und Dienstleistungen) aufteilt. Langfristige Serviceverträge werden mit den Kunden abgeschlossen, um Serviceaktivitäten über große Zeiträume planen zu können und den Kunden über spezielle Konditionen für Ersatzteile und Dienstleistungen einen wirtschaftlichen Vorteil zu bieten. Das wichtigste Wachstumsfeld für Gasturbinen ist in den nächsten Jahren das Komponentengeschäft, das die Lieferung von Maschinen an „Architect Engineers" beinhaltet .

3 Ausgangssituation

Aufgrund des technischen Fortschritts bei Gasturbinen wird der überwiegende Teil des F&E-Budgets auf diesen Bereich konzentriert. Die F&E Budgets werden zukünftig nicht nur für eine Steigerung des Wirkungsgrades, sondern zunehmend auch für eine Senkung der Produktions- und Servicekosten eingesetzt. Dies erfolgt unter Berücksichtigung der Besonderheiten lokaler Märkte. Aus diesem Grund ist die Transparenz von Ziel- und Ist-Kosten bei neuen Produktentwicklungen von entscheidender Bedeutung.

Zudem muss der Produktentwicklungsprozess sehr eng mit dem Fertigungsprozess verbunden werden, um Synergien zu erzielen. Derzeit gibt es unterschiedliche Systeme, in denen relevante Produktinformationen bereitgestellt werden. Diese sind jedoch nicht miteinander vernetzt und stellen teilweise Einzellösungen dar, die aufgrund ihres technischen Stands nicht in eine integrierte IT-Lösung passen. Dazu gehören insbesondere die Systeme zur Verwaltung von 3D CAD Modellen und zur Dokumentation des Produktentwicklungsprozesses. Für eine verbesserte Unterstützung des Service ist ein einheitliches Produktdatenmodell notwendig, das als Grundlage für kaufmännische Abwicklungsprozesse in verschiedenen SAP-Systemen des Vertriebs verwendet werden kann. Bestehende Schnittstellen zwischen den CAD-Systemen und CNC-Bearbeitungszentren werden für die Fertigung bereitgestellt.

3.1 Externe Analyse

Im Rahmen der Analyse externer Faktoren wurde ermittelt, dass nicht nur Aspekte der Daten- und Informationssicherheit, sondern auch zahlreiche Projekte des Siemens Energy Sector für eine erfolgreiche Einführung des Innovationsnetzwerkes zu berücksichtigen sind. Ergebnis dieser Analyse ist, dass die Konsolidierung von SAP-Systemen in hohem Maße Ressourcen für eine Harmonisierung der kaufmännischen Prozesse in den einzelnen ERP-Systemen bindet, die damit für eine tiefer gehende Integration technischer Prozesse für den Aufbau eines einheitlichen PLM-Systems nicht mehr in vollem Umfang zur Verfügung stehen.

Mit Hilfe von SAP können die Prozesse der Angebotserstellung, Auftragsabwicklung und der Buchhaltung optimiert werden. Hierbei handelt es sich um eine vertikale Integration der Geschäftsprozesse, die aufgrund lokaler Gegebenheiten hauptsächlich innerhalb eines einzelnen Standortes wirkt. Das Ziel der Einführung eines ERP-Systems ist in der Regel die Beseitigung von Schnittstellen innerhalb der Lieferkette eines Geschäftes. Dies ist jedoch im Rahmen der geplanten SAP-Konsolidierung nicht vorgesehen, da für die Abwicklung des Servicegeschäftes mit vielen tausend Einzelpositionen pro Jahr weiterhin an der teilweise redundanten Abwicklung in den ERP-Systemen der Werke und den ERP-Systemen der Neubau- und Service-Vertriebe festgehalten wird.

Für die externe Analyse wurde eine Auswertung zur Prozessqualität genutzt, die im Rahmen des SAP-Konsolidierungsprojektes erstellt wurde. Wesentliche Kennzahlen lassen sich in harmonisierter Form aus drei verschiedenen SAP-Systemen zur Liefertreue von Kundenaufträgen, zur Dispositionsqualität (Umgang mit MRP-Ausnahmemeldungen), sowie zur Bearbeitung von Einkaufsbestellungen und Fertigungsaufträgen (Anteil von Lieferterminen in der Vergangenheit) ermitteln.

Process area	Steam	Generator	Gen. Erfurt	Gas
Order/ project processing	49% (2006: 50%)	65% (2006: 69%)	7% (2006: 57%)	7% (2006: 9%)
Demand planning (MRP)	74% (2006: 78%)	74% (2006: 78%)	61% (2006: 47%)	8% (2006: 6%)
Purchasing/ disposition*	16% (2006: 19%)	20% (2006: 22%)	20% (2006: 21%)	13% (2006: 11%)
Manufacturing planning/ control	49% (2006: 73%)	37% (2006: 46%)	14% (2006: 22%)	22% (2006: 69%)

0-5% high accuracy (Industry standard) · 5-12,5% middle accuracy / system reliability · 12,5-20% low accuracy / system reliability · 20-25% poor accuracy / system reliability · >25% no accuracy / system reliability

Abbildung 1: Vergleich der Prozessqualität

Anhand dieser Kennzahlen ist ersichtlich, das die wesentlichen Probleme in der mangelhaften Nutzung bestehender SAP-Systeme liegen. Diese Probleme sind zum Teil auf mangelnde Schulung, schlechte Grunddatenqualität und komplizierte SAP-Prozesse zurückzuführen. Diese Probleme sollten gelöst werden, bevor eine Konsolidierung der SAP-Systeme stattfindet und unzweckmäßige, komplizierte Vorgehensweisen mangels besseren Wissens in eine neue Lösung für das gesamte Geschäft übernommen werden.

Hinsichtlich der Anbindung von Kunden gibt es die Initiative CRM@Siemens und CRM@PG. Da Ziel ist eine verbesserte Vertriebsunterstützung und Kundenbindung. Entwickelt wurde das Kundenportal zunächst für die Leittechnik. Eine Einführung ist für das Neubaugeschäft für 2009 vorgesehen. Da diese beiden Geschäfte nach der letzten Reorganisation jetzt auch zum fossilen Kraftwerksgeschäft des Siemens Energy Sector gehören, ist eine Nutzung des Kundenportals auch für das Komponentengeschäft zu empfehlen. Dort sollte eine Nutzung aufgrund des höheren Standardisierungsgrades insbesondere für Gasturbinen möglich sein.

3.2 Interne Analyse

Im Gegensatz hierzu integriert ein PLM-System unterschiedliche Geschäfte standortübergreifend. Diese horizontale Integration wird erreicht, in dem Produktdaten,

CAD-Modelle, Arbeitspläne, CNC-Programme, Qualitätspläne, Toleranzangaben, Oberflächenrauhigkeiten, Messpunkte, Fertigungsvorgaben zwischen Konstruktion und Fertigung standortübergreifend ausgetauscht und, wo notwendig, auch mit Lieferanten, Kooperationspartnern und Lizenznehmern ausgetauscht werden. Auf diese Weise wirkt die Einführung eines PLM-Systems über diese technische Ausrichtung sehr viel stärker in Richtung einer Harmonisierung einzelner Standorte als die kaufmännische Harmonisierung der Angebots- und Auftragsabwicklung in SAP.

Als Ergebnis der externen Analyse wurde festgestellt, dass die bereitgestellten Ressourcen für die Einführung eines PLM-Systems im Gasturbinengeschäft nicht ausreichen und die für die Optimierung des ERP-Systems vorgesehenen Mittel besser genutzt werden könnten. Es konnte gezeigt werden, dass die Harmonisierung des Geschäftsprozesses für stark standardisierte Gasturbinen mit dem Geschäftsprozess für weitgehend kundenspezifisch konstruierte Dampfturbinen im SAP-Standard nicht sinnvoll ist.

Dies zeigt sich in der Tatsache, dass Materialflüsse innerhalb eines Werkes zwischen Lagerorten (SLOC) abgebildet werden, denen auf dieser Ebene im SAP-Standard keine Werteflüsse gegenüberstehen. Die für ERP-Systeme generell notwendigen Werteflüsse werden mittels selbstprogrammierter Profit Center außerhalb des SAP-Standards mit Dienstprogrammen in Zusatztabellen abgebildet. Diese Abweichungen vom SAP-Standard führen zu zusätzlichen Einführungsrisiken, die erst anhand weiterer Detailanalysen abschließend beurteilt werden können.

Insbesondere ist die Nutzung des SAP-Moduls „Projektsteurung" (PS) für eine effiziente Serienfertigung von Gasturbinen im SAP-Standard nicht zu empfehlen. Wo im heutigen SAP-System für Gasturbinen die Standardlieferzeiten für Teile und Komponenten in den Materialstämmen die Grundlage für die Disposition im SAP-Modul Produktionsplanung (PP) über die Stücklistenauflösung sind, müssen zukünftig im konsolidierten SAP-System diese Daten redundant zu den Materialstämmen in den einzelnen Standardnetzen im Modul Project System (PS) gepflegt und für einzelne Gasturbinen kopiert werden.

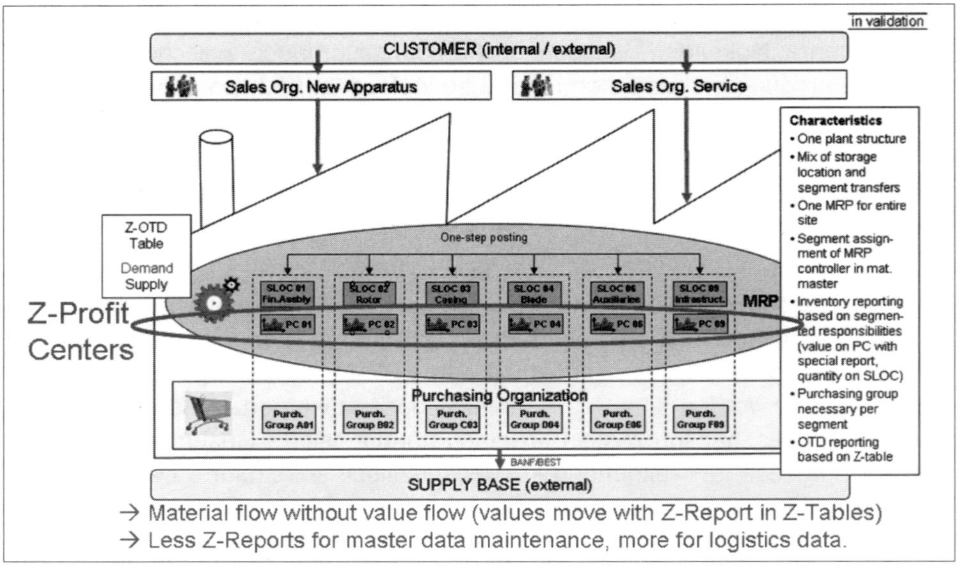

Abbildung 2: Segmentierte Werkestruktur

Erschwerend kommt hinzu, dass zur Nutzung von Synergien zukünftig Produkte der Oil & Gas Division in Gasturbinenfabriken hergestellt werden sollen. Damit ist zu prüfen, ob ein einheitliches PLM-System für den Energy Sector eingeführt werden sollte, um für die Fertigung relevante Grunddaten kostengünstig anderen Standorten zur Verfügung stellen zu können. Dieses System kann dann gemeinsam von den Divisions „Fossil Power Generation", „Service", „Oil & Gas" für das Neubau- und Servicegeschäfte genutzt werden.

Im Rahmen der internen Analyse wurde festgestellt, dass die Produktentwicklungs- und Fertigungsprozesse nicht dem technischen Stand alternativ verfügbarer Informationssysteme entsprechen. Die Ergebnisse sind in Form einer SWOT-Matrix dokumentiert.

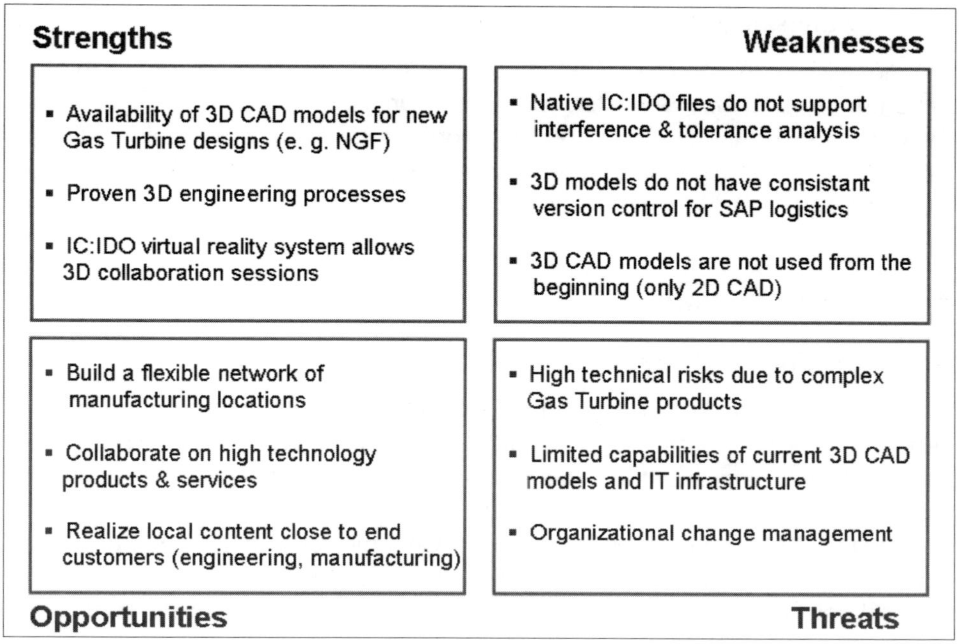

Abbildung 3: SWOT-Matrix

Insbesondere ist die Integration zwischen Konstruktion und Fertigung zu verstärken durch Nutzung eines gemeinsamen PLM-Systems für die Produktentwicklung und Arbeitsvorbereitung inkl. Verwaltung der CAD-Modelle.

3.3 Zielsetzung

Das Ziel des Energy Sector ist, Spitzenleistungen im operativen Geschäft, Technologieführerschaft, Präsenz in lokalen Märkten und globale Nutzung kostengünstiger Produktionsfaktoren zu erreichen. Im Jahr 2010 wird eine Ergebnis-Marge in Höhe von 15 % vom Umsatz angestrebt. Schwerpunkt ist die Erhöhung des Fertigungsvolumens bei Kooperationspartnern und Lizenznehmern. Hierfür sind intelligente Lösungen zu schaffen, da eine Erhöhung administrativer Arbeiten bei der Abwicklung des Lizenzgeschäftes vermieden werden soll. Mit Hilfe des MBA-Projektes ist ein neuer Prozess aufzubauen, um die Konstruktion und Fertigung innerhalb des Fertigungsverbundes enger miteinander zu verbinden. Hierbei werden drei Ziele verfolgt:

1. Erhöhung der Produktivität um 10 % für Produktentwicklung und Service,
2. Reduktion der Entwicklungszeiten für Produkte im Neubau und im Service um 25 %,
3. Erhöhung des Geschäftswertbeitrags für Gasturbinen um mindestens 2 Mio. € innerhalb des Planungszeitraums von 5 Jahren nach Einführung.

3.4 Lösungsansätze

Um diese Ziele zu erreichen, bedarf es einer klaren Strategie, die in Form eines Einführungsplans inkl. Schnittstellenkonzept umgesetzt wird. Die Strategie zur Einführung eines Innovationsnetzwerkes gründet sich auf drei Säulen. Die drei Säulen sind die funktionale Strategie, die Geschäftsstrategie und die Unternehmensstrategie.

4 Lösungsansätze

4.1 Funktionale Strategie

Die funktionale Strategie beschreibt die für das Innovationsnetzwerk notwendigen Prozesse und Systemeigenschaften. Es handelt sich hierbei um eine Beschreibung der einzelnen Module des Innovationsnetzwerkes einschließlich ihrer Verbindungen zueinander. Das Innovationsnetzwerk integriert Siemens-Werke, Lieferanten, Kooperationspartner und Lizenznehmer auf Ebene des Fertigungsnetzwerkes durch einen gemeinsamen „Collaboration Process", der die CAD-Daten mit Logistikdaten aus SAP und mit Daten aus dem Kundenportal verbindet.

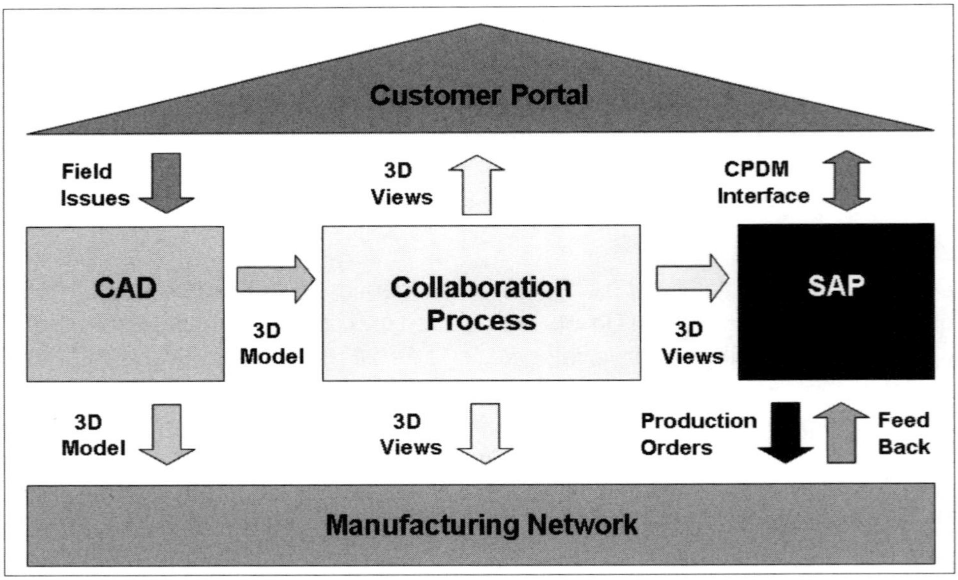

Abbildung 4: Übersicht der Funktionsmodule

Das Zusammenwirken der einzelnen Funktionsmodule des Innovationsnetzwerkes ist in Form von „Use Cases" beschrieben, auf die hier nicht im Einzelnen eingegangen wird.

4.2 Geschäftsstrategie

Die Geschäftsstrategie definiert, in welcher Form die für das Gasturbinengeschäft eingeschlagene Differenzierungsstrategie durch das Innovationsnetzwerk unterstützt werden kann. Hierzu wird ein Projekt Portfolio entwickelt, das eine stufenweise Entwicklung von vier Clustern vorsieht.

Das Engineering Cluster dient dem Aufbau der Infrastruktur und des Produktentwicklungsmodells. Anschließend wird das Manufacturing Cluster entwickelt, um die für die Arbeitsvorbereitung und Fertigung notwendigen Fertigungsmodelle, Lieferantenschnittstellen und Verbindungen zu den CNC-Fertigungszellen bereitzustellen. Das Quality Cluster wird aufgebaut, um mittels 3D-Scannern und spezielle Analyse-Software eine SIX-SIGMA-Analyse des Fertigungsablaufs zu ermöglichen. Dieses Cluster soll Siemens-interne als auch -externe Fertigungsstandorte (Lizenznehmer, Kooperationspartner) abdecken. Das Customer Cluster dient der Kundeninformation und Schulung. Hier kommen 3D-Ersatzteilkataloge, Podcasts und Web-Seminare zum Einsatz.

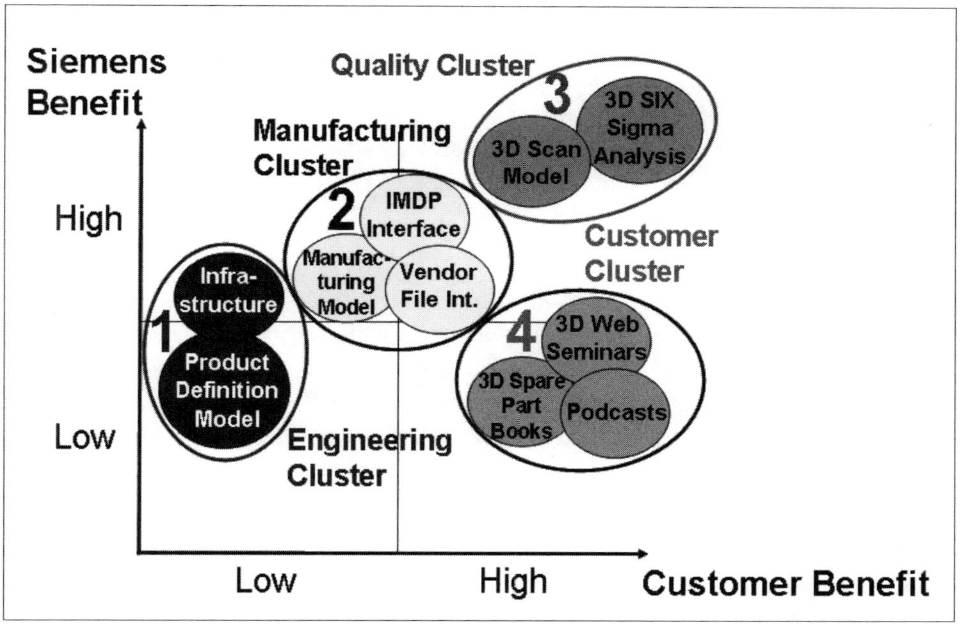

Abbildung 5: Projekt Portfolio

4.3 Unternehmensstrategie

Die Unternehmensstrategie wurde unter Berücksichtigung anderer laufender Großprojekte des Energy Sector definiert, insbesondere wurden Initiativen innerhalb des fossilen Kraftwerksgeschäfts für das Produktgeschäft betrachtet. Die

SAP- und PLM-Systeme sind für den Aufbau des Innovationsnetzwerkes in eine Gesamtarchitektur eingebunden. Das Ziel der Gesamtarchitektur ist der Aufbau eines gemeinsamen Grunddatenspeichers für „Engineering“ und „Manufacturing“ und die Realisierung eines einheitlichen Produktentwicklungsprozesses (PDP) mit integriertem „Target Costing“ auf Grundlage von Kosteninformationen aus SAP.

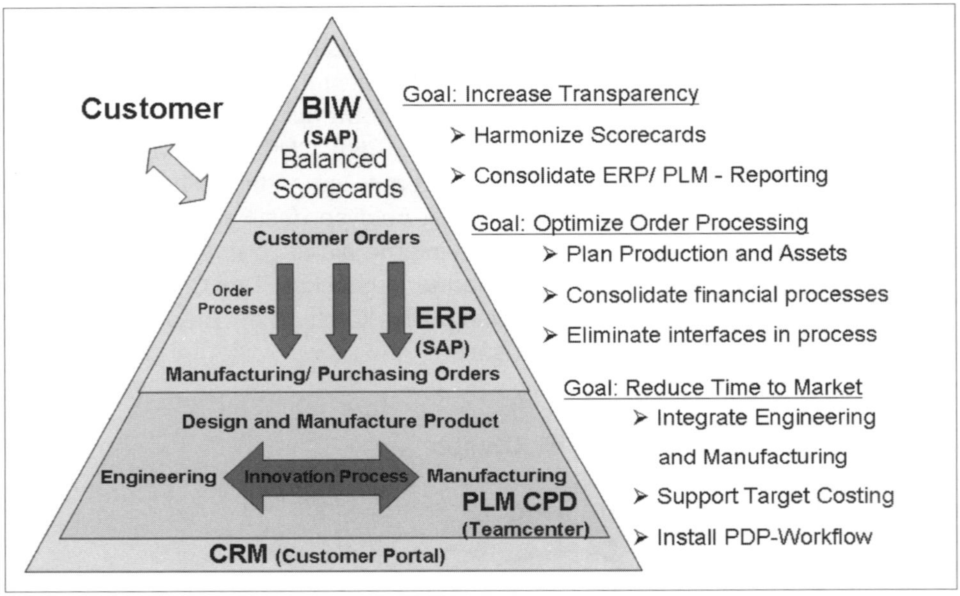

Abbildung 6: Architektur des Innovationsnetzwerkes

Die Unternehmensstrategie sieht für die Einführung des Innovationsnetzwerkes vor, dass der im Rahmen der SAP-ERP-Konsolidierung bis E06/2008 fertig zu stellende Business Blueprint in den Bereichen Neubau- und Service-Grunddaten für den Aufbau eines einheitlichen Produktdatenmodells in PLM CPD umgesetzt wird. Hierdurch wird sichergestellt, dass die Schnittstelle zwischen den PLM- und SAP-Systemen reibungslos funktioniert. Der Business Blueprint wird darüber hinaus verwendet, in den SAP-Systemen die notwendigen Harmonisierungen und Verbesserungen einzuführen.

Innerhalb des PLM-Systems wird innerhalb des Energy Sectors zunächst für die Divisions „Fossil Power Generation“, „Oil & Gas“ und „Service“ ein einheitlicher Produktentwicklungsprozess und Grunddatenspeicher aufgebaut. Die Harmonisierung der Prozesskennzahlen wird für das PLM-System und für die verschiedenen ERP-Systeme weiter vorangetrieben und in Form eines Business Intelligence Warehouse (BIW) einheitlich abgebildet. Diese Maßnahme dient der verbesserten Steuerung und Transparenz der einzelnen Geschäfte.

Um nach Außen gegenüber dem Kunden ein konsistentes Bild abzugeben, ist vorgesehen, die CRM-Einführung voranzutreiben und auf das Komponentengeschäft auszudehnen. Für die standardisierten Komponenten wie Gasturbinen und Generatoren ist der Einsatz von Produktkonfiguratoren mittelfristig möglich. Die Grunddaten für die Konfiguration der Komponenten werden seitens des PLM-Systems bereitgestellt und bei Bedarf in die SAP-Systeme sowie in das CRM-System transferiert.

4.4 Schnittstelle zwischen PLM- und ERP-Systemen

Grunddaten, die innerhalb des PLM-Systems erstellt wurden, können mittels Schnittstellen in die betreffenden ERP-Systeme für die Fertigung und den Einkauf übernommen werden. Das Zusammenspiel zwischen dem PLM- und dem SAP-System wird auf zwei Ebenen dargestellt:

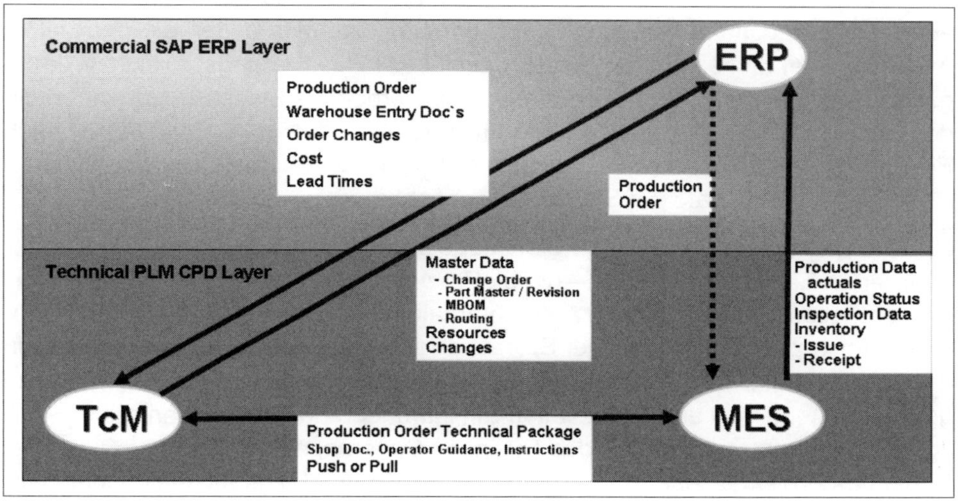

Abbildung 7: Integration SAP – PLM

Innerhalb der technischen Ebene werden Grunddaten in Teamcenter (TcM) erzeugt und an das „Manufacturing Execution System" (MES) für die Fertigung weitergegeben. Auf der kaufmännischen Ebene der Prozessarchitektur befinden sich die unterschiedlichen SAP-Systeme.

Die SAP-Systeme werden mittels Schnittstellen mit den für die Fertigung und den Service Grunddaten aus der technischen Ebene des PLM-Systems versorgt. Dies schließt hauptsächlich den Transfer von Materialstammdaten, Stücklisten, Änderungsaufträgen und Arbeitsplänen ein. Vor dem Hintergrund wachsender Wertschöpfung in „Low Cost Countries" bietet ein PLM-System daher ein höheres Nutzungspotential als die Optimierung bestehender ERP-Systeme. Auf der anderen Seite werden jedoch auch Zielkosten, Istkosten, Standardlieferzeiten von den SAP- in die PLM-Systeme übertragen, um dort ein Target Costing zu unterstützen.

4.5 Gründung eines Unternehmens für die Projektumsetzung

Zwecks Umsetzung des Innovationsnetzwerkes wird empfohlen, ein Siemens-Unternehmen zu gründen, dessen alleiniger Geschäftszweck die Detailausprägung und Einführung der neuen Arbeitsprozesse und Grunddatenstrukturen ist. Das Unternehmen wird mit 12 Mio. € Eigenkapital ausgestattet und erhält den Namen SiePro AG (Siemens Projects AG). Die SiePro AG trägt sämtliche Kosten der Einführung des Innovationsnetzwerkes auf der technischen Ebene des PLM-Systems einschließlich der Übergabedatei für die Schnittstelle zu den SAP-Systemen.

Erbrachte Leistungen zwischen der SiePro AG und den Unternehmen des fossilen Kraftwerksgeschäftes des Energy Sector werden auf Grundlage des Fremdvergleichsgrundatzes zu Marktpreisen abgerechnet. Dies betrifft insbesondere auch die Verrechnung von Kosten für bereitgestellte Mitarbeiter, die der SiePro AG seitens der entsendenden Abteilungen für das Realisierungsprojekt zur Verfügung gestellt werden. Auf der anderen Seite werden die Einsparungen innerhalb des Energy Sectors aus dem Realisierungsprojekt in den ersten fünf Jahren nach Einführung des Innovationsnetzwerkes zu Lasten der Budgets der betreffenden Abteilungen als Umsatz der SiePro AG gebucht.

Nach Ablauf dieser Zeit werden die Budgets der Abteilungen um die Höhe der realisierten Einsparung gekürzt – die SiePro AG hat mit Hilfe weiterer Prozessverbesserungsprojekte den für die Aufrechterhaltung der Geschäftstätigkeit notwendigen Umsatz zu generieren. Der Einsatz dieser Marktmechanismen sorgt dafür, dass nur erfolgversprechende Projekte umgesetzt werden, die für beide Seiten gewinnbringend sind und die erzielten Einsparungen auch kaufmännisch in Form von Budgetkürzungen gemäß des Business Case abgebildet werden. Bleibt der Erfolg des Projektes jedoch aus, erhält die SiePro AG keine ausreichenden Umsätze, um das Geschäft aufrecht zu erhalten.

4.6 Einführungsplan

Der Einführungsplan sieht vor, dass nach Abschluss einer jeweils dreimonatigen Initiierungs- und Detailplanungsphase das PLM-System über einen Zeitraum von 12 Monaten mit Unterstützung von Beratern seitens der SiePro AG als voll funktionsfähiges Pilotsystem erstellt wird.

In diesem Zeitraum wird der Produktentwicklungsprozess als Workflow in Teamcenter abgebildet inkl. Verwaltung der CAD Modelle mit Hilfe eindeutiger Versionsführung und Metadaten. Das Produktdatenmodell wird für Neubau- und Servicemaschinen entwickelt und innerhalb des Pilotsystems getestet.

Nach erfolgreichen Tests im Pilotsystem wird das Service-Datenmodell in Teamcenter für Gasturbinen, Dampfturbinen und Generatoren eingeführt, um erste Einsparungen für die Service-Flotte zu generieren und eine einheitliche Datenbasis für die unterschiedlichen ERP-Systeme aufzubauen. Das Pilotsystem wird verwendet, um die Mitarbeiter mit den geplanten Prozessänderungen im Detail vertraut zu machen. Hierbei ist von entscheidender Bedeutung, dass der neue Arbeitsprozess eine sehr viel stärkere Integration zwischen den einzelnen Arbeitsbereichen des Engineering und des Manufacturing erfordert, als der heutige Prozess.

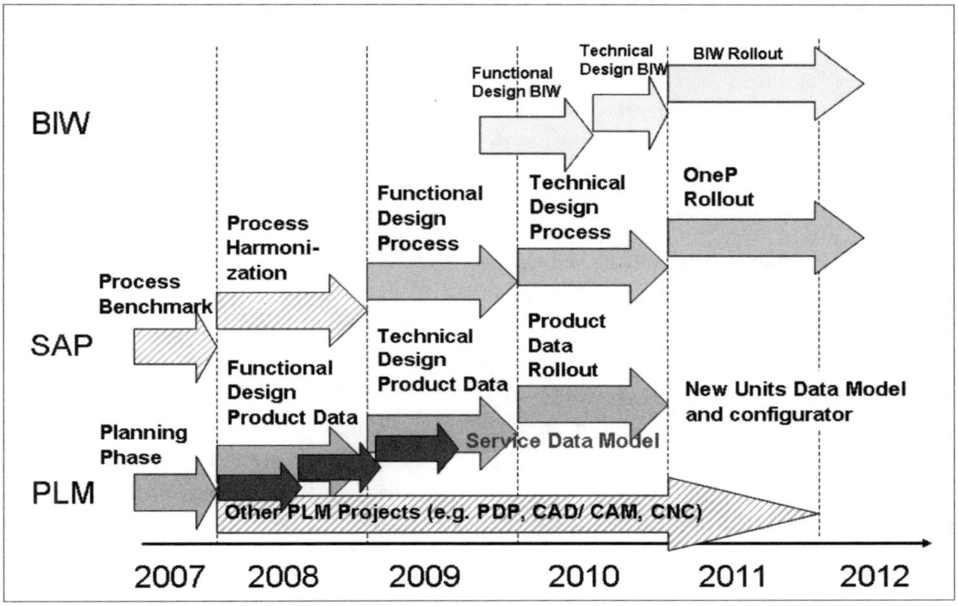

Abbildung 8: Realisierungsplan des Innovationsnetzwerkes

Parallel zu diesen Aktivitäten ist in dieser Phase die Entscheidung vorzubereiten, ob die CAD-Umgebung auf Software von UGS NX umzustellen ist. Diese Entscheidung ist frühzeitig zu treffen, da aufgrund der Ablösung von PTC ProIntralink ohnehin Metadaten der CAD-Modelle aus PTC ProE für Teamcenter zu konvertieren sind und die Auswahl der CAD-Software einen erheblichen Einfluss auf die Integration innerhalb des PLM-Systems hat.

In den darauf folgenden 18 Monaten wird das Pilotsystem auf die lokalen Randbedingungen in den einzelnen Standorten angepasst. Das Produktdatenmodell wird hierbei auch für die Neubaufertigung genutzt. Altdaten werden in das neue PLM-System übernommen. Anwender werden für die Nutzung des Systems geschult und die Produktiveinführung der Standardfunktionen von Teamcenter an allen Standorten mit Schnittstellen zu den SAP-Systemen durchgeführt. Je nach Entscheidung zur CAD-Software werden erste Arbeitsbereiche auf UGS NX umgestellt.

In den anschließenden 24 Monaten erfolgt eine Konsolidierung und schrittweise Verbesserung von Teamcenter über den Standard hinaus. In diesem Zeitraum sind Fertigungssimulationen, Toleranz- und Kollisionsanalysen, aber auch komplexe Schnittstellen zu CNC-Bearbeitungszentren und 3D Scannern bereitzustellen. 3D CAD Modelle werden in weiten Teilen des Engineering und der Fertigung erfolgreich verwendet, um Schritt für Schritt das führende Werkzeug für die Fertigung, den Einkauf und für das Marketing zu werden.

5 Ergebnisse

Im Rahmen des MBA-Projektes wurde die Zielarchitektur für den Aufbau des Innovationsnetzwerkes für Gasturbinen definiert. Zur Umsetzung der Zielarchitektur wurde eine Gesamtstrategie entwickelt, die sowohl die funktionale Strategie, als auch die Geschäfts- und Unternehmensstrategie einschließt.

Für die wichtigsten Anwendungen des Innovationsnetzwerkes wurden Prozesse in Form von „Use Cases“ aufgesetzt und mit Fachleuten aus Konstruktion und Fertigung diskutiert. Daraus resultierten Rückinformationen seitens der involvierten Mitarbeiter, aus denen wertvolle Hinweise für die Ausprägung des Innovationsnetzwerkes gewonnen wurden. Andererseits war es auch hilfreich für die Mitarbeiter, an der Prozessdefinition und der Gestaltung der Architektur mitzuwirken. Gemeinsam mit der Konstruktion wurde mittels der „Use Cases“ ein einheitliches Verständnis entwickelt, wie die integrierte Prozessarchitektur aufgebaut werden sollte.

Auf dieser Grundlage wurde ein Einführungsplan für die nächsten dreieinhalb Jahre entwickelt. Schwerpunkte des Einführungsplans sind eine 18 Monate dauernde Pilotierungsphase und eine sich daran anschließende ebenfalls 18 Monate umfassende Realisierungsphase. Aufgrund des hohen Detaillierungsgrades des Servicedatenmodells wird die Realisierung des Grunddatenspeichers für Servicemaschinen innerhalb der ersten 18 Monate parallel zur Pilotierungsphase abgeschlossen.

Der Aufbau neuer Produktentwicklungsprozesse im komplexen Kraftwerksgeschäft erfordert erhebliche Ressourcen in der Planung und Umsetzung. Zur Sicherstellung eines effizienten Projektmanagements ist ein neues Geschäftsmodell erarbeitet worden, das die Detailplanung und Realisierung des Innnovationsnetzwerkes durch ein separates Siemens Unternehmen, die SiePro AG, vorsieht.

Durch die klare Trennung der Verantwortlichkeiten zwischen den einzelnen Abteilungen des Siemens Energy Sector und der SiePro AG steigt einerseits die Transparenz bei der Projektabwicklung, andererseits erzwingt diese Vorgehensweise eine kaufmännische Buchung der Projekteinsparungen zugunsten der SiePro AG und daran anschließend eine Reduzierung der Abteilungsbudgets in Höhe der realisierten Einsparungen.

Im Rahmen des MBA-Projektes wurde dem Gasturbinenmanagement die Notwendigkeit weiterer Investitionen für den Aufbau eines PLM-Systems für das Produktgeschäft aufgezeigt. Daraus resultierend wurde ein Projektleiter aus der Konstruktion benannt und ein Realisierungsbudget angefordert. Damit ist die starke Fokussierung auf SAP-Systeme zugunsten einer ausgewogeneren Betrachtung der Gesamtarchitektur mit den Modulen PLM, CRM und BIW verändert worden.

5.1 Entwicklung der Erfolgsfaktoren

Im Rahmen des MBA-Projektes wurde eine Analyse des Reifegrades der Erfolgsfaktoren durchgeführt. Aufgrund der vorgeschlagenen Verbesserungsmaßnahmen wird sich der Reifegrad in den genannten Bereichen signifikant verbessern. Insbesondere die Erfolgsfaktoren Organisation und Informationssystem werden auf den Reifegrad IV „Growth“ angehoben.

Im Rahmen eines verbesserten Berichtswesens wird durch Nutzung von harmonisierten Kennzahlen die Transparenz innerhalb des „Top Management Systems“ auf den Reifegrad V „Integration“ angehoben. Dies schließt auch das Berichtswesen aus den SAP-Systemen mit ein. Aufgrund der Fokussierung auf Software des Siemens Industry Sector, der in diesem Bereich Marktführer ist, wird sich auch die Kundenorientierung auf Reifegrad IV verbessern.

Phase Success factors	Start I	Expansion II	Consolidation III	Growth IV	Integration V
Strategies	No strategic consideration	Short-term orientation	Medium term strategies	Harmonisation of strategies	Market oriented long term strategies
Organisation	Higher degree of improvesation	Strive after standards	Higher degree of standardisation	Strengthened individual orientation	Innovative organisation
Information system	IS enable cost savings	Increased IS application	Higher degree of maturity with standardised applications	Higher degree of user satisfaction through data Processing	Strategic competitive advantage through IS
Employees	Fulfilment of functions according to employment conditions	Limited freedom	Action oriented work groups	Highly motivated employees	Employee as joint entrepreneur
Top management system	Management style is natural	Strengthened Delegation	Cooperative management system	Adequate managerial principles and methods	Management system guarantees implementation of strategies
Nearness to customers	Customer is a business incident	Normal customer relationship	Customer is accorded recognition	Problem solutions are offered	Highest degree of customer orientation

Abbildung 9: Reifegrad der Erfolgsfaktoren

5.2 Wirtschaftlichkeitsbetrachtung

Die Wirtschaftlichkeit des Innovationsnetzwerkes liegt oberhalb der geforderten Mindestrendite von 15 %. Grundlage dieser Berechnungen gemäß der Kapitalwertmethode sind die F&E Budgets und die ermittelten Einsparungen aufgrund Bereitstellung eines einheitlichen Produktdatenmodells für die Servicemaschinen. Hierbei sind Projektrisiken in Höhe von 10 % des Projektbudgets bereits vollständig berücksichtigt.

5.3 Weitere Vorgehensweise

Die Diskussionen hinsichtlich Aufteilung der Budgets zwischen den einzelnen SAP- und PLM-Systemen sind bislang noch nicht abgeschlossen. Weitere Abstimmungen mit dem Management sind vorgesehen, um die notwendige Balance der Ressourcenzuordnung in den nächsten Geschäftsjahren zu erreichen.

Die Gründe für die Verzögerungen der Pilotierungsphase in der Größenordnung von sechs bis sieben Monaten liegen in den momentan innerhalb des Energy Sectors laufenden Restrukturierungen. Diese führen zu einer generellen Überprüfung der Investitionsbudgets, die auch laufende Projekte betrifft.

In Abhängigkeit von der angekündigten strategischen Neuausrichtung des Geschäfts mit den Schwerpunkten einer Verdopplung des Produktionsvolumens, „Design to Cost" und Erhöhung der Wertschöpfungsanteile bei Lizenznehmern und Kooperationspartnern sind weitere positive Impulse zugunsten einer Freigabe von Mitteln für die Realisierung des Innovationsnetzwerkes zu erwarten.

Anhang

Abbildungsverzeichnis

Literaturverzeichnis

1. Siemens PG, Rapid Process and Performance Scan (RPPS™), März 2008, herausgegeben durch das OneP Project, Seite 34.

2. Siemens, Information und Kommunikation per Klick, PG führt Web-Plattform für Leittechnik Kunden ein, power generation live, Dezember 2005, Seite 8.

3. Siemens PG, Decision Evaluation Segmentation / Plant Structure, April 2008, herausgegeben durch PG P3223, Seite 4.

4. Siemens PG, PSA2 - Design and Planning of an Innovation Network for Gas Turbines, Seminar Siemens01, März 2007, Seite 14.

5. Siemens PG, PSA2 - Design and Planning of an Innovation Network for Gas Turbines, Seminar Siemens01, März 2007, Seite 19.

6. Siemens PG, Master Thesis - Design and Planning of an Innovation Network for Gas Turbines, Seminar Siemens01, Mai 2008, Seite 70.

7. Siemens PG, Master Thesis - Design and Planning of an Innovation Network for Gas Turbines, Seminar Siemens01, Mai 2008, Seite 86.

8. Siemens PG, Master Thesis - Design and Planning of an Innovation Network for Gas Turbines, Seminar Siemens01, Mai 2008, Seite 57.

9. Siemens PG, Master Thesis - Design and Planning of an Innovation Network for Gas Turbines, Seminar Siemens01, Mai 2008, Seite 87.

10. Siemens PG, PSA5 - Design and Planning of an Innovation Network for Gas Turbines, Seminar Siemens01, Februar 2008, Seiten 34-43.

Abkürzungsverzeichnis

BIW	Business Intelligence Warehouse
BOM	Bill of Material
CAD	Computer Aided Design
CPD	Collaborative Product Design (CAD/ CAM Environment)
ERP	Enterprise Resource Planning
F&E	Forschung und Entwicklung
IMDP	Integrated Manufacturing Design Process
IT	Information Technology
MES	Manufacturing Execution System
MM	SAP Module Materials Management
NX	CAD System der UGS
OneF	PG Fossil Business Unit
OTD	On Time Delivery (Liefertreue)
PC	Profit Center
PLM	Product Lifecycle Management
PG	Power Generation (all divisions)
PP	SAP Module Production Planning
ProE	ProEngineer CAD Tool
PRS	Project Requirement Specification
PS	SAP Module Project System
PTC	Parametric Technology GmbH
SAP	Standard Anwendungs Programme der SAP AG Walldorf
SD	SAP Module Sales and Distribution
SiePro AG	Siemens Projects Aktiengesellschaft
SLOC	Storage Location (Lagerort)
SWOT	Strengths Weaknesses Opportunities Threats – Matrix
TcM	Teamcenter
UGS	Unigraphics Solutions (seit 01/2007 Teil der Siemens AG)

Dipl.-Ingenieur
Volker Kuhne, MBA

Factories of the Future – Beijing Airport

Designing the Belly of the Beast

Summary

Ein Artikel von Sebastian Webel[1], aktualisiert von Volker Kuhne

Simulation has made it possible to build and test complex baggage handling facilities – including Beijing's new dragon-shaped terminal – before construction begins.

With the Olympic Games coming to China in August 2008, preparations are now running at full steam, including the operation of the Beijing Capital International Airport's Terminal 3, a vast, dragon-shaped complex.
In March 2008 the new Terminal 3 has successfully opened, some 60 million passengers and 500,000 planes can arrive and depart from the terminal each year. High-tech solutions – such as a baggage handling system from Siemens – will help ensure that the facility can accommodate this colossal volume.
With some 50 km of conveyors, the baggage handling system can transport and sort more than 19,000 pieces of luggage per hour, making it one of the world's biggest – and fastest – systems of its kind. Equipped with a complex network of sorting machines and sorting gates, and with a top speed of 40 km/h, the Siemens baggage handling facility requires less than 25 minutes to move a piece of luggage from the check-in counter to the furthest parked plane at the terminal.
Beijing Capital International Airport (BCIA) specified a number of requirements that the system was to meet. For instance, it should not only make use of the terminal's basement down to the last meter but also meet tough requirements regarding maximum luggage size, throughput, and baggage travel time. The company also wanted the facility to be developed, installed, and tested within 32 months – and to function fault-free afterwards.
In order to plan and build such a vast facility in such a short time, a team of engineers from Siemens Industrial Solutions & Services (I&S) in Offenbach, Germany had to dig deep into their virtual reality toolkit. Long before the first component was manufactured, these experts built and tested the entire baggage handling system using 3D software. Indeed, they utilized some of the same procedures they had developed in designing similar facilities in Seoul and Madrid.
Virtual Luggage on the Move. The engineers downloaded key data on the airport's catacombs to their PCs and utilized software modules from the Seoul and Madrid projects that had been stored in digital libraries. Their 3D simulation and optimization software allowed them to examine even the smallest areas of the baggage handling system and its building in order to determine if planned systems would fit into the available space, and to ensure that sub-systems would not interfere with one another.

1 http://w1.siemens.com/innovation/en/publikationen/publications_pof/pof_fall_2007/factories_of_the_future/beijing_airport.htm. Stand 05.06.2008.

A simulation of the initial conveyor belt setup revealed areas of congestion. A second test indicated that the distance between some junctions was so tight that it could lead to delays and shutdowns – problems that would make it impossible to achieve the target of a maximum 25 minutes of travel time for any given bag. Ultimately, the planners were able to eliminate all of the errors in the huge system before construction began.

This virtual planning and simulation led to huge cost benefits, as changes could be made and tests carried out without expensive prototypes. Planners knew at each process stage which components (and how many of them) would be needed for a given solution. After planning was completed, the software produced assembly lists containing everything that needed to be procured.

Before the facility could be built, the control software responsible for smooth operation of the actual system had to be extensively tested. To ensure smooth interaction between software and hardware, Siemens experts tested the software at the Siemens Airport Center (SAC) in Fürth, Germany, which serves as the company's simulated airport. SAC actually has the largest baggage handling facility in Germany, after Frankfurt and Munich. It's a complete airport – the only things missing are the control tower and planes. SAC also serves as a training center, which is why Chinese staff from Terminal 3 were sent there to learn to use the sophisticated system.

BCIA gave its final acceptance of the baggage facility in December 2007, 2,5 years after the project was launched and three months before the new terminal was scheduled to open, at which time Beijing Airport became one of the world's busiest destinations. The city is now ready for the Olympic Games, and the last thing visitors will have to worry about will be their luggage.

Dipl.-Ingenieur (FH)
Juan-Manuel López-Vecino, MBA

Fast Ramp-up

Entwicklung eines Vertriebstools zur Vermarktung von dieselelektronischen Lokomotiven

Inhalt

1 Einleitung / Projektgenese

Bei diesem Projekt soll ein kommerzieller Vergleich zwischen Neuanschaffung und Modernisierung von dieselelektrischen Lokomotiven als Wirtschaftlichkeitsanalyse durchgeführt werden. Hierfür werden drei unterschiedliche Gesichtpunkte untersucht:

1. Modernisierung (neuer Motortyp, neue Generation) des Dieselmotors von alten dieselelektrischen Lokomotiven.
2. Remotorisierung des Dieselmotors (gleicher Motortyp) von alten dieselelektrischen Lokomotiven, und
3. Neuanschaffung von dieselelektrischen Lokomotiven.

Der Vergleich basiert auf Wirtschaftlichkeitsberechnungen anhand der Life Cycle Cost (LCC). Die Daten für seinen bestehenden Fuhrpark werden vom Kunden zur Verfügung gestellt.

1.1 Problemstellung

Gängige Praxis im Vertrieb von Lokomotiven ist die Ausschreibung von Modernisierungen oder Remotorisierungen von alten Lokomotivbeständen öffentlicher oder privater Bahnen.

Der Kunde konnte bisher nur sehr schwer nachvollziehen, dass eine Neuanschaffung von Lokomotiven wesentlich günstiger sein kann, als seine bisherige Flotte(n) zu modernisieren bzw. remotorisieren.

Die Überzeugung des Kunden für Alternativangebote war in vielen Fällen durch die fehlende Nachvollziehbarkeit der Berechnungen von dem ökonomischem Nutzen einer Neuanschaffung nicht möglich.

Das Loco LCC (Life Cycle Costs) Tool soll insbesondere die Vorteile einer modernen dieselelektrischen Lokomotive der Firma Siemens gegenüber einer im Betrieb befindlichen älteren dieselelektrischen Lokomotive aufzeigen.
Das Tool soll eine Argumentationshilfe für den Vertrieb bieten, aber zusätzlich soll auch dem Kunden durch eine einfach nachvollziehbare Berechnung die Beweiskraft einer Neuanschaffung überzeugend dargelegt werden.

1.2 Ziele des Projekts

Das Ziel dieses Projektes ist es, dem Vertrieb ein einfaches Loco LCC Tool in die Hand zu geben, welches anhand der Verbrauchsdaten, aber auch den Wartungskosten den Kunden überzeugen soll. Es muss so einfach und verständlich sein, dass der Kunde die Nutzung des Loco LCC Tools ohne aufwendige Erklärungen nachvollziehbar versteht.

1. Argumentationshilfe für den Vertrieb, beim Verkauf von neuen Lokomotiven
2. Nachvollziehbares Verständnis des Loco LCC Tool, durch einfache Eingabe
3. Ermittlung der Verbrauchsdaten und Wartungsdaten über mehrere Jahren
4. Flotten Ermittlung der neuen Lokomotiven mit höheren Wirkungsgrad
5. Klare und nachvollziehbare Berechnungen und Auswertungen (auf Basis der Daten des Kunden)
6. Einfache Bedienbarkeit des LCC Tools durch Verwendung von Microsoft Excel
7. Geplanter Ersteinsatz soll bei der Nächsten Ausschreibung im März 2008 erfolgen.

1.3 Randbedingungen

Das Tool soll erstmalig im Projekt „Litauen“ („Lietuvos Geležinkeliai“) eingesetzt werden. Es sollte folgende Randbedingungen berücksichtigen:

1. Steuerliche Belange
2. Wechselkursschwankungen (30 Jahre Laufzeit)
3. Inflation
4. Verzinsung (15 Jahr Laufzeit)
5. Betriebskosten Änderungen
6. Wartungskosten Änderungen.

1.4 Termine und Meilensteine

Das Projekt wurde in der Terminplanung mit mehrerer Meilensteinen hinterlegt, die Hauptmeilensteine waren die Projektstudienarbeiten. Aber ein Hauptmeilenstein war die Fertigstellung des Tools, dieser wurde auf März 2007 gelegt, da der Vertrieb für das nächste Angebot dieses Tool verwenden wollte.
Meilensteine des Projekts:

- Abgabe der PSA1 am 06/11
- Umsetzung in Excel 07/03
- Erstellung eines Strategieplanes (PSA2) 07/03
- Erstellung eines Marketingplanes und Vertriebsplanes (PSA3) am 07/09
- Erstellung des Finanzplanes (PSA4) am 07/10
- Erstellung eines Globalisierungsplanes (PSA4) am 08/02

05/08: Projektabschluss mit der Master-Thesis.

2 Transfer, praktische Erfahrungen und Fazit

Dieses Loco LCC Tool fand seine erste praktische Anwendung während der Angebotsphase für die lettische Bahn. Auch hier hat sich wieder gezeigt, dass der Kunde selbst auch keine genauen Daten über seine Lokomotiven hat.

Während der Angebotsphase wurde sehr eng mit den Kunden zusammen gearbeitet. Das Loco LCC Tool wurde während der Ausschreibungsphase von Siemens dem Kunden vorgestellt. Der lettische Kunde benötigte nur eine ca. zweistündige Einführung zum Handling des Loco LCC Tools, um anschließend seine Daten in das Loco LCC Tool einzugeben. Danach war es dem Kunden möglich, sich alles Weitere selbstständig zu erarbeiten und auszuwerten.
Folgende Eingaben werden benötigt:

1. Investitionskosten und Betriebskosten
2. Betriebsdaten (Fahrleistung und Betriebsstunden)
3. Allgemeine Technisch Daten, Wirkungsgrad und Transportleistung (zur Ermittlung der Flotte)
4. Dieseldaten, Verbrauchsdaten wie Diesel und Öl (Dieseldaten)
5. Wartungsdaten, Wartungsintervalle mit Kosten.

Nach der Auswertung hat sich sehr klar gezeigt, dass die bestehenden Lokomotiven deutlich teurer im Unterhalt sind als die Neuanschaffungen (siehe dazu Abbildung 1: Gesamtübersicht Verbrauch, Wartung und Abschreibung und Abbildung 2: Gesamtübersicht Energieverbrauch und Wartungskosten). Der Kunde konnte die Berechnung des Loco LCC Tools verständlich nachvollziehen und hat die Ergebnisse ohne Änderungen oder Anmerkungen akzeptiert.
Die Ausschreibung läuft zur Zeit noch.

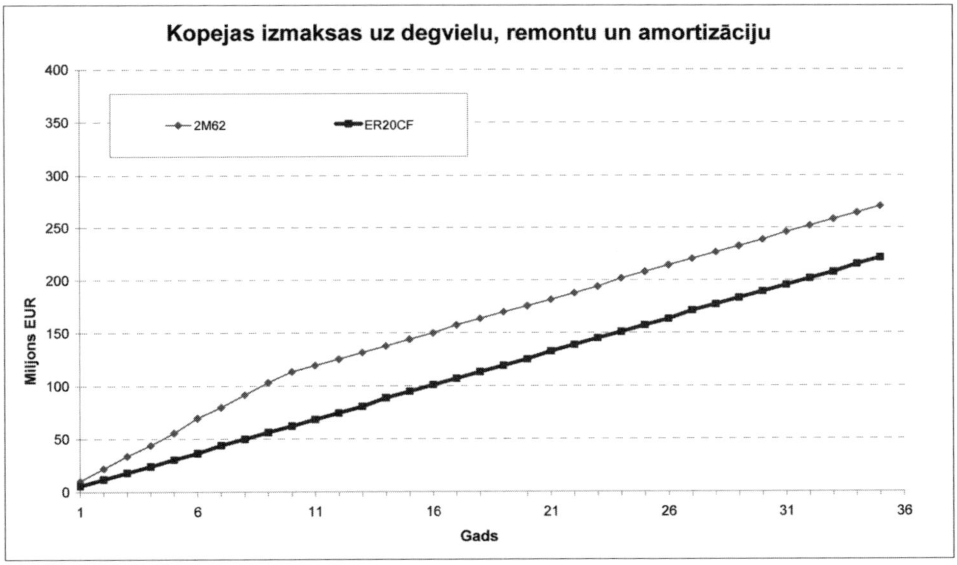

Abbildung 1: Gesamtübersicht Verbrauch, Wartung und Abschreibung

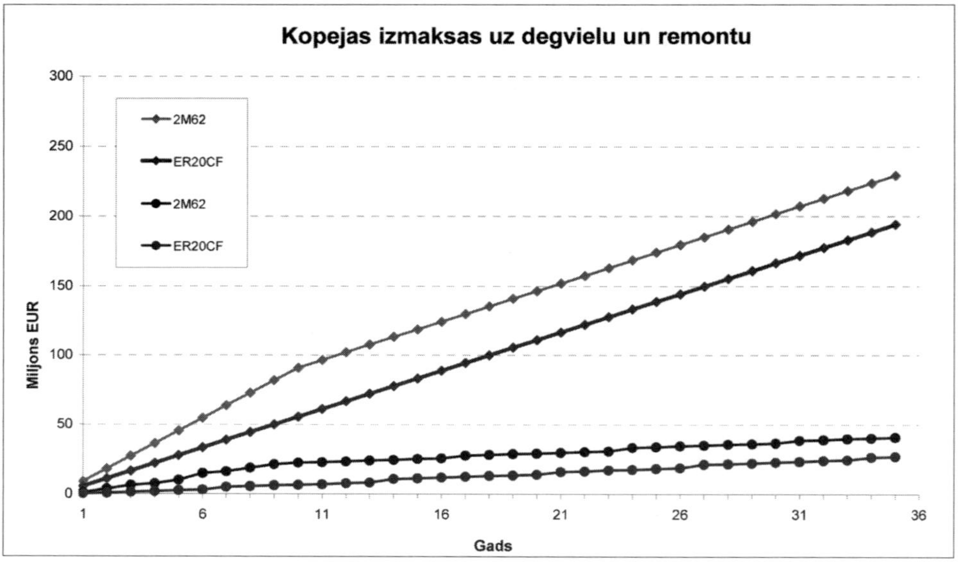

Abbildung 2: Gesamtübersicht Energieverbrauch und Wartungskosten

Für den Kunden ist in erster Linie wichtig, dass der Unterhalt von neuen Lokomotiven ökonomisch günstiger ist, jedoch wird auch immer mehr Wert auf die Umweltverträglichkeit gelegt. Auch hier hat die neue Lokomotive durch ihren niedrigeren Verbrauch und niedrigeren Schadstoffausstoß große Vorteile.

Verbesserungsvorschläge des Kunden zum Gebrauch des Loco LCC Tools werden vom Vertrieb gesammelt und kontinuierlich in das Tool eingearbeitet.

Abbildungsverzeichnis

Dipl.-Ingenieur
Torsten Merke, MBA

Change Management in einer Vertriebs-organisation der Siemens Building Technologies

Siemens Building Technologies (SBT) verbindet in einem Unternehmen Angebote für Gebäudesicherheit, Gebäudeautomation und wirtschaftlichen Gebäudebetrieb – sowohl als Dienstleister als auch als Anbieter kompletter Systeme, maßgeschneiderter Einzellösungen und Hersteller von entsprechenden Produkten. Sicherheit, Komfort und Management für optimale Gebäudenutzung – wir schaffen Werte und Investitionssicherheit durch Spitzentechnik und Anwendungswissen.

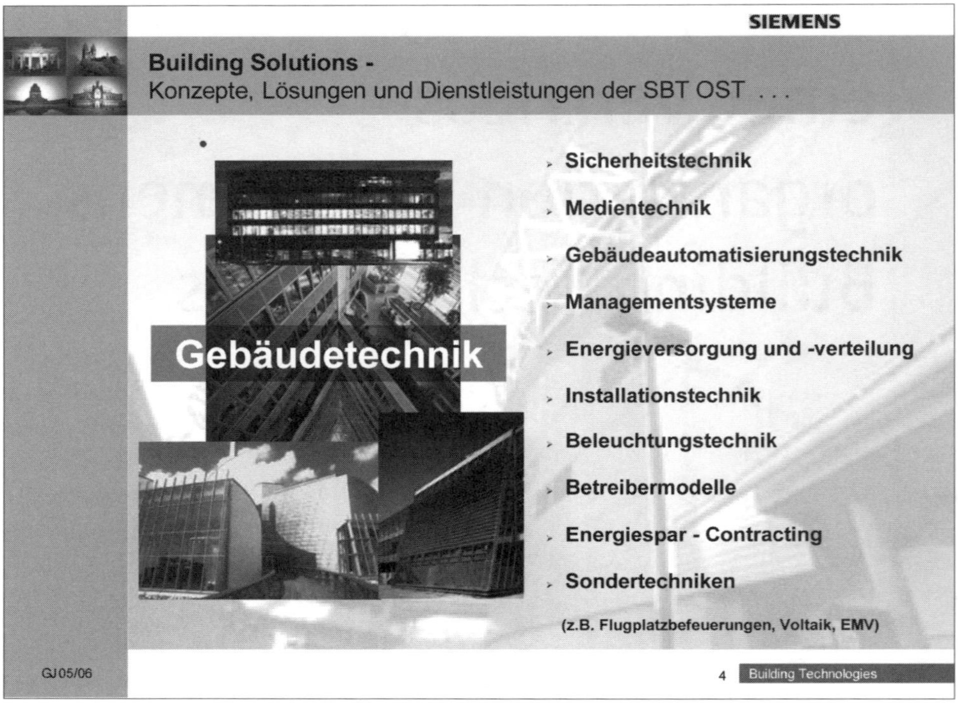

Die SBT in Ostdeutschland erwirtschaftet seit Jahren positive Ergebnisse und bietet seinen Mitarbeitern sichere und hochinnovative Arbeitsplätze. Im Geschäftsjahr 04/05 wurde nach verschiedenen Unternehmenszusammenschlüssen und Bereichsverschmelzungen der Unternehmensbereich optimiert aufgestellt. Dies führte auch zu Anpassungen bei den Geschäftserwartungen, in welchen den Marktentwicklungen und Portfolioveränderungen gefolgt wurde. Um diesen neuen Herausforderungen gerecht zu werden, musste in die Organisation und in die Prozesse eingegriffen werden, was in einer gewachsenen Struktur zu einem ausgewachsenen Projekt führte.

Als Pilotprojekt wurde die Niederlassung Berlin analysiert und in Bezug auf Organisation und Prozesse optimiert aufgestellt. Aus den zuvor beschriebenen Fakten und Planungen ergab sich ein Entwicklungsbedarf und den im Folgenden beschriebenen zweijährigen Projektauftrag an die Abteilungsleitung der Vertriebsorganisation.

Die Entwicklung der Wertschöpfung tangierte insbesondere zwei Bereiche, welche durch den Vertrieb zu beeinflussen sind. Im Bereich der Bestandskunden galt es, ein verstärktes Augenmerk auf die Migration (Erneuerung) und Erweiterung der installierten Basis zu lenken. Im Bereich der Neukunden galt es, sich in der Privatwirtschaft durch direkten Kontakt zum Endkunden kundenindividuelle Lösungsansätze zu finden. Darüber hinaus bedarf es Branchenwissen, damit die Sprache des Kunden erlernt wird und multiplizierbare Lösungsansätze entwickelt werden.

Als zweiter entscheidender Hebel waren die Kostenstrukturen in der Niederlassung, der Marktentwicklung und der neuen Organisation anzupassen. Hier galt es, die Balance zwischen kaufmännischen Optimierungen und der systematischen Weiterentwicklung der Organisation und Mitarbeiter zu halten.

Somit sollte in Summe eine Zangenbewegung erzeugt werden, aus besserem operativen Ergebnis und Optimierung der Kostenstrukturen. Beide Aspekte mussten am Ende des Projekts zu einer Erhöhung der Wirtschaftlichkeit und Wettbewerbsfähigkeit der Niederlassung führen, was mittel- und langfristig Arbeitsplätze sichern wird.

Zur Zielerreichung wurde im Projekt ein professionelles Projektmanagement etabliert, ein Strategieplan erstellt, dieser in einen operativen Marketingplan umgesetzt und durch einen Finanzplan überprüft. Additiv wurden die Globalisierungsmöglichkeiten der Projektansätze analysiert und bewertet.

In der Strategieplanung wurden aus den Analysen die Zielgruppen Neukunden, Bestandskunden und Branchen abgeleitet, was eine Schlüsselmaßnahme war. Die Ausrichtung der Mitarbeiter in der Vertriebsorganisation auf diese Zielgruppen und somit die Akzeptanz, dass jede dieser Zielgruppen eigene Konzepte benötigt und anders behandelt werden muss, war ein entscheidender Schlüssel zum Erfolg.

Im Marketingplan wurden die Ergebnisse der Strategieplanung in eine operative Vertriebsorganisation umgesetzt, wobei hier der Hebel in der Geschwindigkeit lag. Innerhalb von sechs Monaten wurden die alten Strukturen überarbeitet und die neuen aufgebaut. Da dies in einer seit ca. zwanzig Jahren gewachsenen Organisation zwangsläufig zu verschiedenen Argumentationsketten führt, war hier das Vertrauen der Geschäftsleitung in das Projekt entscheidend, um die Veränderungen zeitgerecht und ergebniswirksam durchzuführen.

Die Schlüsselthemen der eingeführten Vertriebssystematik waren die Projektdatenbank, die Kundenentwicklungsworkshops und die regelmäßigen Geschäftsdurchsprachen zur Verfolgung der Zielausrichtung, der Hemmnisse und der Erfolge. Hier ergab sich die Möglichkeit, vier neue Vertriebsleiter ständig weiterzuentwickeln und gemeinsam die notwendigen Feinjustierungen im Projekt umgehend operativ umzusetzen.

Der Finanzplan hat deutlich gemacht, dass die benannten Ziele bei konsequenter Umsetzung zu den gewünschten Ergebnissen führen. Somit ergab sich eine neue Sicherheit im Projekt und zudem ein exakter Fahrplan, welcher Top-Down die Zielgrößen vorgab, – jeder wusste, wenn diese Einzelgrößen erreicht werden, wird das Gesamtergebnis passen. Darüber hinaus konnte die Bedeutung des Produktgeschäfts bestätigt werden.

Die Globalisierung der Projektansätze wird aktuell geprüft. Hier geht die Tendenz insbesondere in die Richtung von Competence Centern für spezifische Themen, welche aus den Projekterfahrungen, insbesondere in der SBT Ostdeutschland, vorhanden sind. Es wurde hier deutlich, dass sich erfolgreiche Projektansätze nicht einfach in ein anderes Land übertragen lassen, da die Erfolgsfaktoren in der Marktbearbeitung völlig andere sind als in Deutschland.

Im Projekt lagen die Schlüsselfaktoren in Schnelligkeit, konsequenter Umsetzung beschlossener Maßnahmen und der Kunst, zwischen der Optimierung bestehender Strukturen und der Gestaltung neuer Systematiken und Organisationen in einem sinnvollen Maß die jeweiligen Entscheidungen zu treffen.

Auf Grundlage der Inhalte des Projekts waren die beiden letzten Geschäftsjahre in der Siemens Building Technologies in Ostdeutschland von vielen kunden- und mitarbeiterorientierten Veränderungen geprägt. Es galt, die Waage zwischen Erwartungen, Veränderungen und Erfolgserlebnissen zu gestalten. Wir dürfen heute sagen, dass dies erfolgreich gelungen ist.

Die SBT in der Region Ostdeutschland hat die zwei erfolgreichsten Jahre ihrer Geschichte hinter sich und die Niederlassung Berlin wurde zum Benchmark.

Dipl.-Betriebswirtin (FH)
Judit Richwien, MBA

Erfolgreich planen –

Optimierung der Planungssystematik bei Siemens Healthcare

Inhalt

1 Summary

Die zunehmende Globalisierung der Wirtschaft und der technologische Fortschritt verlangen Anpassungen der Unternehmen. Dabei werden auch die Unternehmensentscheidungen immer komplexer. Dieser Megatrend hat dazu geführt, dass der Stellenwert der Unternehmensplanung stark gestiegen ist. Zur Sicherung des Unternehmenswachstums und des langfristigen Bestehens am Markt ist die Planung als zentrales Instrument der Unternehmensführung unverzichtbar, wird andererseits aber auch scharf kritisiert.

In diesem Beitrag wird die Verbesserung der Planungssystematik bei Siemens im Sektor Healthcare dargestellt. Das neue Planungskonzept ermöglicht es, durch gezielte Harmonisierung des Planungsablaufes, Verbesserung von Templates sowie durch eine Stärkung des Top-down-Zielsetzungsprozesses den Planungszeitraum um nahezu zwei Monate zu verkürzen. Die Erfahrungen aus der Umsetzung des neuen Konzeptes im Planungsprozess 2007 zeigen, dass erhebliche Effizienzvorteile durch diese Neugestaltung verwirklicht werden konnten.

Aus diesen Ergebnissen weiterentwickelt ergeben sich die Verbesserungsvorschläge für die weitere Gestaltung des Planungsprozesses mit einer Entkoppelung des Incentive Systems vom Budget und der Einführung einer rollierenden Planung.

2 Einstieg in die Thematik - Werden Unternehmenserfolge meist trotz und nicht dank ihrer Planung erzielt?

Nach Jack Welch, ehemaliger Chef von General Electric, ist Budgetierung die wahrscheinlich ineffizienteste Managementpraxis überhaupt.[1] Statt eines Budgets fordert er einen flexiblen Aktionsplan, der die Fragen „Wie können wir unsere Vorjahresleistung übertreffen" und „Was macht die Konkurrenz und wie können wir sie übertrumpfen?" beantwortet.[2]

Ziele der Planung liegen in der Koordination aller Tätigkeiten im Unternehmen mit dem Ziel einer koordinierenden Gesamtplanung und Finanzmittelallokation, treffsicherer Prognose der Entwicklung des Unternehmens und Motivation der Mitarbeiter zur Steuerung der individuellen Interessen im Hinblick auf die Generierung eines gesamtunternehmerischen Ziels.[3]

Der Internationale Controller Verein (ICV) hat im Rahmen einer Untersuchung, bei der 225 Controller deutscher Unternehmen befragt wurden, ermittelt, dass jährlichen Durchlaufzeiten der Budgetplanungen im Durchschnitt zehn Mann-Monate ausmachen. Wobei bereits die Hälfte aller Budgets nach drei Monaten überholt ist.[4] Eine Untersuchung der Managementberatung Horváth & Partners zu diesem Thema zeigt folgenden Trend auf: Die Entwicklung der Daten aus den Untersuchungen der vergangenen drei Jahre haben ergeben, dass sich die Durchlaufzeiten der Planungsprozesse in Unternehmen von durchschnittlich 20 Wochen auf 16 Wochen reduziert haben. Weiterhin lässt sich den Ergebnissen der Studie entnehmen, dass Unternehmen, die weniger als zehn Wochen für ihre Budgetierungsprozesse benötigen, auf dem Markt und in ihrer jeweiligen Branche erfolgreicher als ihre langsamer budgetierenden Konkurrenten sind.[5]

2.1 Kritik an der Planung

Nicht nur die zu lange Planungsdauer des Budgetprozesses wird scharf kritisiert. Auch die starre Periodenfixierung auf ein Geschäftsjahr wird als Qualitätsmangel gesehen.[6] Eine weitere Schwachstelle stellt die Verbindung des Budgets mit einem entsprechenden Anreizsystem dar. Die fixen und starren Budgetvorgaben implizieren die Gefahr, dass Mitarbeiter zur Erfüllung ihrer eigenen Ziele eine schädliche „Budgeterfüllungs-Arroganz" entwickeln: Die Optimierung des eigenen Bereiches steht vor der Gesamtunternehmensoptimierung, nachhaltige Entwick-

1 Vgl. Welch, 2005, S. 205.
2 Vgl. Welch, 2005, S. 214.
3 Vgl. Nevries/ Christoph/ Strauß, 2008, S. 74.
4 Vgl. Terpitz, 2007, S. 1.
5 Vgl. Terpitz, 2007, S. 1.
6 Vgl. Hope/ Fraser, 2003,S. 8; Horváth, 2004, S. 9; Weber/ Linder, 2003, S. 13.

lungen können durch Kurzfristoptimierung behindert werden oder Kosten und Erträge können periodenbezogen verschoben werden.[7]

Besonders die hohe Ressourcenbindung und das damit verbundene ungünstige Kosten-Nutzen-Verhältnis werden von Hope/ Fraser und Horváth kritisiert.[8]

2.2 Ansätze zur Neugestaltung der Planung

Als Reaktion auf die genannten Problempunkte der Budgetierung wurden seit Ende der 1990er Jahre Ansätze zur Neugestaltung der Budgetierung entwickelt. Diese lassen sich in Konzepte, die eine Reform der klassischen Budgetierung vorsehen (Better Budgeting), und in Ansätze, die eine völlige Abkehr von der Budgetierung zum Ziel haben (Beyond Budgeting), einteilen.[9]
Die Erfolgsausichten der verschiedenen Budgetierungsansätze werden in Verbindung mit der Komplexität und der Dynamik der Rahmenbedingungen bestimmt, wie in Abbildung 1 dargestellt.

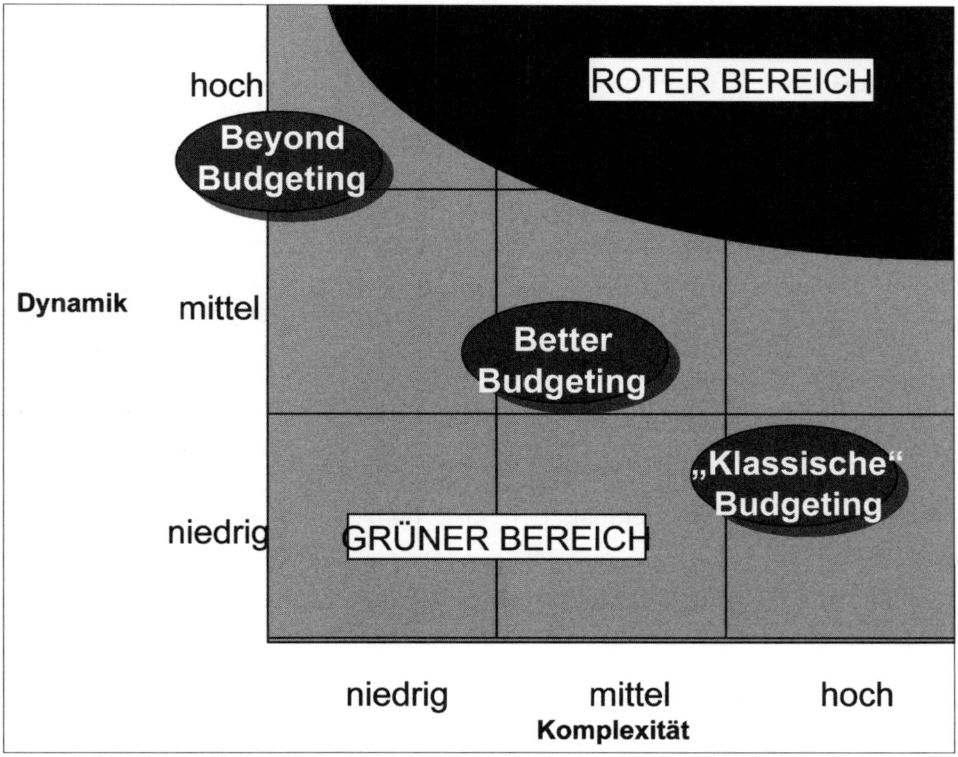

Abbildung 1: Gesamtbewertung der unterschiedlichen Budgetierungsansätze aus konzeptioneller Sicht[10]

7 Vgl. Greiner, 2005, S. 499.
8 Vgl. Hope/ Fraser, 2003, S. 4; Horváth, 2004, S. 4.
9 Vgl. Weber, 2005, S. 223.
10 Vgl. Weber/ Linder, 2003, S. 51.

Klassische Budgetierung hat die höchsten Erfolgsausichten bei hoher Komplexität und relativ niedriger Dynamik. Bei mittlerer Ausprägung von Dynamik und Komplexität bietet sich das Better Budgeting an, während Beyond Budgeting seine Stärken bei vergleichsweise niedriger Komplexität, aber hoher Dynamik zeigt. Gleichzeitig hohe Komplexität und Dynamik kann keines der Konzepte abdecken („roter Bereich").

3 Ausgangssituation und Ziele – Vom Kostenfaktor zum Werttreiber

3.1 Der Sektor Healthcare der Siemens AG

3.1.1 Marktsituation

Der demographische Wandel mit steigender Zahl der Weltbevölkerung und einer immer älter werdenden Gesellschaft und der steigende Kostendruck im Gesundheitswesen fordern umfassende und möglichst breit gefächerte Lösungen, die die Qualität der Versorgung erhöhen und gleichzeitig die Kosten senken. Siemens Healthcare reagiert als einer der größten Anbieter im Gesundheitswesen bereits heute auf diese Herausforderungen. Das Portfolio ist groß und deckt sämtliche Felder auf dem Gesundheitssektor ab: von bildgebenden Systemen über Therapiesysteme, Molekulardiagnostik und der Audiologie bis hin zu moderner Informationstechnologie, Service- und Wartungsangeboten sowie Beratungsleistung im Bereich der Prozessoptimierung oder Krankenhausplanung. Mit dem Erwerb von Diagnostic Products Cooperation und Bayer Diagnostics im Jahr 2006 und Dade Behring im November 2007 hat Healthcare das diagnostische Spektrum zusätzlich um den Bereich der Immundiagnostik erweitert und es entsteht zum ersten Mal in der Gesundheitsindustrie ein integriertes Diagnostik-Unternehmen, das bildgebende Diagnostik und Labordiagnostik sowie klinische Informationstechnologie in der gesamten Wertschöpfung unter einem Dach verbindet. Gleichzeitig bedeutet der Erwerb im Sinne einer vertikalen Diversifikation innerhalb des Gesundheitswesens die Herausforderung, Synergieeffekte zwischen den Sparten zu entfalten.

Der Markt für Gesundheitswesen ist hart umkämpft. Siemens Healthcare liegt in einigen Geschäftsgebieten vor der Nummer eins, dem Wettbewerber General Electric (GE), und erreicht insgesamt die Position Nummer zwei auf dem Weltmarkt. Nummer drei auf dem Weltmarkt ist Philips.

3.1.2 Zahlen und Fakten

Mit einem Sektorergebnis von 1,323 Milliarden Euro und einer Rendite von 13,4% im Geschäftsjahr 2006/07 zählt der Sektor zu den Besten der Konzerneinheiten. Healthcare konnte einen Umsatz von 9,851 Mrd. Euro erreichen und somit nominal 20% und währungs- und strukturbereinigt 6% mehr als im Vorjahr.

Derzeit beschäftigt Healthcare weltweit über 48.000 Mitarbeiter und ist weltweit an über 130 Standorten vertreten. Wichtigster Absatzmarkt sind die Vereinigten Staaten.

Die Innovationskraft von Healthcare ist enorm: Heute sind fast drei Viertel aller Siemens Healthcare Produkte jünger als drei Jahre. Zurzeit vermeldet der Sektor im Durchschnitt drei Patentanmeldungen pro Arbeitstag. Der Trend hin zu immer kürzer werdenden Produktlebenszyklen ist damit auch in der Medizintechnik deutlich spürbar und erfordert zunehmend flexiblere und anpassbare Planungsroutinen.

3.2 Auslöser für das Projekt

Auslöser für das Projekt zur Verbesserung der Planungssystematik bei Siemens Healthcare waren zwei Problemfelder im klassisch gestalteten Planungsprozess in der Ausgangssituation 2006: Die im Vergleich zu anderen Unternehmen extrem lange Planungszeitdauer, verbunden mit einem hohen Ressourcenaufwand, und die unbefriedigende interne Forecast Qualität.

Zum Instrumentarium des Sektor Healthcare gehören in der Ausgangssituation neben der jährlichen Budgetplanung zudem ein monatlicher Forecast, um auf die hohe Entwicklungsgeschwindigkeit des Marktes reagieren zu können.
Bei einer Analyse der internen Forecast Qualität im Geschäftsjahr 2005 wurde jedoch festgestellt, dass einige der Gesellschaften und Business Units die Möglichkeit zur monatlichen Plananpassung nur bedingt nutzten und oftmals erhebliche Planabweichungen vorlagen.

Aus diesem Grund wurde für das Geschäftsjahr 2006 eine „Forecast Quality League" für die Business Units und Gesellschaften eingeführt. Hier wurden quartalsweise die jeweils zuletzt abgegebenen Forecast Zahlen für Auftragseingang, Umsatz und Ergebnis unter Berücksichtigung der Währungseinflüsse mit dem erreichten Ist verglichen. Mit Hilfe eines Score Systems wurde je nach absoluter Abweichung eine gewisse Punktezahl vergeben. Gemäß den Definitionskriterien mit einem sehr hohen Anspannungsgrad lagen bis zum vierten Quartal des Geschäftsjahres 2006 nicht alle der Business Units und Gesellschaften innerhalb der Abweichungstoleranz. Eine realistische Einschätzung der aktuellen Geschäftsaussichten ist für die internen Entscheider und für die Kommunikation mit den Kapitalmärkten jedoch zwingend notwendig.
Zudem hat die Komplexität des Sektors durch den Zukauf von Firmen wie Diagnostic Products Cooperation, Bayer Diagnostics und Dade Behring zugenommen und Siemens Healthcare steht als einer der wichtigsten Ergebnisbringer des Konzerns im Fokus des Zentralvorstandes.

3.3 Projektziele

Als Projektziele wurden daher eine Verkürzung des Planungszeitraums und eine Erhöhung der internen Forecast Qualität gesetzt. Zu berücksichtigen waren dabei jedoch die durch den Siemens Konzern vorgegebenen Rahmenbedingungen.
Da die Thematik des Planungsprozesses in das Aufgabengebiet des Performance Controllings einzuordnen ist, wurde hier das Projekt „Verbesserung der Planungssystematik bei Siemens Healthcare" initiiert. Das Performance Controlling ist eine Zentralabteilung im Accounting, die dem Vorstand von Healthcare direkt zuarbeitet. Um das Controlling der Business Units und Gesellschaften, sowie die Koordination und Zusammenführung des Reportings und der Planung, durchführen zu können, ist eine enge Zusammenarbeit mit den Business Units erforderlich.

4 Umsetzung – Der Weg zur Optimierung der Unternehmensplanung

4.1 Projektdefinition

Das bei Siemens Healthcare durchgeführte Projekt zur Verbesserung der Planungssystematik umfasste mit dem Beginn im September 2006 einen Zeitraum von 20 Monaten und war in sieben Projektphasen unterteilt.

In diesem Zeitraum wurde eine Ist-Analyse durchgeführt, Verbesserungsvorschläge entwickelt und diese im laufenden Planungsprozess 2007 umgesetzt, um auf diese Weise bessere Ergebnisse bei der Forecast Qualität und der Dauer des Planungszeitraumes zu erzielen. Für den Planungsprozess 2008 wurden die Verbesserungsmaßnahmen aus den Ergebnissen der Maßnahmenumsetzung im Planungsprozess 2007 weiterentwickelt.

Zum Projektteam gehörten die jeweiligen Controller je Business Unit, da diese den Planungsprozess in den Business Units koordinieren.

Für spezifische Projektrisiken wurden Maßnahmen definiert, die ein Eintreten des Risikos vermeiden helfen sollen. Es wurden aber auch Maßnahmen zur Risikobegrenzung formuliert. Außerdem wurden die Interessen der Projektbeteiligten beleuchtet und Maßnahmen für die Stakeholderpolitik abgeleitet.

Da es sich um ein internes Projekt handelte, das Änderungen am „handelnden System" selber beinhaltet hatte und somit Widerstände hervorrufen hätte können, war die Auseinandersetzung mit den sozialen Kräften besonders wichtig. Bei den Maßnahmen, die ein projektförderliches Klima entwickeln sollten, standen kommunikative Prozesse im Vordergrund.

4.2 Überblick zum Planungsprozess bei Siemens Healthcare

Der Planungsprozess von Siemens Healthcare wird im Wesentlichen in Zusammenarbeit mit den Gesellschaften und Business Units sowie mit Siemens Corporate Finance, Corporate Development und dem Healthcare Performance Controlling durchgeführt. Ziel ist es, Informationen darüber zu gewinnen, wo das Unternehmen in Zukunft stehen wird oder sollte. Der Prozess besteht hauptsächlich aus Strategie- und Finanzplanung, die in bestimmten Bereichen voneinander abhängen.

Das Hauptelement der Strategieplanung ist die Entwicklung von Business-Plänen (Planbänden) für die verschiedenen Organisationseinheiten, d.h. Gesellschaften und Business Units, und deren Überprüfung durch den Sektorvorstand, der auch die entsprechenden Entscheidungen trifft. Aufgabe der strategischen Planung ist es, in Anbetracht der zunehmenden Dynamik in der Umweltentwicklung entscheidende Veränderungen, etwa in der Technologie, früh zu erkennen und damit das Geschäftsportfolio von Siemens Healthcare optimal zu steuern.

Die Hauptbestandteile der Finanzplanung sind Budgets und Forecasts.

In der Ausgangssituation 2006 umfasste die Budgetplanung in der vorläufigen Version das laufende Geschäftsjahr 2006, als Budget das Folgejahr 2007 (nach Quartalen) und das übernächste Geschäftsjahr. Das Geschäftsjahr bei Siemens beginnt am 01. Oktober und endet am 30. September. Die jährliche Bottom-up Budgetplanung bei Healthcare begann im März 2006 mit der Kommunikation der zentralen Planungsvorgaben und Vorlagen von Siemens Corporate Finance. Ende Juni 2006 war das Budget aller Gesellschaften fällig. Dieses sollte die mit den Business Units vereinbarten Geschäftsziele wiederspiegeln. Ende Juli 2006 gaben die Business Units ihre Budgetplanung ab und es begannen die Budget-Durchsprachen mit dem Sektorvorstand. Mitte August 2006 lieferte Healthcare seine Sektorplanung an Corporate Finance. Nach der Durchsprache mit dem Siemens Zentralvorstand wurde Mitte November 2006 das endgültige Budget abgegeben, das weitere vom Zentralvorstand festgelegte Vorgaben enthielt. Das vom Zentralvorstand verabschiedete Budget bildete die Basis für den Soll-Ist-Vergleich während des Geschäftsjahres. Nachdem die Planungs- oder Budgetwerte verabschiedet worden waren, wurden die Annahmen und Einschätzungen fortlaufend mit der tatsächlichen Geschäftsentwicklung verglichen.

Der Forecast stellte eine monatliche fortlaufende Aktualisierung des Budgets dar, also die Planung des laufenden Geschäftsjahres als voraussichtliches Ist.

Ausnahme hierbei war der Forecast im März, bei dem einmalig auch das Folgejahr geplant wurde, um den Zeithorizont zu erweitern und so zukünftige Entwicklungen einzubeziehen. Dieser Forecast gab somit eine erste Indikation für das Folgejahr, die beim anstehenden Budgetprozess unterstützen sollte.

Im Budget und im Forecast wurden folgende Positionen geplant:

- Geschäftsbewegung (Auftragseingang und Umsatz)
- Konsolidierungswerte
- Gewinn- und Verlustrechnung
- Wesentliche Positionen der Bilanz (z.B. Anlagevermögen und Forderungen)
- Kapitalflussrechnung (z.B. Mittelzu- und abfluss aus laufender Geschäftstätigkeit und aus Investitionstätigkeit)
- Geschäftswertbeitrag (GWB)
- Mitarbeiter
- Pensionen

4.3 Analyse des Ist-Zustandes

In der Analyse des Ist-Zustandes wurden ein Benchmark mit internationalen Vergleichsunternehmen, eine Analyse der Forecast Qualität und eine interne Prozessanalyse durchgeführt. Dabei konnte festgestellt werden, dass Siemens Healthcare bei der zur Planung verwendeten IT-Infrastruktur mit einem integrierten und homogenen System, sowie der Anzahl der beplanten Line Items im Forecast im internationalen Vergleich ein „Front Runner" ist. Verbesserungspotenzial ergab sich jedoch aus der reinen Bottom-up Planung, die einen wesentlich höheren Koordinierungsaufwand und hohe Ressourcenbindung in den Planungsschleifen bedeutete. Dieser hohe Aufwand hatte sich auch in der Dauer des Planungsprozesses niedergeschlagen. Die Budgeterstellung nahm damit den größten Anteil der Ressourcen im Planungsprozess in Anspruch. Verbesserungspotenzial wurde auch bei der zeitlichen Abfolge der Planungsinhalte und der Komplexität und Funktionalität der Templates gesehen. Bei der Analyse zur Forecast Qualität wurde ein Zielkonflikt zwischen der Prognosefunktion, die eine möglichst genaue und zutreffende Planung fordert, und der Motivationsfunktion, die eine von der Realität abweichende Planung provoziert, festgestellt. Die Ergebnisse der Ist-Analyse wurden mit einer SWOT Analyse zusammengefasst, wie in Abbildung 2 dargestellt.

Umweltfaktoren	
Opportunities	**Threats**
▪ Kapitalmarkt sieht die zukünftige Entwicklung von Healthcare sehr positiv	▪ Steigender Kostendruck im Gesundheitswesen ▪ externe Zielgruppen wie Analysten, Anteilseigner und Fremdkapitalgeber fordern immer schnellere und verlässlichere Informationen über die Unternehmensziele sowie deren Erreichungsgrad
Unternehmensfaktoren	
Strengths	**Weaknesses**
▪ SAP-System mit maßgeschneiderter Software Lösung ➡ Rasche Bereitstellung von Plan- und Forecast-Daten möglich	▪ Lange Dauer eines Planungszykluses ➡ wichtige Annahmen können nach Ende der Planung veraltet sein ▪ Hoher Aufwand zur Erstellung der Planung ➡ Wenig Ressourcen für proactives Controlling frei ▪ Komplexität des Bereiches nimmt durch Unternehmenszukäufe zu ▪ Schlechte interne Forecast Qualität

Abbildung 2: SWOT-Analyse zum Planungsprozess

4.4 Definition der Verbesserungsmaßnahmen

Als Verbesserungsmaßnahmen wurden im Planungsprozess 2007 zur Verkürzung des Planungszeitraums eine Top-down Planung mit Bottom-up Abgleich mit klar zu Beginn der Planung kommunizierten Zielen, eine Verbesserung der Templates und eine Harmonisierung des Ablaufes durchgeführt. Um die Forecast Qualität zu verbessern, wurde ein quartalsweiser Abgleich mit Hilfe der Forecast Quality League und eine erhöhte Management Attention umgesetzt.

4.4.1 Top-down Planung mit Bottom-up Abgleich

Die Budgetplanung wurde auf eine Top-down Planung mit Bottom-up Abgleich erweitert. Durch diesen modularen Planungsaufbau sollte der Planungsaufwand reduziert werden. Vor Planungsbeginn kommunizierte der Sektorvorstand die zu erreichenden Ziele. Diese wurden durch eine anschließende Bottom-up Planung abgeglichen. Die Top-down Kommunikation war damit anordnend und die Bottom-up Kommunikation rechtfertigend. Gemäß neusten Studien wird mit zunehmender Unternehmensgröße der Top-down Ansatz mit Bottom-up Abgleich wichtiger (siehe Abbildung 3).

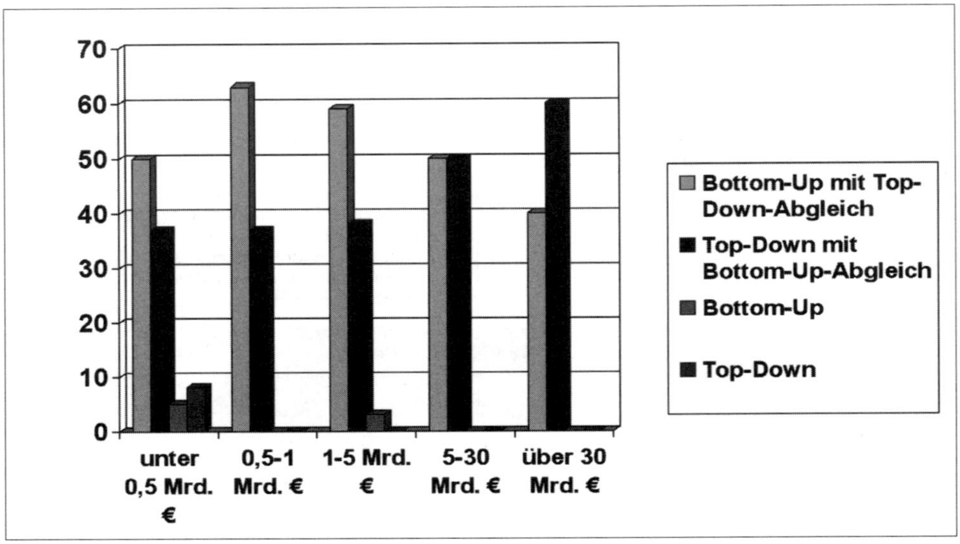

Abbildung 3: Mit zunehmender Unternehmensgröße wird der Top-Down Ansatz mit Bottom-Up Abgleich wichtiger[11]

Eine reine Top-down Planung wird nicht empfohlen. Nachteile einer Top-down Planung liegen in der mangelnden Ausschöpfung des Informationspotenzials markt- und informationsnaher Einheiten sowie der Demotivation und unzureichender Budgetakzeptanz.[12]

In Abbildung 4 ist der Planungsprozess mit der Top-down Planung mit Bottom-up Abgleich dargestellt. Die Koordination erfolgte durch das Performance Controlling, das auch Vorschläge für die Top-down Ziele auf Basis der Vorjahresdaten und des prognostizierten Marktwachstums erstellte. Die durch den Vorstand vorgegebenen Ziele wurden zunächst auf die Profit&Loss, sowie Cash Flow Basis auf die Business Units und weiter auf die Gesellschaften herunter gebrochen. Die vorgegeben Ziele beschränkten sich jedoch auf wenige Eckgrößen, wie Umsatz, EBIT und EVA. Durch dieses Vorgehen wurde die Realistik der Zielvereinbarungen gewährleistet.

11 Friedl, 2006, S. 11.
12 Vgl. Steinle, 2005, S. 402.

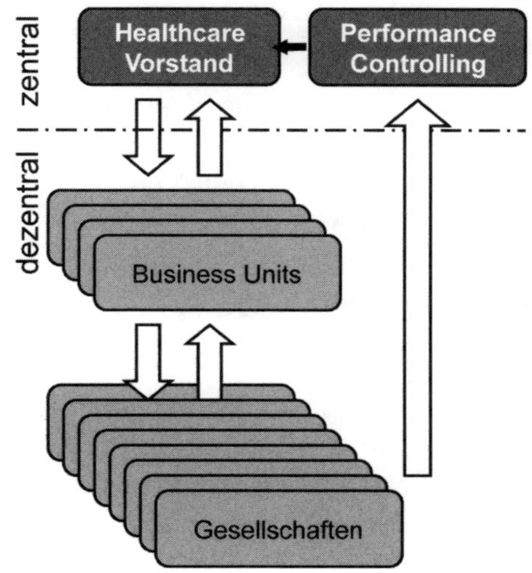

Abbildung 4: Top-down Planung mit Bottom-up Abgleich[13]

4.4.2 Reduzierung der Uploads in SAP

Außerdem wurden auf Basis der internen Analyse weitere Prozessverbesserungen erarbeitet, die ebenfalls verkürzend auf die Zeitdauer wirken sollten. So gab es bei der Budgetplanung der Business Units statt vorher im gesamten Planungszeitraum jetzt nur noch drei Termine zum Upload der Plandaten in das SAP-System. Nach dem ersten Abgabetermin Anfang Juli 2007 konnte vor den Budget-Durchsprachen der Business Units nochmals angepasst werden. Nach den Plandurchsprachen der Business Units erfolgte ein Upload mit den Budget Anpassungen. Dieses Vorgehen gewährleistete eine feste und einheitliche Zahlen-Basis für den Vorstand, die Business Units und das Performance Controlling. Außerdem konnte die Anzahl der im System hoch zu ladenden Plandateien so eingeschränkt werden.

Änderungen, die im System vorgenommen wurden, konnten auf diese Weise eindeutig identifiziert werden.

4.4.3 Anwenderfreundliche Templates

In der Ist-Analyse wurde eine hohe Anzahl von Files zum Upload im SAP-System festgestellt. Dafür war auch die Komplexität der Budget- und Adjustfiles mitverantwortlich. Daher wurden in die Files Validierungs-Checks zur Prüfung der Vollständigkeit und der Datenkonsistenz eingebaut. Dateninhalte, die sich in den verschiedenen Files zu Profit&Loss, Net Cash oder Assets wiederholten, wurden

13 Eigene Darstellung in Anlehnung an Horváth/ Gleich, 2003, S. 503.

untereinander verlinkt. Insgesamt wurde die Anwenderfreundlichkeit der Templates erhöht.

Um die Qualität der Planung zu erhöhen, wurde eine komplette Planung der Positionen des Profit&Loss Statement, des Statement of Assets und des Statement of Cash Flow vorgenommen. Die Business Units konnten so ihre Planung auf der Planung der Gesellschaften aufbauen.

4.5 Ergebnisse der Maßnahmenumsetzung

4.5.1 Kundenzufriedenheitsanalyse

Zur Messung der Effizienzvorteile aus der Implementierung der Verbesserungsmaßnahmen wurde im Anschluss an die Budgetplanung 2007 eine Kundenzufriedenheitsanalyse mit den involvierten Controllingabteilungen der Business Units durchgeführt.

Das Performance Controlling sieht sich als interner Dienstleister, der sein Produkt „Planungsprozess" an den Kundenbedürfnissen ausrichtet. Der Planungsprozess als Dienstleistung ist ein abstraktes, immaterielles Produkt, das zudem eine hohe Interaktion zwischen dem Empfänger und dem Leistungserbringer voraussetzt. Von zentraler Bedeutung ist hier die interne Dienstleistungsqualität. Diese ist die Fähigkeit eines internen Lieferanten, die Beschaffenheit einer primär intangiblen und der Kundenbeteiligung bedürfenden Leistung aufgrund von Kundenerwartungen auf einem bestimmten Anforderungsniveau zu erfüllen. Inhaltlich umfasste die Befragung die Gesamtzufriedenheit und die Zufriedenheit mit den einzelnen Leistungskomponenten des Performance Controllings im Planungsprozess mit ergänzenden offenen Fragen und somit der Möglichkeit zur Kommentierung. Um eine Priorisierung der Maßnahmen vornehmen zu können, wurden zudem individuelle Wichtigkeitsurteile erfragt.

Mit der Kundenzufriedenheitsbefragung konnte der Erfolg der im Planungsprozess 2007 erstmalig umgesetzten Maßnahmen bestätigt werden.

Insbesondere die Kommunikation der Top-down Ziele als Startsignal für die Planungsaktivitäten bewirkte die vorgenommene Verkürzung der Planungszeitdauer.

Für weitere Verbesserungen sollten die Maßnahmen Priorität erhalten, die schlechter beurteilt und gleichzeitig mit hoher Wichtigkeit versehen sind. In der nun folgenden Abbildung 5 sind die Wünsche der Business Units, deren Wichtigkeit und der Grad der Zufriedenheit dargestellt. Dabei ist auch der Grad der Unerfülltheit dargestellt, also das Delta zwischen Wichtigkeit und dem Grad der Zufriedenheit.

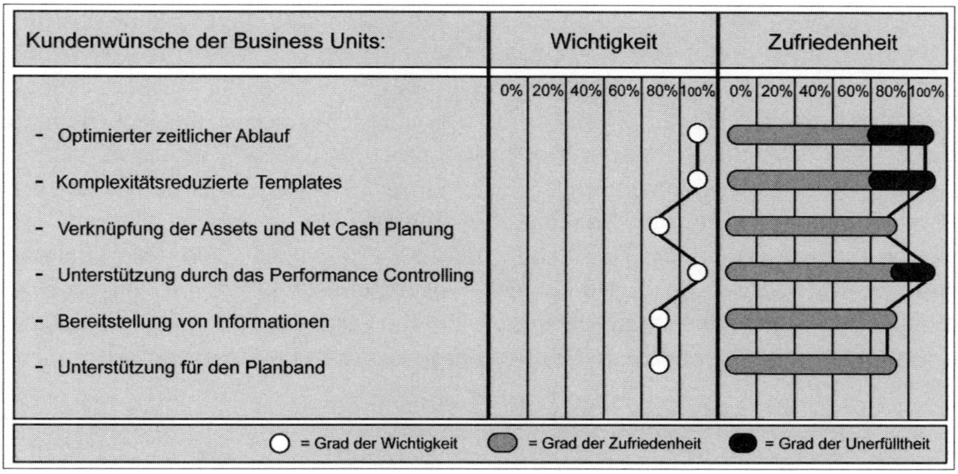

Abbildung 5: Kundenwünsche der Business Units und Grad der Unerfülltheit[14]

4.5.2 Planungszeitraum

Der neue operative Planungsprozess wurde entsprechend den Anforderungen wesentlich schlanker gestaltet. Die Anzahl der Planungs- und Abstimmrunden wurde deutlich reduziert. Dies wurde möglich, weil ein Top-down Ziel an die Stelle der über die Hierarchien hinweg mehrfach erfolgenden Durchläufe der Planung, Verdichtung, Abstimmung und Rückmeldung des Zahlenwerkes traten. Unter Berücksichtigung der weiteren Maßnahmen zur Effizienzsteigerung im Controlling, wie z. B. anwenderfreundlichere Templates oder ein verbesserter Planungsablauf, sinken nicht nur die Kosten der Planerstellung, sondern gleichzeitig ergibt sich eine Qualitätsverbesserung durch die größere Transparenz. Somit konnte die Zielsetzung der Verkürzung des Planungsprozesses im vollen Umfang erreicht werden.

4.5.3 Forecast Qualität

Im Geschäftsjahr 2007 konnte die gewünschte interne Forecast Qualität nicht erreicht werden. Um die Forecast Qualität maßgeblich zu verbessern, könnte eine Incentivierung der Forecast Qualität unterstützend wirken beziehungsweise eine Umgestaltung der Incentivestruktur helfen.

Ein gravierender Nachteil der Incentivierung von einmalig festgelegten, absoluten Zielen - wie beim Budget - ist, dass die aktuelle Marktentwicklung außer Acht gelassen wird. In der Abbildung 6 soll dieser Zusammenhang beispielhaft verdeutlicht werden. In der linken Abbildung ist zu erkennen, dass bereits circa 15 Monate bevor die Umsätze realisiert werden, ein Umsatzziel festgelegt wird. Zum Ende

14 Eigene Darstellung in Anlehnung an Fuß, 2007, S. 12.

des Geschäftsjahres erfolgt die Beurteilung der Zielereichung. Vergleicht man den Plan zum Ist, so ergibt sich eine positive Abweichung und somit die Erreichung der Incentives. Bei einem Vergleich mit der externen Entwicklung muss jedoch festgestellt werden, dass der Markt um 25% gegenüber dem Stand der Planung gewachsen ist und der stärkste Wettbewerber sogar um 32% wachsen konnte. Das eigene Umsatzwachstum liegt jedoch nur bei 15% gegenüber dem Stand der Planung. Somit konnte der Wettbewerber Marktanteile gewinnen, während das eigene Unternehmen - trotz Erreichen der intern gesetzten Ziele - Marktanteile verloren hat und sich seine Marktposition somit verschlechtert hat. Würde eine relative Betrachtung erfolgen, wie auf der rechten Seite der Abbildung dargestellt, müsste man zu einer negativen Beurteilung der Zielerreichung gelangen.

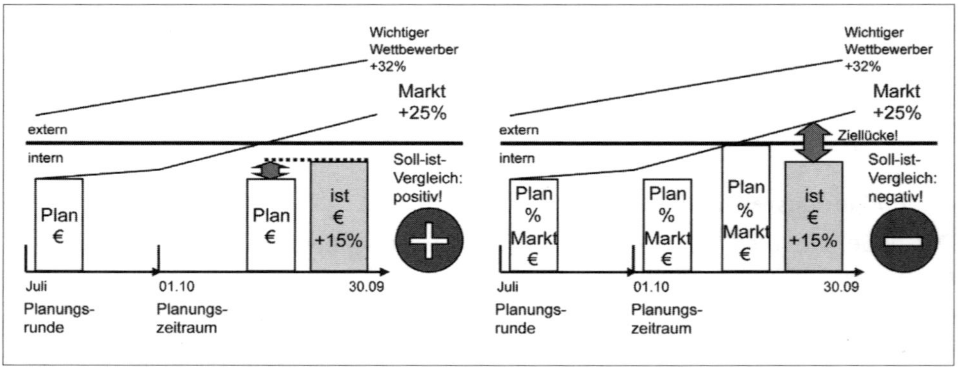

Abbildung 6: Gegenüberstellung der Anwendung fixer und relativer Ziele (Prinzip-Darstellung)[15]

4.6 Exogene Analyse

Mit einer exogenen Analyse sollte der Fokus auf eine Anwendung der für den Sektor Healthcare erarbeiteten Verbesserungsvorschläge zur Planungssystematik auf den Gesamtkonzern der Siemens AG gelegt werden und der Einfluss der Konzernvorgaben auf den Planungsprozess der Sektoren aufgezeigt werden. Dazu wurde der Budgetprozess bei Siemens betrachtet, der auf Grund des Abstandes zu den margenbesten Wettbewerbern die Frage aufwirft, ob Siemens zu übertrieben plant. Die Antwort ist eine High Performance Kultur, die sich am Wettbewerber ausrichtet. Um auf die Entwicklung des Marktes reagieren zu können, wurde bei Siemens - wie bereits bei Healthcare etabliert - ein monatlicher Forecast eingerichtet, dessen Qualität quartalsweise mit dem Zentralvorstand diskutiert wird. Mit der strategischen Neuausrichtung von Siemens mit Beginn des Jahres 2008 ist ein zunehmender Vergleich mit den besten Wettbewerbern verbunden.

15 Vgl. Horváth/ Gleich, 2003, S. 326.

Dazu wurden die Zielmargen im Januar 2008 nachjustiert und zum Teil signifikant angehoben, da eine primäre Ausrichtung an den Zielmargen der Wettbewerber erfolgte. Die Ergebnisse dazu wurden beim Conference Call am 24. Januar 2008 präsentiert (siehe Abbildung 7).

SIEMENS

Division Profitability Targets raised significantly

Sector	Division	New 2010 target margin	Change	Target margin of former Group 1)	Main competitors
Industry 9-13%	Industry Automation	12-17%	⬆	12-15% A&D	Emerson, ABB, Honeywell
	Drive Technologies	11-16%	⬆		
	Building Technologies	7-10%	⬆	7-9% SBT	Rockwell
	Industry Solutions	5-7%	➡	5-7% I&S	Schneider Electric, tyco
	Mobility	5-7%	➡	5-7% TS	ALSTOM, BOMBARDIER
	Osram	10-12%	➡	10-12% Osram	PHILIPS
Energy 11-15%	Fossil Power Generation	11-15%	⬆	10-14% PG	GE, ALSTOM
	Renewable Energy	12-16%	⬆		
	Oil & Gas	10-14%	⬆	10-14% PG 5-7% I&S	ENERCON
	Power Transmission	10-14%	⬆	7-10% PTD	ABB, AREVA
	Power Distribution	11-15%	⬆		
Healthcare 14-17%	Imaging & IT	14-17%	⬆	13-15% Med	GE, PHILIPS, Roche
	Workflow & Solutions	11-14%			
	Diagnostics	16-19%			

1) Best possible comparison with Groups of former organization (blurred due to selective movement of businesses)

Page 5 Q1 FY 2008 Conference Call

Abbildung 7: Erhöhung der Zielmargen für 2010[16]

Um die Zielmargen zu erreichen und um dadurch zu den besten Wettbewerbern aufzuschließen, sollen die Vertriebs- und allgemeinen Verwaltungskosten, also die so genannten Selling, General and Administrative (SG&A) Costs, gesenkt werden, wie in Abbildung 8 dargestellt.

16 Löscher/ Kaeser: Q1 FY 2008 Conference Call, 24. Januar 2008, S. 5.

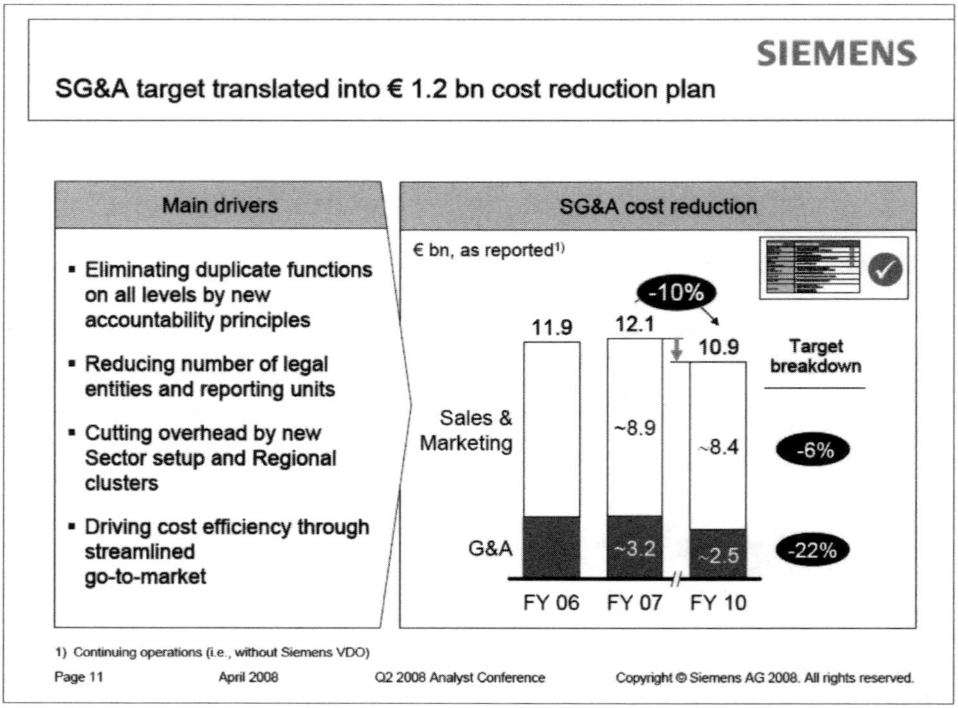

Abbildung 8: Reduzierung der SG&A Kosten um absolut 10% von 2007 bis 2010[17]

Absolut sollen 10% der Kosten von den in 2007 aufgelaufenen Kosten bis 2010 eingespart werden. Im Geschäftsjahr 2007 betrugen die SG&A Kosten bei Siemens 12,1 Mrd. Euro, das sind 16,7% vom Umsatz (72,4 Mrd. Euro). Eine Senkung der Kosten um 10% entspricht 1,2 Mrd. Euro. Um dies zu erreichen, ist vor allem eine signifikante Reduzierung der Verwaltungskosten um absolut 22% geplant. Ziel ist eine effektive und schlanke Verwaltung, deren Prozesse schneller, fokussierter und weniger komplex sind. Hier könnte eine schlankere Gestaltung des Planungsprozesses einen wichtigen Beitrag leisten.

17 Löscher/ Kaeser: Q2 FY 2008 Analyst Conference, 30. April 2008, S. 11.

5 Ausblick

Die aufgezeigten Schritte der Optimierung und Weiterentwicklung der Planungssysteme haben Siemens Healthcare bereits einen deutlichen Fortschritt gebracht. Es sind jedoch für die Zukunft weitere Felder der Optimierung identifiziert worden. Auf der Agenda steht hier insbesondere eine Entkoppelung der Incentive Ziele vom Budget. Es gilt die starren Finanzziele weiter aufzuweichen und durch flexible Leistungsziele zu ersetzen. Weiteres Ziel ist eine rollierende operative Planung, die das Reporting und die Kontrolle in der kurzen Frist über einen gleich bleibenden Zeitraum von 12 Monaten gestattet. Denn die Dynamik und Komplexität des Marktumfeldes von Siemens nimmt zu. Dies zeigt sich auch in der Zunahme von Risiken, wie die von Global Insight mit einer Wahrscheinlichkeit von 30 Prozent prognostizierte weltweite Konjunkturabkühlung. Eine Jahresplanung kann unter diesen Einflüssen schnell veraltet sein. Mit einer rollierenden Planung kann hier entsprechend schnell reagiert werden. Vorteile einer rollierenden Planung wären eine bessere Ressourcenauslastung und höhere Aktualität. Sie bietet zudem eine Unterstützung bei kapitalmarktorientierter Kurspflege.

Um global wettbewerbsfähig zu sein, müssen vorhandene Strukturen und Prozesse weiter entlang der Wertschöpfungskette optimiert werden. Dadurch können Entscheidungen schneller getroffen werden. Denn ein zeitnahes Reagieren sowie die Ergreifung entsprechender Maßnahmen sind ein Schlüsselfaktor, um auf dem globalen Markt die Nummer Eins Position zu erreichen oder weiter auszubauen.

Anhang

Abbildungsverzeichnis

Literaturverzeichnis

a) Bücher und Sammelwerke

Hope, Jeremy/ Fraser, Robin: Beyond Budgeting, Stuttgart: Schäffer-Pöschel Verlag, 2003.

Horváth, Peter/ Gleich, Ronald (Hrsg.): Neugestaltung der Unternehmensplanung, Stuttgart: Schäffer-Pöschel Verlag, 2003.

Horváth, Peter & Partners (Hrsg.): Beyond Budgeting umsetzen, Stuttgart: Schäffer-Pöschel Verlag, 2004.

Steinle, Claus: Ganzheitliches Management – Eine mehrdimensionale Sichtweise integrierter Unternehmensführung, Wiesbaden: Gabler Verlag, 2005.

Weber, Jürgen/ Linder, Stefan: Budgeting, Better Budgeting oder Beyond Budgeting?, Vallendar: WHU – Otto-Beisheim-Hochschule, 2003.

Weber, Jürgen: Das Advanced-Controlling-Handbuch, Weinheim: Wiley-VCH Verlag, 2005.

Welch, Jack: Winning, Frankfurt/ Main: Campus Verlag, 2005.

b) Zeitschriftenaufsätze und Zeitungsartikel

Greiner, Oliver: Neugestaltung der Ziel-, Kontroll- und Anreizsysteme, Controlling, Heft 8/ 9, August/ September 2005, S. 499-506.

Nevries, Pascal/ Christoph, Ines/ Strauß, Erik: Herausforderungen der operativen Planung, in: Controlling, Heft 2, Februar 2008, S. 73-79.

Terpitz, Katrin: Wenn Controller keinen Plan haben, in: Handelsblatt, 31.01.2007, S.1.

Verzeichnis der sonstigen Quellen und Hilfsmittel

a) Internet-Downloads

Friedl, Gunther: Ansätze zur Integration der Unternehmensplanung, Präsentation vom 30.11.2006, http://www.competence-site.de/controlling.nsf/F1D98D04DDF 44BAFC125723E00378C52/$File/ prof_friedl-ansaetze_zur_integration_der_unternehmensplanung.pdf, Zugriff: 02.05.2008.

Löscher, Peter/ Kaeser, Joe: Q1 FY 2008 Conference Call – Delivering TAP Potential: An Update, München, 24.01.2008, http://w1.siemens.com/pool/ en/ investor_relations/financial_publications/speeches_and_presentations/q12008/ q1_2008_analyst_call.pdf, Zugriff: 02.05.2008.

Löscher, Peter/ Kaeser, Joe: Q2 FY 2008 Analyst Conference – Executing Our TAP Agenda, London, 30.04.2008, http://w1.siemens.com/pool/en/ investor_relations/financial_publications/speeches_and_presentations/q22008/siemens_ q2_2008_analyst_ conference.pdf, Zugriff: 02.05.2008.

b) Seminarunterlagen

Fuß, Jörg: Customer Success Oriented Management: Seminarunterlage zu den Vorlesungen im Fach Marketingmanagement der Steinbeis-Hochschule Berlin, Juli 2007.

Dipl.-Ingenieur
Ulrich Andreas Rüth, MBA

Kohlevergasungskraftwerke – Ein wichtiger Baustein für eine CO_2-arme Zukunft

Siemens Energy

Inhalt

1 Zusammenfassung

Klimaschutz führt insbesondere für die Stromerzeugungsbranche zu großem politischen Druck, da ca. 25% der weltweiten Kohlendioxidemissionen von kohlebefeuerten Kraftwerken stammen. Gleichzeitig spielt aber die preisstabile und weltweit verfügbare Kohle vor dem Hintergrund steigender Gaspreise und wachsender politischer Abhängigkeit von Gas exportierenden Ländern eine zunehmende Rolle im weltweiten Energiemix – besonders in Schwellenländern wie China und Indien.

Dieses Dilemma kann zugleich Bedrohung und Chance sein. Zum einen zeigen Szenarien, dass eine konsequente CO_2-Vermeidungspolitik den Markt für konventionelle fossile Kraftwerke bis 2030 deutlich zu Gunsten von Wind, Wasser und erneuerbaren Energien verschieben würde, zum anderen würden gerade saubere Kohlekraftwerke mit CO_2-Abtrennung die dringend nötige CO_2-arme Grundlast bereitstellen können, die erneuerbare Energien in diesem Maße auch künftig nicht liefern können. Wer sich hier rechtzeitig innovativ im Markt positioniert, kann Alleinstellungsmerkmale ausbauen und hat die Chance auf eine führende Marktposition.

Im Bewusstsein seiner ökologischen Verantwortung entwickelt Siemens Energy daher Lösungen, bei denen CO_2 aus kohlegefeuerten Kraftwerken abgetrennt und langfristig gelagert werden kann. Eine dieser Lösungen sind „Integrated Gasification Combined Cycle“ (IGCC) Kraftwerke mit CO_2-Abtrennung.

Im Infrastrukturgeschäft werden Kundenbedürfnisse entscheidend durch Wirtschaftlichkeitsaspekte gesteuert. Life Cycle Cost Analysen von IGCC-Projekten bestätigen, dass die hocheffiziente, leistungsstarke und flexible Siemens-Synthesegasturbine und der robuste, mit zahlreichen Brennstoffen feuerbare Siemens-Vergaser durch hohe Gesamtwirkungsgrade und Verfügbarkeiten die Basis für einen attraktive Investitionsplan darstellen. Über verschiedene Hebel wie z.B. Einsatz günstiger Brennstoffe, Mitvergasung von Biomasse oder wertschöpfende Nutzung des abgetrennten CO_2 zur Steigerung von Ölförderleistung lassen sich attraktiven Renditen darstellen. Eine strategische Differenzierung erfolgt hier also primär durch wettbewerbsfähige und innovative Produkte.

Über die direkt in einer Investitionsrechnung abbildbaren Aspekte des Kundennutzens hinaus ist das Investitionsrisiko des Kunden eine wesentliche Determinante. Die derzeitige politische Unsicherheit aufgrund fehlender rechtlicher Rahmenbedingungen für CO_2-Lagerung in der EU führt im Augenblick zu einem Aufschub vieler Investitionsentscheidungen. Durch ein intelligentes Konzept der Umrüstung von erdgasgefeuerten auf kohlegasgefeuerte GuD-Kraftwerken kann Siemens seinen Kunden die Möglichkeit einer phasenweisen Investitionsentscheidung bieten und ihnen so eine „No regret“-Strategie ermöglichen. Innovative Gesamtlösungen können auf diese Weise ein weiteres Differenzierungsmerkmal sein.

Durch konsequente Ausrichtung auf Kundenbedürfnisse und intelligente Positionierung in diesem innovativen Marktsegment kann es mit dem IGCC-Ansatz gelingen, das Dilemma von Klimaschutz und nachhaltig sicherer Stromversorgung als Chance zu nutzen.

2 Einführung

2.1 Die Notwendigkeit kohlebefeuerter Kraftwerke mit reduzierten CO_2-Emissionen

Bis 2030 wird der weltweite Energiebedarf um mehr als die Hälfte wachsen (Abbildung 1), hauptsächlich getrieben durch zunehmende Stromerzeugung. Passend zur spektakulären Entwicklung der letzten Jahre in China und Indien wird der Anteil von Kohle als Primärenergieträger von heute 25% auf 28% in 2030 ansteigen (Abbildung 2). [1]

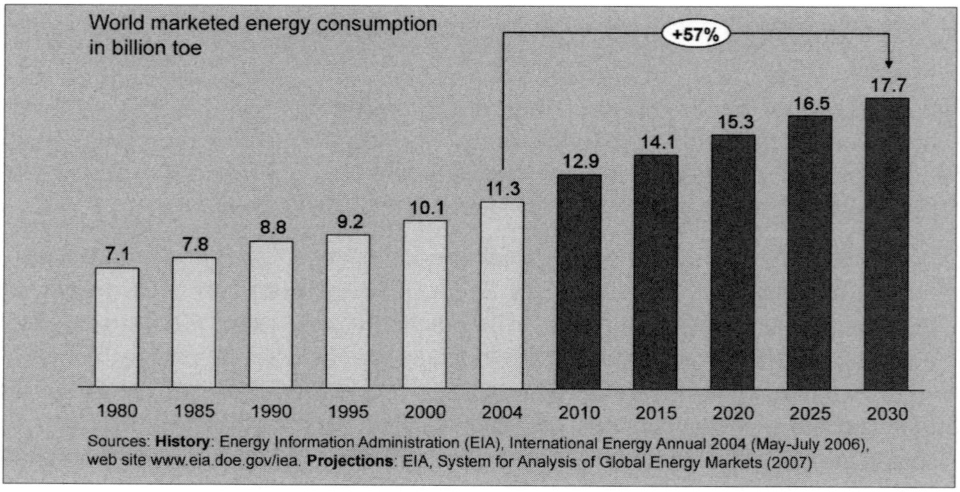

Abbildung 1: Weltweit vermarkteter Energiebedarf in Milliarden Tonnen Öleinheiten (toe)

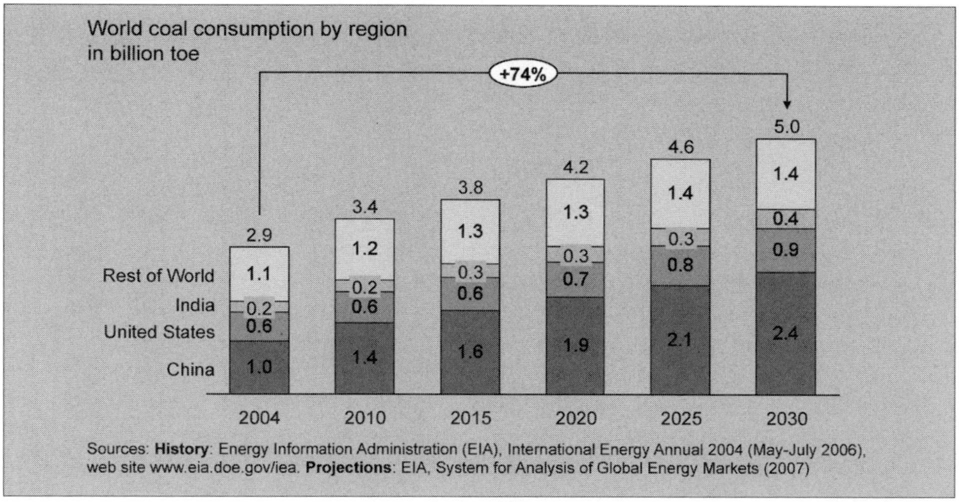

Abbildung 2: Weltweiter Kohleverbrauch nach Regionen in Milliarden Tonnen Öleinheiten (toe)

Die Zunahme von Kohle als Kraftwerksbrennstoff hat vor allem zwei Gründe: Erstens blieb der Kohlepreis in den letzten Jahrzehnten im Mittel stabil, während der Gaspreis stark anstieg (Abbildung 3), zweitens verfügen noch viele Länder – darunter Russland, China und Indien – über große Mengen leicht zugänglicher Kohlevorräte. Kohlestrom ist also günstig und vermindert die politische Abhängigkeit von Erdgas exportierenden Ländern. [3, 4]

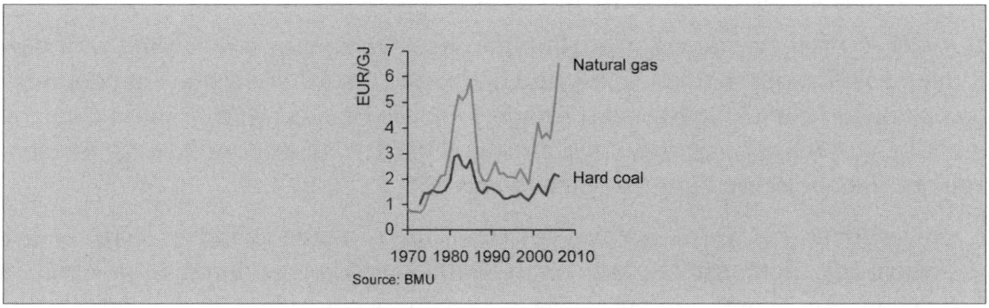

Abbildung 3: Preisentwicklung von Erdgas (natural gas) und Steinkohle (hard coal)

Leider ist Kohle der Brennstoff mit den höchsten Kohlendioxidemissionen. 40% der weltweiten CO_2-Emissionen gehen zu Lasten von Kohle als Primärenergieträger. Der Großteil davon wird von chinesischen und indischen Kohlekraftwerken ausgestoßen (Abbildung 4). [1]

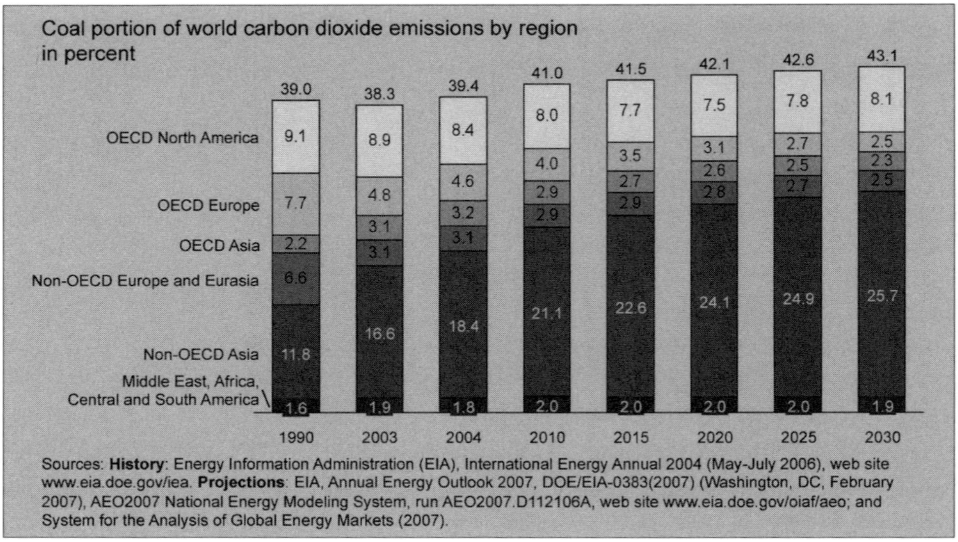

Abbildung 4: Kohleanteil an den weltweiten CO_2-Emissionen nach Regionen in Prozent

Emissionsarme kohlebefeuerte Grundlastkraftwerke nutzen den günstigen und verfügbaren Brennstoff Kohle, erhöhen die Akzeptanz gegenüber neuen Kohlekraftwerken und vermindern die zunehmende Abhängigkeit von Erdgas. [3]

2.2 Emissionsarme IGCC-Kraftwerke

Um CO_2-Emissionen aus kohlegefeuerten Kraftwerken zu reduzieren, wird das Kohlendioxid abgeschieden, verdichtet und unterirdisch in Salzstöcken oder ausgedienten Öl- oder Erdgasfeldern gelagert. Dieser Prozess wird „Carbon Capture and Storage“ (CCS) genannt. Emissionsarme IGCC-Kraftwerke sind eine von derzeit drei Technologien zur Abscheidung von CO_2.

In emissionsarmen IGCC-Kraftwerken (Abbildung 5) wird zunächst Kohle (auch vermischt mit Biomasse, Klärschlamm, Petrolkoks oder anderen Brennstoffen) mit reinem Sauerstoff vergast. Daraus entsteht ein sogenanntes Synthesegas mit hohen Anteilen an Kohlenmonoxid (CO) und Wasserstoff (H_2). In der nachfolgenden Wassergasreaktion reagiert das Kohlenmonoxid mit Wasserdampf zu Kohlendioxid und Wasserstoff ($CO+H_2O \leftrightarrow CO_2+H_2$). Das Kohlendioxid wird abgeschieden, während der Wasserstoff in einer speziell dafür angepassten Gasturbine verbrannt wird. Nach der Verbrennung und Entspannung emittiert die Gasturbine annähernd CO_2-freies Abgas.

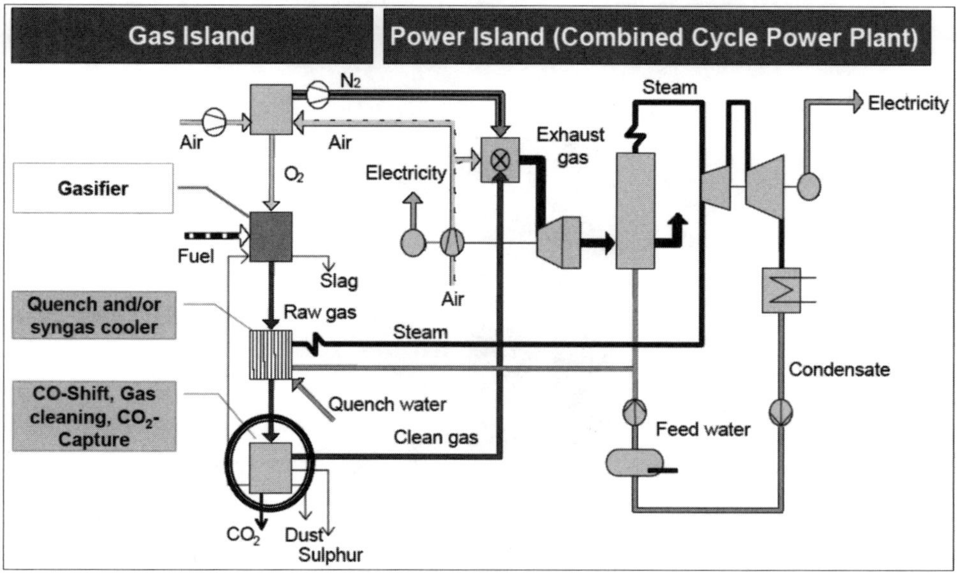

Abbildung 5: Prinzipbild eines emissionsarmen IGCC-Kraftwerks

3 Analyse

3.1 Marktentwicklung

Grundlage für die langfristige Marktentwicklung von CO_2-armen Technologien sind Zukunftsszenarien, wie sie auch im Hause Siemens im Rahmen der Marktanalyse entwickelt werden. Exemplarisch zeigen zwei dieser Zukunftsszenarien, das „Business As Usual"-Szenario und das „Blue Sky"-Szenario, eindrücklich mögliche Marktveränderungen durch geänderte umweltpolitische Randbedingungen (Abbildung 6). Während das Business As Usual Szenario von einem Wachstum ohne geänderte Randbedingungen ausgeht, berücksichtigt das Blue Sky Szenario politisch gewollte und konsequent durchgesetzte CO_2-Emissionsgrenzen. Auch wenn die Wahrheit irgendwo zwischen diesen beiden Szenarien liegen mag, so müssen doch für die Entwicklung einer robusten Geschäftsstrategie die Auswirkungen z.B. des Blue Sky Szenarios betrachtet und berücksichtigt werden.

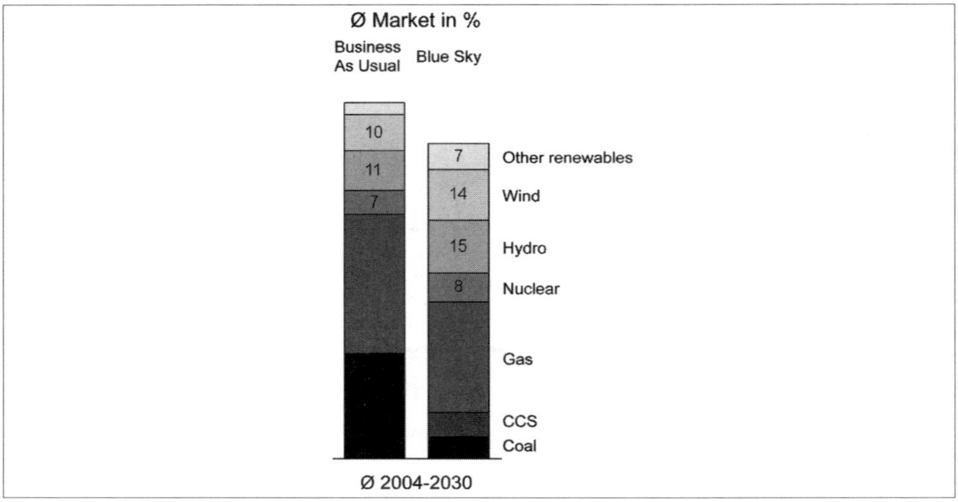

Abbildung 6: Langfristige Marktentwicklung in unterschiedlichen Szenarien

Im Blue Sky Szenario wird der Strombedarf durch Energieeinsparungsmaßnahmen um 10% abnehmen. Energie aus Wasser und Wind wächst um 40%, der Anteil anderer erneuerbarer Energien verdoppelt sich. Der Markt mit konventionellen fossilen Kraftwerken (kohle- und gasgefeuert) wird um ein Drittel zurückgehen, die Durchdringung mit CCS-Technologien wird von heute 0 auf knapp 8% ansteigen. Im Bewusstsein seiner ökologischen Verantwortung will Siemens diese Veränderungen aktiv mitgestalten. Auch wenn die mittelfristige Marktentwicklung nicht vorhersagbar ist, gilt es auf den Rückgang des konventionellen fossilen Kraftwerksgeschäfts im Blue Sky Szenario vorbereitet zu sein. Daher ist es notwendig, in die Weiterentwicklung von CCS-Technologien zu investieren.

3.2 Wirtschaftlichkeit von IGCC-Kraftwerken

Da das Kraftwerksgeschäft ein Infrastrukturgeschäft ist, sind Investitionsentscheidungen primär von der möglichen Verzinsung des eingesetzten Kapitals, ausgedrückt als interner Zinsfuß (internal rate of return, IRR), getrieben. Dieser ist definiert als der Zinsfuß, der sich bei einem Kapitalwert (net present value, NPV) von genau Null ergibt. Der Kapitalwert wiederum bestimmt sich aus den abgezinsten Geldflüssen über die Bau- und Laufzeit eines Kraftwerks. Die Abzinsung erfolgt über den Diskontierungssatz, der die Kapitalkosten und das Projektrisiko widerspiegelt. Eine Investition lohnt sich, sobald der Kapitalwert positiv ist, d.h. sobald der interne Zinsfuß größer ist als der Diskontierungssatz.
IGCC-Kraftwerke sind Projekte mit erhöhtem Risiko, da die Technologie in der Form noch nie in kommerziellem Betrieb war. Der erwartete interne Zinsfuß liegt bei mindestens 9%. Wie Abbildung 7 zeigt, sind emissionsarme IGCC-Kraftwerke nach heutigem Stand ohne Zusatzmaßnahmen nicht wirtschaftlich, denn der interne Zinsfuß ist mit 7,3% zu gering.

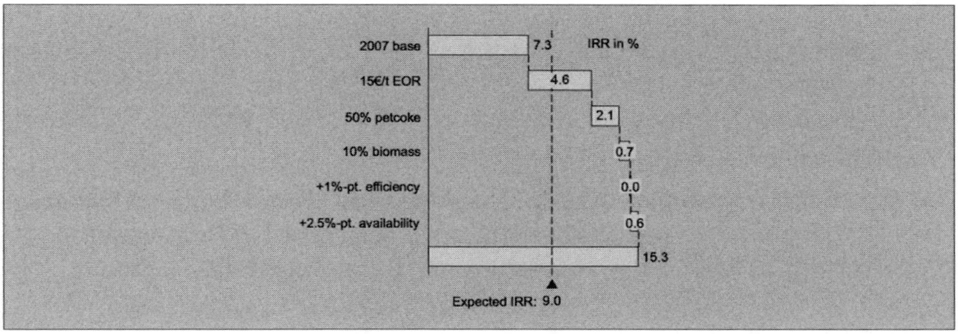

Abbildung 7: Hebel zur Verbesserung der Wirtschaftlichkeit

Die Wirtschaftlichkeit von IGCC-Kraftwerken kann wesentlich durch vier Mechanismen verbessert werden: Verkauf von Nebenprodukten, Senkung der Betriebskosten, technische Verbesserungen und Senkung der Investitionskosten.

3.2.1 Verkauf von Nebenprodukten

Der mit 4,6 Prozentpunkten zusätzlichen Zinsfußes größte Hebel zur Steigerung des Kapitalwerts ist der Verkauf des Nebenproduktes CO_2 zur verbesserten Ölausbeute (enhanced oil recovery, EOR). Das Kohlendioxid wird unter hohem Druck in ein Ölfeld gepumpt, das bereits zu einem großen Teil erschöpft ist. Durch die Druckerhöhung kann die Ölausbeute um drei bis sieben Barrel Öl pro Tonne CO2 erhöht werden.

Dieser zusätzliche Ertrag führt sofort zu einem positiven Kapitalwert. Zwar ist dieser Hebel ist nicht vom Hersteller beeinflussbar, es resultieren daraus aber wichtige Kundenanforderungen bezüglich der Reinheit des abgetrennten CO_2 und hinsichtlich des Projektablaufs.

3.2.2 Senkung der Betriebskosten

Ein weiterer mit 2,1 Prozentpunkten großer Hebel ist die Beimischung von preiswerten fossilen Brennstoffen wie Petrolkoks (petcoke) zur eingesetzten hochwertigen Kohle. Ein 50%-Anteil Petrolkoks senkt die Brennstoffkosten um fast 30%.
Die CO_2-Kosten können reduziert werden durch die Beimischung von Biomasse zum Brennstoff. Zwar entsteht auch bei der Verbrennung von Biomasse Kohlendioxid, da schnell nachwachsende Rohstoffe jedoch während des Wachstums die gleiche Menge an CO_2 binden, werden diese Emissionen global als neutral bewertet. CO_2-Emissionen aus Biomasse müssen daher nicht mit CO_2-Zertifikaten abgedeckt werden und sparen so erhebliche Kosten für CO_2-Zertifikate. Wie Abbildung 7 zeigt, führt ein Biomasseanteil von nur 10% zu einer Steigerung des internen Zinsfußen um 0,7 Prozentpunkte.
Der Einsatz von günstigen Brennstoffen und Biomasse setzt einen flexiblen Vergaser wie den Siemens-Vergaser voraus.

3.2.3 Technische Verbesserungen

Eine Erhöhung des Gesamtwirkungsgrades führt zu niedrigerem Brennstoffeinsatz bei gleicher Stromproduktion. Auch wenn der Hebel im Vergleich zu anderen sehr gering erscheint, so ist der Wirkungsgrad ein wichtiger Verkaufs- und Genehmigungsaspekt und daher nicht zu vernachlässigen.

Ähnlich verhält es sich mit der Gesamtverfügbarkeit: Je höher die Verfügbarkeit, desto länger produziert das Kraftwerk Strom. Zusätzliche 2,5 Prozentpunkte Verfügbarkeit erhöhen den internen Zinsfuß um 0,6 Prozentpunkte.

3.2.4 Senkung der Investitionskosten

Investitionskosten können entweder durch niedrigere Herstellungskosten (Material, Arbeit) oder durch Förderung von Projekten gesenkt werden. Siemens Energy rechnet mit einer Senkung der Herstellungskosten um ca. 15% bis 2020 durch Standardisierung, Lerneffekte und optimierte Kraftwerkskonzepte.
Bis diese Lernkurve durchlaufen ist, wird für die ersten Demonstrationsprojekte eine externe Förderung direkt durch EU- oder staatliche Programme oder indirekt durch Gewährung von Steuervorteilen helfen müssen, die Markteintrittsbarriere zu überwinden.

3.3 Wettbewerbsumfeld

Der Wettbewerb im IGCC-Kraftwerksgeschäft ist getrieben durch zwei Hauptkomponenten, den Vergaser und die Gasturbine.

3.3.1 Vergaser

Neben dem Siemens-Vergaser gibt es im Wesentlichen vier auf dem Markt verfügbare Vergaser.
Wie der Siemens-Vergaser deckt auch der Shell-Vergaser ein breites Brennstoffspektrum ab. Er erreicht durch Abwärmenutzung einen hohen Wirkungsgrad, was auf der anderen Seite zu höheren Kosten führt.

GE hat mit der Akquisition der Vergasungstechnologie von Chevron Texaco die größte Leistungsbreite an Vergasern im Programm. Sie sind jedoch nur für Kohlen hoher Güte mit niedrigem Ascheanteil und geringer Feuchte geeignet. Dies schränkt sie stark in Bezug auf Brennstoffflexibilität ein. Ähnliches gilt für den Conoco Phillips-Vergaser.

Der MHI-Vergaser schließlich verwendet Luft anstelle von Sauerstoff als Reaktant. Dies erschwert den CO_2-Abtrennungsprozess erheblich. Für Kraftwerke mit CO_2-Abtrennung dürfte dieser Vergaser daher erhebliche Wettbewerbsnachteile haben.

Der Siemens-Vergaser hat demnach gegenüber fast allen Wettbewerbsprodukte (außer Shell) den großen Vorteil der Brennstoffflexibilität. Ferner punktet er durch seine robuste Bauweise und die niedrigen Kosten. Abstriche im Wirkungsgrad sind primär gegenüber dem Shell-Vergaser zu machen.

Ernsthafte Konkurrenz könnte innerhalb der nächsten Jahre aus China kommen. Die dort entwickelte „Opposed Multi-Burner" (OMB) Vergasungstechnologie kommt bereits in sieben chinesischen Projekten zum Einsatz und zeichnet sich durch eine hohe Brennstoffflexibilität aus. Ferner wird der Preis bei nur ca. 40% dessen eines GE-Vergasers liegen. [2, 5]

3.3.2 Gasturbine

Da erdgasbefeuerte Gasturbinen kein Synthesegas verbrennen können, müssen speziell dafür angepasste Synthesegasturbinen entwickelt werden. Derzeit sind vier moderne F-Klasse Synthesegasturbinen auf dem 50Hz-Markt verfügbar oder angekündigt. Ansaldo wird noch dieses Kalenderjahr die auf Siemens-Technologie basierende Synthesegasturbine V94.3AK auf den Markt bringen. MHI hat bereits seit 2006 die Synthesegasturbine M701F auf dem Markt, allerdings nur mit Betriebserfahrungen im Bereich von Stahlwerksgasen. GE bietet derzeit im 50Hz Markt die 9FA-Synthesegasturbine an – bislang allerdings ohne Referenz.

Siemens wird demnächst eine leistungsstarke Synthesegasturbine mit dem höchsten Wirkungsgrad anbieten. Sie wird ferner in der Lage sein, ohne Wirkungsgradeinbußen ein Konzept ohne Luftintegration zu bedienen, was zu einer geringeren Anlagenkomplexität und damit einer höheren Verfügbarkeit führt.

3.4 Zusätzliche Risiken

Neben den Risiken aus dem konventionellen Kraftwerksgeschäft gibt es im Wesentlichen zwei auf das IGCC-Kraftwerksgeschäft zusätzlich zutreffende Risiken. Die aufgrund der derzeitigen Ressourcenengpässe besonders im Engineering ohnehin angespannte Situation erlaubt es nicht, diese zusätzlichen Risiken zu tragen.

3.4.1 Partnerrisiko

Projekte werden im klassischen Kraftwerksgeschäft in Europa entweder von einem Hersteller schlüsselfertig oder konsortial mit einem Industriepartner abgewickelt. Da der Lieferanteil von Siemens Energy an einem gesamten IGCC-Kraftwerk ca. 30% beträgt, kommt das schlüsselfertige Modell nicht in Frage.

Ein Konsortium ist in der Regel gesamtschuldnerisch, d.h. jeder Konsortialpartner haftet vollumfänglich auch für den Lieferanteil des Partners. Bezogen auf den verringerten Lieferumfang bedeutet das ein wesentlich erhöhtes Gesamtrisiko. Bei einem Lieferanteil von 30% würde das umfangsspezifische Risiko so um mehr als das dreifache steigen. Ein verminderter Lieferumfang bedeutet dabei gleichzeitig eine fehlende Basis für die Bildung von Risikozuschlägen. Daher ist das gesamtschuldnerische Haftungsprinzip bei einem solch kleinen Lieferumfang nicht haltbar. Alternativen müssen entwickelt werden.

3.4.2 „First-of-its-kind"-Risiko

IGCC-Kraftwerke mit CO_2-Abtrennung wurden bisher noch nicht in kommerziellem Maßstab gebaut. Zwar sind alle Einzelkomponenten (Vergasung, Gasreinigung, GuD-Kraftwerk) bereits in anderen Gebieten im Einsatz, es bleibt aber dennoch ein hohes „First-of-its-kind"-Risiko bestehen. Würden in einem Festpreisvertrag alle Unwägbarkeiten als Risikozuschläge berücksichtigt werden, wäre dieser Preis bei weitem nicht mehr wettbewerbsfähig. Daher ist es notwendig, diese Risiken zunächst durch entsprechende Vorstudien zu mindern und vertraglich in geeigneter Weise zu berücksichtigen.

4 Strategische Handlungsempfehlungen

4.1 Stärken, Schwächen, Chancen und Bedrohungen

Die folgende Tabelle fasst die gewonnenen Erkenntnisse aus dem Analyseteil zusammen, indem sie die Stärken der Siemens Energy deren Schwächen gegenüberstellt (Position) und die externen Chancen und Bedrohungen beleuchtet (Randbedingungen).

Position	**Stärken** 1. Moderne F-Klasse Synthesegasturbine sehr wettbewerbsfähig 2. F-Klasse-Synthesegasturbine sehr flexibel einsetzbar 3. Vergaser mit hoher Brennstoffflexibilität 4. Robustes Vergaserdesign 5. Niedrige Vergaserkosten	**Schwächen** 1. Moderne F-Klasse Synthesegasturbine noch nicht auf dem Markt 2. Vergaserwirkungsgrad geringer als mit Abhitzenutzung (Shell) 3. Kapazitätsengpässe im Engineering
Randbedingungen	**Chancen** 1. Weltenergiebedarf steigt steil an, Kohle bleibt einer der Hauptprimärenergieträger 2. EU-Verpflichtung zur CO_2-Reduktion von 20% bis 2020 3. IGCC- und CCS-Aktivitäten in China mit starker staatlicher Unterstützung 4. Wenig Wettbewerb bei IGCC-Technologien 5. Niedriger Kohlepreis	**Bedrohungen** 1. Markt schwer vorhersagbar wegen politischer Unsicherheit 2. Hohe Komplexität von IGCC-Kraftwerken 3. CO_2-Abscheidung schwer nachrüstbar 4. Technologie schwer skalierbar – hohe Barriere für Prototypen 5. Sehr hohe Investitionskosten 6. Chinesischer Vergaser als zusätzlicher Wettbewerber

4.2 Handlungsempfehlungen

Als aktive Unterstützung des Wandels hin zu CO_2-armen Technologien entwickelt Siemens bereits heute Lösungen zur Vermeidung von CO_2-Emissionen kohlebefeuerter Kraftwerke. Im Folgenden werden fünf Aspekte zur erfolgreichen Positionierung von emissionsarmen IGCC-Kraftwerken diskutiert.

4.2.1 Politisches Frühwarnsystem

Ohne politisch stabile und belastbare Rahmenbedingungen wie festgesetzte CO_2-Emissionsgrenzen und ein gesetzlicher Rahmen für die Speicherung von CO_2 wird sich der Markt für emissionsarme IGCC-Kraftwerke nur zögerlich entwickeln. Daher ist es notwendig, die politische Entwicklung genau zu beobachten, um die Geschäftsstrategie frühzeitig auf geänderte Rahmenbedingungen umstellen zu können.

4.2.2 Weiterentwicklung von IGCC-Kraftwerkstechnologie

Ein IGCC-Kraftwerk wird ohne zusätzliche Wertbeiträge nicht wirtschaftlich sein. Daher muss die Entwicklung von Komponenten und Lösungen für IGCC-Kraftwerke fortgesetzt werden, um Wirkungsgrad und Verfügbarkeit zu erhöhen, Kosten zu senken und eine solide Datenbasis für Angebote zu schaffen.

Die Basis für ein wettbewerbsfähiges IGCC-Kraftwerk ist bereits gelegt. Die Siemens-Synthesegasturbine wird höchste Leistung mit höchstem Wirkungsgrad ihrer Klasse vereinen und flexibel in unterschiedlichen Luftintegrationskonzepten zum Einsatz kommen können. Sie könnte aufgrund ihrer Flexibilität auch mit Vergasern anderer Hersteller betrieben werden.

Auch der robuste und kostengünstige Siemens-Vergaser wird den vom Markt geforderten hohen Anforderungen bezüglich Brennstoffflexibilität gerecht. Die Steigerung des Wirkungsgrades durch die Entwicklung eines Vergasers mit Abwärmenutzung wird zu einem noch höheren Wirkungsgrad führen.

4.2.3 Schrittweise Investition

Die Entscheidung für eine Investition in die IGCC-Technologie wird derzeit zum einen durch die hohen Prototyp-Kosten, zum anderen durch die politisch unsicheren Rahmenbedingungen bezüglich Speicherung von Kohlendioxid erschwert. Dies führt zu signifikanten Verzögerungen europäischer Projekten.

Um Kunden die Investitionsentscheidung zu erleichtern, müssen Konzepte entwickelt werden, die eine schrittweise Investition erlauben. Zunächst wird ein erdgasbetriebenes GuD-Kraftwerk gebaut, dessen Gasturbine bereits für den Kohlegasbetrieb vorbereitet ist. In einem zweiten Schritt kann – parallel zum Erdgasbetrieb – die Vergasungs- und Gasreinigungsstrecke errichtet werden. Zu einem definierten Zeitpunkt erfolgt dann die Koppelung und Umstellung auf reinen Synthesegasbetrieb.

Auch hier punktet die Siemens Gasturbine durch ihren modularen, leicht auf Synthesegasbetrieb umrüstbaren Aufbau.

4.2.4 Strategische Partnerwahl

Das Partnerrisiko kann nur durch Auswahl und Entwicklung von strategischen Partnern verringert werden. Dabei müssen Aspekte wie Abgrenzung des Lieferumfangs, bestehende Partnerschaften, Referenzen, Projektmanagementfähigkeiten, finanzielles Standing, Risikobereitschaft, Fokusmärkte und schließlich das Verhältnis mit Siemens Energy betrachtet werden.

4.2.5 Schrittweise Projektentwicklung

Emissionsarme IGCC-Kraftwerke in kommerzieller Größe werden die ersten ihrer Art sein. Das damit verbundene „First-of-its-kind“-Risiko kann nur dadurch verringert werden, zusammen mit den Projektpartnern die größten Risiken in einer Vorab-Engineering-Phase zu adressieren. Diese Phase ist bereits Teil des Projektes, läuft jedoch vor der regulären Angebotsphase.

Parallel dazu werden Spezifikationen und Preise der Anlagenteile, die nicht zu den Siemens Kernkomponenten und -dienstleistungen zählen, dem Kunden offengelegt. Es kann sogar eine teilweise Mitbestimmung der Unterlieferantenwahl mit dem Kunden vereinbart werden. Dies erhöht die Transparenz und führt zu größerem gegenseitigen Vertrauen.

Durch diese schrittweise und transparente Projektentwicklung können „First-of-its-kind“-Risiken erkannt und vermindert werden.

4.3 Fazit

Die fünf Aspekte zu Positionierung von emissionsarmen IGCC-Kraftwerke lauten zusammengefasst:

- Ständige Anpassung an die Marktbedingungen wird sichergestellt durch sorgfältiges Monitoring der politischen Rahmenbedingungen und ggf. Iteration des Strategieentwicklungsprozesses.
- Die Weiterentwicklung von Konzepten und Komponenten führt zu einem wettbewerbsfähigen IGCC-Kraftwerkskonzept und erlaubt es, Angebote auf einer soliden Datenbasis zu erstellen.
- Mit einem schrittweisen Investitionskonzept können trotz der politischen Unsicherheit bezüglich CO_2-Speicherung die europäischen Märkte adressiert werden.
- Eine frühe Zusammenarbeit mit strategischen Partnern und Investoren minimiert das Partnerrisiko.
- Eine schrittweise Projektentwicklung wird Preis- und „First-of-its-kind“-Risiken verkleinern.

Diese Schritte können helfen, die derzeitige Unsicherheit und die daraus resultierenden Verzögerungen im europäischen IGCC-Kraftwerksmarkt zu meistern. Sie werden es erlauben, Kunden emissionsarme, moderne und effiziente Kohlekraftwerke anbieten zu können. Angesichts steigender Erdgaspreise, der steigenden Abhängigkeit von Erdgas exportierenden Ländern und weltweit leicht zugänglicher Kohlevorräte sind emissionsarme IGCC-Kraftwerke ein wichtiger Baustein für eine CO_2-arme Zukunft.

Anhang

Abbildungsverzeichnis

Literaturverzeichnis

1 International Energy Agency (IEA) (2007). World Energy Outlook 2007 – Fact Sheet Global Energy Demand.

2 Klein, A. (2007). China's GreenGen Positions Domestic Players, Technology for CCS. Emerging Energy Research Clean Power Generation Advisory.

3 Klein, A. (2007). Babcock & Brown Explores IGCC to Balance Wind in Texas. In: "On Point", emerging energy research.

4 World Energy Council (2007). 2007 Survey of Energy Resources.

5 Yu, Z. et. al. (2007). Opposed Multi-Burner Gasification Technology – Seven New Projects in China. Presentation at the Gasification Technologies Conference, San Francisco, Oct. 15, 2007.

Abkürzungsverzeichnis

CCS	Carbon capture and storage; Abtrennung und Lagerung von Kohlendioxid
CO_2	Kohlendioxid
EIA	Energy Information Administration
EOR	Enhanced oil recovery; verbesserte Ölausbeute
EU	Europäische Union
FY	Fiscal year; Geschäftsjahr

GE	General Electric
GJ	Gigajoule
GT	Gasturbine
GuD-Kraftwerk	Gas- und Dampfkraftwerk
Hz	Hertz (1Hz = 1/s)
IGCC	Integrated gasification combined cycle
IRR	Internal rate of return; interner Zinsfuß
MHI	Mitsubishi Heavy Industries
MW	Megawatt
NPV	Net present value; Kapitalwert
toe	Tons of oil equivalent; Tonnen Öleinheiten (1toe = 41.868GJ)
UNFCCC	United Nations Framework Convention on Climate Change
US / USA	United States of America

Dipl.-Ingenieur
Michael Schmelz, MBA

Marktanalyse für einen neuen schnellllaufenden elektrischen Verdichter-antrieb für Pipeline- und Gasspeicher-Anwendungen

Inhalt

1 Summary

Bis 2030 werden hauptsächlich Öl und Gas zur Deckung des Weltenergiebedarfs beitragen.[1] Die meisten Prozesse für die Förderung, Veredelung und den Transport der Produkte vom Bohrloch bis zum Endkonsumenten benötigen rotatorische Energie. Prinzipiell kann diese von Verbrennungskraftmaschinen (wie zum Beispiel Gasturbinen) oder elektrischen Antrieben bereitgestellt werden. Externe Faktoren wie der steigende Marktpreis für Öl und Gas und die wachsende Bedeutung ökologischer Aspekte begünstigen den Einsatz elektrischer Antriebe für Anwendungen, bei denen eine zuverlässige Elektrizitätsversorgung zu wettbewerbsfähigen Preisen zur Verfügung steht.

Siemens hat einen neuen Hochleistungsantrieb für hohe Drehzahlen entwickelt, der speziell auf den getriebelosen Antrieb von Verdichtern in der Öl- und Gasindustrie abgestimmt ist. Das Portfolio von Siemens enthält ebenso ein breites Spektrum an Turboverdichtern für die Öl- und Gasindustrie. Die Master Arbeit beschreibt Maßnahmen, die elektrischen Hochleistungsverdichter-Lösungen von Siemens (bestehend aus einem Siemens Verdichter und dem neuen Antrieb) bestmöglich in diesem Markt, der ein hohes Wachstumspotenzial aufweist, zu platzieren.

Am Anfang der Untersuchungen steht die Analyse der Firma und des Marktumfelds. In einem nächsten Schritt wird die Größe des Marktsegments für hochdrehende elektrische Verdichterantriebe abgeschätzt. Obwohl die seit 1990 verkauften Stückzahlen relativ klein sind, sprechen mehrere Faktoren dafür, dass dieses Marktsegment im Übergang von der Einführungsphase in die Wachstumsphase ist.

Ein überlegenes Produkt in einem schnell aufstrebenden Markt anbieten zu können ist eine ideale Startbedingung für langanhaltendes profitables Wachstum. Bis heute wurde dieser Antrieb - ohne einen Siemens Verdichter - jedoch nur an einen Kunden verkauft. Die Antriebe werden momentan als Sonderlösungen verkauft. Es gilt als sicher, dass sich ein großer Markt erschließt, wenn aus den Sonderlösungen Standardlösungen geworden sind. Das Standard-Segment wird heute von Gasturbinen und langsamlaufenden Elektroantrieben mit Getrieben abgedeckt. Wann das rasante Wachstum für diesen Markt anfängt, hängt von der Fähigkeit der Hersteller ab, die hohe Verfügbarkeit dieser Antriebe und die daraus resultierende zusätzliche Wertschöpfung für die Kunden zu beweisen. Eine entsprechende Marketingstrategie wird in diesem Beitrag vorgestellt. Die Arbeit schließt mit Ratschlägen zu deren Umsetzung.

1 U.S. Department of Energy, International Energy Outlook 2007, World Oil Markets, page 2.

2 Hinführung zum Projekt

Siemens ist weltweit bekannt als ein führendes Unternehmen der elektrotechnischen Industrie. Weniger bekannt ist, dass Siemens auch im Maschinenbau aktiv ist. Seit der Akquisition der Industriesparte der Mannesmann AG 2001 ist Siemens einer der wenigen Hersteller, der Verdichter und passende elektrische Antriebe aus einer Hand liefern kann. Die Master-Arbeit untersucht die Marktbedingungen für schnelllaufende elektrische Verdichterlösungen mit einem neuen elektrischen Hochleistungsantrieb. Das Projekt wurde für den Siemens Bereich Power Generation, Oil & Gas and Industrial Applications (PG I) in dessen Elektrischer Antriebsabteilung PG I613 bearbeitet.

2.1 Projektgenese

Da im Rahmen des MBA Programms der Steinbeis-Hochschule die gelernte Theorie an einem konkreten Projekt praktisch angewendet wird, erarbeitete der Autor ein solches Projekt gemeinsam mit seinem Vorgesetzten Karlheinz Aigner, dem Leiter der Abteilung, die innerhalb der PG I für Elektrische Antriebssysteme zuständig ist.

Die Ausgangslage war folgende: Ein anderer Siemens Bereich hatte einen innovativen elektrischen Antrieb entwickelt. Neu patentierte Verfahren erlauben die Verschiebung der physikalischen Grenzen, die für existierende Antriebe gelten. Damit können wesentlich höhere Drehzahlen erreicht werden, was große Vorteile für Verdichter in der Öl- und Gasindustrie bietet. Wie groß die Vorteile dieser neuen Technologie sind, veranschaulicht folgendes Beispiel: Entspricht die maximale Drehzahl eines konventionellen Elektroantriebs der Geschwindigkeit eines Mittelklassewagens auf der Autobahn, so entspricht die Drehzahl des neuen Antriebs der Geschwindigkeit eines Formel 1 Rennwagens.

Während der neue Antrieb hauptsächlich für einen Zielmarkt entwickelt wurde, vermuteten wir, dass es ein wesentlich größeres Potenzial dafür gäbe. Nach der ersten Besprechung schrieb der Autor eine Projektzielvereinbarung, die seitdem nicht mehr geändert werden musste. Das Ziel des Projektes ist, alle verfügbaren Informationen zu schnelllaufenden elektrischen Antrieben zu sammeln, die Marktsegmente zu identifizieren und zu quantifizieren, Marktkräfte zu verstehen, zukünftiges Potenzial abzuschätzen und Wettbewerber zu analysieren. Aus diesen Daten werden dann Strategien für die weitere Vermarktung des Antriebs abgeleitet.

3 Ausgangssituation im Unternehmen und Projektplan

3.1 Erklärung des Projekttitels

Der Titel des Projekts lautet: „Marktanalyse für einen neuen schnelllaufenden elektrischen Verdichterantrieb für Pipeline- und Gasspeicher-Anwendungen". Die Bestandteile des Titels sollen kurz erläutert werden: Erdgas wird primär über Pipeline-Netze von den Produktionsländern zu den Verbrauchsländern transportiert. Entlang dieser Röhren, die teilweise über einen Meter Durchmesser haben, tritt ein Druckverlust auf. Pipeline Verdichter werden benötigt, um diesen Druckverlust zu kompensieren.

Wenn die Lieferung und der Verbrauch von Gas nicht zeitgleich erfolgen, muss das Gas zwischengelagert werden. Dazu werden Gasspeicher, wie zum Beispiel Kavernen oder auch poröse geologische Formationen benutzt. Verdichter werden benötigt, um das Gas auf den höheren Druck im Gasspeicher zu komprimieren. Moderne Verdichter sind sogenannte Turboverdichter. Deren Wirkungsgrad steigt und ihre Baugröße sinkt mit höheren Drehzahlen. Eine kleinere Baugröße benötigt weniger Material in der Fertigung und senkt damit die Produktionskosten, gleichzeitig erleichtern kleinere Baugrößen die Integration in Kompressorgebäuden. Während höhere Drehzahlen für den Verdichter ausnahmslos positiv sind, haben diese für herkömmliche Motoren negative Begleiterscheinungen.

Bis vor einigen Jahren wurden elektrische Antriebe für Pipeline Verdichter entweder im mittleren Drehzahlbereich oder mit langsam laufenden Motoren und Getrieben konstruiert. Siemens hat einen neuen, schnelllaufenden öl- und getriebelosen elektrischen Antrieb namens "HS modyn" entwickelt. Die neue Technik erlaubt drei- bis viermal höhere Drehzahlen als bei konventionellen Elektroantrieben, was zu erheblichen Verbesserungen des Verdichter-Wirkungsgrads führt.

3.2 Siemens AG – ein kurzer Überblick

Seit der Gründung im Jahr 1847 liefert Siemens elektrotechnische Produkte. Während ihres 160-jährigen Bestehens hat sich die Firma durch viele Akquisitionen und organisches Wachstum von einer Werkstatt zu einem Konzern mit über 400.000 Mitarbeitern entwickelt. Zwei der größten Akquisitionen im Bereich des Maschinenbaus wurden 2001 mit dem Kauf der Mannesmann Atecs Gruppe und 2003 mit dem Kauf des Industrieturbinengeschäfts von Alstom getätigt. Relevant für das hier untersuchte Projekt ist der Konzernteil Mannesmann Demag, ein weltbekannter Hersteller von Turboverdichtern.

Siemens war schon früh im Bereich der elektrischen Antriebstechnik tätig. Diese Aktivitäten sind heute im Sektor Industrie im Bereich Drive Technology (I DT) gebündelt. Die elektrischen Großantriebe werden von der Division Large Drives (LD) betreut. I DT LD ist einer der Weltmarktführer im Bereich von elektrischen Hochleistungsmotoren und Hochleistungsantriebssystemen. Das Portfolio umfasst Antriebe mit Leistungen von wenigen Kilowatt bis zu ungefähr 100 Megawatt. Im Jahr 2005 hat Siemens in einer strategischen Akquisition die Firma Robicon, den Weltmarktführer für Mittelspannungsumrichter, gekauft. Diese Umrichter sind eine Schlüsseltechnologie für elektrische Antriebssysteme. Parallel dazu hat Siemens den neuen elektrischen schnelllaufenden, öl- und getriebelosen Asynchronmotor entwickelt.

Mit diesem Produktspektrum, das drei Weltklasse Lieferanten für Verdichter, Motoren und Umrichter kombiniert, ist Siemens in einer idealen Ausgangsposition, um eine Hauptrolle im Bereich der schnelllaufenden elektrischen Verdichterlösungen zu spielen.

3.3 Siemens Produkte für die Öl- und Gasindustrie

Siemens liefert eine große Bandbreite von Produkten für die Öl- und Gasindustrie. Diese reicht von Automatisierungs- und Steuerungstechnik bis hin zu Kraftwerkslösungen. Relevant für das untersuchte Projekt ist die Fähigkeit Lösungen, wie zum Beispiel ganze Kompressorstränge (bestehend aus Verdichter und Antrieb), für Industriekunden liefern zu können. Die Fähigkeit, komplette Verdichterstränge zu liefern, macht Siemens PG I zu einem attraktiven Partner für die Öl und Gasindustrie. Während der Kunde (oder sein Auftragnehmer) normalerweise die Hersteller von Verdichter und Antrieb als zwei verschiedene Parteien aussteuern müssen, kann Siemens PG I eine optimierte, integrierte Lösung liefern.

Abbildung 1 zeigt das Produktportfolio von Siemens Power Generation, Oil & Gas and Industrial Applications (PG I). Mit der Ausnahme des elektrischen Antriebs (diesen liefert der Siemens Sektor Industrie, Drive Technology), werden alle anderen Komponenten von PG I Fabriken gefertigt. In der linken Spalte sind die verschiedenen Antriebe mit Siemens PG I Verdichtern gekuppelt. Die Integration eines Elektroantriebs mit einem Verdichter zu einem elektrisch angetriebenen Verdichterstrang ist mit einem Rahmen im nachfolgenden Bild markiert.

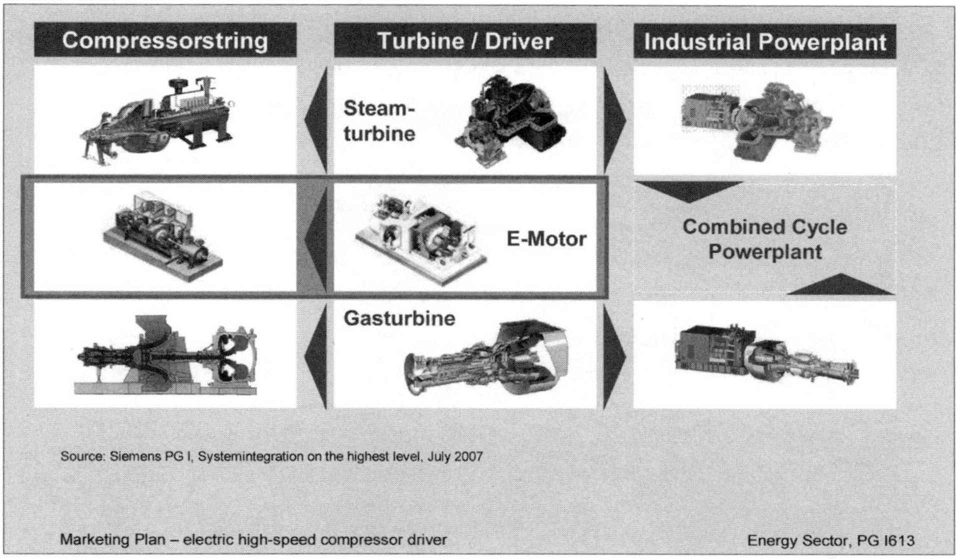

Abbildung 1: Produkt Portfolio von Siemens PG I[2]

3.4 Projektziele

Siemens verfügt über die Technologie und das Know-how, um schnelllaufende elektrische Verdichterlösungen zu fertigen und zu liefern. Um dieses Marktsegment besser zu verstehen, sind die folgenden Ziele für das Projekt definiert:

- Bewertung der absoluten Marktgröße für schnelllaufende, öl- und getriebelose Verdichterantriebe.
- Bestimmung der Größe des Siemens Marktanteils und der mittelfristig verkaufbaren Stückzahlen bis 2012.
- Analyse der Chancen und Risiken des Marktes.
- Entwicklung einer Strategie zur bestmöglichen Platzierung des Produkts im Markt.

2 Siemens AG PG GC, Systemintegration on the highest level, status July 2007, slide 3.

3.5 Organisation des Projekts

Um dem Projekt eine organisatorische Struktur zu geben, wurde es in ein übergeordnetes Projekt für die Standardisierung von Pipeline Verdichtern eingebunden. Abbildung 2 zeigt das Organigramm des Gesamt-Projekts.

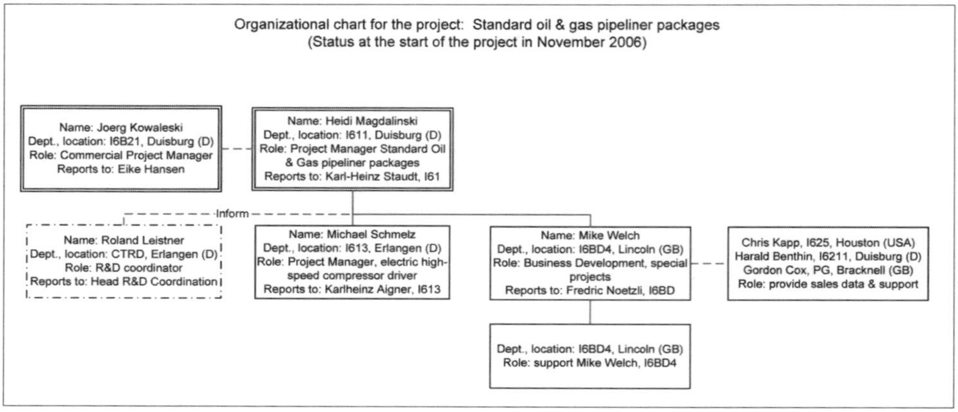

Abbildung 2: Organigramm des Projekts[3]

Die Abteilung PG I613 ist innerhalb der PG I für elektrische Antriebsprojekte zuständig. In diesem Projekt liefert die Abteilung technisches Know how und Erfahrungen aus realisierten Projekten und erstellten Angeboten für elektrisch getriebene Pipeline-Anwendungen. Die Abteilung koordiniert auch die Einbeziehung der Gruppe, die den Antrieb gefertigt und entwickelt hat (Siemens Sektor Industrie, Drive Technology [I DT]).

Das Projekt wurde gemäß der vom Project Management Institute (PMI®) dokumentierten Prozessgruppen Initiierung, Planung, Ausführung, Steuerung, und Abschluss (initiating, planning, executing, controlling, closing)[4] geplant und ausgeführt. Folgende Projektmanagement-Methoden wurden benutzt:

- Analyse der Stakeholder
- Erstellung eines Projektstrukturplans
- Erstellung eines Projektterminplans
- Analyse und Qualifizierung von Risiken sowie die Planung von Maßnahmen zur Risikominimierung.

3 The organizational chart reflects the status at the start of the project in November 2006 and has changed since.
4 Project Management Institute, A guide to the project management body of knowledge (PMBOK® guide), page 30.

4 Strategische Lösungsansätze und Projektabwicklung

4.1 Das strategische Dreieck der Unternehmensentwicklung

Wie kann man das Potenzial für den neuen Antrieb im positiven Marktumfeld für elektrische Antriebslösungen in der Öl- und Gasindustrie ausschöpfen? Diese Frage wird mit der Methodik des "Strategischen Dreiecks der Unternehmensentwicklung" beantwortet. Es beruht auf vier Elementen:[5]

- Ist-Situation des Unternehmens ("IST" in Abbildung 3)
- Die exogenen Rahmenbedingungen des Unternehmens wie z.B. Ressourcen, Möglichkeiten, Gesetze, Märkte, Technologien ("RAHMENBEDINGUNGEN" in Abbildung 3)
- Die Ziele des Unternehmens ("ZIELE" in Abbildung 3)
- Der Plan, um von der Ist-Situation bei gegebenen Rahmenbedingungen die Unternehmensziele zu erreichen (in Abbildung 3 der mit "STRATEGIE" bezeichnete Pfeil, der von IST und den RAHMENBEDINGUNGEN zu den ZIELEN zeigt)

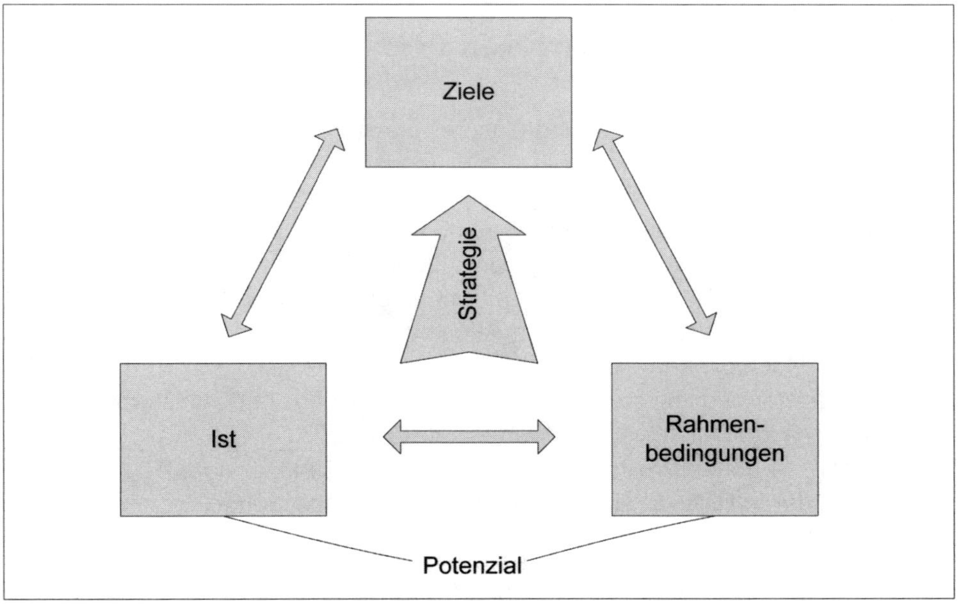

Abbildung 3: Strategisches Dreieck der Unternehmnsentwicklung[6]

5 Faix, W.G. et al.: Management von Wachstum und Globalisierung. Best Practice. Volume 1, page 12.
6 Faix, W.G. et al.: Management von Wachstum und Globalisierung. Best Practice. Volume 1, page 6.

4.2 Analyse genereller Faktoren

Ein erfolgreicher Unternehmensentwicklungsprozess beginnt immer mit einer fundierten Analyse der Ist-Situation des Unternehmers und der exogenen Rahmenbedingungen.[7]

Diese wurden mit den folgenden Werkzeugen und Methoden analysiert:

- Analyse des politischen, ökonomischen, sozialen und technischen Umfelds (PEST Analyse)
- Analyse der Stärken, Schwächen, Chancen und Bedrohungen (SWOT Analyse)
- Analyse der Wettbewerbskräfte nach M. E. Porter
- Produkt-Lebenszyklus-Konzept (ebenso das Modell der Technologie-S Kurven)

Die verschiedenen Analysen wurden über den Zeitraum von zwei Jahren durchgeführt. Einige der Ergebnisse fließen in strategische Entscheidungen von Siemens ein. Deshalb können nur die hier ausgewählten Ergebnisse veröffentlicht werden.

Kräfte im Markt:
Zwei Kräfte für eine steigende Nachfrage nach schnelllaufenden elektrischen Verdichterlösungen wurden identifiziert:

1) Das starke Ansteigen der Öl- und Gaspreise seit ungefähr 1999 ermöglicht es den Produktionsländern und den in dieser Industrie tätigen Unternehmen Erdöl- und Erdgasfelder zu erschließen, die man noch vor wenigen Jahren als unökonomisch deklariert hat. Gleichzeitig haben die hohen Marktpreise den Fokus auf bessere Anlagenwirkungsgrade gelenkt: Jedes Fass Öl und jeder Kubikmeter Gas, die nicht innerhalb des eigenen Unternehmens verwendet werden, erhöhen direkt dessen Gewinn. Da in der Produktion von Öl und Gas die meiste Energie in Form von Rotationsenergie benötigt wird, ist eine Möglichkeit zu drastischen Wirkungsgradsteigerungen der Austausch mechanischer (z.B. Gasturbinen und Gasmotoren) gegen elektrische Antriebe.
Damit haben die hohen Preise für Öl und Gas einen Markt für neue Technologien eröffnet, mit deren Hilfe die Besitzer entweder mehr oder wirtschaftlicher bzw. in immer entlegeneren Teilen der Welt produzieren können.

2) Die Diskussion um ökologische Aspekte, wie z.B. Lärm, Kohlendioxid- und Stickoxid-Emissionen, begünstigt in vielen Anwendungen elektrische Antriebe gegenüber ihren mechanischen Pendants. Elektrizität wird typischerweise durch die Umwandlung von anderen Energieformen erzeugt. Wird diese Umwandlung in großen Kraftwerken vollzogen und die Energie anschließend verteilt, erreicht man höhere Wirkungsgrade und verursacht weniger Emissionen als bei der Verwendung von mechanischen Antrieben. Gleichzeitig kann Elektrizität aus einer

7 Nagel, K. et al.: General Management -Tools-, Transfer Documentation Report (TDR), page 36.

Mischung verschiedener Primärenergieträger erzeugt werden, von denen einige keine CO_2-Emissionen verursachen.

Interne Analyse:
Die Analyse des Unternehmens unterstreicht die spezielle Rolle, die Siemens gegenüber seinen entweder rein „mechanischen" oder rein „elektrischen" Mitbewerbern spielt, da es drei Kernkompetenzen im Unternehmen vereint (mechanische Verdichter, elektrische Antriebstechnik und elektrische Energietechnik).
Probleme für den elektrischen Antrieb liegen hauptsächlich in der Abhängigkeit von Rohmaterialien, für die eine erhöhte Nachfrage besteht (Stähle, Kupfer) und der zunehmend stärkeren Verhandlungsposition der Käufer. Diese sind große multinationale Unternehmen mit strikter Finanzkontrolle für jede neue Investition.

Technologische Positionierung:
Verschiedene Antriebslösungen wurden mit dem S-Kurven-Modell für Technologien (technology S curve model) untersucht. Nach Meinung des Autors sind die langsam laufenden Standard-Elektroantriebe mit Getrieben und auch Industrie-Gasturbinen reife Produkte, bei denen nur noch geringe Innovationen stattfinden. Dieses Marktsegment wird von etablierten Herstellern beherrscht, deren Produkte sich nicht nennenswert voneinander unterscheiden. Für den neuen Antrieb stellt sich die Situation komplett anders dar. Dieses Marktsegment befindet sich im Übergang von der Einführungsphase in die Wachstumsphase (siehe Abbildung 4). In der Einführungsphase ist die Konkurrenz gering und Kunden sind innerhalb gewisser Grenzen bereit, einen Mehrpreis für das neue und innovative Produkt zu bezahlen.

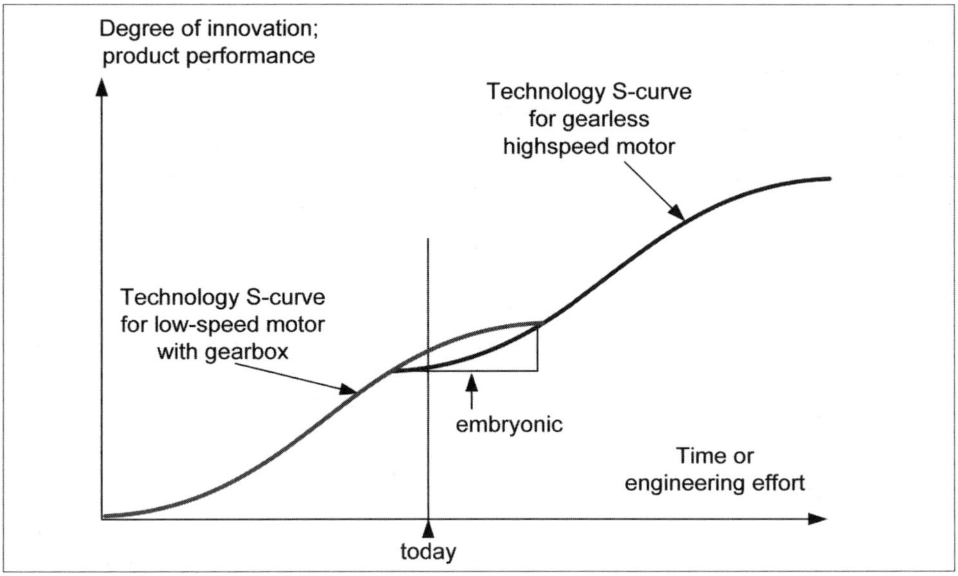

Abbildung 4: S-Kurve für elektrische Antriebe (Technology S-Curve Model)

4.3 Marktanalyse

Während die Analysen der exogenen Rahmenbedingungen ein generell günstiges Marktumfeld zeigen, interessiert sich Siemens für die Anzahl an schnelllaufenden Antrieben und Verdichterlösungen, die das Unternehmen pro Jahr mittelfristig verkaufen kann. Die Schritte, um zu diesen Zahlen zu kommen, sind wie folgt:

Marktsegmente:
Die Anwendungen für schnelllaufende elektrische Verdichterlösungen können in zwei große Gruppen geteilt werden: Solche, die unter Wasser betrieben werden (Subsea-Segment) und solche, die auf dem Land oder über der Wasseroberfläche betrieben werden (Topside-Segment).
Subsea: In der Zukunft wird mehr Öl und Gas von entlegenen Quellen auf dem Meeresgrund gefördert. Verbrennungskraftmaschinen können unter Wasser nicht betrieben werden. Außerdem werden dort meistens Lösungen mit geringem Platzbedarf und ohne Schmieröle verlangt. Deshalb sind schnelllaufende elektrische Antriebe oft die einzige Wahl. Die Verfügbarkeits- und Zuverlässigkeitsziele von Subsea-Anwendungen verlangen mehrere Jahre unterbrechungsfreien Betrieb, der ohne jegliches Eingreifen eines Menschen funktionieren muss. Dies ist nötig, da einige der Komponenten in bis zu 1000m Wassertiefe arbeiten und Zugang zu diesen entweder extrem teuer oder gar unmöglich ist.
Topside: Oberhalb der Wasseroberfläche können auch konventionelle Antriebe wie langsamlaufende Elektroantriebe oder Gasturbinen verwendet werden. Interessant werden die schnelllaufenden elektrischen Antriebe dann, wenn ihre überlegene Verfügbarkeit und die besseren Wirkungsgrade zu einer Senkung der Wartungs- und Energiekosten führen.

Marktgröße:
Einer der Gründe, warum dieses Projekt ins Leben gerufen wurde, ist die völlige Intransparenz des Marktes für schnelllaufende elektrische Verdichterlösungen. Der schwierigste Teil des Projekts war das Finden einer Methodik um die Marktgröße abzuschätzen. Dazu wurden öffentlich verfügbare Quellen (wie z.B. die globale Länge neu geplanter Pipelines, die Anzahl in Betrieb befindlicher Verdichter für einzelne Länder, Stückzahlen von global verkauften Verdichtergehäusen mehrerer Hersteller usw.) und eine siemensinterne Datenbank benutzt. Der Schlüssel zur Berechnung der zukünftig benötigten Einheiten war die Einbindung einer größeren Anzahl von Marktkennern, um zu allgemein anerkannten Zahlen und Annahmen zu gelangen. Dazu wurde eine Besprechung mit Teilnehmern mehrerer Siemens-Bereiche in Erlangen organisiert. Kollegen aus Großbritannien und den USA wurden per Telefonkonferenz und Netmeeting eingebunden.

Marktentwicklung:
Schnelllaufende elektrische Verdichterstränge werden momentan als Sonderlösungen verkauft. Die Kunden akzeptieren die höheren Preise momentan nur dann, wenn keine andere Lösung für ihre Prozessanwendung möglich ist. Eine

breite Marktentwicklung wird erwartet, wenn die Sonderlösungen das Segment der Standardlösungen mit abdecken, d.h. eine realistische Alternativlösung geworden sind. Abbildung 5 zeigt die generische Entwicklung eines solchen Marktes. Die Hersteller können den Zeitpunkt, wann diese Entwicklung einsetzt, über zwei Hebel aktiv beeinflussen: 1) die möglichst schnelle Errichtung erster Referenzanlagen und 2) über niedrigere Marktpreise. Das Entstehen neuer Konkurrenten und die langwierigen Entscheidungsprozesse innerhalb der einkaufsentscheidenden Gremien ihrer Kunden sind von den Herstellern nicht beeinflussbar.

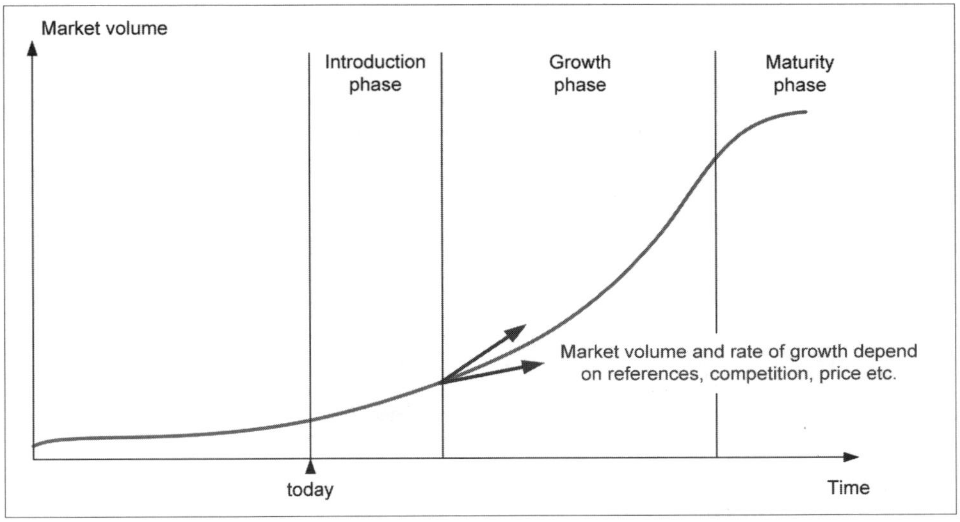

Abbildung 5: Erwartete Marktentwicklung von schnelllaufenden elektrischen Antrieben

4.4 Marketingmix

Zur Beschreibung einer erfolgreichen Vermarktung wird das Marketingmix-Konzept benutzt. Der Marketingmix besteht aus den vier Komponenten Produkt, Preis, Distribution und Absatzförderung (product, price, place, and promotion).[8] Diese als „vier Ps" bezeichneten Komponenten stellen aus der Sicht des Verkäufers die Werkzeuge dar, mit denen er seine Kunden beeinflussen kann. Aus der Sicht des Kunden muss jedes Marketingtool einen Kundennutzen liefern.

Den „vier Ps" des Verkäufers werden die „vier Cs" des Kunden gegenübergestellt: Kundenproblemlösungen, Kosten für den Kunden, Mühelosigkeit des Zugriffs, Kommunikation/Informationsverfügbarkeit (customer solution, customer cost, customer convenience, and customer communication). Abbildung 6 zeigt die Konzepte und wie diese für die Siemens Verdichterlösungen angewendet werden können.

8 Kotler, P./ Keller K.: Marketing Management, 12th edition, New Jersey (USA) 2006, page 19.

In der Master-Arbeit wird ein Konzept für einen ausgewogenen Marketingmix entwickelt. Außerdem wird ein Lebenszykluskosten-Modell (total cost of ownership model) und eine Argumentationssammlung für elektrische Antriebe generell und für schnelllaufende Antriebe im Speziellen bereitgestellt. Diese Werkzeuge können sowohl siemensintern wie auch – nach Abstimmung – von den Kunden benutzt werden.

Four Ps (Marketing Tools from Seller's point of view)	**Four Cs** (Benefit from Buyer's point of view)	**Translated to high-speed driver**
Product	Customer solutions	E-drive is part of PG I's strategy as a complete solutions provider
Price	Cost to the customer	Argumentation to show benefits in "Total cost of ownership"-model
Place	Convenience	Availability of products through OEMs, EPC contractors or from Siemens direct
Promotion	Communication	Clearly outline E-drive benefits, also to be used within Buyer organization

Marketing Plan – electric high-speed compressor driver   Energy Sector, PG I613

Abbildung 6: Konzept der 4 P's und 4 C's[9]

4.5 Ergebnisse der Analysen

Die Ergebnisse der obigen Analysen können wieder mit dem Strategischen Dreieck der Unternehmensentwicklung aus Abbildung 3 erklärt werden. Bezogen auf schnelllaufende elektrische Verdichterstränge haben die Komponenten folgenden Inhalt:

Potenzial in neuen Märkten:
Als neueste Technik sind die Absatzmöglichkeiten in den meisten sich entwickelnden Märkten begrenzt. Der Betrieb solcher Anlagen verlangt eine absolut zuverlässige Elektrizitätsversorgung und Wartungspersonal, das gute elektrotechnische Kenntnisse besitzt und im Umgang mit Computern geschult ist. Die Master-Arbeit untersucht einen Zielmarkt, der diese Voraussetzungen erfüllt und in dem deshalb die neue Technologie verkauft werden kann.

9 PG I: Siemens Power Generation, Oil & Gas and Industrial Applications; EPC: Engineering, Procurement and Construction; OEM: Original Equipment Manufacturer.

Geschäftsziele:
Die Master-Arbeit definiert mittelfristige Absatzziele für die nächsten Jahre.

Strategie zur Erreichung der Geschäftsziele:
Eine Strategie wird in der Master-Arbeit entwickelt.

Sowohl die Geschäftsziele als auch die Strategie sind nicht zur Veröffentlichung freigegeben.

5 Resümee, praktische Erfahrungen und Ausblick

5.1 Resümee

Am Anfang stand die Vermutung, dass es einen Markt für elektrische schnelllaufende Verdichterlösungen geben würde. Diese Vermutung ist nun mit Fakten untermauert.

Analyse der Rahmenbedingungen:
Die Analyse unter politischen, ökonomischen, sozialen, technischen und auch ökologischen Gesichtspunkten zeigt einen wachsenden Bedarf an Öl und Gas bis mindestens 2030. Die hohen Marktpreise eröffnen sehr gute Geschäftsbedingungen für die Öl- und Gasindustrie sowie für deren Lieferanten, insbesondere wenn die Lösungen der Lieferanten ermöglichen, mehr oder zu geringeren Kosten zu produzieren. Die zunehmende Berücksichtigung von Umweltaspekten verspricht weiteres Marktwachstum für elektrisch getriebene Verdichterlösungen. Aus beiden Gründen sind die Marktbedingungen günstig und werden es auf absehbare Zeit auch bleiben.

Marktdynamik:
Während der Projektlaufzeit von zwei Jahren hat das Marktsegment der schnelllaufenden elektrischen Verdichterantriebe eine rasante Entwicklung genommen. Ein Teil der Analysen untersucht Wettbewerber und deren Lösungen. Für integrierte Verdichterlösungen sind neue Produkte entstanden. Gleichzeitig erhöhen andere elektrische Antriebshersteller kontinuierlich die Leistungs- und Drehzahlbereiche ihrer Produkte. Strategische Allianzen zwischen Verdichter- und Antriebsherstellern werden erwartet. Diese und andere Indikatoren unterstreichen die Attraktivität des Marktes: Ein Hersteller könnte in seiner Einschätzung falsch liegen, – dass sich mehrere gleichzeitig täuschen, ist unwahrscheinlich.

Industrie-Lebenszyklus:
Mehrere Zeichen aus dem Markt legen die Vermutung nahe, dass sich dieser im Übergang von der Einführungsphase in die Wachstumsphase befindet. Wie schnell der Markt wächst, hängt von der Fähigkeit der Hersteller ab, die Preise für Ihre Lösungen zu senken und damit für Kunden einen Anreiz zu geben, diese den anderen Antriebslösungen vorzuziehen.

Marktgröße:
Die Master-Arbeit quantifiziert den Markt für die nächsten Jahre mithilfe einer Top-down Abschätzung und der Analyse einer siemensinternen Datenbank. Ein Fragebogen zur Gewinnung von Primärdaten von potentiellen Kunden wurde erstellt.

Marketing:
Die Analyse des Marketingmix (product, price, place, promotion) zeigt, dass einige dieser Segmente schwach sind und gestärkt werden müssen. Die Master-Arbeit beinhaltet eine Argumentationshilfe für die Vorzüge elektrischer Antriebe.

Globalisierung:
Während schnelllaufende elektrische Antriebe in einigen Ländern schon angewendet werden, untersucht der Autor andere möglicherweise interessante Absatzmärkte. Ein konkreter Globalisierungsplan für eine Absatzregion wurde in Absprache mit den dortigen Kollegen entwickelt.

5.2 Praktische Erfahrung

Für den Autor war das Studium und das Schreiben der Master-Arbeit eine große Lernerfahrung. Die größten Lernerfolge erlebte er beim Verfassen der Projekt-Studienarbeiten, in denen die gelernte Theorie auf das Projekt angewendet wurde. Das Sammeln von Daten und unzählige Interviews mit Kollegen verschiedener Divisionen und Bereiche haben das Verständnis der Organisation und ihrer Prozesse und Produkte verbessert.

Unter den erlernten Techniken erwiesen sich vor allem zahlreiche Analyse-Werkzeuge, mit deren Hilfe man greifbare Ergebnisse aus unstrukturierten Informationen gewinnen kann, als hilfreich. Außerdem ist der Autor selbstsicherer beim Präsentieren vor Publikum geworden.

Der Autor dankt Karlheinz Aigner für den Vorschlag des Themas und die Unterstützung bei der Forschung für die Master-Arbeit.

5.3 Ausblick

Die Theorie und Erkenntnisse aus den letzten zwei Jahren müssen nun in Taten umgesetzt werden. Der wichtigste Schritt ist die Erstellung erster Referenzen, um die überlegene Qualität und Leistungsfähigkeit der schnelllaufenden elektrischen Antriebe unter Alltagsbedingungen beweisen zu können.

Kurzfristig müssen die Vorteile dieser Antriebe mit einem abgestimmten Marketingmix im Markt kommuniziert werden. In einem weiteren Schritt müssen die Parameter für das Lebenszyklus-Kostenmodell (total cost of ownership model) abgestimmt und vereinbart werden. Damit können dann verschiedene Antriebsarten verglichen werden. Nach der internen Abstimmung kann das Tool dann auch Kunden für deren Bewertungen zur Verfügung gestellt werden.

Mittelfristig, nachdem die nötige Betriebserfahrung gesammelt worden ist und die Kosten und Kosteneinsparung quantifizierbar sind, soll diese Technik auch in neue Märkte exportiert werden, z.B. in das im Globalisierungsplan beschriebene Absatzgebiet.

Anhang

Abbildungsverzeichnis

Literaturverzeichnis

Faix, Werner G./ Schulten, Annette/ Keck, Gerhard/ Sailer, Joachim/ Mezger, Patricia (Hrsg.) [2006]: Management von Wachstum und Globalisierung. Best Practice. Volume 1, Stuttgart, 2006.

Kotler, Philip/ Keller, Kevin L. [2006]: Marketing Management, 12th edition, New Jersey (USA), 2006.

Nagel, Kurt in collaboration with Faix, Werner G./ Schulten, Annette/ Keck, Gerhard/ Sailer, Joachim [2007]: General Management Tools , Transfer Documentation Report (TDR), Stuttgart, 2007.

Project Management Institute, Inc. [2000]: A guide to the project management body of knowledge (PMBOK® guide) – 2000 edition, Pennsylvania (USA), 2000.

Siemens AG Power Generation Group Communications [2008]: System Integration on the highest Level, presentation (download from Intranet, 11 Feb 2008).

U.S. Department of Energy, Office of Integrated Analysis and Forecasting, Energy Information Administration [2007]: International Energy Outlook 2007, Washington (USA), 2007.

Abkürzungsverzeichnis

CO_2	Kohlendioxid
EPC	Engineering, Procurement and Construction
GC	Group Communications
I6 PG	Oil & Gas and Industrial Applications, subdivision Oil & Gas
I613	Electrical Drive Systems group of I6
I DT LD	Siemens Industry Sector, Drive Technology, Large Drives
MBA	Master of Business Administration
MW	Megawatt
OEM	Original Equipment Manufacturer
PEST	Political, Economical, Social, Technological
PG	Siemens Power Generation
PG I	Siemens Power Generation, Oil & Gas and Industrial Applications
PMI®	Project Management Institute
SWOT	Strengths, Weaknesses, Opportunities, Threats
USA	United States of America

Ingénieur d'état
Mohamed Sidi-Yacoub

Business development in the Indian Market – Strategic levers for growth?

for Continental AG / Commercial Vehicles & Aftermarket

Inhalt

1 Summary

India's economy grows very fast with 7%. Since the reforms of 1991 this country has had success to attract foreign investors. In the meantime India has catapulted itself to the 4th largest commercial vehicles market in the world.
Our Business Unit Commercial Vehicles&Aftermarket (CV&AM), a worldwide operating company of continental AG, is present in this market. At the moment the business is limited to two segments-Two-wheelers and tractors - and does not fulfill the growth expectations. Its engagement in the Indian commercial vehicles (CV) segment still is new and shows suitable problems.

Within the scope of this article will be shown how CV&AM has accepted the challenge to develop the CV-business. It can be understood as an action guide to carry out such a plan in a worldwide active enterprise.
As an initial situation can be held on that the currently expensive CV&AM moves in a market with big growth chances and established local competition, especially in the electromechanical area.

Hence, the company should engage as quickly as possible in the electronic area, by using the environmental regulations, and the fact, that Indian customers want technology, price and local content.
How should this happen in the single steps? First we have we must approach the local customers even more aggressively and more proactively in order to win new projects. For that the following immediate measures are required:

1. Costs must down,
2. R&D must be localized,
3. Strategic tie-ups with IT-suppliers have to be tightened, and
4. Employees should be retained and the fluctuation minimized.

The contribution suggests further medium-term measures.

Finally, the time window for this strategy project stretches over 5 years. Then it will appear whether the return on investment is to be achieved. The profit plan shows that the investment required for the implementation of the immediately recommended strategic levers would pay off after just one year and the break even point would be reached.

2 Introduction

Proceeding from the general situation of vehicles sales in Japan, North America and West Europe, no more remarkable development is expected nowadays in these markets as estimated by the Boston Consulting Group. The sales rates are becoming almost flat except in some niches such as Sport Utility Vehicles (SUV). Annual growths between 0-1% have become a usual pattern over the past years. No doubt something must happen!

Extending the range of vision we might find chances for new development in the automotive market. If we range our vision to India, we might discover interesting factors that might cause some changes to this stationary sales situation.

„...India approaches rapidly the USA and China and will develop into the third greatest national economy of the world by 2050..."[1] is a serious conclusion which Goldan and Sachs came up with in its survey 2003. This is the reason why major vehicle manufacturers (OEMs) as well as Tier1 auto component suppliers are searching the globe for new growth opportunities. Further the cost pressure on them is growing as well. They have been attracted by China and India among others, where from 2001 through 2007 cars sales grew at huge CAGR of 25% and 15% respectively.[2] India, since the reforms of 1991, has succeeded to attract foreign investors by introduction measures such as reduction of tax duties, allowing 100% FDI and full repatriation of profits. Meanwhile India has developed to the 4th largest commercial vehicle market in the world. As comparison the presence of foreign OEMs in India is fairly young. It begun in 1980 as Suzuki established a Joint Venture with Maruti. Now two decades later almost all foreign automotive manufactures are present in this market. Many foreign suppliers have followed these global OEMS by establishing industry cluster similar to those in their home markets. Bangalore, Delhi and Pune have emerged as three automotive centers in India. Continental AG as one of the top five tier1 automotive suppliers is confronted with this expected shift of the world economic power in long term future and followed its customers. At present it is mainly operating in Two-wheeler (2-WH), farming vehicles and passenger car segments.

The company is aiming to strengthen its activities to get more profit from this fast growing Indian market. One imperative step is to engage in the commercial vehicles (CV). Indeed, the Business Unit (BU), Commercial Vehicles and Aftermarket (CV&AM), has started recently its activities in this market. It is looking for ways to develop its regional business, to ideally grow at least at the pace of the Indian economy, reach a sustainable growth, strengthen its position to sustainable growth and build competitive advantages against other suppliers. Therefore we should first know the market place, the players and the rules of the game controlling this market place.

1 Goldman Sachs: Dreaming with BRICs. The path to 2050. Global economic paper, Nr.99, 2003, page 1-23.
2 The Boston Consulting Group, Winning the Localization Game,Report,2008, page 1-43.

Within the scope of this work it will be shown how a globally operating company will develop its regional business.

3 Initial Situation – the company

CV&AM is integrated as a business unit within the division Interior in the Continental Board. Its core business is to provide electronic solutions for the commercial vehicles, Two-wheelers and special vehicles such as defense, agriculture and marines. The BU counts around 6000 employees worldwide. The headquarters of the CV&AM is located at Villingen-Schwenningen. From there the activities regarding OEM business and aftermarket in all over the world are being managed. The BU CV&AM bundles five business segments which are profit centers:

- Tachograhs and services (TCO): involves devices for recording vehicle data and driver activities as well as fleet management solutions
- Instrumentation & Telematics (I&T): involves cockpit clusters and telematic solutions
- Control Systems(COS): Vehicle network solutions for connecting electronic devices in a vehicle body or chassis via CAN
- Independent Aftermarket(AM): manages the replacement business including spare parts, services and diagnostics for workshops
- Original Equipment Services: includes delivery of spare parts and services to OEMs

What are we doing in India?

Our Indian subsidiary exits since ten years in Bangalore. Besides that there are two production plants, in Manesar and Pune. Our BU essentially develops and sells instruments for Two-wheelers, and tractors. The achieved turnover currently evaluates to about 11 million euros per year.

Are these products localized?

This question may seem premature here, nevertheless, will explain itself later. The support functions of the value chain of the company in India referred to company infrastructure, Information systems, Materials management and Human resources, are localized. However, the four main functions of the value chain– such as production, marketing, R&D, service are not always localized. A product is localized if all activities in the value chain are performed in India. The following picture illustrates which product is localized:

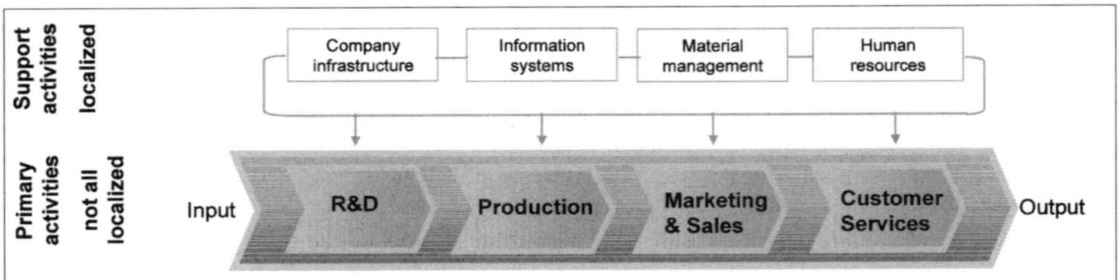

Which product is localized?	R&D	Production	Marketing & Sales	Customer Services
Electronic cluster 2-WH	localized	localized	localized	localized
Mechanical cluster 2-WH	localized	localized	localized	localized
Mechanical cluster tractors	localized	localized	localized	localized
Fuel sensors	not localized	localized	localized	localized
Electronic cluster CV	not localized	localized	localized	not localized

Abbildung 1: Analysis of the value chain in India

3.1 Project objectives

One target for the business in India is increasing the sales beyond €30 millions by 2011 from €11millions currently. A basic step towards this target is the collection of structured information about the trends, chances and risks of the new market. The answers to the following questions will serve as Information base for developing the strategy:

- How are the global environments for doing business in India?
- What are the trends, which chances specific to commercial vehicles business does the market offer, which risks does the market hide?
- Who are the players and who are the customers? Which products does the commercial vehicles (CV) market need and how does it evolve?
- What are the strategic levers for developing the business as desired?

In this sense the project „India Initiative“ was set up. A further aim is to make a contribution to the successful positioning of the CV&AM in India based on the given information base. A third aim will be the identification of further action fields for regional business development.

3.2 What does the Indian market offer?

The PEST Analysis resulted in the following macro-economic business drivers:

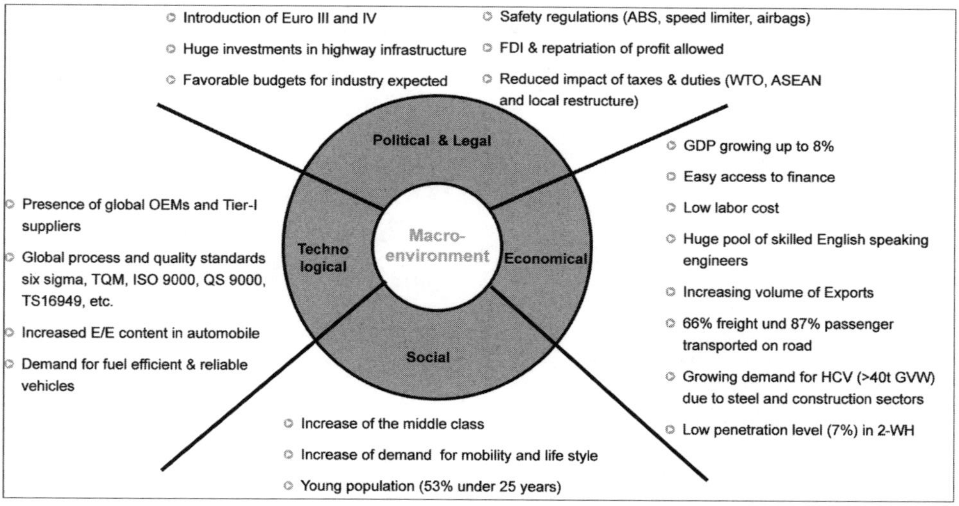

Abbildung 2: Macroeconomic analysis - business drivers

3.3 Analysis of the Indian automotive market

The Indian market is clearly divided and the segments are dominated from few OEMs. The production capacity of the Indian industry is expected to grow from 8.8 millions in 2006 to 13.5 Millions vehicles – a plus of +8.9% as shown below:

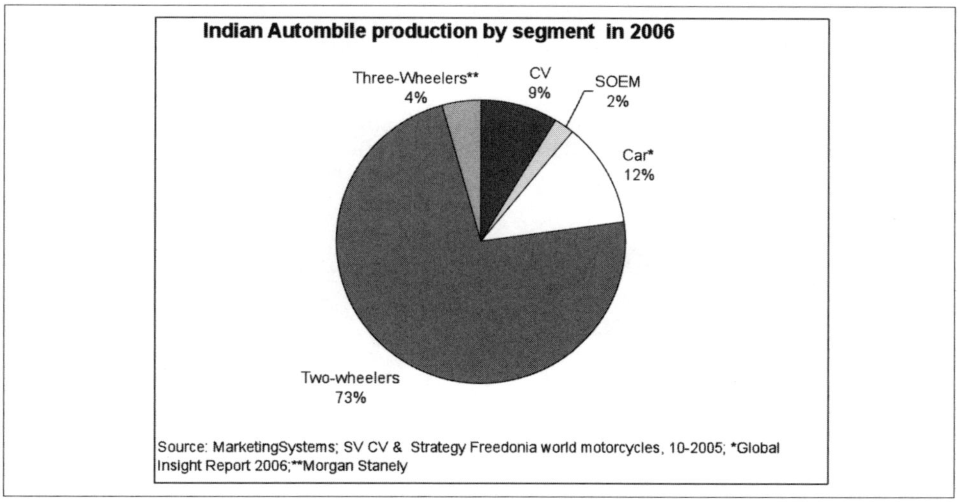

Abbildung 3: Indian automotive production by Segment

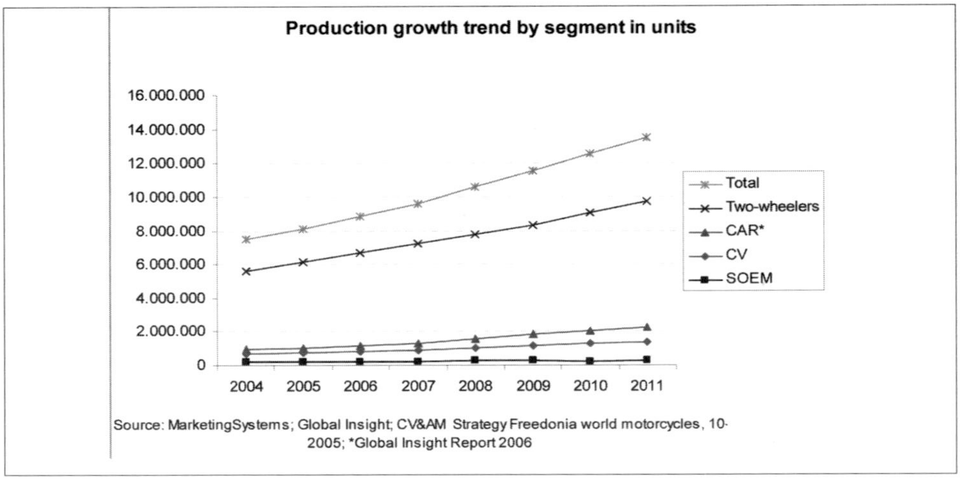

Abbildung 4: Vehicle production growth trend by segment

3.4 Market opportunities for CV&AM

The estimated electrical and electronic parts (E/E) demand in the application fields of powertrain, cockpit instrumentation, sensors and body electronics amounts to €1.2bn for Two-wheelers and commercial vehicles segments. If we distribute this demand among the OEMs by considering their market share, we get a market potential of €0.9bn by 2010.[3] Even if the competitive situation is considered, there still exists a good opportunity for CV&AM to make business in India. It supposed that this demand is generated by the OEMs themselves.

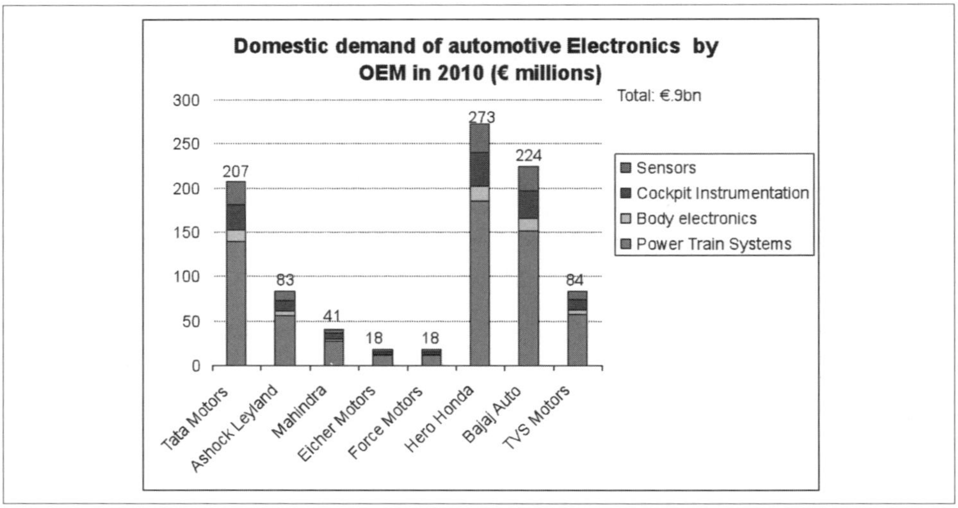

Abbildung 5: Local demand of automotive electronics by OEM

3 Issupli, Automotive Electronics in India: Transforming from Dormancy to rapid Growth, 2006 p.1-86.

The Market offers business opportunities in the followings application fields:

1. Power train and fuel efficiency systems:
2. Telematic systems
3. Cockpit instrumentation
4. Body electronics & sensors applications
5. Safety systems
6. Aftermarket solutions
7. E/E architecture consultancy

The market for CV&AM is much smaller when considering the few products that may be placed in the Indian marketplace which are CBCU from body electronics, cluster and telematic box from instrumentation, and sensors. Hence the computation results in a potential of € 104mn as illustrated in the following Picture:

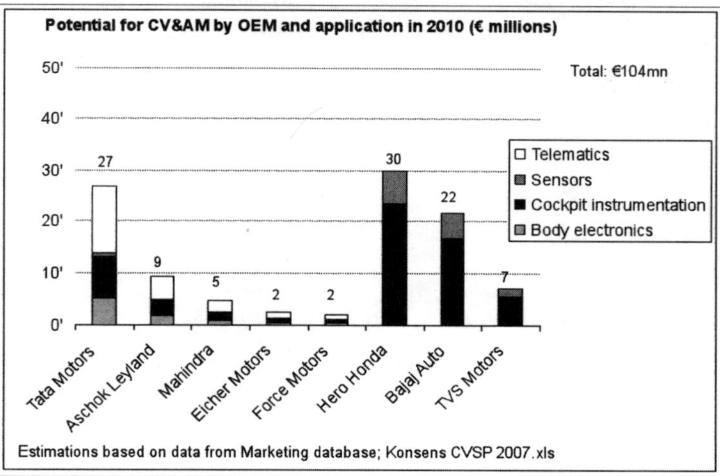

Abbildung 6: Potential for CV&AM by OEM and application segment

3.5 Market challenges

Besides the opportunities the Indian market is offering, the Business Unit CV&AM is facing several difficulties:

- The Indian commercial vehicles are electro-mechanical. The technological level of the vehicles is low.
- Cockpit instruments for CV are electromechanical devices. In this field there are well established domestic suppliers with very competitive cost structure. The BU will have to set the focus here on electronic devices and target the foreign OEMs as well as the innovators customers among local OEMs such as Tata Motors.
- The demand in chassis & Body electronics covering network systems is still very low. The devices from CV&AM such as CBCU, can be used after down sizing their features.

- There is no demand for Tachograph devices due to the missing legislation.
- The domestic OEMs want technology at low price and local content. Localization of all primary functions of the value chain is becoming an imperative for CV&AM to succeed in the CV-business on Indian market regarding instrumentation and body electronics fields.

3.6 What are our strengths and our weaknesses in India?

Applying the principles of SWOT-Analysis on the business of CV&AM in India will come up with the following results:

Strengths:	**Opportunities:**
Cash and brand name	Share of E/E Electronics grows to 10-12% by 2012
Well established processes for quality assurance	Growing domestic market: 2WH (9mio) & CV 400 k units
Global presence with know how and portfolio satisfying the needs of customer in automotive electronics	Demand for powertrain, body electronics, interior and sensors is expected to reach €~1bn by 2010
Established local production facilities (3 plants)	Market potential for CV&AM ~ € 104mn by 2010
Established local R&D competencies in electromechanical clusters	India's export for auto components is expected to reach $24bn in 2015
Local product portfolio including clusters & fuel sensors	Indian wide infrastructural projects will push demand for telematic functionalities
Established relationship with A-customers (HH & Bajaj)	
JV with A-customer Ashok Leyland	
Weaknesses:	**Threats:**
Embryonic local R&D competencies in electronic cluster	Strong competition from local and global players
Limited local know how in new vehicle technology (COS)	Customer requirements: Technology, Local content & Price
Strong involvement of HQ in preparation of quotations	Diesel sector is dominated by BOSCH
The cost structure is not competitive	No demand for Tachogaph currently
Company name changed several times in the past	

Abbildung 7: SWOT-Analysis of CV&AM India

The Business Unit CV&AM has at global level the technology and product port folio to satisfy after adaptation the Indian market. In India the company posses already the resources such as brand name, the financial means, human resources, three manufacturing plants, product portfolio as well as business relationship with Local OEMs in 2-WH and tractors segments. The business in India can benefit a lot from the global presence of Continental in the sense of the global purchase and the global capabilities like processes, quality standards and innovation strength of the company.

However, the costs structure and its responsiveness to customer are still not competitive. The business result for 2007 was negative. The positions material, labor costs, administrative and selling costs are relatively high. Moreover the Headquarters is still strongly involved in the acquisition phase. The winning of a customer order in the area of the electronic cockpit instrumentation and body electronics can be realized in India only by many compromises and boosts up the mutual costs. Because the R&D competencies in these two application fields are limited and we can not speak of localization here. For instance R&D of fuel sensors and electronic clusters for CV are still performed in Europe. While the clusters for Two-wheelers and tractors are fully localized due to their low level of complexity. On the other hand local content besides technology and price are very important decision factors for the domestic OEMs. Building of local R&D competence has become an urgently necessary step for our enterprise. In addition our BU is sharing the R&D team with other business units which is causing problem in scheduling the resources and making its responsiveness to customers worse. Further negative aspect in customer relationship is the changing name of the company in the past decades.

Due to the introduction of the strict emission regulations, the electronic share in Indian commercial vehicles is expected to increase up to 12% by 2012. In the same way the demand in powertrain and body electronics is growing. Further the market is shifting from electro-mechanical clusters and display gauges to electronic instruments.

4 What should we do?

4.1 Focus areas of the strategy

According Nagel et al. the strategy is action plan for getting from the current situation to the desired situation while taking into consideration the company's environmental conditions.[4] In other words, the strategy is an action plan to achieve the objectives. Of course the objectives must be realistic and attainable.
Further there are two types of strategies available among others. First, the functional level strategy is directed at improving the effectiveness of the operations of the company such as materials management, product development and customer services. Second, the business-level strategy encompasses the business's overall competitive theme for example cost leadership, product portfolio, differentiation focusing on a particular segments or niche.[5]

The picture below summarizes the current situation, framework and the objectives of the Business Unit CV&AM in Indian market.

4 Nagel et al, General Management Tools, Steinbeis Edition, 2007, Seite 6.
5 Hill at al, The strategic management process, 2004, page 16-17.

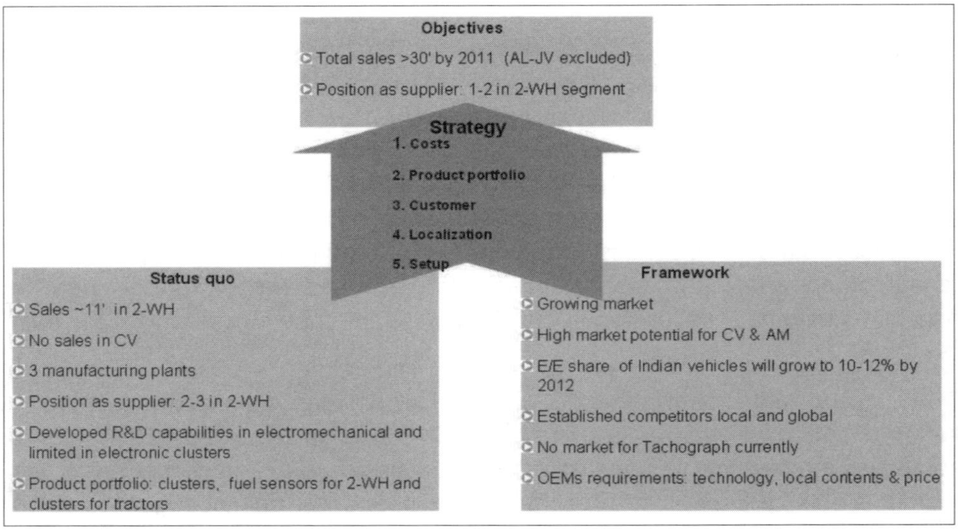

Abbildung 8: Strategy focus areas

According to the above definition the adjustments proposed in this work will take place on both levels i.e. to help the company mainly to attain higher performance. Five areas will be addressed by these strategic adjustments[6]:

1. Costs: reduce the costs of the company from 102% to a competitive value (<100%) to get a positive EBIT.
2. Product portfolio: adapt the portfolio to Indian market requirement with modularity and local content. Build capabilities & resources especially in R&D to develop distinctive competencies against the competitors and attain higher customer responsiveness.
3. Customer relationship: Get to know who is the customer, and what are his unsatisfied need. Assist him through his road map in achieving his objectives by building personal contact und using references from the global market. Since many local OEMs are entering alliances with global OEMs with whom business relationships doe exist.
4. Localization of products: we have seen in the in chapter 2 that only the R&D function, which is a primary activity in the value chain, should be fully localized for all products.
5. Setup for target management: choose the right setup with clearly defined res ponsibility is an important success factor for the business in India.

6 Steinbeck, Strategie- und Changemanagement, MBA Seminar, Steinbeis University.

4.2 Discussion and evaluation of the strategic levers

Considering the five areas lead to the establishment of the catalogues of strategic measures:

1. Reduce cost
2. Extend 2-WH product portfolio
3. Extend CV product portfolio
4. Focus key customers
5. Build dedicated R&D team for CV
6. Establish Strategic tie-ups with IT-Partners
7. Retain employees and minimize fluctuation
8. Setup

For implementation purposes we need to evaluate these strategic levers and prioritize them. The valuation is performed according to three criteria selected: resources needed for the implementation, risk of the measure, and effectiveness of the levers on reaching the targets. The latter is represented by the size of the bubble. The larger a bubble is, the greater the impact of the lever will be on reaching the target. If we project all these discussed strategic levers in the nine-fields-portfolio matrix of McKinsey we get the following picture:

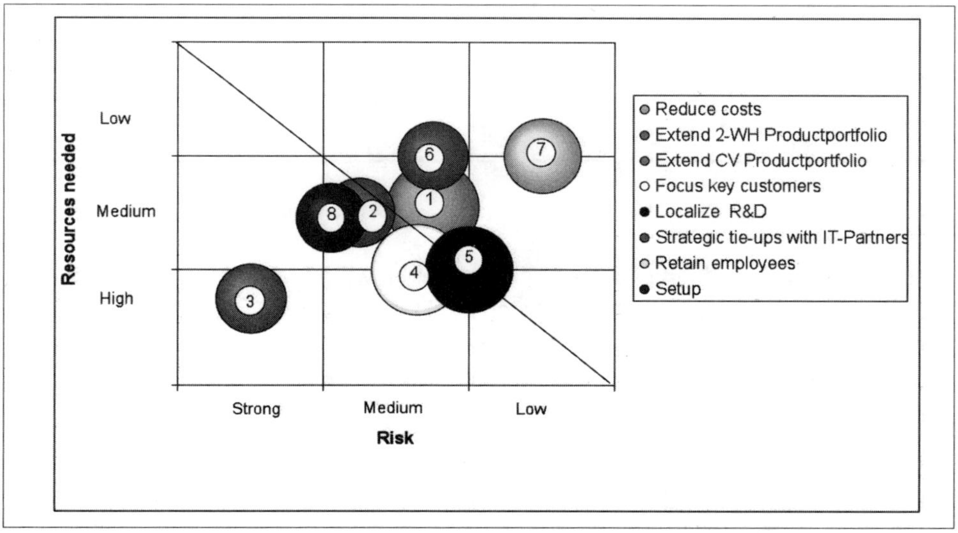

Abbildung 9: Evaluation of the strategic levers

4.3 Strategy implementation

In this work we will proceed with measures 2 (Reduce costs), 5 (Localize R&D), 6 (strategic Tie-ups with IT-Partners),and 7 (retain employees). Because the risk represented is low, the resources needed are moderate and the lever impact on achieving the target is high. The remaining measures can be considered later on in a further implementation loop.

4.3.1 Cost reduction

The analysis of the business data of the company has resulted that the cost evaluated to 102% for the financial year 2007. The material and SG&A positions with 74% and 9% are high. The HR cost with 17%, as compared with the industry average seems to be high as shown below:

	YTD November 2007	Δ	€11.3mn - we need to save 7% on sales or €0.79mn
Material	72%	5%	68%
Material OH	2%	-	2%
Labor and manufacturing OH	17%	-	17%
R&D	2%	-	2%
Selling expenses	6%	2%	4%
General admin expenses	3%	-	3%
Total	102%	7%	96%

Tabelle 1: Cost saving potential

Now, before starting defining new business fields, we have to think about how we make CV&AM, as it is in India, slim in costs. Hence cost must be down! This is a crucial step for winning new customer projects and developing competitive advantages. For that three measures are recommended:

1. Cut material cost about 5%: Based on discussion with different parts of management and controlling, 5% saving in material cost appears realistic and can be reached through just bargaining the price. This requires that the company builds specific purchase expertise in the business fields - CV, SOEM & 2-WH. New local supplier should be found, assessed and made to preferred suppliers. This requires having a dedicated purchase team.
2. Cut sales and general administrative costs(SG&A) about 2%: these costs contain mainly travel and hotels expenses. Here the use of Telco should be intensified. The approval process for travel request should checked and the use of Indian standard hotels should be encouraged.

3. Reduce HR cost:
- Cut 15% of „executives“ form current 90 to 75.
- Reduce salaried from 229 to 181 by replacing them by non-payroll workers. The substitution by lending workers also brings flexibility.

We have to keep in mind that the third measure cutting labor cost is risky. Problems of quality and delivery difficulties could arise. Moreover this measure does not help really against the Indian common problem - employee fluctuation. Therefore it is recommended that the above measures is to be carried out in two loops. Measure N°1 and N°2 can be carried out immediately in the first loop in this year. While it seems reasonable to assess measure N°3 in a second loop next year.

4.3.2 Localization of R&D

Building competencies is required in the instrumentation cluster technology as well as in body electronics field. This factor can be considered as an active success factor because it has at the same time impact on other success factors. If the company succeed in localizing the R&D activity it gains the following advantages:

- The headquarters from the high cost Germany are relieved: less costs will be originated, CV&AM will become more flexible in bidding and the offers of the company will be more competitive.
- A CV-dedicated R&D team further assures the flexibility of the company with which it is enabled to react faster to the customer requirements. It is even an imperative of survival for a company to react at least at the pace the external environment is changing. In addition, a dedicated R&D team helps increasing the efficiency which serves to build up a distinctive competency, generally speaking, a „signboard“ which brings clear advantages in the competition.

Even though this measure requires resources, since new engineers will be hired and trained. Further a certain rest risk always remains. There is a risk of know-how leakage caused by the employee fluctuation. This factor remains crucial for the success of the company on the local market because of the advantages mentioned above. Therefore it is recommended:

- To use the upcoming World Truck project of Tata Motors for building engineering resources in electronic cockpit instruments and extending the low cost R&D footprint of the company .i.e. two new application engineers are hired, coached centrally , and overtake support and services tasks for the customer after product introduction planned in June, 2008.
- To build a basic team in body electronics field. This team can develop applications for domestic customers based on the existing solutions from the global shelve of the company. This step should be followed by a second one

which is building local competency in platform engineering of low cost products in this field. In the first step, the team can consist of two new engineers. The engineers can start, after central training, to do preliminary work in a joint project for the headquarters, as long as no customer projects from the Indian market exist.

4.3.3 Establishment of tie-ups with IT-Partners

This measure in the area of the software development complements the above mentioned steps and supports the building of further local R&D competencies under the use of the IT-partners abilities which is represented currently by Siemens Information Systems Limited (SISL). Local advantages would arise from it for CV&AM, as well as global advantages for the Continental AG. Three further reasons justify these strategic alliances:

- First, the fixed costs and associated risks can be shared, which arise from the development of software products and services, because the customers at the global level are putting a high pressure on their suppliers to reduce the prices. So sourcing of IT-services among others products from low a cost country like India, is becoming an imperative survival measure for our company.
- Second, IT-services is not a core competency of our business. So it is a way of bringing together complementary skills, competencies and assets that our company cannot develop by its self.
- Third, there is no visible risk of opportunism. The probability of theft of technology or of market is low. Our distinctive competencies lay in the field of electronic systems.

By the takeover of VDO Automotive in 2007, SISL, previously an internal supplier, has become an external supplier with less attractive cost structure. In addition the dependence on one single supplier force us to find further IT-partners and to bind to us.

A preliminary examination has revealed that, Infosys, Tata Consulting & Services, IBM India, KPIT and WIPRO besides SISL, could offer the services for our company. These IT-Suppliers have to be evaluated according to the following criteria:

- Supplier Know-How: Experience in the fields of embedded software, fleet management and Web applications
- Resources & capabilities: including software & hardware technologies, resources, process and quality standards
- Commercial evaluation: including cost, warranty
- Delivery after sales service: Support and service after sale
- Allocation of dedicated resources exclusive for Continental

For the evaluation, a questionnaire was established and sent to all mentioned suppliers.

KPIT and WIPRO already had business connections to Continental. With SISL, KPIT and WIPRO accepted as partners, Continental AG generally and CV&AM especially could reach the above mentioned advantages of exclusivity, flexibility, quality, stability and risk minimization.

The following arguments justify the cooperation with these three suppliers:

- SISL is an all rounder. It covers a large range of application fields.
- KPIT has experience in power train and body electronics and can substitute SISL in these fields,
- WIPRO: Has the focus Interior and Telematics and can overtake projects in fleet management and web-based applications.

The following immediate steps would help a lot in the daily operation:

- Create a profile for the three suppliers with contact persons.
- Make these profiles available for purchasers of the different business segments for example a purchase dedicated area under the share points platform of the company intranet.

4.3.4 Employee retention

In India, the employee fluctuation is a general problem irrespective of the industrial sector. Driven by the IT-industry the people look steadily to score with well known company names on their CV and move further to the next company for higher salaries. Generally speaking this behavior may seem absolutely legitimate, nevertheless, a decreasing loyalty of the young professionals can be observed. This causes a severe problem for the company because of the related issues such as training cost and time, quality risks and efficiency. Further there could be an issue of intellectual property as well. Based on the fact, that the company is operating and conducting R&D in India, so it is facing a real risk that intellectual property will simply walk out though the door.

To minimize these risks the following attempts make sense:

- Install user policies to grant online access to project information only to employees who have been with the company for years

- Establish a reward system to retain top members of the local staff. The reward system can be linked to the control systems by relating the rewards to the performance of the employees at all levels of the organization.

Subsequent elements represent some of the incentives the reward system could include:

- Challenging projects: to be allowed to prove own skill in challenging projects can be a motivation for the best employees to remain in the company.
- Participation in global joint project: The participation in global project related with travel possibility can be perceived by the employee as a recognition of

his performance and can help him to stick to the company.

- Career development: Clear career paths and opportunities to undergo training have a dramatic impact on retention. This should be dedicated for selected top talents.
- Further Trainings programs for engineers to develop their competencies and skills. One approach is offering a Master of Art (MA) degree for two years. Different financing options should be provided depending on the performance of the employee. In this case the employee is bound to the company for the two years at least. With the MA approach the career ambition remains low as compared if he or she would go for an MBA (Master of Business Administration). For instance the Steinbeis University Berlin is developing a program with SIBM India. The studies curriculum is defined in mutual cooperation. This can be a good option in future.
- Competitive Remuneration: Of course salaries, fringe benefits such as housing, transportation and services can help retain talents in short term. Long term financial incentives such as pensions or mortgages and binding the families of the employees play an important roles but not decisive in retaining people.

Other approach which is followed by several companies is recruiting employees from midlevel rather than top-ranking universities.

4.3.5 Does the investment pay off?

The budget planning takes into account the highly required measures regarding the enhancement of the purchase team as well as R&D teams in COS and I&T segments. For the computation of the profitability, the two upcoming projects in the instrumentation field will be considered. For that all necessary expenses have been summed up. The profit results by subtracting the total costs from the planned turnover. The costs are estimated based on founded empirical values. It is supposed that the hiring process will complete by June 2008. The costs for the subsequent years are determined based on 2008 budget by considering the following assumptions:

- The yearly salary growth rate is set to 12%.
- The basic salary is calculated for a young professional. The additional expenses related to HR cost is estimated to be 30% of the basic salary. These contain food subsidy, communication costs etc.
- Costs for central training consist of flight, hotel and course fee.
- The requirement regarding equipment and light vibration tests is being now checked and will not be considered in the budget evaluation.
- Personal computers (PC) for employees will be bought. The depreciation period for the PCs is taken to be 3 years.

The ascertained profit plan is shown in next table. The first two lines show the planned sales (volume and value) for both projects cumulated. The planned costs are the initially planned costs for both projects. The fourth line in the table shows the investment or budget required for the implementation of the recommended measures. Gross margin2 line shows the expected EBIT by considering the new investments as compared to initially planned Gross margin1.

	2008	2009	2010	2011	2012	2013
Planned sales volume	1	14.030	43.000	74.800	88.880	87.960
Planned Turnover	59	1.209.033	3.715.833	6.226.110	7.309.974	7.121.412
Planned costs	65	984.031	3.022.911	5.279.041	6.262.396	6.182.312
New Investment costs	29.940	30.940	34.593	38.184	42.766	47.898
Total costs	30.005	1.014.971	3.057.504	5.317.225	6.305.162	6.230.210
Gross margin1	-5	225.002	692.922	947.070	1.047.578	939.100
Gross margin2	-29.945	194.062	658.329	908.886	1.004.812	891.202
% of turnover	-50456,5%	16,1%	17,7%	14,6%	13,7%	12,5%

Tabelle 2: Profit plan

The profit after taxes is not presented because the aim of this calculation is to see when the break even point would be reached. The profit plan shows that the break even is reached in year 2009 which is very positive for our BU. The precondition is for this result, that we get the costs under control as discussed in the previous sections and the planned turnover with the target prices would be realized.

5 Summary and outlook

India has a cost advantage especially in engineering intensive skills versus other low cost countries. Many global OEMs and Tier I suppliers have recognized this advantage and are increasingly outsourcing to this country. This has become a survival imperative to react to cost pressure on one hand. On the other hand, it is a chance for the Business Unit (BU) Commercial Vehicles and Aftermarket (CV&AM) as one of the players to increase its flexibility in the global market and to generate profits from the growing local market.

However, The Indian market is a still developing market with several deficits. Further the market requires local contents and technology at low price. Therefore, the BU should localize, have negotiation skill and be innovative in order to cope with this challenge.

Lessons learned:
At the end of this contribution a critical reflection as well as an outlook for further steps can be dared. The future will show, to which extent this work has succeeded, in motivating the management to really implement the suggested measures and how far a transfer of theoretical bases was possible in the practice. The figures and facts indicate clearly that the advantages are higher than the risks if the company engages actively in the Indian market. Hence,

once again the recommendation: to implement the suggested strategic levers. It will be worthwhile!

During the execution of the project put-on as a matrix a priority conflict between project and operative tasks were observed. Based on the empirical values following recommendations should be followed for future projects at CV&AM of this type:

- The clear discussion of the expectations of the top management from the project and writing down the derived aims for the project.
- Clearer communication in the team.
- Strong commitment of top managements for the project.

What are the next steps?
Following issues have to be treated in greater depth:

- The competitor analysis needs to be done by considering other aspects like strategy, business data and strength and weakness of each competitor.
- Benchmarking and competitor analysis using third party like CICI. It assumed that such third consulting party has access to competitor data.
- Expansion of the R&D team to build competencies in platform engineering with the purpose to reengineer a low cost product platform instead of just downsizing the current products in the chassis & body application fields.
- Drawing of the road map for each customer using information gathered by the resident engineers.

Finally, we must approach the local customers even more aggressively and more proactively in order to win new projects.

Anhang

Abbildungsverzeichnis

Tabellenverzeichnis

Literaturverzeichnis

Books, magazines and external reports

1. Bogensperger [2005], Makroökonomisches Profil zu Indien, BIS-Report, CT IRC IS1, 2005 page 1-4.

2. Business Monitor International LTD [2005a], India Freight Transport Report Q4 2005, 2005a.

3. Business Monitor International LTD [2005b], India Auto Report Q3 2005, 2005b.

4. Data Monitor [2005], Medium & Heavy Trucks in India Industry profile, India, 2005.

5. First Global [2005], Sector: Indian Auto, 14.06.2005

6. Fuß Jörg [2007], Marketing Management, MBA course, Steinbeis University Berlin 2007.

7. Föbel, Elena [2006], Automotive and Automotive Parts Market India, Broker Report, Siemens, 2006.

8. Global Insight [2006], Asian Automotive Industry Forecast Report, India, April 2006.

9. Goldman Sachs [2003], Dreaming with BRICs. The path to 2050. Global economic paper, Nr.99, 2003.

10. Gray Clifford / Larson Eric. [2002], Project Management, The complete guide for every manager, 2002.

11. Handelsblatt [2006], verschlafen-wir-einen-zukunftsmarkt, www.handelsblatt.com/news/Journal/Vermischtes/_pv/_p/204493/_t/ft/_b/1154892/default.aspx/verschlafen-wir-einen-zukunftsmarkt.html, 25.10.2006.

12. Hooley Graham / Saunders John / Piercy Nigel[2004], Marketing Strategy and Competitive Positioning, 3rd edition, 2004.

13. Horn Carsten/ Kues Anne [2006] Mit Günstige Produkten und guter Qualität Werben, Business in India – Teil7. io new management no. 10 | 2006.

14. India Forum [2007], Automotive Suppliers, Esslingen, 2007.

15. Issupli, Automotive Electronics in India: Transforming from Dormancy to rapid Growth, India Research, Topical report , 2006.

16. Jobber David [2007], Principles and Practice of Marketing, 5th edition, 2007.

17. Just-auto [2007], Where next for India's auto Industry, www.just-auto.com, 13.02.2007.

18. Kaufmann Lutz/ Steinrücke Bernhard/ Panhans Dirk/ Koch Mathias [2006], Hohes Marktwachstum und enorme Ungleichheit. Business in India – Teil1, io new management no. 7-8 | 2006.

19. Keck, Gerhard [2006], Projektmanagement, Skript zur Vorlesung für MBA General Management, Steinbeis Berlin, 2006.

20. Kleber Claus, Andersen Angela, Gandhi Erben als Global Player Teil2, Documentary, 3Sat, diffused on 01.11.2006, 20:15.

21. Koch Mathias / Panhans Dirk / Paschke Clemens. Infrastruktur [2006a], Korruption und Bürokratie als Barrieren, Business in India – Teil2. io new management no. 4 | 2006a.

22. Koch Mathias / Paschke Clemens / Gerlich Stephan [2006b], Gute universitäre Ausbildung, aber zu wenig Erfahrung. Business in India – Teil5. io new management no. 7, 2006b.

23. Krämer M. [2005], Worldwide Urbanization Trend profile, Siemens, 2005.

24. Hill Charles W. L. / Jones R. Gareth, Strategic Management an integrated approach, Boston New York, 2004.

25. Nagel, Kurt/Faix Werner G./Schulten Annette/ Keck Gerhard/ Sailer Joachim [2007], General Management Tools, TDR, Steinbeis Edition 2007.

26. Neumann Clas, Kaufmann Lutz, Koch Mathias [2006], Paschke Clemens, Das Forschungsszentrum der Welt, Business in India – Teil3. io new management no. 5 | 2006.

27. Ramanath S / Sachin Kochhar [2005], Autocomponents taking wings, SSKI, September 1st, 2005.

28. Schneider Stefan [2005], Globale Wachstumszentren 2020- Formel G für 34 Volkswitschaften, Deutsche Bank Research, Aktuelle Themen, Nr.313, page 1-36, 2005.

29. Schmidt, Thomas [2006], Werkzeuge der Praktischen Unternehmensführung, MBA course, Steinbeis University Berlin, 2006.

30. Steinbeck Hans [2006], Strategie-und Changemanagement, MBA course, Steinbeis University Berlin, 2006.

31. The Boston Consulting Group, Winning the Localization Game, Report, 2008, page 1-43.

32. Webshopindia.fr [2007], Salon de l'Auto, Dossier n°8, www.webshopindia.fr/archives/arch_dossier/08/dossier.htm#Le%20prix%20d'un%20véhicule%20neuf, France, 13.02.2007.

33. World Bank, India, www.WorldBank.org, called on 11.10.2006.

Internal reports and presentations:

1. Continental [2005], Divwise Profitability.xls, Internal report, Villingen-Schwenningen, 2005.

2. Continental [2006], Ashok Leyland, Villingen-Schwenningen, November 20th, 2006.

3. Continental [2007], Automobile Aufschwung im Boomland Indien, Inside magazine, Germany, 2007.

4. Continental [2008], Company presentation, Internal presentation, Villingen-Schwenningen, 2006.

5. Pelk Jörg [2007], Konsens CVSP 2007, Internal report, Villingen-Schwenningen, 2007.

6. Siemens VDO [2005], CV_IindiaMarket_Outlook, Internal presentation, Germany, 2005.

7. Siemens VDO[2007], Commercial Vehicles and Service Parts, Internal presentation, Germany, 2007.

Abkürzungsverzeichnis

2-WH	Two wheeled vehicles
bn	Billion
BU	Business Unit
CAGR	Compound Annual Growth Rate
COS	Control Systems: Business segment in our organization
CBCU	Central Body Control Unit
CV	Commercial vehicles.
EBIT	Earning before interest and taxes
E/E	Electrical and electronic parts
EURO III	3rd European restriction to regulate the vehicle emission. The next higher level of this restriction is Euro IV.
GDP	Gross Domestic Product
HQ	Headquarters
I&T	Interior and Telematics: Business segment in our organization
LCV	Light commercial vehicles including SUV VAN & Pick-ups
LTD(Ltd.)	Limited
OEM	Original Equipment Manufacturer, i.e. vehicles manufacturers
MA	Master of Arts
MBA	Master of Business Administration
Mn(mln)	Million
M&HCV	Medium and Heavy Commercial Vehicles
PEST	Political, Economic, Social and Technological
PV	Passenger Vehicles
R&D	Research and Development
SIBM	Symbiosis Institute of Business Management
SUV	Sport Utility Vehicle weighing less than 3.5 tones
SV	Siemens VDO
SWOT	Strengths, Weaknesses, Opportunities and Threats
CV&AM	Commercial Vehicles and Aftermarket; name of the Business Unit
SOEM	Special OEM means here special commercial vehicles such as rough terrain crane, mixer, tractors......
TCO	Tachograph

Betriebswirt (VWA)
Markus Tusch, MBA

Portierung der „A&D-Toolbox Channel Management" auf das Geschäftsgebiet „Heating, Ventilation, Air Conditioning and Refrigeration Products (HVAC Products)"

der Siemens Building Technologies GmbH & Co. oHG (SBT) – Region Hanse

Ausgangslage / Problem

„Wir müssen sagen, was wir denken, müssen tun, was wir sagen, und müssen sein, was wir tun." (Alfred Herrhausen)

Die Optimierung der Marge ist eine der Herausforderungen, der sich die Siemens Building Technologies – Region Hanse (SBT) in einem immer wettbewerbsintensiveren Umfeld stellen muss. Die Maximierung des Profits erfordert sehr genaue Kenntnisse der Marktvolumina und Marktströme innerhalb jedes einzelnen Distributionskanals. Der Grad der Beeinflussung des Absatzmittlers auf den Kaufentscheid variiert sehr stark von Kanal zu Kanal. Erschwerend kommt hinzu, dass die Konkurrenten von Kanal zu Kanal unterschiedlich stark aktiv sind.

Die SBT ist über das Einkaufsvolumen (eigener und Konkurrenzanteil) der wichtigsten Absatzmittler gut im Bilde, kennt aber weniger Details des Weges vom Zwischenhändler zum Endkunden. Ich bezeichne dieses Phänomen als **„blinden Fleck."** (s. Abb. 1).

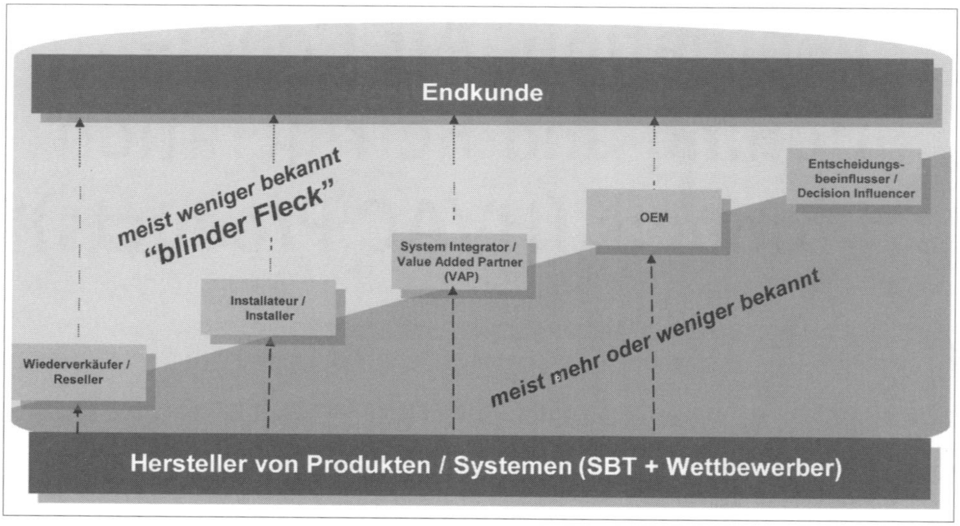

Abbildung 1: Der „Blinde Fleck"

Es gibt fragmentierte Auskunft über

- die Waren- und Wertströme, die sich von Kanalpartner zu Kanalpartner bis zum Endkunden ergeben
- den Beeinflussungsgrad des Absatzmittlers auf die Kaufentscheidung des Endkunden
- die Bedeutung der Branchen bezogen auf die Absatzkanäle
- die dominierendsten Wettbewerber in den einzelnen Kanälen
- die spezifischen Kanalanforderungen der Kanalpartner an die SBT

- die „Importe und Exporte," die in das Marktsystem der SBT Hanse fließen bzw. auch abfließen.

Im Rahmen meiner Master-Thesis wurden deshalb für den Auftraggeber, die Siemens Building Technologies GmbH & Co. oHG – Region Hanse, die Distributionskanäle im hanseatischen Markt für das Geschäftsgebiet „Heating, Ventilation, Air Conditioning and Refrigeration (HVAC) Products" (HVP) untersucht.

Die Untersuchung dient dazu, die oben angesprochene fehlende Transparenz in den Volumenströmen und der Beeinflussung des Kaufentscheides zu erhalten, um die Ziele der Bereichsleitung der SBT Hanse zu unterstützen. Diese wiederum sind klar vom Vorstand der Siemens AG bzw. vom Bereichsvorstand der SBT vorgegeben: Die Erreichung von 7-9%[1] Ergebnismarge vom Umsatz.

Gang der Untersuchung
Die Durchführung meines Projektes im Rahmen meiner Master-Thesis orientiert sich im Wesentlichen an dem von Prof. Dr. Werner G. Faix beschriebenen „Strategischen Dreieck zur Unternehmensentwicklung". Dieses veranschaulicht die „Systematik des Unternehmensentwicklungsprozesses zu Wachstum und Globalisierung."[2] In der Umsetzung des Transfergedankens dieses theoretischen Modells bin ich für das Projekt zu folgender Vorgehensweise gekommen (s. Abb. 2).

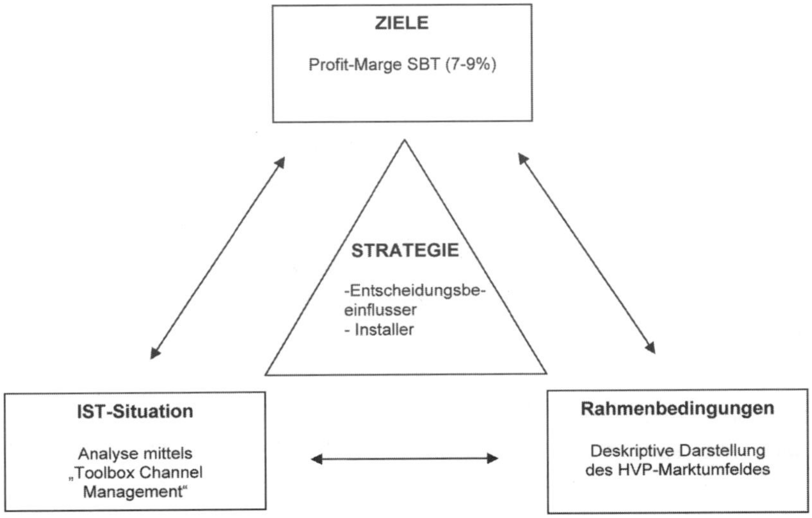

Abbildung 2: Die Unternehmensentwicklung - Transfer auf „TCM-Projekt"[3]

1 vgl. Siemens AG; Basispräsentation „Fit42010", Halbjahrespressekonferenz - Siemens AG, 26.04.2007.
2 vgl. Faix, Schulten, Keck, Sailer, Mezger; Management von Wachstum und Globalisierung, S.3.
3 vgl. Faix, Schulten, Keck, Sailer, Mezger; Management von Wachstum und Globalisierung, S.12, Abb. 8.

Im Rahmen einer empirischen Studie (endogene Rahmenbedingungen) und anschließender Analyse unter Zuhilfenahme der „Toolbox Channel Management" wurde die IST-Situation des Auftraggebers untersucht. Nach der Beschreibung der Marktbedingungen (exogene Rahmenbedingungen) habe ich anschließend eine Strategie für das Geschäftsgebiet HVP definiert, um damit insgesamt die SBT Hanse zu unterstützen, die Ziel-Ergebnis-Marge zu erreichen.

Studie
Als Grundlage der Kanal-Untersuchung wurde (wie oben erwähnt) eine umfangreiche Situationsanalyse durchgeführt, die den hanseatischen Markt (umfasst die Siemens-Niederlassungen in Hamburg, Bremen, Rostock und Kiel mit deren zugeordneten Vertriebsgebieten), die Mitbewerber und die bestehenden Distributionskanäle beleuchtet. Als „Werkzeug" wurde dazu im Sinne von „Best Practice Sharing" die sog. „Toolbox Channel Management" (TCM) des Bereiches Automation & Drives (A&D) verwendet. Die „Toolbox" wurde gemeinsam mit dem A&D-Stammhaus eigens für diese Untersuchung auf die SBT-spezifischen Anforderungen hin konfiguriert bzw. modifiziert. So wurden z.B. die Vertriebskanäle und deren Anforderungen definiert und die Veränderungen zur Systematik der A&D eingearbeitet. Gemeinsam mit dem Vertriebsleiter des Geschäftsgebietes HVP in der Region Hanse wurden Kunden ausgewählt, Umsätze und Kosten auf die Kanäle umgelegt und ein vierseitiger Fragebogen erstellt.

Anschließend wurden innerhalb eines Zeitraumes von ca. fünf Monaten 36 quantitative Kundenbefragungen durch die Vertriebsmitarbeiter durchgeführt. Der Fragenkatalog umfasste den SBT HVP Umsatz pro Distributionskanal, das Marktvolumen aller Marktteilnehmer, die Entscheidungsbeeinflussung auf den Endkunden sowie kanalspezifische Anforderungen. Die erfassten Fragebögen benötigten eine mehrstufige Plausibilisierung. Die Daten wurden danach ausgewertet und in Form von „Charts" visualisiert.

Durch die Kombination der Informationen aus den Auswertungen lassen sich zwei „Key Facts" für SBT HVP formulieren, die mit konkreten Empfehlungen und Maßnahmen hinterlegt wurden:

Key Facts
Entscheidungsbeeinflusser (Planer, Architekten, Ingenieure):
Der Einfluss der Planer und Ingenieure auf die Kaufentscheidung ist mit > 15% relativ hoch. Wird jetzt noch in Betracht gezogen, dass dieser Wert durch die Gewichtung unterschiedlicher Faktoren ermittelt wurde (u.a. Umsatzvolumen), der Kanal selbst kein Umsatzträger ist, so ist der „gefühlte" Wert der Einflussnahme nochmals deutlich höher. Darüber hinaus wird das Gewicht noch dadurch verstärkt, dass zwar der Endkunde einen „rechnerisch" höheren Einfluss hat (im Sinne von „letztes Wort"), jedoch auch hier die intensive Beratung durch den jeweiligen Entscheidungsbeeinflusser erfolgt. Somit ist aus meiner Sicht auch in dem Anteil des Endkundeneinflusses ein hoher Anteil, der von den Entscheidungsbeeinflussern

geprägt wird. Des Weiteren ist der Händler- und Installateur-Markt durch die bisherige Akquisitionsausrichtung gut durchdrungen bzw. ist zusätzliches Volumen nur noch mit unverhältnismäßig hohem Aufwand zu generieren.

Installer (Installateure):
Es gibt einen direkten Absatzweg vom Hersteller (SBT) an die Installer. Der Reseller selbst verkauft über 90% der Siemens-Produkte ebenfalls an die Installer.

Die direkte Betreuung und der Verkauf an die Installer durch den Hersteller SBT (Bestelleingang per Fax, Telefon, ...) ist, relativ zu den anderen Kanälen betrachtet, mit einem höheren Abwicklungsaufwand verbunden.

Chancen
Über die Aufnahme bzw. stärkere Betreuung der Entscheidungsbeeinflusser für HVP besteht die Möglichkeit, stärker als in der Vergangenheit am Ausschreibungsmarkt zu partizipieren. Dies ist durch eine konsequente Ausrichtung der Vertriebs- und Marketingaktivitäten auf die Beeinflusser (Erzielung eines „pull"-Effektes) zu forcieren. Das entstehende Potenzial könnte dann vornehmlich über den sog. „VAP"-Kanal (Systemintegratoren) abgeschöpft werden.

Neben einem Umsatzpotenzial ergibt sich aus dieser Studie noch ein Prozessoptimierungspotenzial. Durch den bisher sehr hohen Abwicklungsaufwand bei den Installern (Bestellungen mit geringen Volumina gehen meist per Telefon, Fax, etc. ein und müssen manuell abgearbeitet werden), bietet sich die Möglichkeit zu Prozessoptimierungen. Hier ist zunächst zu prüfen, ob eine Anbindung an den „SBT-Webshop" für die Installateure erfolgen kann (technische Realisierung). Sollte dies möglich sein müssen die Installateure durch gezielte Marketingaktivitäten vom Vorteil der elektronischen Bestellmöglichkeit per Internet überzeugt werden. Durch diese Prozessoptimierung könnten dann die Vertriebskapazitäten effektiver eingesetzt werden.

Potenziale / Ziele
Basierend auf den oben genannten Chancen sind als übergeordnete Ziele der Ausbau des Marktanteiles und Prozessoptimierungen zur Einsparung von Vertriebskosten für das Geschäftsgebiet HVP in der Region Hanse definiert worden:

- Erhöhung des Volumens mit dem „VAP"-Kanal
- Es sollten zukünftig mindestens 30% der gesamten Kunden des „Installer"-Kanales elektronisch angebunden („SBT-Webshop") oder von anderen Kanälen bedient werden.

Anhang

Abbildungsverzeichnis

Literaturverzeichnis

Faix, Werner G.; Schulten, Annette; Keck, Gerhard; Sailer, Joachim; Mezger, Patricia; Management von Wachstum und Globalisierung – Best Practice, Band 1, Steinbeis-Edition 2006.

Siemens AG; Halbjahrespressekonferenz, Basispräsentation „Fit42010", 26.04.2007.

Dipl.-Ingenieur (FH)
Michael Werner, MBA

Untersuchung interner und externer Faktoren zur Optimierung der Energiespar-Contracting Ausrichtung von Siemens Building Technologies GmbH & Co. oHG

Inhalt

1 Einleitung

Energiespar-Contracting (ESC) stellt seit ca. 10 Jahren eine Vertragsform dar, welche dem immer größer werdenden Investitionsstau bei Städten und Kommunen begegnet.

Energiespar-Contracting basiert auf folgender Geschäftsidee:

- Der Contractor, in diesem Fall Siemens Building Technologies, investiert in die Sanierung von gebäudetechnischen Anlagen. Diese Sanierung führt wiederum zu einer Einsparung von Verbrauchsmedien, wie Strom, Wärme, Kälte und Wasser.
- Diese monetären Einsparungen finanzieren dann über eine errechnete Vertragslaufzeit die Investitionskosten für die getätigten Sanierungen. Es findet also bildlich gesehen eine Umleitung von Energiekosten, welche ohne Sanierung an die Energieversorger fließen würden, an den Contractor statt.
- Der Kunde erhält zusätzlich vom Contractor eine Energie-Einspargarantie. Daraus ergibt sich für den Kunden keine finanzielle Mehrbelastung gegen über der momentanen Situation.

Das Ziel der Master-Thesis ist es:

- Das Marktpotential für Energiespar-Contracting in Deutschland zu untersuchen.
- Die Wettbewerbsbedingungen in dem Markt des Energiespar-Contracting zu untersuchen.
- Notwendige Vorgehensweisen und Strategien zu erarbeiten, um den Marktanteil von SBT vergrößern zu können.

Bei SBT wurde ein Projekt zur Erstellung eines Aktionsplans gestartet. Dieser Aktionsplan kann zur Erreichung der Unternehmensziele angewandt werden.

Zwei Mottos dienen als Grundlage der Untersuchungen:

- Der Philosoph Odo Marquard (Siemens AG) erkannte bereits 1994: „Zukunft braucht Herkunft". Auf das Projekt übertragen bedeutet dies, dass zur Entwicklung von Strategien die Untersuchung von Herkunft und Gegenwart notwendig ist.[1]
- Prof. Dr. Werner Faix überarbeitete das strategische Dreieck von Kenichi Ohmae und benannte es als „Strategisches Dreieck der Unternehmensentwicklung". Dieses strategische Dreieck ist die Basis für die vier Elemente der Unternehmensentwicklung und wurde für die Master-Thesis als Grundlage herangezogen.[2]

1 Werner G. Faix, Annette Schulten, Gerhard Keck, Joachim Sailer, Patricia Mezger (Hrsg.), Management von Wachstum und Globalisierung. Best Practice Band 1, Steinbeis Edition, 2006, Seite 5.

2 Werner G. Faix, Annette Schulten, Gerhard Keck, Joachim Sailer, Patricia Mezger (Hrsg.), Management von Wachstum und Globalisierung. Best Practice Band 1, Steinbeis Edition, 2006, Seite 6.

2 Marktsituation

Deutschland hat einen wachsenden Markt für Energie Services unterschiedlicher Arten und ist einer der Pioniere auf dem Europäischen Markt in der Energiespar-Contracting-Entwicklung. Obwohl es in der Zwischenzeit hohe Marktstandards, „Best-Practice"-Beispiele und ein beständiges Marktwachstum gibt, sind bis heute bedeutende Anteile des Energie Service Marktes im deutschen Gebäudesektor nur partiell genutzt. Um dies besser zu erreichen, sollten die Anstrengungen, Gebäudeeigentümer zu überzeugen, Know-How zu transferieren und Informationen zu verbreiten intensiviert werden.[3] Es ist Bestandteil dieser Master-Thesis, geeignete Strategien für den Geschäftszweig Energy & Environmental Solutions (EES) bei Siemens Building Technologies (SBT) zu finden.

3 Zahlen und Fakten

Siemens Building Technologies hat in Deutschland bis heute für über 1.600 Gebäude einen Energiesparvertrag abgeschlossen. Dabei wurden über 115 Mio. € in die Sanierung von Anlagen investiert. Dies führt zu einer garantierten Verbrauchseinsparung von 160 Mio. €. Die ausgewiesenen und garantierten Einsparungen können zu 110 % erfüllt werden. Die mittlere Vertragslaufzeit beträgt 8,6 Jahre. Die Umwelt konnte dadurch mit 646.000 t CO_2-Emissionseinsparung entlastet werden, was 3,6 Mrd. PKW Kilometer entspricht.

4 Stakeholderanalyse

Hier eine Zusammenfassung der umfangreichen Stakeholderanalyse aus der Master-Thesis:
Um neue Schritte der Marktverfolger rechtzeitig zu erkennen, sind kontinuierliche Wettbewerbsanalysen notwendig. Das Gleiche gilt bei der Erkennung von Marktneulingen.

In der Landespolitik ist Energiespar-Contracting (ESC) oft nicht sehr erwünscht, da es die Auslastung der eigenen Hochbauämter senkt. Dies klingt im ersten Moment unverständlich. Es ist jedoch in der Praxis so, dass Hochbauämter ihre Stundenkontingente aus dem abgerechneten Umsatz der zu betreuenden Projekte erhalten. Dies ist bei Energiespar-Contracting jedoch nicht der Fall. Es wird dadurch das jährliche Stundenbudget, welches für den Gebäudeunterhalt vorgesehen ist, belastet. Hier ist es notwendig noch mehr Lobbyarbeit durchzuführen, um bei den Hochbauämtern eine entsprechende Abrechnung für die Betreuung von ESC-

3 Eurocontract, European Platform for the Promotion of Performance Contracting EIE/04/211/S07.38673 Status quo on Energy Performance Contracting in Germany 2004.

Projekten zu ermöglichen. Sollte dies nicht zum Ziel führen, ist die Durchführung einer Contracting-Offensive notwendig. Energieagenturen, an denen der Bund zu einem großen Teil beteiligt ist, treiben dabei die Ausschreibung von ESC voran. Planungsbüros, welche noch keine Erfahrungen mit Energiespar-Contracting gemacht haben, wehren sich oft gegen eine Zusammenarbeit in der Projektentwicklung, da sie ihr bisheriges Auftragsvolumen durch ESC als bedroht betrachten. Diese Ingenieurbüros arbeiten jedoch oft mit anderen Bereichen von Siemens Building Technologies sehr gut zusammen. Dort muss noch mehr Überzeugungsarbeit geleistet werden, um den Geschäftspartnern diese Angst in Zusammenhang mit ESC zu nehmen.

Energieversorger müssen ständig im Auge behalten werden, da diese Unternehmen jederzeit dazu in der Lage sind, durch Vorwärtsintegration ESC anzubieten. Nachdem bei den Energieversorgern Energiesparen auch immer mehr zum Thema wird und diese sogar vermehrt regenerative Energien einsetzen, besitzen sie mittlerweile das Potential, um SBT im ESC gefährlich zu werden.

5 PEST(LE)-Analyse

Die PEST-Analyse hat sich im Rahmen der strategischen Planung als leicht verständliches und flexibles Tool bewährt. Die PEST oder PEST(LE) ist ein sinnvoller Ausgangspunkt für die Analyse des externen Unternehmensumfeldes und der dort wirkenden Triebkräfte.[4] Da in der zu untersuchenden Branche der ökologische Faktor von hoher Bedeutung ist, wurde die Durchführung einer PESTLE Analyse beschlossen, da diese die ökologische Komponente näher betrachtet. Dabei steht PEST(LE) für politische, wirtschaftliche (economic), sozio-kulturelle, technologische, rechtliche (legal) und ökologische (ecological) Einflussfaktoren.

Die Ergebnisse der PEST(LE)-Analyse bestätigen die Ergebnisse des unternehmensexternen Teils, der in der Master-Thesis detailliert beschriebenen SWOT-Analyse, im Wesentlichen.

In der nachfolgenden Abbildung ist die Darstellung des momentan wichtigsten Einflussfaktors gewählt. Dabei ist auf der X-Achse die Unsicherheit über das Eintreten aufgetragen. Auf der Y-Achse ist die Bedeutung der Auswirkungen des Faktors auf das Unternehmen dargestellt:

4 Dagmar Recklies: „Die PEST(LE) Analyse" von www.themanagement.de geladen am 07.03.2007.

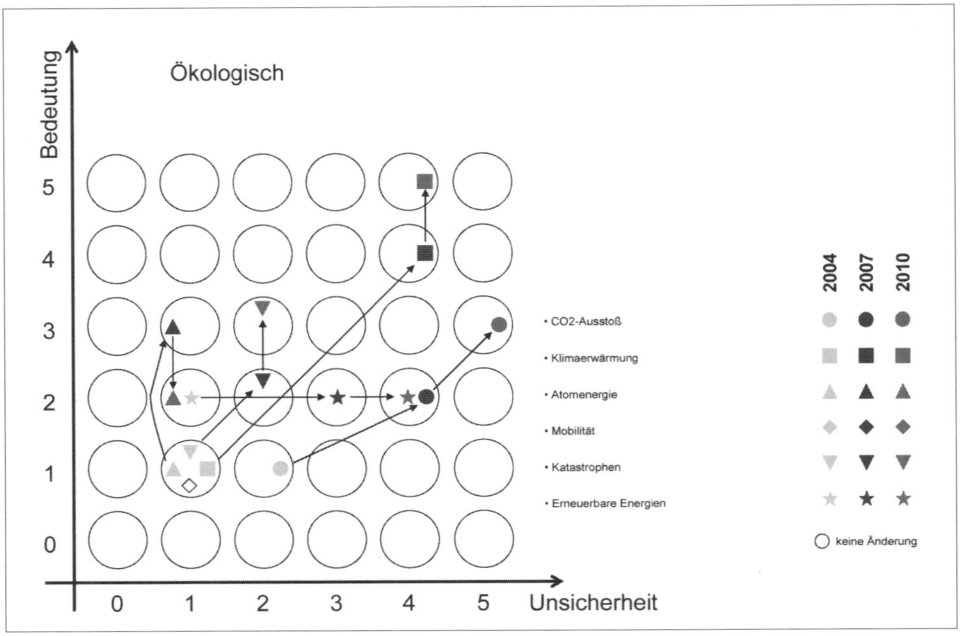

Abbildung 1: PEST(LE)-Ökologisch

Es ist zu erkennen, dass sich im Laufe der Jahre vier Einflussfaktoren in einen für weitere Untersuchungen relevanten Bereich hineinbewegt haben oder noch -bewegen werden.

Allen voran die Klimaerwärmung: Sie hat zwischen 2004 und 2007 einen so rasanten Sprung in der öffentlichen Wahrnehmung, bei Wirtschaftsvertretern und Politikern genommen, dass deren weitere Auswirkungen auf die Branche weiter betrachtet werden sollen.

CO_2-Ausstoß, Katastrophen und erneuerbare Energien, gehen mit der Entwicklung der Klimaerwärmung einher und sollten deshalb weiter im Auge behalten werden.

6 Strukturanalyse der ESC-Branche nach PORTER

Nach Porter existieren fünf Kräfte, welche ein Unternehmen in seiner Position am Markt bedrohen. In der folgenden Tabelle sind diese in der linken Spalte aufgeführt:

Bedrohung durch neue Wettbewerber	Vorwärtsintegration Energieversorger regionale Anbieter Niedrige Markteintrittsbarrieren Jedoch schneller Wiederausstieg bei fehlendem Erfolg Bdrohung beiAbwerbung von Kow-How Trägern hohe Umstellungsaufwendungen bei vorhandenen Anlagen
Verhandlungsstärke der Kunden	Große Umsatzvolumina Selbsterzeugung Sanierungskosten bekannt
Verhandlungsstärke der Lieferanten	Servicelieferant Produktlieferant Vorwärtsintegration
Bedrohung durch Ersatzprodukte -lösungen	Contracting Varianten Substitutionsprodukt Enerieliefercontracting Selbsterzeugung
Konkurrenz zwischen vorhandenen Wettbewerbern	unterschiedlichst große Marktteilnehmer Jeder Marktteilnehmer verfolgt eine unerschiedliche Strategie Wenig Konkurrenzdruck bedingt durch überdurchschnittliches Marktwachstum Qualität der Dienstleistung geht vor Preisdifferenzierung Verständlichkeit des Produktangebotes

Abbildung 2: PORTER-Five-Forces

Porter's Five Forces Modell kann heutzutage nur noch bedingt angewendet werden,[5] da die in der heutigen Wirtschaft vorherrschende Dynamik durch dieses Modell nicht berücksichtigt werden kann. Jedoch stellt sie ein gutes Hilfsmittel dar, um sich einen strukturierten Überblick über die betreffende Branche zu verschaffen:
Die Bedrohung durch neue Wettbewerber ist in der ESC-Branche relativ groß, da Unternehmen wie zum Beispiel Energieversorger, Energieliefercontractoren, Facility-Management-Firmen und Heizung-Lüftungs-Klima-Firmen (HLK) aufgrund der niedrigen Markteintrittsbarrieren leicht in die ESC-Branche einsteigen können.

Die Verhandlungsstärke der Kunden ist groß, da diese sich darüber bewusst sind, dass die großen Auftragsvolumina von ESC-Projekten, einen erheblichen Anteil am Jahresumsatz eines Energiespar-Contractors darstellen. Außerdem sind die Kunden jederzeit dazu in der Lage, Energiesparmaßnahmen durch Eigenbeschaffung zu realisieren.
Die Verhandlungsstärke der Lieferanten stellt sich eher gering dar, da es sich dabei meist um viele kleinere Unternehmen handelt. Bei den HLK-Zulieferern ist eine Vorwärtsintegration möglich. Diese scheitert jedoch oft am finanziellen Rückhalt.
Die Bedrohung durch Ersatzprodukte ist ähnlich wie die Bedrohung durch neue Wettbewerber, als ziemlich groß anzusehen. Bedingt ist dies durch die große Vielfalt von Contracting-Möglichkeiten, wie z.B. Energieliefer-Contracting, Anlagen-Contracting, Finanzierungs-Contracting. Die Konkurrenz zwischen den vorhandenen Wettbewerbern ist durch das überdurchschnittliche Marktwachstum nicht sehr hoch. Jeder Mitbewerber besetzt seine Nische. Von den drei großen hat jeder einen anderen Hintergrund. So kommt ABB aus dem Anlagenbau. MVV ist Energielieferant und SBT ein Gebäudetechnik-Anbieter.

5 Dagmar Recklies: Porters fünf Wettbewerbskräfte, 2001 von www.themanagement.de geladen am 07.03.2007.

7 Marktwachstum und -potential

In der durchgeführten SWOT-Analyse ergab sich, dass die Entwicklung der sozi-ökonomischen Faktoren momentan mit der Stärke der großen Bekanntheit von SBT zusammen treffen. Die Chance die sich daraus ergibt, soll im Folgenden genauer betrachtet und untersucht werden: In veröffentlichten Marktstudien von 2005[6] und 2006[7] stellt sich die Marktentwicklung wie folgt dar:

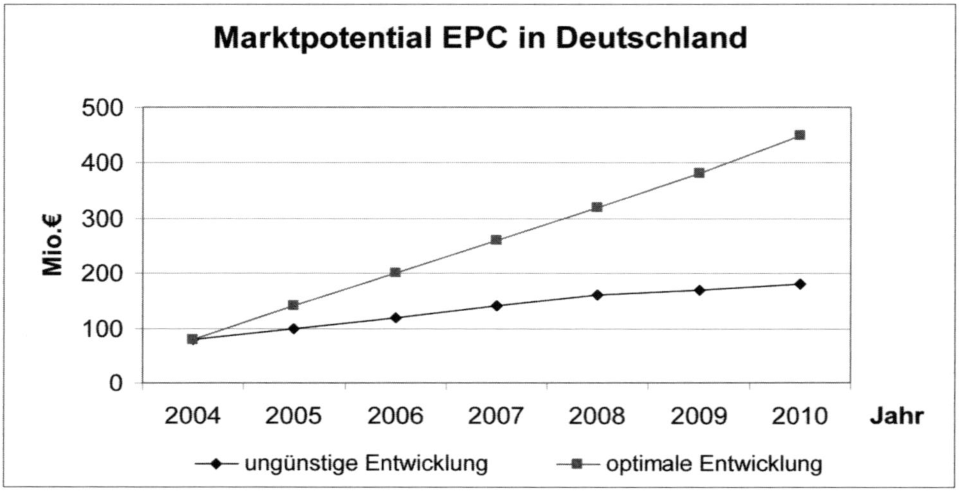

Abbildung 3: Marktpotential Studie Eurocontract[8]

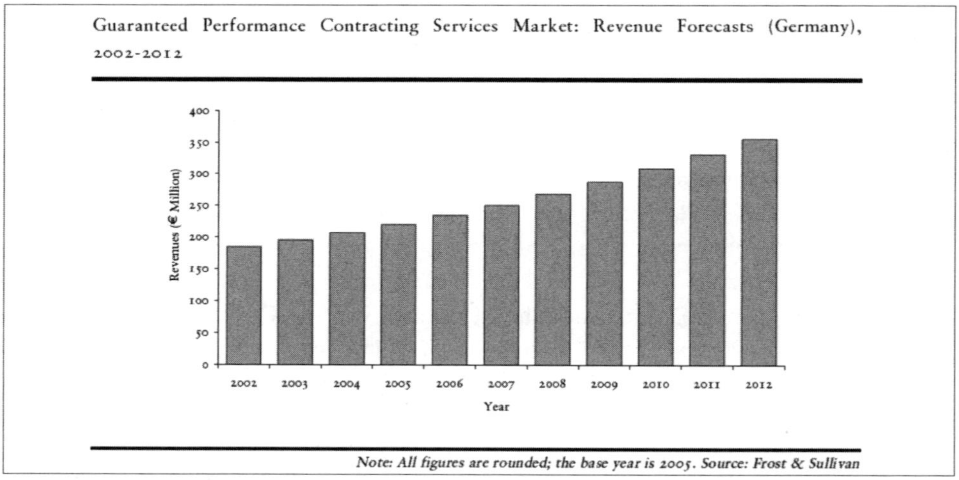

Abbildung 4: Marktstudie Frost & Sullivan[9]

6 Eurocontract: EIE/04/211/S07.38673 Status quo on Energy Performance 11/2005.
7 Frost&Sullivan: The European Market for EPC Services M02B-19, 12/2006.
8 Eurocontract: EIE/04/211/S07.38673 Status quo on Energy Performance 11/2005.
9 Frost&Sullivan: The European Market for EPC Services M02B-19, 12/2006.

Beide Studien bedienen sich unterschiedlicher Bewertungen. So unterscheidet Frost & Sullivan in garantiertes ESC und nicht garantiertes ESC. Eurocontract schreibt ESC ca. 10% des Marktes für Contracting zu. Andere Contracting-Verfahren, wie zum Beispiel Energieliefer-Contracting, Finanzierungs-Contracting und Gebäude-Contracting, werden hier nicht dargestellt. Bis auf geringe Differenzen, liefern jedoch beide Studien ziemlich das gleiche Ergebnis. Dabei gilt es jedoch zu beachten, dass beide Studien noch ohne die in der SWOT-Analyse und PEST(LE)-Analyse erzielten Ergebnisse der sich momentan stark verändernden Sozi-Ökonomik entstanden sind.

Diese Veränderungen werden jedoch die Entwicklung des Marktes sehr stark antreiben:
Anfang des Jahres 2007 fand in Davos das World Economic Forum statt. Dort trafen sich Vertreter der größten internationalen Unternehmen und Finanzkonzerne sowie Politiker und Strategen, um sich über ihre wirtschaftlichen und politischen Interessen auszutauschen und gemeinsame Projekte zu vereinbaren. Dabei drehte sich diesmal alles um die Klimaerwärmung. Nach Aussagen von Hr. Dr. Kleinfeld[10] ist man sich dort einig darüber, dass mit der Reduzierung des CO_2-Ausstoßes, Arbeitsplätze geschaffen werden können. Mit dem Willen, den CO_2-Ausstoß global zu senken, starten nun viele Unternehmenschefs und Politiker in die Zukunft.

So zum Beispiel Tony Blair, der überraschend auf dem EU-Gipfel im März 2007 einen Gesetzesentwurf für Großbritannien vorstellte, welcher die Klimaziele der EU bei weitem übersteigt. Gemäß diesem soll der CO_2-Ausstoß von 1990 bis 2020 um 26% bis 32% gesenkt werden. Bis 2050 sollen es sogar 60% sein. Dies hat weitreichende Auswirkungen auf die ESC-Branche, da insbesondere beim ESC die Kernkompetenz das Einsparen von Energie und somit auch von CO_2-Emmisionen ist. Dadurch wird die öffentliche Hand in die Lage versetzt, trotz leerer Kassen den CO_2-Ausstoß zu senken. Genau das wird benötigt, um die zukünftigen Klimaziele zu erreichen.

8 Ausblick in die Zukunft

Die in der Master-Thesis erstellten Analysen ergeben für die Energiespar-Contracting-Branche sehr richtungweisende Ergebnisse. Die wirklich größte Veränderung der externen Faktoren stellt der Sinneswandel in der Öffentlichkeit dar, dem Thema Klimaerwärmung für die Zukunft einen bedeutenden Stellenwert beizumessen. Nicht nur kleine Splittergruppen der Bevölkerung haben erkannt, dass mit der Einführung von Energiespar-Technologien und einem veränderten Primärenergiemix in Richtung erneuerbarer Energien neue Arbeitsplätze geschaffen werden,

10 Ausgeschieden zum 01.07.2007.

sondern alle Parteien in Deutschland unterstützen momentan dieses Thema. Eine weitere Erkenntnis ist, dass diese Einsichten nicht nur in Deutschland gemacht wurden, einem Land welches schon längere Zeit als Vorreiter in der Entwicklung der zukünftigen Energieversorgung gilt. Im Gegenteil, der Funke scheint nun aktuell auf die ganze Welt übergesprungen zu sein. Auch die USA und Großbritannien schwenken ihre Energiepolitik nun rigoros um. Dies wird große Auswirkungen auf die Energiespar-Contracting-Branche haben. So ist zu erwarten, dass der Markt für Energiespar-Contracting aufgrund der Aktionspläne der Bundesregierung zur CO_2-Einsparung im Jahr 2010 auf 450 Mio. € wachsen wird und nicht bei 300 Mio. € landen wird, wie dies die aktuellste Marktstudie aus dem Jahr 2006 vorhersagt. Damit die SBT bei gleichbleibendem Marktanteil an dieser Entwicklung teilhaben kann, müssen gewisse Grundlagen geschaffen werden. Die dazu notwendigen Maßnahmen sind in der Master-Thesis nachzulesen.

9 Marketingziele

Neben den in der Master-Thesis betrachteten Marktleistungszielen, den Marktstellungszielen und den Rentabilitätszielen, sollen hier lediglich die Prestigeziele betrachtet werden:
Siemens besitzt aufgrund der aktuellen Korruptionsvorwürfe ein schlechtes Firmenimage.

Das zentrale Prestigeziel ist es daher, dieses angeschlagene Firmenimage des Siemens-Konzerns, welches sich auf alle Sparten, wie auch die SBT auswirkt, immens zu verbessern. Eine bereits angelaufene Maßnahme zur Imageverbesserung sind „Green Image Kampagnen“, die bereits deutschlandweit auf verschiedenen Kommunikationswegen platziert werden.

Neben der Imageverbesserung ist ein weiteres Prestigeziel der politische Einfluss der SBT innerhalb öffentlicher Behörden. Da ESC aufgrund der knappen Kassen in den Haushalten der öffentlichen Hand in der Vergangenheit Akzeptanz gefunden hat, kann nun jedoch wegen steigender Einnahmen der öffentlichen Hand vermutet werden, dass die notwendigen Investitionen in neue Anlagen selbst finanziert werden und ESC daher nicht mehr als interessant erachtet wird.

Ziel des politischen Einflusses ist es also, bei den zuständigen Behörden (z.B. Hochbauämter) den Mehrwert von ESC zu positionieren, so dass diese auch weiterhin ESC in Anspruch nehmen. Dabei kann die Einspargarantie einen Schlüsselfaktor zum Erfolg spielen.

10 Erkenntnisse des Finanzplanes

Um die Auswirkungen der in der Master-Thesis erarbeiteten Strategien auf die finanzielle Situation des Unternehmens zu untersuchen, wurde für die kommenden drei Geschäftsjahre (GJ) ein Finanzplan erstellt. Aus den erstellten Kennzahlen für jedes GJ wurden die folgenden Grafiken Abbildung 5 und Abbildung 6 erstellt. Darin sind zwei Dinge erkennbar:
Die Planung ist, was Return on Invest (ROI) und Return on Sales (ROS) anbelangt, sehr konstant gelungen. Natürlich drücken die getätigten Investitionen und die Rückzahlung des Darlehens auf den Return on Equity (ROE).
Eine zweite wichtige Erkenntnis ist, dass sich zwar der ROS in einer Größenordnung von 4% bewegt, gleichzeitig sich der ROE jedoch zwischen 30% und 50% bewegt. Die Hebelwirkung hin zur Eigenkapitalrentabilität wird in der Öffentlichkeit dabei selten erwähnt. Siehe dazu auch Abbildung 5.

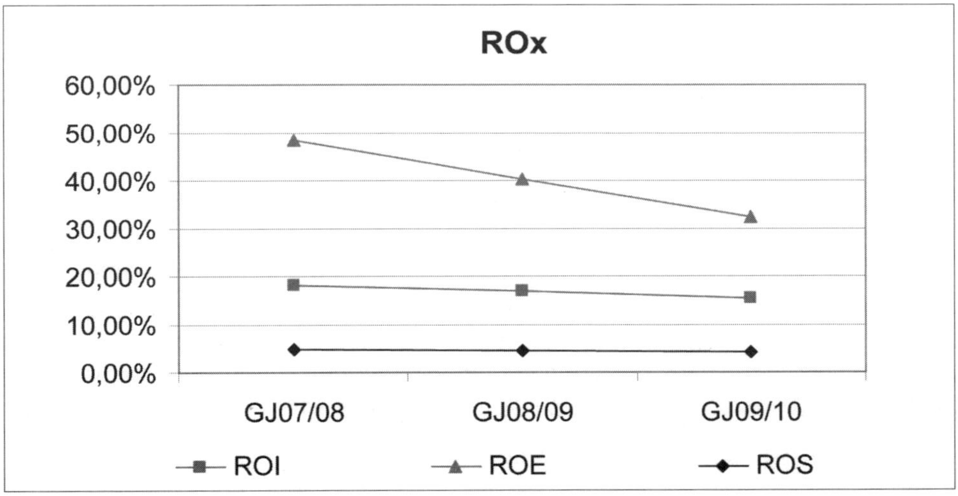

Abbildung 5: Rentabilität

In Abbildung 6 ist zu erkennen, dass die Planung im betrachteten Zeitraum bei Mengenspielraum und Preisspielraum trotz der Abteilungserweiterung und der kostenintensiven Öffentlichkeitsarbeit sehr konstant bleiben. Der leichte Abfall im GJ09/10 kann durch eine Reduzierung der Fixkosten bei Mieten und Energie aufgefangen werden.

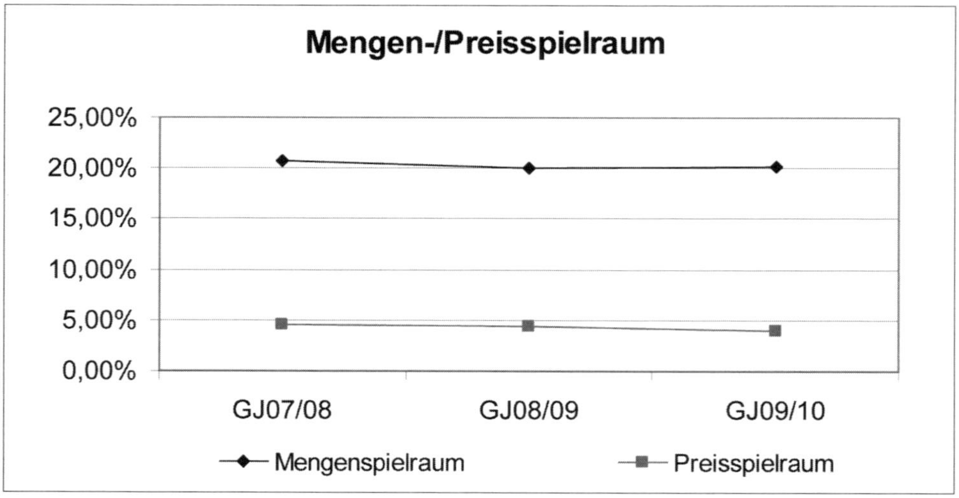

Abbildung 6: Mengen-/Preisspielraum

11 Energiespar-Contracting in Brasilien

Neben den Anforderungen für das Projekt bei SBT wurde für die Master-Thesis noch untersucht, ob die Einführung von Energiespar-Contracting in Brasilien rentabel sein kann. Auf Brasilien fiel die Wahl, da es eines der „emerging countries" ist und eine eigenständige Energieversorgung besitzt, was niedrigere Energiepreise als in Deutschland bedeutet und somit gegen Energiespar-Contracting sprechen sollte. Zusätzlich konnten bei einer Studienreise entscheidende Faktoren untersucht werden. In dieser Zusammenfassung wird lediglich das Ergebnis der Untersuchung dargestellt.

11.1 Marktpotentialabschätzung

Die Grundlage der Marktpotentialabschätzung leitet sich aus den möglichen Energieeinsparungen heraus ab. Beginnend mit dem öffentlichen Sektor ergibt sich folgende Rechnung:
Abbildung 7 zeigt, dass der öffentliche Bereich 8% des Stromverbrauchs im Staat Sao Paulo bezieht. Mit der Annahme, dass dies in ganz Brasilien so verteilt ist, sind dies von den gesamt verbrauchten 360 TWh dann 2.880 GWh. Dabei wurden 10% Einsparmöglichkeiten beim Stromverbrauch angenommen. Dies entspricht bei einem Preis von 85.600 €/GWh (siehe Abbildung 7) 250 Mio. € pro Jahr. Bei einer durchschnittlichen Vertragslaufzeit von 10 Jahren entspricht dies einem Marktpotential von 2,5 Mrd. €.

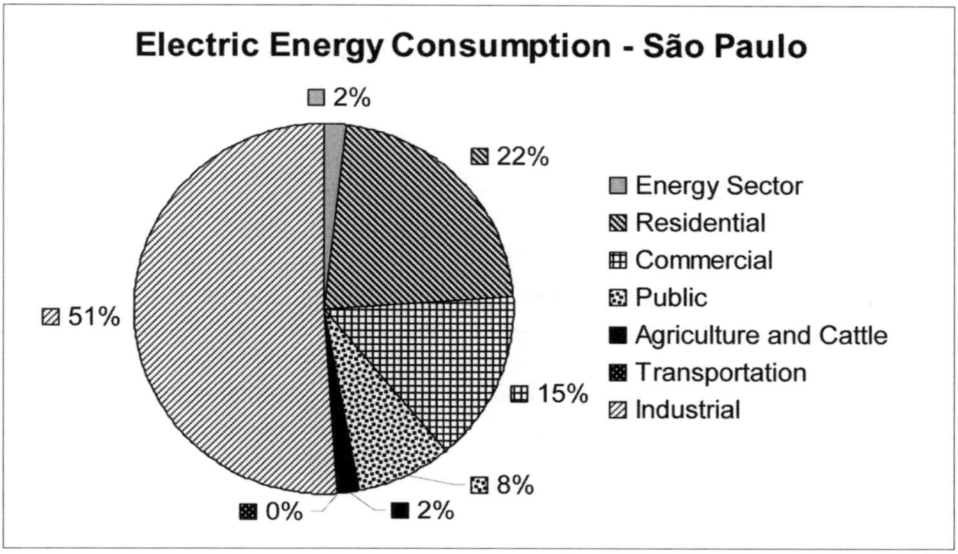

Abbildung 7: Verteilung des Stromverbrauchs im Staat São Paulo[11]

Im Industriesektor (unter Abbildung 8 genannte Sektoren) wurde aufgrund der im Jahr 2004 verbrauchten Energieformen, bei denen Energiespar-Contracting gut anwendbar ist, eine Hochrechnung der Einsparmöglichkeiten mit den bisherigen Erfahrungswerten durchgeführt. Das Ergebnis ist in Abbildung 8 ersichtlich:

Sektor	Energieart	10^3 toe	GWh	Einsparung	GWh	€/GWh	Einsparung Mio. €
Chemische Industrie	Erdgas	2.063	23.993	8%	1.919	77.300	148
	Strom	1.859	21.620	7%	1.513	92.800	140
	Heizöl	3.000	34.890	10%	3.489	81.200	283
Textilindustrie	Erdgas	298	3.466	8%	277	77.300	21
	Strom	669	7.780	8%	622	92.800	58
	Heizöl	114	1.326	13%	172	81.200	14
Lebensmittelindustrie	Erdgas	491	5.710	8%	457	77.300	35
	Strom	1.707	19.852	9%	1.787	92.800	166
	Heizöl	800	9.304	15%	1.396	81.200	113
Andere	Erdgas	947	11.014	8%	881	77.300	68
	Strom	2.900	33.727	10%	3.373	92.800	313
	Heizöl	600	6.978	16%	1.116	81.200	91
Summe			179.660				1.452

Abbildung 8: Einsparmöglichkeiten im Industriebereich[12]

Dabei ergibt sich ein Einsparpotential von 1,45 Mrd. € pro Jahr. Da im Industrie-Sektor die akzeptierten Vertragslaufzeiten unter 5 Jahren sein sollten, wird eine durchschnittliche Laufzeit von 4 Jahren angesetzt. Daraus ergibt sich ein Marktpotential für den Industriesektor von 5,8 Mrd. €.

11 2005 Energy Balance of the State of São Paulo – Year Base: 2004 Secretariat of Energy, Hydric Resources and Sanitation of the State of São Paulo.

12 Datenquelle: Ministério de Minas e Energia – MME, „Brazilian Energy Balance 2005".

11.2 Strategie

Vergleicht man die Marktpotentiale von Europa (dort wurde 2005 ein Marktpotential von 706 Mio. € im Jahr erhoben)[13], mit den unter Kapitel 11.1 errechneten gesamten Marktpotential für Brasilien (In Summe 8,3 Mrd. €) und geht davon aus, dass 80% des Potentials in 15 Jahren gehoben werden kann, so ergibt dies einen jährlichen Markt von durchschnittlich 443 Mio. €. Dies sollte Grund genug sein, dass Siemens Energiespar-Contracting möglichst bald in Brasilien einführt, um den Mitbewerbern einen Schritt voraus zu sein. Allerdings beträgt die Wertschöpfung mit eigenen Siemens Produkten, welche für Energiespar-Contracting eingesetzt werden können, noch einen zu geringen Anteil. Lediglich Wärmepumpen sind im Produktportfolio von Siemens verfügbar. Dies alleine reicht jedoch nicht aus und sollte aufgrund der immer mehr geforderten Dezentralisierung in der Stromerzeugung auf mittelgroße Brennstoffzellen, Blockheizkraftwerke, Absorptionskältemaschinen mittlerer Größe und Solartechnik-Produkte ausgedehnt werden. Dies kann durch Kooperationen mit, oder Übernahmen von innovativen Firmen geschehen. Siemens sollte sich jedoch nicht nur darauf verlassen, auf die zentrale Kraftwerkstechnik zu setzen, vielmehr sind Innovationen gefragt, welche die dezentrale Energieerzeugung unterstützen und sie über die immer weiter verbreiteten Kommunikationsnetze zu verbinden und somit zur landesweiten Steuerung der Erzeugungsleistung zu integrieren. Außerdem sollten noch mehr Produkte im Portfolio aufgenommen werden, welche mit regenerativen Energien Wärme, Kälte und Strom erzeugen. Denn nur damit wird in Zukunft der hohe Lebensstandard gehalten werden können.

11.3 Ausblick Brasilien

Brasilien bietet Investoren enorme Chancen, insbesondere mit Blick auf die fernere Zukunft. Das Land besitzt eine eigenständige Energieversorgung, die noch dazu zu hohem Maße regenerativ ist. Die größten regenerativen Anteile sind beim Strom der hohe Wasserkraftanteil und im Straßenverkehr der hohe Anteil von mit Äthanol betriebenen Fahrzeugen. Dadurch wird Brasiliens Wirtschaft von den sehr hohen Ölpreisen in der Welt nicht so sehr beeinflusst. Dies dürfte in den kommenden Jahren der wichtigste Standortvorteil werden. Aus diesem Grund ist es von unschätzbarem Wert in Brasilien präsent zu sein. Sicher gibt es auch in Brasilien Probleme mit Energiepreisen (im Januar 2008 stiegen die Spotpreise für Strom um 93% zur Vorwoche, um jedoch zwei Wochen später wieder auf ein normales Niveau zu sinken)[14]. Die Ursache sind jedoch eher hausgemachte Probleme als die steigenden Weltmarktpreise für Energie. Es sind infrastrukturelle Probleme, welche nicht zuletzt durch die Technik von Siemens gelöst werden

13 Frost & Sullivan, „Performance Contracting in Europe: A young market with a great growth potential", London, 08/11/06.

14 http://www.marketwatch.com, Carla Mozee, „Brazil's inflation flirtation cools off - for now, But worries linger after spot-electricity prices leap 93% in one week", Feb. 14 2008.

könnten. Der Staat sollte die Infrastruktur schnellst möglich in Ordnung bringen, um seine Wirtschaftsentwicklung nicht zu gefährden, wie das in Indien und China wegen Stromknappheit bereits der Fall ist.

Brasilien birgt jedoch auch Gefahren. Die große Armut großer Bevölkerungsteile, als auch die hohe Korruption (Brasilien liegt auf Rang 72 von 179 Staaten der Erde)[15] gefährden sowohl Leib und Leben, als auch getätigte Investitionen. Trotz der Einschränkungen durch das warme Klima, welches die Einsparung von Wärmeenergie nicht in dem Maße möglich macht wie in kälteren Ländern, stellt sich das Land am Amazonas für Energiespar-Contracting als sehr attraktiv dar.

12 Zusammenfassung

Das im November 2006 gestartete Projekt hat aus heutiger Sicht bessere Ergebnisse erbracht als damals erwartet werden konnte. Während der Untersuchungen hat das Thema Energiesparen zunehmend an Bedeutung gewonnen, da sich der Klimawandel zu einer Art globalen Krise entwickelt hat und die Energiepreise rapide gestiegen sind. Diese Veränderungen stellen sich als derart dynamisch dar, dass sie bisher in keiner aktuell vorliegenden Marktstudie Berücksichtigung fanden. Diese Lücke kann mit der vorliegenden Master Thesis geschlossen werden, da sie die aktuellen Entwicklungen mit einbezieht und somit für exaktere Managemententscheidungen zur Verfügung steht.

Die Nachfrage nach Energiespar-Lösungen steigt aufgrund des Sinneswandels in der Öffentlichkeit, hervorgerufen durch die Klimaerwärmung, erheblich. Nicht nur kleine Splittergruppen der Bevölkerung haben erkannt, dass mit der Einführung von Energiespar-Technologien und einem veränderten Primär-Energiemix in Richtung erneuerbarer Energien, neue Arbeitsplätze geschaffen werden, sondern alle Parteien in Deutschland unterstützen momentan dieses Thema. Die Deutsche Bundesregierung hat zudem einen 8-Punkte-Plan zum Thema Klimaschutz aufgestellt, welcher eine Einsparung von 40% des CO_2-Ausstoßes bis 2020 vorgibt.

Das steigende Interesse und die Notwendigkeit von Energiespartechnologien können innovativen Unternehmen dazu verhelfen, Alleinstellungsmerkmale zu finden und damit neue Arbeitsplätze zu schaffen.

In der Untersuchung werden in der Hauptsache zwei Empfehlungen getätigt:

- Anpassung des Personalstamms Um einen verbesserten Kundenservice anbieten zu können, ist eine Restrukturierung von Abteilungen notwendig, um „Cross-Selling“ und effektivere Teamarbeit zu ermöglichen.

15 Corruption Perceptions Index 2007, nach Transparency International, in http://www.transparency.org; Rang 1 = keine Korruption, Deutschland Rang 16.

- Öffentlichkeitsarbeit Durch ESC besteht die Chance zum Wandel von lediglich einem Anbieter von Energiesparlösungen hin zu einer umfassenden „green company“. Außerdem müssen die Vorteile von ESC in der Öffentlichkeit besser verbreitet werden, um die Nachfrage zu steigern.

Ein über drei Geschäftsjahre erstellter Finanzplan hat gezeigt, dass sich durch die Veränderungen ein positiver Einfluss auf die Firmenfinanzen ergibt.

Die Veränderungen am Markt sind momentan so groß, dass verlorene Zeit gleichzeitig verlorenen Marktanteil bedeutet. Deshalb wird empfohlen, den ausgearbeiteten Aktionsplan möglichst schnell in die Tat umzusetzen.

Zusätzlich müssen, wie im Beispiel Brasilien gezeigt, neue Märkte untersucht und erschlossen werden. Die externen Faktoren, wie z.B. Energiekosten, Lebensmittelpreise, Gesetzgebungen und noch viele andere, ändern sich derart schnell, dass ein ständiges Beobachten von großer Wichtigkeit ist. Bereits geringe Veränderungen in den externen Rahmenbedingungen können dazu führen, dass in einem Land ESC plötzlich rentabel wird.

Ziel muss es sein, einen integrierten Verkaufsansatz zu finden. Ein derart breit aufgestelltes Unternehmen wie Siemens, kann aus einem solchen Ansatz große Vorteile generieren:

- Als einfachster Ansatz kann die Anwendung der Geschäftsidee Energiespar-Contracting in anderen Geschäftsbereichen erfolgen.
- Jedoch kann auch Know-How aus einem Bereich in einem anderen Bereich zu Energiespar-Möglichkeiten führen, welche bisher noch keine Betrachtung fanden.

Dazu ein Beispiel:
Die Deutsche Bahn heizt ihre Personenwagen vor, bevor sie am Morgen zum Einsatz kommen. Diese Personenwagen, werden laut Aussage eines Bahnbediensteten Nachts sehr ineffizient aufgeheizt. Dies verursacht hohe Kosten, welche bei einer Nahverkehrsbahn bis zu 30% der benötigten Energiekosten ausmachen. Hier könnte das SBT Know-How zusammen mit Siemens Transportation neue Lösungen entwickeln, um Alleinstellungsmerkmale für Personenwagen zu erarbeiten.

Die Anwendung des Energiespar-Gedankens im ganzen Konzern kann für Siemens unbegrenzte Möglichkeiten eröffnen.

Anhang

Abbildungsverzeichnis

Dipl.-Ingenieur (FH)
Rupert Westner, MBA

Markteinführung des neuen Floters

Marketingstrategie und Preisermittlung

Zielsetzung

Die Studienarbeit bezieht sich daher auf die Einführungsstrategie des Produkts SIFLOT und das Target-Pricing für Brownfield Projekte[1] wie Zusatzzellen und Ersatz für bestehende Zellen. Das Ziel ist die Erstellung eines Marketingplans und die Ermittlung eines Zielpreises für den neuen Siemens Floter.

Flotation

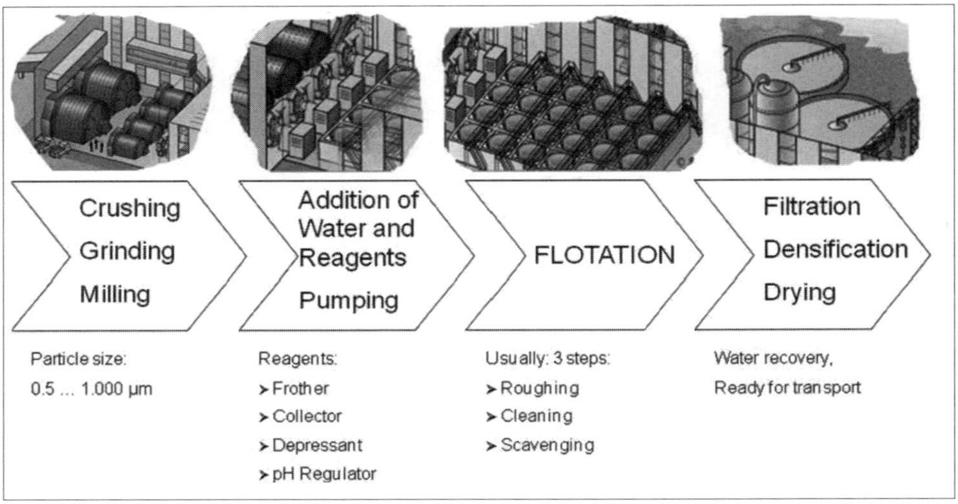

Abbildung 1: Typische Schrittketten im Mining Prozess

Der Flotation Prozess ist ein Prozessschritt eines typischen Mining-Prozesses.

Der Schwerpunkt des Wettbewerbs erfolgt über eine branchenweite Differenzierung der Leistung (Qualität und die Einzigartigkeit des Produkts).

Aufgrund der noch hohen Risiken einer Markteinführung ist ein stufenweiser Ausbau der Marktposition angebracht. Die bezieht sich sowohl auf die Skalierung des Floters (Größe), als auch auf die zu flotierenden Materialien.

Das bedeutet, dass in einer ersten Stufe sich Siemens auf Zusatzzellen für bestehende Anlagen (Brownfield-Projekte), den Rohstoff Molybdän und eine Zellengröße konzentrieren sollte. In einer weiteren Ausbaustufe kann hier die Skalierbarkeit getestet werden. Vorzugsweise auf einen kleineren Zellentyp, da diese sich weitaus preisgünstiger realisieren lässt (Risikobegrenzung).

1 Brownfield Projekte sind Projekte auf bestehenden Minen (Modernisierung und Ausbau der bestehenden Produktion)

Für das weitere Vorgehen werden folgende Ausbaustufen vorgeschlagen.

1. Der Floter als standardisiertes Produkt in mehreren Größen mit den Optionen
   - Haube mit Gasrückführung
   - Ablaufrinne
   - Innenzylinder
   - Konzentratbehälter
2. Das Produkt inkl. Pumpen
3. Teilprozess Turnkey, d.h. Rougher, Cleaner, Scavenger oder Zusatzzelle mit Verrohrung und Ventilen
4. Prozess Turnkey d.h. Flotation Anlage
5. Turnkey (Komplettanlage inkl. Konditionierung, Halle und Infrastruktur etc.)

Derzeit arbeitet Siemens noch an Stufe 1. Daher werden in der Studienarbeit nur Brownfield Projekte betrachtet, wo einzelne Zellen ausgetauscht oder Zusatzzellen installiert werden können.

Ebenso ist ein stufenweises Vorgehen bei den zu flotierenden Erzen zu bevorzugen.

Die Vorteile des Kunden sind

- Höhere Effektivität bei feinen Partikeln (< 40µm) und groben Partikeln (> 80µm)
- Geringerer Medienverbrauch (Gas, Elektrizität, Wasser etc.)
- Kompakte Abmessungen
- Höherer Preis- und Mengenspielraum
- Mahlvorgänge können entfallen

Die Konkurrenzsituation ist hart. Es gibt jedoch nur wenige Firmen mit nennenswerten Marktanteilen. Diese sind Metso-Denver, Outokumpu und Dorr-Oliver/ Oliver-Eimco.

Aufgrund der geringen Anzahl an Anbietern auf diesem Markt und dem Wunsch des Kunden den Wettbewerb bei Ausschreibungen aufrecht zu erhalten, wird der Kunde wohl bei fast allen Anbietern Voranfragen stellen. Dies bedeutet auch, dass ein sehr passives Marketing betrieben werden kann.
Um Siemens allerdings als Floterlieferant ins Gespräch zu bringen sind Fachartikel und Vorträge bei Symposien und Messen sinnvoll.

Mit Hilfe von Boston Consulting wurde ein Marktmodell erstellt, woraus sich der für Siemens erreichbare Markt ableiten lässt.

Zur Ermittlung des am Markt erzielbaren Preises wurden zunächst die Herstellungskosten ermittelt. Aufbauend daraus wurden zahlreiche Value Based Modelle durchgerechnet. Im weiteren Vorgehen wurden die Auswirkungen der Anschaffung von Flotern, auf die Bilanz eines typischen Kunden durchgerechnet.

Aus den Voruntersuchungen und den relativ hohen Herstellungskosten wurde ein Staffelpreis vorgeschlagen. Der Grundpreis ist ab Werk zu bezahlen und deckt die Herstellungskosten ab. Die Gewinne werden aus dem Zusatznutzen des Kunden abgeleitet.

Folgende Vorbehalte gegen die Preisgleitklausen sind wahrscheinlich:

- Anlagenprojekte stellen in der Regel genehmigungspflichtige Investitionen dar. Um die Planungsungewissheit zu reduzieren, wird daher aus innerorganisatorischen Gründen auf Festpreise Wert gelegt werden. Hier kann der Preis über eine Abzinsung, basierend auf den aktuellen Rohstoffpreisen, ermittelt werden.
- Es können Widerstände bei Anbieterkoalitionen und bei der Bildung von Konsortien auftreten, da die Preisformeln aufeinander abgestimmt werden müssen.

Anhang

Abbildungsverzeichnis

Dipl.-Ingenieur (FH)
Torsten Winterwerber, MBA

Fast Ramp-up

Anlaufmanagement für die automobile Produktion von morgen

Inhalt

1 Vorwort

Wie sieht die automobile Industrielandschaft in den nächsten zehn Jahren aus? Wo bilden sich neue Absatzmärkte und wo lohnt es sich zu investieren? Wohin geht die technische Entwicklung bei Automobilen? Wie lassen sich immer mehr, immer schnellere, immer komplexere Neuanläufe von Fahrzeugen sicher beherrschen?

Die Landschaft der Automobilindustrie hat sich in der letzten Dekade drastisch geändert. Eine schnelle Adaptation an sich rasch wandelnde Märkte ist einer der Erfolgsfaktoren für erfolgreiches Wirtschaften. Es reicht heute nicht mehr aus, dass geforderte Produkt in der entsprechenden Qualität zu liefern. Die Gesetzgebung und die Erwartung der Kunden selbst in Schwellenländern verändern sich so schnell, dass nur moderne, auf dem neuesten Stand der Technik basierende Autos Chancen haben.

Die Verschärfung der Wettbewerbssituation, die Bildung von großen Unternehmenseinheiten durch Übernahmen und die steigenden Rohstoff- bzw. Vormaterialpreise schlagen sich überproportional spürbar auf der Ertragsseite nieder. Um wettbewerbsfähig zu bleiben, sind die Unternehmen gezwungen, zu Internationalisieren.

Die Hauptgründe für diese Entwicklung liegen im Zusammenwachsen der internationalen Märkte und einer Verschiebung der Absatzmärkte nach Asien und Osteuropa, sowie der Verlagerung der Wertschöpfungsanteile von den Automobilherstellern in Richtung der Zulieferer. Die Forderung der Kunden nach individuellen Fahrzeugen erzeugt eine nie dagewesene Variantenvielfalt. Dies bedeutet ständig neue Anläufe in immer kürzerer Zeit. Dabei sind 47% der Fahrzeuganläufe weder wirtschaftlich noch technisch erfolgreich. Weitere 20% sind technisch, nicht aber wirtschaftlich erfolgreich.[1]

1 Roland Berger 2003.

2 Markt (Vom Autoverkäufer zum Internetportal)

2.1 Zahlen und Fakten

Im Jahr 2006 wurden weltweit ca. 68 Mio. Fahrzeuge produziert.[2] Dafür waren ca. 8 Mio. Beschäftigte nötig. Dies entspricht einem Anteil von 5% an der Gesamtzahl aller in der Produktion Beschäftigten.[3] Der Umsatz der Branche lag weltweit bei ca. 1.900 Mrd. €.[4]

Die regionalen Absatzmärkte mit dem größten Wachstum verschieben sich von Westeuropa und der NAFTA nach Asien und Osteuropa, insbesondere nach China und Indien (vgl. Bild 1 Regionales Wachstum der Automobilindustrie). Dem chinesischen Markt wird bis 2009 ein jährliches Wachstum von 14% vorausgesagt, so dass er den bisherigen Spitzenreiter in der Region, Japan eingeholt haben wird. Das bedeutet ein größeres Marktvolumen, also erhöhte Produktionskapazitäten.

2.2 Der Markt in Deutschland

Die deutsche Automobilindustrie beeinflusst maßgeblich die Entwicklung der gesamten deutschen Volkswirtschaft. Zu ihr gehören die Herstellung von Kraftwagen und deren Motoren, die Produktion von Anhängern, Aufbauten und Containern sowie von Kraftfahrzeugteilen und -zubehör. Die Innovationskraft und das ökonomische Gewicht dieser Industrie machen die Automobilindustrie zu einer Schlüsselbranche in Deutschland. Entwicklung, Produktion, Vertrieb und Nutzung des Automobils tragen entscheidend zur Entstehung von Einkommen und Beschäftigung in Deutschland bei.

Darüber hinaus tragen Dienstleistungsbranchen wie Ingenieurbüros, Speditionen und Verkehrsbetriebe zur Entstehung eines Automobils bei; insgesamt sind rund eine Million Menschen in den Vorgelagerten Industrien für die Automobilbranche tätig. Diesen sekundären Beschäftigungseffekt über die gesamte automobile Wertschöpfungskette hinzugerechnet, waren im Jahr 2006 ca. 1,8 Millionen Menschen in der Automobilproduktion tätig. Jeder 7. Arbeitsplatz hängt vom Automobil ab.

2.2.1 Zahlen und Fakten

Die deutsche Automobilindustrie erwirtschaftete 2006 einen Umsatz von 253 Mrd. €. Davon entfielen 68% auf die Hersteller von Kraftwagen und deren Motoren, 4% auf die Hersteller von Anhängern, Aufbauten und Containern sowie 28% auf die Kfz-Teile- und die -Zubehörindustrie. Damit erzielte allein die Automobilindustrie, die zu den größten Industriebranchen in Deutschland zählt, ein Sechstel des ge-

2 Vgl. VDA 2007a.
3 Vgl. OICA 2007a.
4 Vgl. OICA 2007b.

samten industriellen Umsatzes. Mit 117 Mrd. € erzielte die deutsche Automobilindustrie 46% ihres Umsatzes im Ausland.[5]

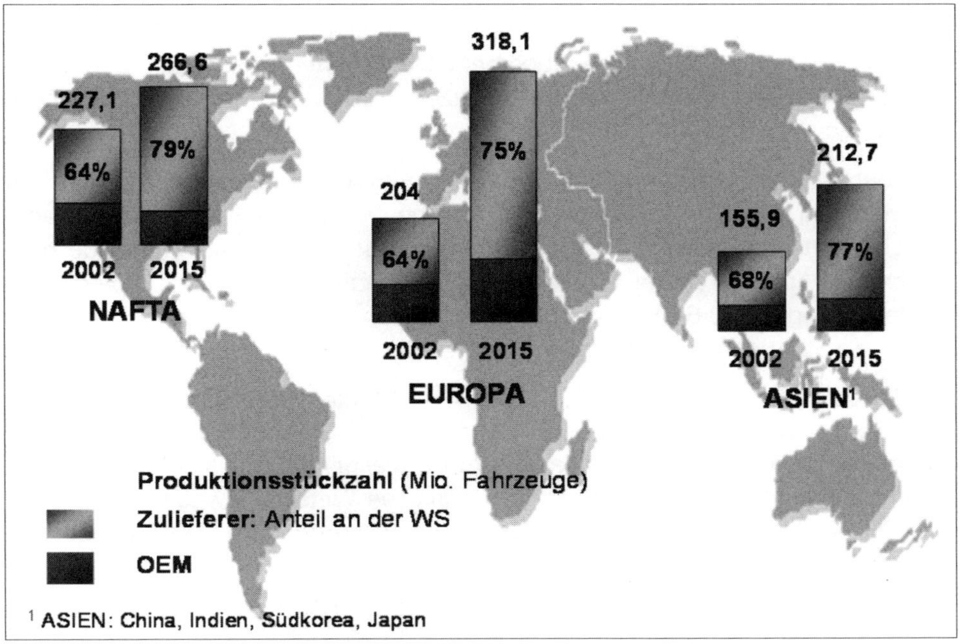

Abbildung 1: Regionales Wachstum der Automobilindustrie

3 Globalisierung (Gibt es noch das deutsche Auto?)

Prinzipiell lassen sich im Zuge der Internationalisierung zwei mögliche Ansätze unterschieden. Zum einen die Erschließung neuer Absatzmärkte, zum anderen die Erschließung neuer Einkaufsmärkte.

Die Beweggründe für Unternehmen für ein Auslandsengagement sind zum einen die Erschließung neuer Märkte und damit der Eintritt in einen dynamischen Wirtschaftsraum. Zum anderen spielt immer auch die reine Präsenz und damit eine Wahrnehmung durch den Kunden eine große Rolle. Die Überlegung, die Produktion in Low-Cost-Countrys zu verlagern wird heute häufig zu schnell und nicht methodisch getroffen. Oftmals erfolgt keine ganzheitliche Betrachtung der Kostenvorteile, sondern die Entscheidung beruht ausschließlich auf der Annahme günstigerer Lohnkosten. Häufig können z.B. höhere Energiekosten oder gravierende logistische Mehrkosten die Vergleichsrechnung entscheidend verändern. Damit ist ein Scheitern des Engagements vorprogrammiert bzw. können die vor-

5 VDA 2007b.

handenen Potentiale nicht vollständig ausgeschöpft werden. Im Neuanlauf von Produkten potenzieren sich die verschiedenen Probleme wie z.B. mangelhaftes Projektmanagment, schwache Einbindung von Lieferanten, zusätzliche Logistikkosten, etc. Operative Hektik und Handlungsorientierung dominieren oftmals die Entscheidung für ein Auslandsengagement. Da viele der Entscheider für ein Auslandsengagement im Top-Management sitzen, wird die Fehlleistung aber häufig nicht zurück genommen.

Nachdem die Entscheidung für die Produktion im Ausland gefallen ist, muss der richtige Standort gefunden werden. Wichtig bei der Auswahl erscheint ein langfristiges Wirtschaftswachstum, politische Stabilität und eine ausreichende bzw. wachsende Anzahl Kunden. Eine sorgfältige Auswahl des Standorts ist von größter Bedeutung, da zu Beginn erhebliche Investitionsausgaben zu tätigen sind, die sich erst nach mehreren Jahren amortisieren.

Die Zauberformel BRIC (Abbildung 2: Die BRIC-Staaten) sorgt derzeit für glänzende Augen bei den Automanagern. BRIC steht für die Staaten Brasilien, Russland, Indien und China und fasst die Staatengruppe dieser vier sehr stark wachsenden Länder zusammen. Sie alle vereint ein jährliches Wirtschaftswachstum von 5% bis 10%. Außerdem leben ca. 40% der Weltbevölkerung in diesen Staaten. Die zuvor aufgestellten Forderungen nach hohem Wirtschaftswachstums und einem großen Markt werden also erfüllt. Allerdings gelten für die Autohersteller in diesen Ländern andere Spielregeln. Klima, Straßenverhältnisse und technische Infrastruktur setzen eine robuste, eher einfache und kostengünstige Technik voraus.

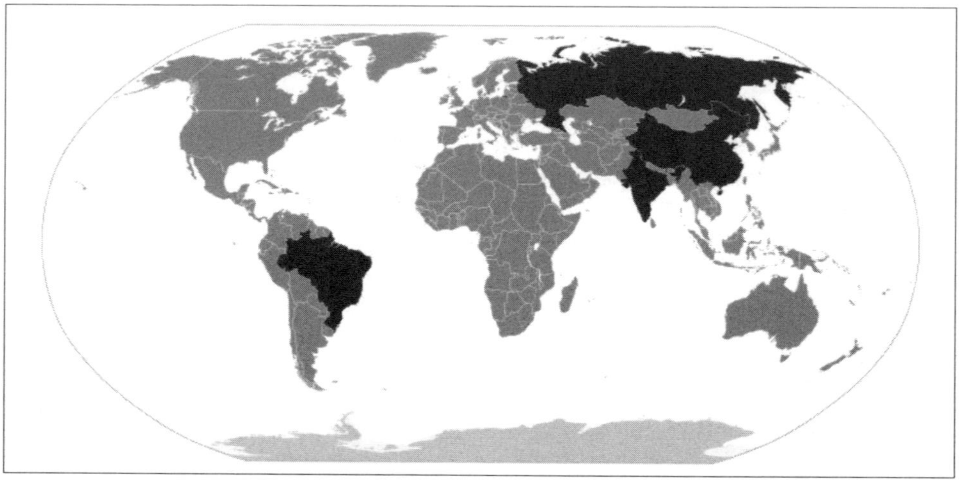

Abbildung 2: Die BRIC-Staaten

Hinsichtlich des Wirtschaftswachstums sind alle drei Staaten laut Bundesagentur für Außenwirtschaft mit Wachstumsraten von 4% bis 10% bis zum Jahr 2010 geführt.

Unter Berücksichtigung verschiedener Faktoren u. a. Absatzzahlen bei PKWs, demografische Verteilung, Käuferverhalten, vorhandene Automobilmarken ergibt sich folgendes Länderportfolio (Abbildung 3: Länderportfolio). Als klarer Favorit geht die VR China aus dem Ländervergleich hervor.

Neue Märkte versprechen steigende Absatzzahlen, doch der Kostendruck auf die OEMs, bedingt durch die steigenden Ansprüche der Endverbraucher, wird von den Herstellern zum größten Teil auf die Zulieferer abgewälzt.

Während der Endpreis eines Automobils inflationsbereinigt etwa auf heutigem Niveau liegen wird, steigen die Erwartungen an Ausstattung und Komfort der Autokäufer enorm. „Immer mehr Auto für das gleiche Geld“ wird die Grundeinstellung des Endverbrauchers sein. Dies gilt auf allen Märkten der Welt, auch in China.
Diese Entwicklung erhöht den Kostendruck auf die gesamte Automobilindustrie. Hersteller stehen vor zwei alternativen Handlungsmöglichkeiten: Entweder auf neue, vom Kunden gewünschte Innovationen zu verzichten, was zwangsläufig zu rückläufigen Absatzzahlen und einem geringerem Umsatz führt, oder, die aus ökonomischer Perspektive betrachtet wahrscheinlichere Variante, nämlich die Kosten an anderer Stelle zu reduzieren.

Markt und landesspezifische Bedingungen sind zu berücksichtigen. Im Automobilbau wird versucht mit Hilfe von Plattformstrategien Sklaleneffekte zu generieren. Die Entwicklung der Fahrzeugreihen erfolgt in verschiedenen Teams die über die ganze Welt verteilt sind. Dies führt im Anlauf zu einem extrem hohen Abstimmungsaufwand, aufgrund unterschiedlicher Kulturen, Zeitzonen und Reifegrade der Konstruktion.

Die Adaption auf den chinesischen Markt findet im Wesentlichen im Bereich des Infotainment und Komfort statt. Im Bereich der Sicherheit und des Antriebes werden aus Image Gründen kaum länderspezifische Adaptionen vorgenommen.
Heute läuft fast jedes zweite deutsche Fahrzeug im Ausland vom Band. Die Automobilzulieferer sind aufgefordert in der unmittelbaren Nähe der OEMs zu fertigen um Just in Time bzw. Just in Sequence Lieferungen zu garantieren.

Die Zulieferer selbst müssen ihre Kostenstruktur (Logistik-, Personal-, Zollkosten, etc.) optimieren und mit qualifiziertem Personal eigene Produkte vor Ort entwickeln, um wettbewerbsfähig zu bleiben.
Die Lohnkosten stellen insofern nur eine Determinante in der betriebswirtschaftlichen Vergleichsrechnung dar. Weitere Kriterien wie Infrastruktur, Qualität von Forschung und Entwicklung, Schulung und Ausbildungsbedarf, Währungsrisiken und Einbußen bei der Produktqualität sind zu berücksichtigen.

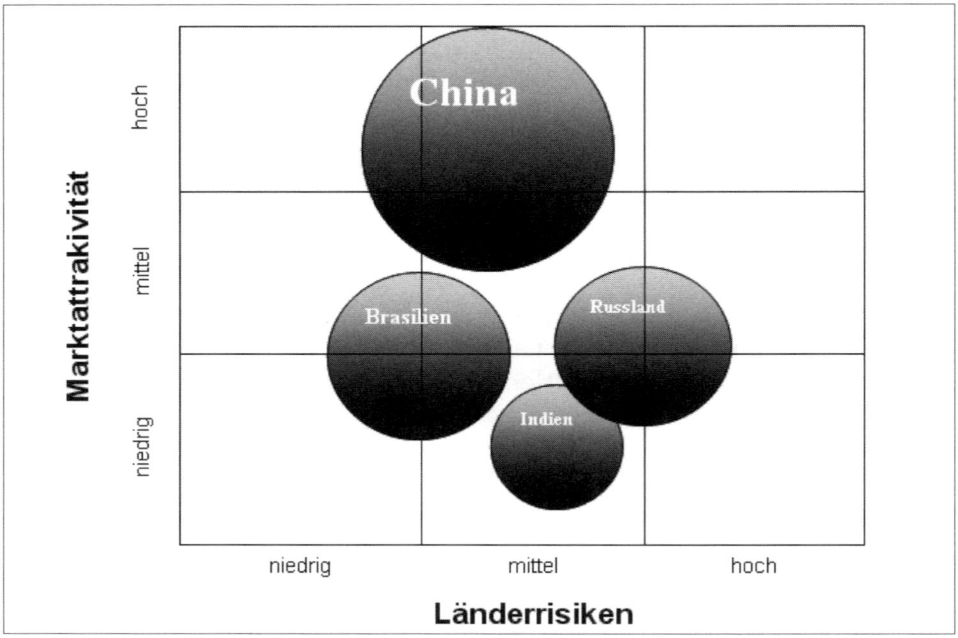

Abbildung 3: Länderportfolio

4 Treiber der Produktivitätssteigerung (Vom Taylorismus zum Lean Management)

Die deutsche Automobilindustrie exportiert sieben von zehn in Deutschland produzierten Autos ins Ausland. Hinzu kommen mehr als 2.000 Fertigungsbetriebe weltweit. Damit avanciert sie zum „Global Player“. Allerdings ist auch, oder gerade deshalb, die deutsche Automobilindustrie dem internationalen Wettbewerb extrem ausgesetzt (Abbildung 4: Produktivitätszange).

Auf dem deutschen Markt geht die technische Entwicklung in Richtung Verbesserung des Verkehrsflusses, was mit Technologien zur individuellen Verkehrssteuerung erreicht werden kann. Das reicht von der lokalen Gefahrenwarnung zur Reduzierung des Unfallrisikos – Pannen- oder Stauwarnung – bis zu kommerziellen Anwendungen – Internet, Echtzeit-Kommunikation zwischen einzelnen Fahrzeugen oder Parkraumbezahlung.

In den letzten Jahren hat der Faktor Treibstoffverbrauch enorm an Bedeutung gewonnen. Die Automobilindustrie reagierte darauf mit der Entwicklung emissions- und verbrauchsärmerer Fahrzeuge. Dieser Trend wird in Zukunft anhalten und mit neuen Technologien (z.B. Brennstoffzellen, Hybridantrieb) weiter voran getrieben.

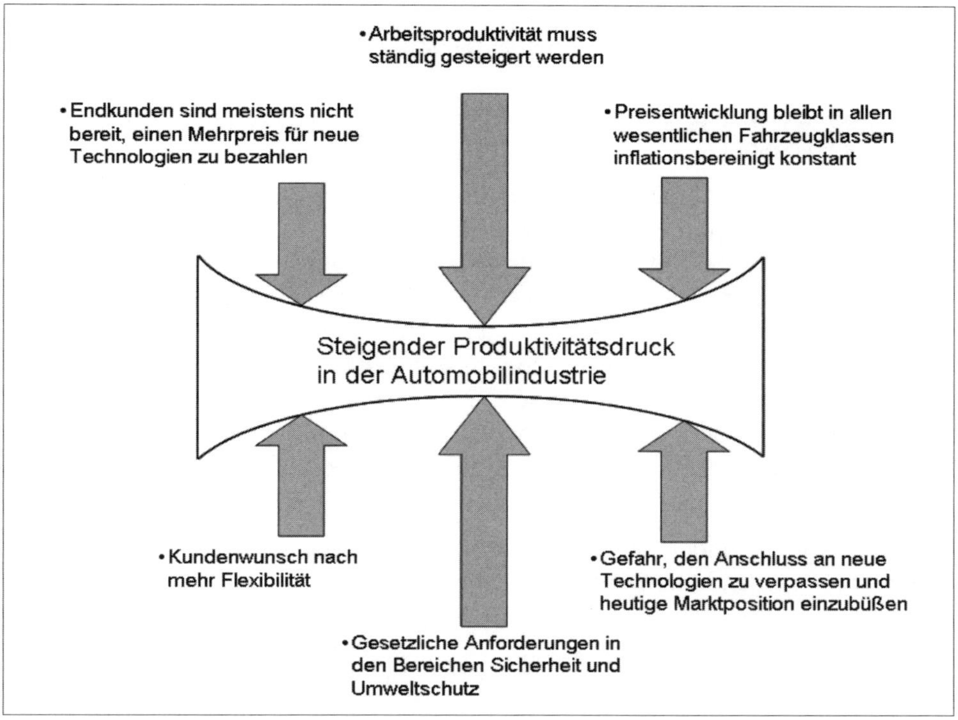

Abbildung 4: Produktivitätszange

5 Innovation als Wettbewerbsvorteil (Die Macht der Controller)

Ein entscheidender Stützpfeiler bei der Strategie der deutschen Automobilindustrie, sich von Wettbewerbern abzusetzen, sind Innovationen. Sie sind die Basis dafür, dass sich die deutschen Hersteller in nahezu allen Segmenten als Premiumanbieter positionieren und im Vergleich zur ausländischen Konkurrenz auch Premiumpreise erzielen können. Diese Erfolge kommen nicht von ungefähr. Nach einer Untersuchung der Weltorganisation für geistiges Eigentum (WIPO) belegte Deutschland 2006 mit rund 17.000 internationalen Patentanmeldungen hinter den USA und Japan Platz 3. In der Liste der Unternehmen mit den meisten internationalen Patentanmeldungen belegten deutsche Firmen, darunter ein Automobil-Zulieferer (Bosch), die Ränge drei und fünf. Deutsche Unternehmen sind auch regelmäßig auf vorderen Rängen zu finden, wenn es um die F&E-Aufwendungen oder um das Ranking der F&E-intensivsten Zulieferer geht.

Im innerdeutschen Vergleich der F&E-Ausgaben ist der Fahrzeugbau regelmäßig Hauptakteur vor der Elektrotechnik, der chemischen Industrie und dem Maschinenbau. Dabei dominiert der Kraftfahrzeugbau innerhalb des Wirtschaftssektors mit etwa einem Drittel der F&E-Aufwendungen. Die deutsche Automobilindustrie tut also gut daran, weiterhin auf Innovationsführerschaft zu setzen, denn nur ein innovatives Deutschland kann als Hochlohnland im weltweiten Wettbewerb konkurrenzfähig bleiben.

Bei einer näheren Analyse der Einführungsgeschwindigkeit von Innovationen (Abbildung 5: Einführungsgeschwindigkeiten von Innovationen) zeigt sich, dass bestimmte, stark durchsetzungsfähige Must-Have-Technologien innerhalb kurzer Zeit einen sehr hohen Grad der Marktpenetration erreichen. Sicherheitssysteme wie ABS, Airbags oder ESP setzten sich auf Grund von gesetzlichen Vorgaben innerhalb nur einer Produktgeneration im Markt durch. Sogenannte Nice-To-Have-Technologien wie z.B. Klimaanlage, Sitzheizung oder Zentralverriegelung im Komfortbereich setzen sich anfangs zwar sehr schnell durch, benötigen meist aber zwei Produktzyklen, um sich am Markt zu etablieren.
Diese beiden Innovationskategorien beeinflussen die Industrie nachhaltig.

Vernachlässigend gering ist der Einfluss von Nischentechnologien, die auch nach Jahrzehnten keinen hohen Verbreitungsgrad erreichen.

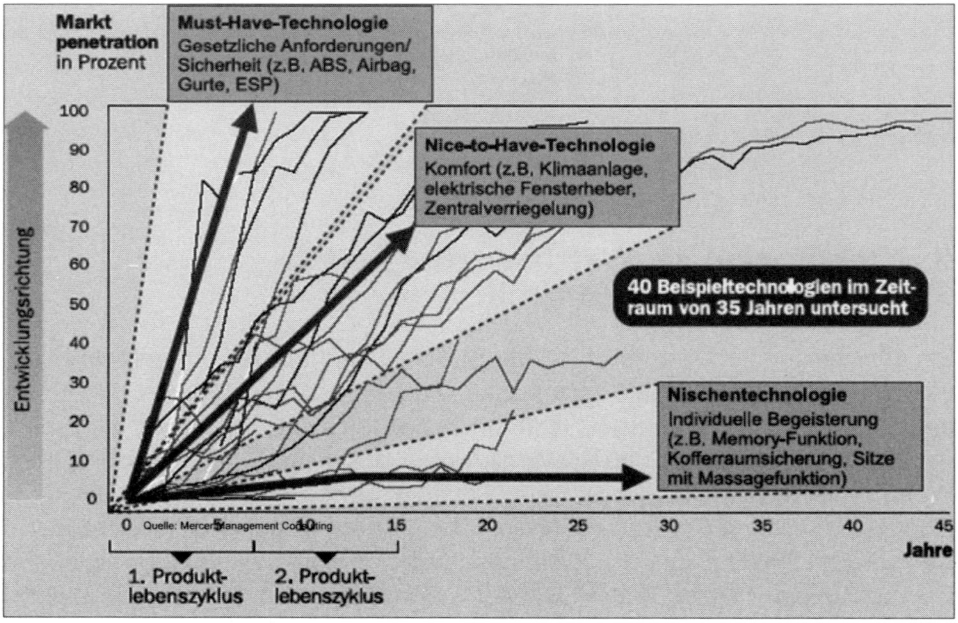

Abbildung 5: Einführungsgeschwindigkeiten von Innovationen[6]

6 Quelle: McKinsey 2003.

5.1 Innovationstrends bei PKW

Zukünftige Innovationen werden dem Endkunden zum größten Teil verborgen bleiben. Kostensenkende Prozessoptimierungen werden dem Kunden nur durch niedrigere Preise bewusst.

Produktbezogene Innovationen dagegen können nur dann Erfolg haben, wenn sie nicht nur Kundenmehrwert schaffen, sondern auch die Rentabilität verbessern. Daher wird nicht jede Neuerung einen langfristigen Einsatz erwarten. Die Innovationen bei den Pkws können in die Kategorien Infotainment, Komfort, Sicherheit und Antrieb unterteilt werden.
Im Bereich des Infotainments wird der signifikanteste Fortschritt mit der Anbindung des Fahrzeugs an kabellose Breitbandnetze sein. Das Informationsangebot, z.B. für die Navigation in Echtzeit benötigt, wird sich vervielfältigen. Darüber hinaus werden Unterhaltungselemente wie digitales Fernsehen oder Netzwerkspiele im Fahrzeug Einzug erhalten.

Im Komfortbereich prägen individuell auf die Insassen abgestimmte Lösungen die Entwicklung. Dabei sind manuell einstellbare Fahreigenschaften, physiologisch geregelte Klimaanlage sowie intuitive Sitzergonomie nur einige Beispiele.
Tiefgreifende Änderungen stehen auch in der Sicherheitstechnik bevor. Head-up -Display, Rückfahrkameras, aktive Beleuchtung, Fußgängersensorik, Objekterkennung und Nachtsichtgeräte machen die Interaktion des Fahrers mit seiner Umwelt um einiges sicherer und erweitern seine eingeschränkte Wahrnehmung im Fond. Selbstständig eingreifende Computer unterstützen den Fahrer in Gefahrensituationen und leiten unmittelbar Gegenmaßnahmen ein.
Bei Eintritt eines Unfalls schützen intelligentere Airbags und ein präzise aufeinander abgestimmtes Verhalten aller Sicherheitssysteme die Insassen in den Pre- und Post-Crash-Phasen.

Antriebsseitig müssen die Forderungen nach geringerem Verbrauch und der Trend nach kompakteren und leistungsfähigeren Motoren berücksichtigt werden. Mittelfristig wird sich das „4-Liter-Auto" mit einem niedrigen Emissionsniveau im Massensegment durchsetzen (vgl. Abbildung 6: Innovations-Roadmap „Ausstattung" Kompaktklasse Europa, Abbildung 7: Innovations-Roadmap „Ausstattung" Kompaktklasse Japan).

Im Karosserie- und Ausstattungsbereich werden verbesserte Klebetechnologien und der Einsatz von Aluminium bestehende Prozesse optimieren. Markanteste Produktinnovation werden X-by-wire-Systeme sein.

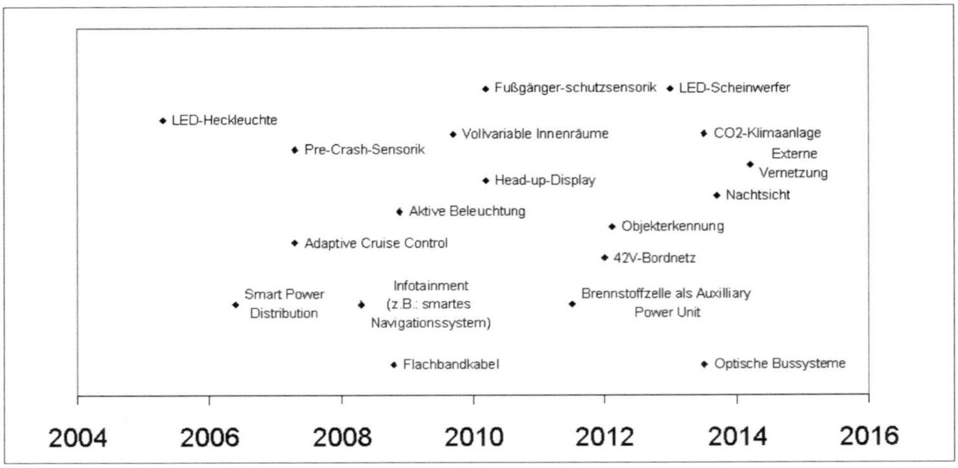

Abbildung 6: Innovations-Roadmap „Ausstattung" Kompaktklasse Europa

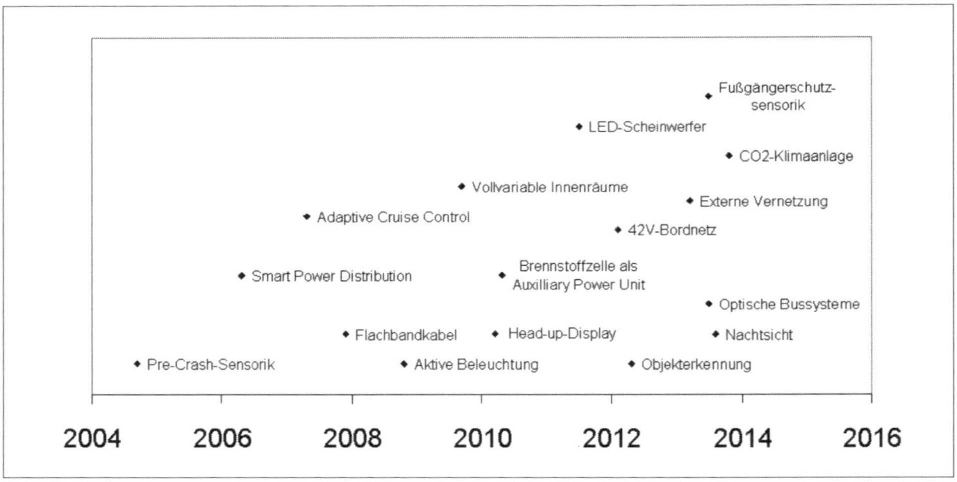

Abbildung 7: Innovations-Roadmap „Ausstattung" Kompaktklasse Japan

Zahlreiche Innovationen werden inzwischen nicht mehr von den OEM´s sondern von den Zulieferern entwickelt, damit haben diese die Möglichkeit sich technologisch von Ihren Wettbewerbern abzusetzen.
Über eine entsprechende Markenbildung kann sich das Unternehmen eine bessere Marktposition erarbeiten. Dies gilt vor allem dann wenn die Produkte bzw. deren Funktion direkt vom Endverbraucher wahrgenommen werden.
Diese Chance ist zugleich auch das größte Risiko der Zulieferer. Es muss ihnen gelingen in größerem Maße Kosteneinsparungen zu generieren, dies ist durch einen sehr schnellen und fehlerfreien Hochlauf möglich. Der Process Design Guide ermöglicht diesen Hochlauf.

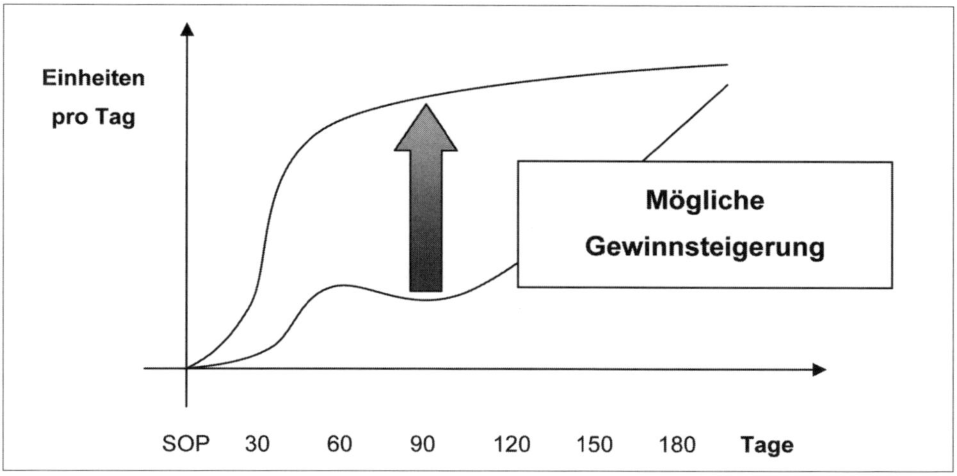

Abbildung 8: Mögliche Gewinnsteigerung durch schnellen Hochlauf

6 Die Anlaufstrategie (Effizienz- und Effektivitätssteigerung)

Die Hauptzielgrößen der Anlaufstrategie sind das Erreichen der Termintreue (25 %) und der festgelegten Qualitätsziele (21 %). Von Bedeutung sind weiterhin das Einhalten der Kosten- und Budgetziele (17 %), die Beherrschung der Produkt- und/ oder Prozesskomplexität (16 %) sowie eine kurze Anlaufzeit (11 %).

Eine untergeordnete Rolle spielen eine hohe Flexibilität hinsichtlich Stückzahl und Varianten (6 %) und ein hoher Auslastungsgrad (4 %).[7] Die erfolgreichen Unternehmen fokussieren ihre Aktivitäten auf die kritischen Prozesse und agieren nicht „an allen Fronten“ gleichzeitig, um die Hauptzielgrößen zu erreichen. Diese Unternehmen kennen das Leistungspotenzial aller Partner und strukturieren dementsprechend ihre strategischen Entscheidungen: Sie entkoppeln intelligent, nutzen eine sinnvolle Staffelung und bilden Plattformen und berücksichtigen Flexibilitätskorridore für ihre Zulieferer zur Adaption von Produktions- und Logistikprozessen. Der Process Design Guide unterstützt und leitet das Unternehmen bei der Fokussierung.

Die Anlaufstrategie ist ein konkreter Plan zur Erreichung der definierten Anlaufziele. Sie ist der Schlüssel zum langfristigen Unternehmenserfolg.[8]
Zu einer erfolgreichen Strategie gehören folgende Teilschritte:

7 G. Schuh, A. Kampker, B. Franzkoch, Anlaufmanagment.
8 Vgl. Nagel 2007, Seite 9.

1. Festlegung der maßgeblichen Ziele
2. Externe Analyse: Einschätzung der Chancen und Risiken der Umwelt
3. Interne Analyse: Einschätzung der internen Stärken und Schwächen
4. Formulierung und Auswahl von Strategien
5. Implementierung der Strategie

6.1 Ziele im Anlaufmanagement

Die Auswahl von Zielen aus einer Vielzahl von Alternativen ist zwingend notwendig, da erst sie jedem Mitarbeiter Klarheit darüber verschafft, was mit der Mission eigentlich erreicht werden soll. Aus den Unternehmenszielen leiten sich die Bereichs- und Abteilungsziele ab. Die persönlichen Ziele der Führungskräfte leiten sich aus dieser Zielpyramide ab.

Für ein effektives Anlaufmanagement können folgende Ziele definiert werden:

- Einführung benchmarkfähiger Innovationen je Jahr
- AfA für Neuprojekte ist < x % vom Verkaufspreis
- Anzahl Änderungen je Bauteil
- Termineinhaltung der jeweiligen Meilensteine
- Einhaltung der geplanten Kosten- und Investitionsziele
- Einhaltung der geplanten 0-km Ausfälle im Anlauf
- Erreichung von FPY (First Pass Yield) und PPH (Parts per Hour)
- Time to Market (vgl. Abbildung 9: Fast Ramp-up)
- Time to Volume (vgl. Abbildung 9: Fast Ramp-up)

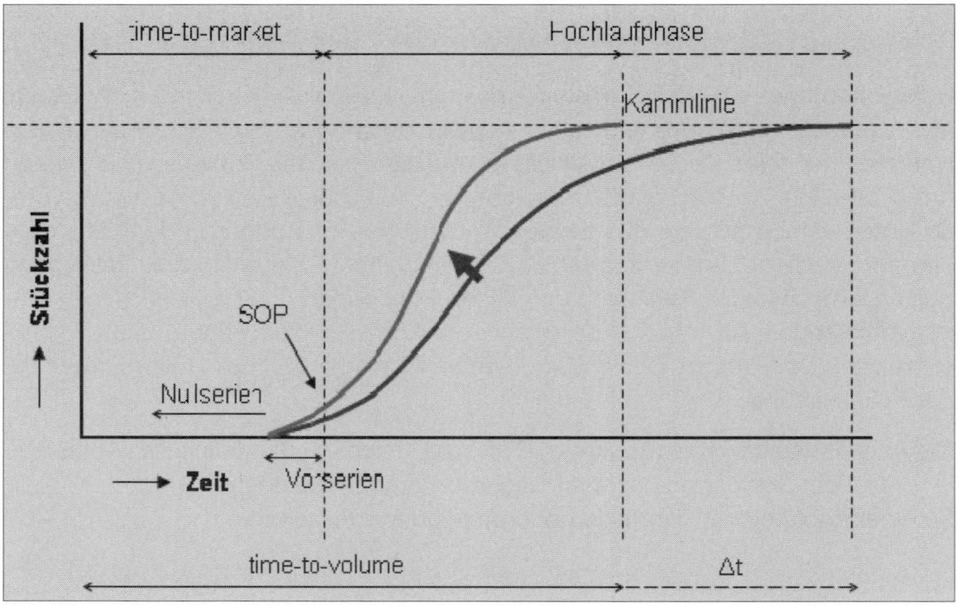

Abbildung 9: Fast Ramp-up

6.2 SWOT-Analyse

Mit Hilfe der Strength, Weakness, Opportunities and Threats Analyses Die SWOT-Analyse zeigt die interne Sicht der externen Faktoren Stärken und Schwächen, sowie die internen Chancen und Risiken des Anlaufmanagments.
Hieraus lassen sich dann Handlungsfelder bestimmen und entsprechende Strategieempfehlungen ableiten.

6.3 Auswahl der Strategie

Im Mittelpunkt der Strategieauswahl stehen die Unternehmensziele, vor allem das Ziel, den Unternehmenswert zu steigern.
Im Anlaufmanagement bedeutet dies, dass die gewählte Strategie zu einer Steigerung des Betriebsergebnisses und zur Senkung der Kapitalkosten führt. Dies führt häufig zu einer Änderung des Produktportfolios.

6.4 Implementierung der Strategie

Den letzten Teilschritt im strategischen Management bildet die Implementierung der Strategie. Alle Strukturen und Prozesse im Anlaufmanagement müssen an der Strategie ausgerichtet sein.[9]
Im Einzelnen bedeutet dies die konkrete Umsetzung der Aufbau- und Ablauforganisation und die Festlegung von konkreten Vorgaben für das ausführende Management.

Alle Mitarbeiter sind über die Strategie und die damit verbundenen Konsequenzen zu informieren. Die Aufgaben der einzelnen Personen sind zu überprüfen. Mitarbeiter sind zu motivieren und zu schulen, um den Zweck der strategischen Veränderung zu kennen und zu verstehen. Dies ist eine Grundvoraussetzung, um Akzeptanz für die Veränderung zu schaffen

Im modernen Anlaufmanagement der Automobilindustrie empfiehlt sich eine divisionale kundenorientierte Struktur (Abbildung 10: Divisionales Anlaufmanagment). Die wesentliche Stärke dieser Struktur ist die Marktorientierung. Mit den autonomen Einheiten kann auf Änderungen und Kundenforderungen sehr flexibel und schnell reagiert werden. Die Koordination findet unabhängig von der Leitung in den einzelnen Teams statt. Dies erfordert von den Teams und besonders vom Anlaufplaner eine hohe unternehmerische Verantwortung.

9 Vergl. Chandler 1962.

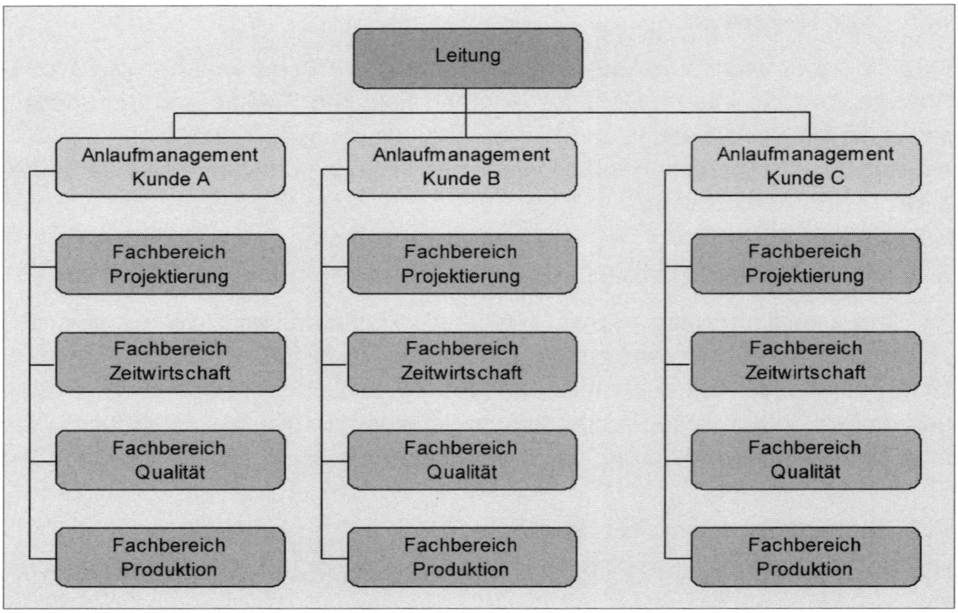

Abbildung 10: Divisionales Anlaufmanagement

7 Die Anlauforganisation (Beginn eines umfassenden Netzwerkmanagements)

Anlaufmanagement ist Projektmanagement, häufig Multiprojektmanagement. Dies setzt eine vorübergehende Verschiebung der Zuständigkeiten und Verantwortlichkeiten einzelner Funktionen voraus. Häufig werden Mitarbeiter der Linienorganisation temporär für die Projektarbeit delegiert. Dies hat den Vorteil, dass alle Projektmitglieder in der Organisation fest verankert und das Wissen der Linienorganisation im Projekt vorhanden ist.

Die Verantwortlichkeiten und Zuständigkeiten müssen klar definiert sein, um Konflikte zwischen Linienorganisation und Projektmanagement schon im Vorfeld auszuschließen.

Das Anlaufteam muss in der Lage sein sich selbst zu organisieren, mit der Umwelt Informationen auszutauschen und die Komplexität des Projektes zu beherrschen.

Des Weiteren muss sichergestellt werden, dass erworbenes Wissen für nachfolgende Anläufe transparent dargestellt wird.

8 Der Anlaufplaner (Einer muss ja Schuld sein!)

Das wichtigste Kriterium für jedes Unternehmen ist die Verfügbarkeit gut ausgebildeter Führungs- und Fachkräfte. Hier liegen vor allem im interkontinentalen Wettbewerb die besonderen Stärken des Standortes Deutschland.[10]
Die Bereitschaft zur Konfliktlösung, den offenen Umgang mit Problemen, den direkten Zugang zu Partnern über Hierarchiestufen hinweg und rasche Entscheidungen zeichnen einen guten Anlaufplaner aus.

Es handelt sich also um hochqualifizierte Projektmanager, in der Regel Ingenieure bzw. Wirtschaftsingenieure, wenn möglich mit einem zusätzlichen MBA-Studium. Nach Angaben des VDI (Verein Deutscher Ingenieure) fehlen bereits heute rund 18.000 Ingenieure in Deutschland. In China verlassen rund 400.000 Absolventen jährlich die Universitäten, in Indien 200.000. In Deutschland sind es lediglich 40.000.[11]

Tendenziell wird aufgrund der Globalisierung und des hohen Exportanteiles die Belegschaft der deutschen OEM´s und deren Zulieferer eher im Ausland wachsen. Die Ausbildung im Ausland in den Ingenieurwissenschaften – abgesehen von einzelnen Elite-Universitäten – hat allerdings nicht das Niveau das wir in Deutschland an den Universitäten und Fachhochschulen haben. Deshalb investieren viele Unternehmen sehr stark in die Aus- und Weiterbildung ihrer Mitarbeiter. Oftmals auch gemeinsam mit anderen Unternehmen, z.B. Michelin und BMW in South Carolina, USA.

Für die deutschen Anlaufplaner bedeutet dies, immer häufiger im Ausland Neuanläufe zu begleiten. So müssen die Ingenieure nicht nur räumliche, zeitliche und sprachliche Barrieren überwinden, sondern vor allem die kulturellen Unterschiede berücksichtigen, um den Projekterfolg nicht zu gefährden.

10 VDA Globale Märkte 2007.
11 VDA Globale Märkte 2007.

Anhang

Abbildungsverzeichnis

Literaturverzeichnis

Berger 2003: Roland Berger Strategy Consultants: Zu hohe Kosten bei Fahrzeuganläufen. In: Automobilwoche (2003), Nr. 25, S. 21.

Chandler 1962: CHANDLER, Alfred Dupont: Strategy and structure: chapters in the history of the industrial enterprise. M.I.T. press, 1962.

McKinsey 2003: MCKINSEY; Institut für Produktionsmanagement, Technologie und Werkzeugmaschinen TU Darmstadt; Verband der Automobilindustrie (Hrsg.): HAWK 2015-Herausforderung Automobile Wertschöpfungskette. Frankfurt am Main, 2003.

OICA 2007a: INTERNATIONAL Organization of Motor Vehicle Manufacturers: Economic Contributions. 2007. http://oica.net/category/economic-contributions/auto-jobs/. 12.11.2007.

Nagel 2007: Nagel, Kurt: General Management-Tools. 1. Auflage. Steinbeis Edition, 2007.

OICA 2007b: International Organization of Motor Vehicle Manufacturers: Automotive Industry and Economy. 2007. http://oica.net/category/ economic-contributions/facts-and-figures/. 12.11.2007.

REFA 1993: REFA - Verband für Arbeitsstudien und Betriebsorganisation e. V.: Arbeitsgestaltung in der Produktion. München, 1993.

VDA 2007a: Verband der Automobilindustrie: Automobilproduktion. 2007. http://www.vda.de/de/aktuell/statistik/jahreszahlen/automobilproduktion/index.html. 12.11.2007.

VDA 2007b: Verband der Automobilindustrie: Jahreszahlen Allgemeines. 2007. http://www.vda.de/de/aktuell/statistik/jahreszalen/ allgemeines/index.html. 12.11.2007.

Autoren-Biografien

Ardin Djalali, M.A., MBA

Ardin Djalali, geb. 1972 in Ostfildern, studierte Politikwissenschaft mit den Nebenfächern Mittlere und Neuere Geschichte und Iberische und Lateinamerikanische Geschichte an der Universität zu Köln.

Danach absolvierte er ein Traineeship beim North-South Centre des Eurporates, „Transmediterranean Programme“ in Lissabon und ein Praktikum beim International Studies Journal in Teheran.

Seit 2005 ist er Studienleiter im Bereich Corporate/International Studies der School of International Business and Entrepreneurship (SIBE) der Steinbeis-Hochschule Berlin. Dort absolvierte er zudem berufsbegleitend ein Studium zum Master of Business Administration (MBA).

Prof. Dr. Werner G. Faix

geb. am 21.08.1951 in Gärtringen/Württemberg.

Professor für Unternehmensführung an der Steinbeis-Hochschule Berlin (seit 1999); Gründer und Direktor der School of International Business and Entrepreneurship (SIBE) der Steinbeis-Hochschule Berlin mit derzeit 7 Transfer-Instituten und über 500 Studierenden in Master-Projekt-Kompetenz-Studiengängen im Bereich Management. Direktor des Institutes of International Management des Stuttgart Institutes for Management and Technology (SIMT). Geschäftsführender Gesellschafter der SAPHIR Holding GmbH, einem Unternehmen der Steinbeis-Hochschule Berlin im Verbund der Steinbeis-Stiftung. Seit 1993 Leiter der Steinbeis Akademie für Unternehmensführung.

Chemie-Ingenieur-Studium an der Fachhochschule Aalen (Dipl.-Ing. (FH) 1973). Studium der Chemie und der Biochemie an der Universität Ulm (Dipl.-Chem. 1978) und Promotion zum Dr. rer. nat. (1981). An der Universität Ulm wissenschaftlicher Angestellter und Strahlenschutzbeauftragter. Von 1982 bis 1995 Mitarbeiter der IBM Deutschland, Manager in verschiedenen Bildungs-, Personalentwicklungs- und Führungskräfteentwicklungsfunktionen, zuletzt Direktor der IBM Bildungsgesellschaft. Von 1988 - 1996 Lehrbeauftragter an den Universitäten Stuttgart und Heidelberg und von 1996 - 1999 stv. Leiter des Zentrums MBA der Donau-Universität Krems (A).

Umfangreiche Publikations- und Vortragstätigkeit (u.a. 18 Bücher) in den Bereichen Wachstum und Globalisierung, Außenwirtschaft, Technologiemanagement, Unternehmensführung, Führungskräfteentwicklung, Entrepreneurship und Personale Entwicklung.

Dipl.-Ingenieur Stefan Förste, MBA

Stefan Förste wurde am 23. Dezember 1966 in Hannover geboren. Er legte sein Abitur 1986 am König Wilhelm Gymnasium in Höxter / Westfalen ab. Im Anschluss an den Wehrdienst studierte er ab 1988 an der Universität Paderborn Elektrotechnik mit der Schwerpunkt Automatisierungstechnik. Während des Studiums absolvierte er verschiedene Industriepraktika, unter anderem bei Stiebel Eltron in Holzminden sowie bei der Siemens AG in Hannover und Danvers, USA. Weitere praktische Erfahrungen sammelte er studiumsbegleitend bei einer selbständigen Tätigkeit mit Montage und Vertrieb von Haushaltselektronik sowie im Rahmen der Diplomarbeit bei einem Paderborner Ingenieurbüro. Das Studium beendete er 1996 erfolgreich mit dem Abschluss Diplomingenieur.
Anschließend war Stefan Förste kurzzeitig freiberuflich bei der ABB Schaltanlagentechnik GmbH tätig und dort mit der Entwicklung einer Benutzerschnittstelle beauftragt.
Darauf folgte von 1997 bis 1999 eine Tätigkeit als wissenschaftlicher Mitarbeiter am Heinz Nixdorf Institut der Universität Paderborn. Hier war er am Lehrstuhl für Rechnerintegrierte Produktion als Berater in mehrere, zum Teil internationale Strategie- und Geschäftsplanungsprojekte mit renommierten Kunden aus der Elektro- bzw. Elektronikindustrie eingebunden. Daraus ergab sich schließlich die Verbindung zum Bereich Elektronics Assembly der Siemens AG, bei der Stefan Förste seit August 99 zunächst im Produktmanagement und anschließend im globalen Marketing tätig ist. Schwerpunkt seines Verantwortungsbereichs sind gegenwärtig Global Competitive Intelligence und die entsprech. Unterstützung bei der Strategieentwicklung. Berufsbegleitend absolvierte er ein zweijähriges Studium an der SIBE, das er im Juni 08 erfolgreich mit dem Titel Master of Business Administration (MBA) abschloss.

Betriebswirtin (VWA) Christine Golisch

Christine Golisch wurde am 30. Mai 1972 in Dortmund geboren. Nach dem Abitur im Jahr 1991 absolvierte sie die kaufmännische Stammhauslehre der Siemens AG verbunden mit einem dualen Studium an der Verwaltungs- und Wirtschaftsakademie Frankfurt zur Betriebswirtin (VWA).

Im Anschluss daran übernahm sie die kaufmännische Projekt- und Großkundenbetreuung einschließlich der vertragsbegleitenden Aufgaben im Bereich Privater Kommunikationssysteme der Siemens AG in Dortmund.

1997 sammelte sie im Rahmen eines einjährigen projektbezogenen Auslandseinsatzes in Südafrika internationale Projekterfahrung.

1998 war sie im internationalen Stammhausvertrieb im Bereich der Kommunikationsendgeräte in München für die Betreuung der Landesgesellschaften in Südeuropa und Lateinamerika verantwortlich.

1999 wechselte sie in die Siemens Berufsausbildung und übernahm die Leitung des Referates kaufmännische Bildung in München. Anschließend folgten Aufgaben im Kundenmarketing und die Leitung des Bewerbermarketings. Heute koordiniert sie unter anderem die Zusammenarbeit der Siemens Ausbildung mit der Steinbeis-Hochschule Berlin im Bereich der berufsbegleitenden Bachelor- und Masterstudiengänge.

Dipl.–Ingenieur Holger Griesenauer, MBA

Holger Griesenauer, geb. 1971. Studium des Maschinenbau mit Fachrichtung Produktionstechnik an der Universität Karlsruhe und der Ecole Nationale Supérieure d'Arts et Métiers (ENSAM) in Bordeaux und Paris. Abschluss als Diplom Ingenieur und Ingénieur ENSAM.

Einstieg ins Berufsleben 1999 mit dem 2-jährigen internationalen Trainee-Programm der Fa. Siemens. Jeweils 8-monatiger Einsatz als Logistiker am Standort Amberg (Deutschland), als Marketing Experte am Standort Toronto (Kanada) und als Fertigungsplaner am Standort Haguenau (Frankreich).

Von 2001 bis 2004 Logistiker am Standort Amberg. Leitung der Handelswarenlogistik und zweimonatiger Auslandseinsatz bei der Restrukturierung des Standorts Reynosa (Mexico).

Fertigungs- und Prüfplanung für Produktspektrum Positionsschalter und Projektleiter für Auslauf- und Verlagerungsprojekte (2004-2005).

Seit 2005 Leitung Fertigungs- und Prüfplanung für das Produktspektrum der Befehls- und Meldegeräte sowie Positionsschalter. Projektleiter für die Einführung der digitalen Planung im Gerätewerk Amberg. Berufsbegleitendes MBA-Studium an der Steinbeis-Hochschule Berlin (2006-2008).

Dipl.-Wirtschaftsingenieur Thomas Hagedorn, MBA

Thomas Hagedorn wurde im Februar 1969 in Münster (Nordrhein-Westfalen) geboren. Hier ging er zur Grundschule sowie zum Annette-von-Droste-Hülshoff-Gymnasium, das er im Jahr 1988 verließ, nachdem er die Prüfung zur Allgemeinen Hochschulreife bestanden hatte. Nach zwei Jahren Militärdienst schrieb er sich in die Wirtschaftsingenieurfakultät der Universität Paderborn ein. Mit bestandenem Vor-Diplom wechselte er 1992 an die Technische Universität Berlin, wo er sein Wirtschaftsingenieurwesenstudium fortsetzte. Im Jahr 1996 schloss er erfolgreich sein Studium an der Technischen Universität Berlin als Diplom-Wirtschaftsingenieur ab.

Kurz danach ging Thomas Hagedorn nach Japan, um für ein Jahr Japanisch an der Kansai Kokusai Gakuin Sprachschule in Osaka zu studieren. Für dieses Studium erhielt er ein Stipendium vom Deutschen Akademischen Austauschdienst (DAAD).

Im Jahr 1997 begann er bei Hitachi Ltd. in Hitachi-city, Japan, als Ingenieur in der Anlagenbaugruppe, wo er verantwortlich war für die Planung und Beschaffung von Hauptkomponenten für internationale und inländische (japanische) Kraftwerksprojekte.

2002 kehrte er nach Deutschland zurück, nachdem ihm eine Position bei der Siemens AG in der Energy Sector Niederlassung in Offenbach angeboten worden war. Hier war er Ingenieur für die Rohrleitungssysteme im GuD-Kraftwerken. Zu Beginn des Jahres 2005 wechselte er nach Erlangen, um eine Stellung als Vertriebsingenieur anzunehmen. Aufgrund einer Reorganisation wechselte er 2007 zurück nach Offenbach. Seitdem ist er Vertriebsleiter für Kraftwerke für die Vertriebsregionen Japan, Korea und China.

Dipl.-Kaufmann Claus-Peter Hammer

Claus-Peter Hammer wurde am 06. November 1954 in Worms/Rhein geboren.
Nach dem Abitur 1974 trat er als Zeitsoldat (12 Jahre) in die Bundeswehr ein.

Von Oktober 1975 bis November 1978 absolvierte er das Studium der Wirtschafts- und Organisationswissenschaften (Schwerpunkte: Personal, Betriebspsychologie und Arbeitswissenschaften) an der Universität der Bundeswehr in München.

Seit 1986 ist er bei der Siemens AG in verschiedenen Funktionen der Kaufmännischen Bildung tätig.
Zur Zeit ist er Referent für Kaufmännischen Bildung mit den Aufgaben: Strategische Bildungspolitik, Hochschulkontakte zum Aufbau von dualen Studiengängen, Aufbau der beruflichen Fortbildung bei Siemens-Landesgesellschaften, Aus- und Fortbildung in kaufmännischen Berufen sowie Gestaltung von berufsbegleitenden Studiengängen.

Herr Hammer hat mehrere Lehraufträge an deutschen Hochschulen und wirkt in mehreren Gremien von Verbänden und IHK`n mit.

Dipl.-Ingenieur (FH) Dirk Klein, MBA

Im Jahre 2001 trat der Autor in die damalige Siemens VDO Automotive AG ein und erweiterte am Standort Bebra/Mühlhausen im Bereich der Arbeitsvorbereitung seine Kenntnisse und Erfahrungen.

Die Verantwortung umfasste als Gruppenleiter für Kalkulation und Anlaufplanung die Produktneueinführung und Serienbetreuung der zwei Produktbereiche der „Chassis & Safety" Produkte und der Kraftstoffpumpen.

Seit 2005 zeichnet der Autor verantwortlich für den Fertigungsbereich der Division „Chassis & Safety" am Standort Bebra/Mühlhausen. Weiterführend trägt er die Verantwortung für die Serieneinführung neuer Antriebskonzepte für elektrische Lenkungs- und elektrische Bremsenanwendungen.

Dipl.-Wirtschaftsingenieur Thomas Krause, MBA

Thomas Krause, Jahrgang 1967, studierte Wirtschaftsingenieurwesen mit der Fachrichtung Maschinenwesen an der TU Berlin. Das Studium schloss er mit den Schwerpunktfächern Energie- und Rohstoffwesen, Umwelttechnik, Systemtechnik, Investition, Finanzierung und Controlling im Jahr 1992 als Dipl. Wirtsch.-Ing. ab.

Nach seinem Studium arbeitete er im Siemens Energy Sector als Projektleiter in der Organisation und Informationsverarbeitung des Gasturbinenwerkes Berlin. Dort unterstützte er die Einführung von SAP für die Serviceabwicklung und Service-Stammdatenhaltung im Jahr 1997.

Von 1998 bis 2000 arbeitete er als SAP Projekt Integration Manager für die Integration des Gasturbinengeschäfts in das fossile Geschäft des Siemens Energy Sector. Nach Fertigstellung des Integrationsdesigns wechselte er als Gruppenleiter in die Dokumentationsabteilung des Gasturbinen Order Management.

2002 übernahm er als Vertreter der Fertigung die Restrukturierung des PTC Windchill Projektes, um das definierte Produktdatenmodell in SAP zu realisieren. Nach Abschluss der Designphase in 2003 übernahm er in 2004 als Business Team Lead die Verantwortung für die Restrukturierung des Product Change Management Projektes. Das Projekt wurde in 2006 für mehr als 8.000 Anwender innerhalb des Siemens Energy Sectors eingeführt. Seit 2007 arbeitet er als Business Process & Team Manager, um die Harmonisierung von SAP-Systemen innerhalb der Products Business Unit des Siemens Energy Sector voranzutreiben.

Von 2006 bis 2008 erstellte er im Rahmen seines berufsbegleitenden Studiums zum Siemens General MBA ein Konzept zur Einführung eines „3D Collaboration Product Design and Manufacturing Process“ für Gasturbinen.

Dipl.-Ingenieur Volker Kuhne, MBA

Volker Kuhne wurde 1969 in Magdeburg geboren, ist verheirate und hat 2 Kinder. An der „Otto-von-Guericke-Universität“ in Magdeburg absolvierte Herr Kuhne von 1990 bis 1995 ein Studium der Elektrotechnik mit der Vertiefungsrichtung Automatisierungstechnik. 1994 studierte Herr Kuhne für ein Semester an der Virginia Polytechnic Institute and State University, um seine Kenntnisse im Bereich der künstlichen Intelligenz zu vertiefen.

Im Jahre 2008 schloss Herr Kuhne ein MBA Studium mit dem Schwerpunkt General Growth Management ab. Im Rahmen dieses Studiums beschäftigte sich Herr Kuhne mit der weltweiten Einführung eines Softwarestandards zur Steuerung von Gepäckförderanlagen.

1996 nahm Herr Kuhne eine Tätigkeit als Softwareentwickler bei der Swisslog AG in Wiesbaden auf. In den darauffolgenden Jahren übernahm Herr Kuhne mehr und mehr Projektverantwortung. Unter anderem realisierte er Projekte im Bereich der Automobileindustrie (BMW) und Lagerlogistik (Fuji und Spedition Roll).

Mit Beginn des Jahres 2000 wechselte Herr Kuhne zur Siemens AG. Dort begann er im Bereich der Airportlogistik als Projektleiter für den Terminal 2 des Flughafens in München zu arbeiten. Im Anschluss übernahm er Ende 2000 die IT Projektleitung für den Bau einer Gepäckförderanlage am Flughafen Madrid-Barajas. Herr Kuhne arbeitete und lebte in Madrid für 2 Jahren und erlernte während dieser Zeit die spanische Sprache.

Nach erfolgreicher Beendigung des Flughafenprojektes Madrid-Barajas ging Herr Kuhne im Jahre 2006 mit seiner Familie nach Peking, um dort die IT Projektleitung des Gepäckförderanlagenneubaus im Terminal 3 zu übernehmen.

Anfang 2008 wurde der Flughafen Terminal 3 in Peking mit großem Erfolg und entsprechend des Zeitplans eröffnet. Herr Kuhne ist seitdem der Betriebsleiter der Gepäckförderanlage mit 220 Mitarbeitern.

Dipl.-Ingenieur (FH) Juan-M. López-Vecino, MBA

Juan-Manuel López-Vecino wurde am 23. August 1965 in Hamburg geboren. Er legte seinen Fachhochschuleabschluss 1987 an der Gewerbeschule in Hamburg-Altona ab.

Vor sein Studium hat er eine Ausbildung zum Radio und Fernsehtechniker erfolgreich absolviert. Danach hat er über den zweiten Bildungsweg den Realschul- und Fachhochschulabschluss absolviert.

Sein Studium zum Diplom Ingenieur der Elektrotechnik mit Schwerpunkt Automatisierungstechnik (AT) hat er an der Fachhochschule in Flensburg absolviert. Während seinem Praktikum sammelte er erste Erfahrungen mit der Siemens Technik.

Danach arbeitete er in der Soft- und Hardwareentwicklung, führte aber auch die Inbetriebnahmen durch. Später wechselte er zur Siemens AG und arbeitete als Inbetriebsetzungs- und Baustellenleiter, in weltweiten Entwicklungsprojekten. Unter seiner Leitung konnten Projekte in Spanien, England, Tschechien, Argentinien und Dänemark sehr erfolgreich abgeschlossen werden. Seit dieser Zeit ist er auch als interner QS-Auditor gefragt und legte die Projektleiterprüfung für C-Projekte ab.

Seit zwei Jahren ist er als Änderungsmanager im Projekt Litauen tätig, hier hat er erfolgreich ein funktionierendes Änderungswesen aufgebaut, welches seither als Referenz für nachfolgende Projekte verwendet wird. Seit Mai 2008 ist er Fachvorgesetzter aller Änderungsmanager des Lokomotivbaus. Parallel zu seinen Aufgabe hat er an der Steinbeis-Hochschule Berlin, im Juni 2008, seinen Titel Master of Business Administration (MBA) erworben.

Dipl.-Betriebswirt Torsten Merke, MBA

Torsten Merke wurde am 18. März 1968 in Berlin geboren. Er legte sein Abitur 1987 am Oberstufenzentrum für Elektrotechnik in Berlin ab.

Erste Unternehmenserfahrungen sammelte Herr Merke bereits während seines ersten Studiums zum Diplom Betriebswirt, welches mit einem Stipendium und zahlreichen Praktika bei der Nixdorf Computer AG in München und Paderborn verbunden war.

Nach diesen im Schwerpunkt technischen Berufserfahrungen entwickelte Herr Merke über ein Engagement bei Andersen Consulting in den USA und den Aufgaben als Abteilungs- und Niederlassungsleiter in mittelständischen Unternehmen der Dienstleistungsbranche in Deutschland eine breite unternehmerische Führungserfahrung.

Berufsbegleitend legte Herr Merke die Ausbildereignungsprüfung vor der IHK ab und absolvierte ein Studium zum Diplom Personalleiter am Schweizer Institut für Betriebsökonomie.

Im Jahr 1998 trat Herr Merke in den Siemens Konzern ein, wo er sich über verschiedene beratende und vertriebliche Aufgabenstellung aus der Informations-, Kommunikations-, Elektro- und Gebäudetechnik zum Abteilungsleiter für den Geschäftsbereich Building Technolgies in Berlin und Brandenburg entwickelte.

Parallel dazu begann Herr Merke ein Aufbaustudium an der SIBE der Steinbeis-Hochschule, das er 2008 mit dem Titel Master of Business Administration (MBA) abschloss.

Dipl.-Betriebswirtin (FH) Judit Richwien, MBA

Judit Richwien wurde am 28. November 1977 in Nürnberg geboren. Nach dem Abitur im Jahr 1997 absolvierte sie die kaufmännische Stammhauslehre der Siemens AG für Abiturienten.

Im Anschluss daran übernahm sie von 1999 bis 2001 die kaufmännische Projektbetreuung einschließlich der vertragsbegleitenden Aufgaben für informationstechnologische Industrielösungen der Siemens AG in Erlangen.

Von 2001 bis 2004 konnte sie zahlreiche internationale Erfahrungen als Controllerin für Überseeregionen für die Länder China, Taiwan, Indien, Argentinien, Mexiko und Iran im Siemens Bereich Automation & Drives sammeln. Parallel dazu absolvierte sie berufsbegleitend ein Studium der Betriebswirtschaft an der Hochschule Lahr (AKAD), das sie 2004 erfolgreich als Diplom Betriebswirtin abschloss. Im Rahmen ihrer Diplomarbeit implementierte sie die Balanced Scorecard bei Siemens Factory Automation Engineering Ltd. in China.

2005 übernahm sie das zentrale Controlling für Siemens Automation & Drives in der Regionalgesellschaft Italien in Mailand. An die Tätigkeit im Ausland schloss sich ihre momentane Tätigkeit als Performance Analystin für den Sektor Healthcare der Siemens AG an. Berufsbegleitend absolvierte sie ein postgraduales MBA-Programm an der SIBE der Steinbeis-Hochschule Berlin, das sie im Juni 2008 erfolgreich abschloss.

Dipl.-Ingenieur Ulrich Rüth, MBA

Ulrich Rüth wurde am 9.12.1972 in Regensburg geboren. Er legte sein Abitur 1992 am Karlsgymnasium in Bad Reichenhall ab. 1993 bis 1999 folgte das Studium des Maschinenbaus an der Universität Karlsruhe (TH). Erste Auslandserfahrung sammelte er während eines Studienjahres an der Ecole Nationale Supérieure d'Arts et Métiers (ENSAM) in Aix en Provence/Frankreich. Bei einem halbjähr. Praktikum und anschließender Diplomarbeit lernte er bei ABB Kraftwerke AG (Schweiz und Heidelberg) die Kraftwerksbranche kennen.

Während seiner ersten Berufsjahre bei Alstom Power (Schweiz) leitete Ulrich Rüth mehrere Entwicklungsprojekte im Bereich der webbasierten thermodynamischen Kraftwerkssimulation/automatisierten Angebotsunterstützung. Er bildete die Schnittstelle zwischen Produkt- und externer Softwareentwicklung und dem Vertrieb. Als Gruppenleiter verantwortete er die Kette von der thermodynamischen, mechanischen Auslegung von Dampfturbinen bis zur Generierung von 3D-CAD-Modellen.

Nach seinem Wechsel zu Siemens Energy nach Mülheim an der Ruhr im Okt. 2004 war Ulrich Rüth zunächst als Produktmanager für die Koordination von Markt, Kunde und Entwicklung einer Dampfturbinenbaureihe verantwortlich. Das im Sommer 2006 begonnene berufsbegleitende MBA-Studium vermittelte ihm die passenden Werkzeuge, um als Assistent des Geschäftszweigleiters zusammen mit Vertrieb, Engineering, Einkauf, Produktion und Abwicklung eine Strategie für das internationale Dampfturbinengeschäft zu entwickeln. Seit Juni 2007 arbeitet er bei Siemens Energy in Erlangen maßgeblich mit an der Markteinführung von CO2-armen Kohlevergasungskraftwerken. Neben seiner Qualifikation zum Sun Certified Java Programmer (2000) ist er seit 2007 zertifizierter SixSigma Green Belt.

Sein berufsbegleitendes MBA-Studium an der SIBE schloss Ulrich Rüth im Juni 2008 erfolgreich ab.

Dipl.-Ingenieur Michael Schmelz, MBA

Michael Schmelz wurde am 31. Juli 1970 in Frankfurt/Main geboren. Er ist in Kelkheim/Taunus aufgewachsen und hat dort seine gesamte Schulzeit verbracht. Sein berufliches Ziel nach der Schulzeit war die Entwicklung von elektrischen Hochgeschwindigkeitszügen und Hochleistungslokomotiven. Er studierte Elektrotechnik an der Universität Karlsruhe mit den Schwerpunkten Elektrische Antriebssysteme und Leistungselektronik. Die Theorie wurde durch Praktika bei Bahnunternehmen und in der elektrotechnischen Industrie in Deutschland, Frankreich und Großbritannien ergänzt. Das Studium schloss er 1997 nach neun Semestern mit dem Titel Diplom-Ingenieur (Elektrotechnik) ab.

Seine berufliche Laufbahn startete im gleichen Jahr bei der Siemens AG in Erlangen als Projektierungsingenieur für Antriebssysteme von Straßenbahnen.

Da die meisten seiner Projekte in Nordamerika lagen, übersiedelte er nach Sacramento, CA (USA), wo eines der Siemens Transportation Systems-Werke liegt. Von 2001 bis 2005 arbeitete er zuerst als Field Services Manager und danach als Leiter der Commissioning & Test Departments. In dieser Funktion hatte er die operative und finanzielle Verantwortung für drei Abteilungen mit circa fünfundfünfzig Mitarbeitern an zwölf Standorten.

In 2005 wurde er vom Project Management Institute (PMI®) als „Project Management Professional" (PMP®) zertifiziert. Er kehrte im gleichen Jahr auf eigenen Wunsch nach Deutschland zurück und arbeitet seitdem im Bereich Oil & Gas and Industrial Applications der Siemens AG in Erlangen.

Parallel zum hier beschriebenen Projekt ist der Autor Projektleiter für zwei elektrische 24MW Pipeline-Verdichter-Antriebe. Diese werden in einer schottischen Erdgasterminal-Station 2010 in kommerziellen Betrieb gehen. Andere Aufgabengebiete in der Abteilung umfassen die Standardisierung der Projektabwicklung und die Einführung neuer Technologien.

Dipl.-Theol. Annette Schulten

Annette Schulten, geb. 1967, studierte evangelische Theologie in Wuppertal, Münster und Heidelberg.

Nach einer Zusatzqualifikation in Personal- und Organisationsentwicklung und Tätigkeiten in der Personalentwicklung namhafter internationaler Unternehmen begann sie ihre Arbeit als Projektleiterin für internationale Qualifizierungsprojekte bei der Steinbeis-Stiftung für Wirtschaftsförderung.

Von dort wechselte sie im Jahr 2000 zum Transfer-Institut Business Administration and International Entrepreneurship, - heute SIBE - , der Steinbeis-Hochschule Berlin und baute den Studiengang „InternationalMBA Globalisation Management" auf. Neben der Leitung dieses Studiengangs ist sie für den internationalen Ausbau der Studienprogramme des Institutes verantwortlich.

Seit 2005 ist sie Direktorin des Transfer-Institutes „International Studies" an der Steinbeis-Hochschule Berlin.

Bisher veröffentlichte sie verschiedene Studien über internationalen Geschäftsaufbau.

Ingénieur d'état Mohamed Sidi-Yacoub, MBA

Ingénieur d'état Mohamed Sidi-Yacoub, MBA Mohamed Sidi-Yacoub was born in Sidi-Ben-Adda, Algeria in 1968. He graduated from the national institute of electrical engineering (INELEC) in Boumerdes, one of the few renowned Algerian universities offering the complete curriculum in English language. In 1992 he was awarded the degree of Ingénieur d'état in electrical engineering with mention.

In 1994, he went to the distance university of Hagen Germany for further studies in electrical engineering. In parallel he was working for Dornier Aerospace as developer. After further training programs in software engineering he moved to the IT-industry. He worked as software engineer for four years for the company M&M Software GmbH. In 2001 he moved to the semiconductor industry by overtaking the leadership of the R&D team at SEZ-Germany GmbH for the development of the control software for 900 mm wafer processing wet bench. In 2003 he joined Siemens VDO Automotive AG as a project manager for the development of test systems and programming stations for production.

In 2006, Mr. Sidi-Yacoub decided to join the MBA-Program (General Management) of Steinbeis alongside work with the aim of overtaking more responsibilities on an international environment.

Today Mr. Sidi-Yacoub is working as a product manager in the aftermarket. His responsibility is looking after the fleet management software products including the coordination between Indian IT-suppliers and the sales organization throughout Europe.

Dipl.-Betriebswirt (VWA) Markus Tusch, MBA

Markus Tusch wurde am 07. April 1978 in Bad Pyrmont geboren.

Im Jahr 1998 trat Herr Tusch in den Siemens Konzern ein. Er absolvierte eine Ausbildung zum Industriekaufmann und ein Studium zum Dipl.-Betriebswirt (VWA) und Bachelor in commercial economics („Doppeldiplom").

Herr Tusch entwickelte sich über verschiedene Aufgabenstellung in Vertrieb, Rechnungswesen und Controlling zum kfm. Abteilungsleiter für den Branchenvertrieb Automotive (Projektgeschäft) und kfm. Leitung Gst. Heilbronn (Produkt- und Systemgeschäft). Parallel dazu begann er ein Aufbaustudium an der SIBE der Steinbeis-Hochschule Berlin, das er 2008 mit dem Titel Master of Business Administration (MBA) abschloss.

Dipl.-Ingenieur (FH) Michael Werner, MBA

Michael Werner wurde am 16. September 1969 in Augsburg geboren. Sein Fachabitur legte er an der Staatlichen Fachoberschule in Augsburg ab.

Zahlreiche nationale und internationale Erfahrung sammelte er während seines Elektrotechnikstudiums mit dem Schwerpunkt Nachrichtentechnik, an der Fachhochschule Augsburg von 1988 bis 1993. Unter anderem betreute er im Rahmen eines Praxissemesters bei der Dornier GmbH in Friedrichshafen ein europäisches Entwicklungsprojekt für Abstandswarnradar in der Automobilelektronik. Von 1991 bis 1992 absolvierte er als Stipendiat des DAAD ein Auslandsstudium an der University of Missouri, Kansas City, USA.

An das Studium schloss sich eine Tätigkeit als Systembetreuer und Projektsachbearbeiter bei Landis & Gyr GmbH an. Darauf folgte die Tätigkeit als Entwicklungsingenieur bei TEMIC Telefunken Mikroelektronik GmbH mit sehr starker Ausrichtung auf europäische Entwicklungsprojekte. Seine momentane Tätigkeit bei der Siemens Building Technologies GmbH & Co. oHG beinhaltet die Vertriebsverantwortung für Energiespar-Contracting im Raum Südbayern. Nach unterschiedlichen Tätigkeiten und Fusionen mit Landis & Gyr GmbH und Landis & Staefa GmbH, wechselte er 2004 von der Tätigkeit Performance Controller für Energiespar-Projekte und Systembetreuer in den Vertrieb, den er seither mit großem Erfolg betreibt.

2006 begann er parallel zu seiner Tätigkeit ein Aufbaustudium an der SIBE der Steinbeis-Hochschule Berlin, das er 2008 erfolgreich mit dem Titel Master of Business Administration (MBA) abschloss.

Dipl.-Ingenieur (FH) Rupert Westner, MBA

Rupert Westner wurde am 6. Oktober 1967 in Stuttgart/ Baden-Württemberg geboren. Seinen Fachhochschulabschluss legte er 1994 an der Fachhochschule in Esslingen ab.

Vor seinem Studium eine Ausbildung als Elektroinstallateur absolviert. Später holte er auf dem zweiten Bildungsweg seinen Fachhochschulreife nach. Das Fachhochschul-Studium der Elektrischen Energietechnik beendete er 1994 in Esslingen.

Erste Erfahrungen in der Projektleitung sammelte er bei der Staatlichen Hochbauverwaltung in Stuttgart. Um sein Wissen weiter zu geben, arbeitete als Dozent für Mathematik und Physik an der Katholischen Universität in Santo Domingo (Dominikanische Republik).

Nach seinen Erfahrungen in Santos Domingo machte er sich auf dem Gebiet der Automatisierungstechnik selbständig. Er arbeitete für Siemens in China und zahlreichen anderen Ländern. Seit 1999 arbeitet er für die Siemens AG in Automatisierungsprojekten als Systemintegrator, Innovations-, Änderungsmanager, Inbetriebsetzungsleiter, Projektleiter in kleineren Projekten und als Produktmanager für Industrieprodukte und leitete Abnahmen mit staatlichen Güteprüfern. Er erstellt Konzepte, Machbarkeitsstudien für den Schiffbau. Er hat Erfahrungen in der Automatisierung von Mining Projekten, chemischen Anlagen, im Automobilbau, in der Stahlverarbeitung und Papierfabriken. Besondere Erfahrungen hat er in nahezu allen Kommunikationsbussystemen der Automatisierungstechnik und in sicherheitskritischen Anlagen.

Parallel zu seiner Arbeit bei Siemens absolvierte er ein Aufbaustudium an der Steinbeis-Hochschule Berlin. Dieses schloß er Juni 2008 mit dem Master of Business Administration (MBA) ab.

Dipl.-Ingenieur (FH) Torsten Winterwerber, MBA

Torsten Winterwerber, Jahrgang 1969, studierte an der Fachhochschule Koblenz Maschinenbau. Nach dem Studium folge eine 2 jährige Beschäftigung als Projektmanager bei der Klöckner Moeller GmbH in Bonn. Sein Tätigkeitsschwerpunkt war die Planung einer Fertigung in China. Anschließend war Herr Winterwerber 2 Jahre in China als Vice General Manager für den Aufbau eines Joint Ventures verantwortlich.

Zurück in Deutschland begann er als Technischer Leiter bei der Faudi Filtersysteme GmbH. Nach kurzer Zeit wurde Torsten Winterwerber zum Geschäftsführer der Atlantik GmbH, eine Tochter der Faudi, berufen.

Im März 2005 wechselte er zur Siemens VDO Automotive AG als Leiter Production Engineering. Seit Oktober 2007 ist Torsten Winterwerber als Head of Manufacturing bei der Continental AG tätig. Hier verantwortet er die Endmontage und die Arbeitsvorbereitung eines der größten Werke.

Berufsbegleitend absolvierte er dazu ein MBA-Programm, mit dem Schwerpunkt Growth Management an der SIBE der Steinbeis-Hochschule Berlin, das er im Juni 2008 erfolgreich beendete.

Siemens-MBA-Broschüre

2|3

MBA bei Siemens in Kooperation mit der Steinbeis-Hochschule Berlin

Sie haben bereits einen akademischen Abschluss und möchten innerhalb der Siemens AG Ihre Karrierechancen verbessern? Sie interessieren sich für Betriebswirtschaft und Management? Sie wollen Ihren Unternehmensbereich und sich selbst aktiv, kompetent und systematisch voranbringen? Der Aufbaustudiengang „Master of Business Administration" der privaten, staatlich anerkannten, wissenschaftlichen Steinbeis-Hochschule Berlin ist sowohl durch seine Praxis- und Projektorientierung als auch durch die innovative Blended Learning Konzeption mit einer Verknüpfung von Präsenzveranstaltungen mit E-Learning optimal auf die Bedürfnisse von Berufstätigen abgestimmt. Dieses zweijährige, berufsbegleitende Studium bietet eine gute Gelegenheit, den internationalen und staatlich anerkannten Master-Abschluss neben der Berufstätigkeit zu erlangen.

Damit legen Sie den Grundstein für Ihre Management-Qualifizierung und können zukünftig Projekte und Aufgaben mit Hilfe neu erlernter Werkzeuge und Management-Know-how souverän meistern. Ein Gewinn für Sie – und die Siemens AG.

Dem Studiengang GeneralMBA Growth Management des Transfer-Instituts Business Administration and International Entrepreneurship der Steinbeis-Hochschule Berlin wurde am 7. Februar 2003 das Gütesiegel der FIBAA Foundation for International Business Administration Accreditation verliehen.

4 | 5

Kompetenz für Ihre Herausforderungen in der Zukunft

Das Master Studium der Steinbeis-Hochschule vermittelt Ihnen die Kompetenz zur Bewältigung zukünftiger Managementaufgaben. Darunter verstehen wir die Fähigkeit, Ihre Aufgaben als Führungskraft oder Projektmanager/in selbstorganisiert und mit professionellen Methoden zu lösen.

Managementwissen und Praxistransfer werden erst dann erfolgreich miteinander verknüpft, wenn eine reale Anwendung im Unternehmen erfolgt. Sie bearbeiten deshalb während Ihres Studiums ein konkretes Projekt mit hoher Relevanz für das Unternehmen.

Dieses Projekt wird in Abstimmung mit Ihrem Vorgesetzten und Ihnen vorab so definiert, dass der Nutzen für beide Seiten jederzeit gewährleistet ist.

Ein MBA-Abschluss ist zwar keine Garantie für einen schnelleren und höheren Karriereaufstieg. Sie entwickeln mit diesem Studium jedoch die notwendigen Voraussetzungen für eine zielgerichtete, persönliche Entwicklung. Dazu gehören Methoden und Instrumente des Managements sowie Schlüsselqualifikationen wie Kommunikationsfähigkeit, Teamgeist, Flexibilität und interkulturelle Kompetenz. Abgerundet wird dieser Entwicklungsprozess durch den interdisziplinären Erfahrungsaustausch mit Ihren Studienkollegen und Experten. Sie profitieren dabei von einem weltweiten Netzwerk.

Die Steinbeis-Hochschule Berlin – Campus für Qualität

STEINBEIS-HOCHSCHULE BERLIN

TRANSFER-INSTITUT BUSINESS ADMINISTRATION AND INTERNATIONAL ENTREPRENEURSHIP

Die Steinbeis-Hochschule Berlin GmbH ist eine private, wissenschaftliche Hochschule mit Promotionsrecht. Über 1.800 Studierende qualifizieren sich in projektbezogenen, berufsbegleitenden BBA-, MBA- und Promotionsstudiengängen.

Träger ist die Steinbeis-Stiftung für Wirtschaftsförderung des Landes Baden-Württemberg, ein weltweit tätiges Dienstleistungsunternehmen im Technologie- und Wissenstransfer. Über 4.000 Experten aller Fachbereiche, davon über 700 Professoren, setzen sich für Informationsvorsprung und Wettbewerbsfähigkeit ein – flexibel, professionell und unbürokratisch.

In diesem Kooperationsprojekt mit der Steinbeis-Hochschule Berlin (SHB) wird die Managementkompetenz der Studierenden mit den seit Jahren in der Siemens AG bewährten Methoden des Blended Learning entwickelt. Darunter verstehen wir ein Lernarrangement aus der zielgruppengerechten Verknüpfung von Präsenzveranstaltungen, selbstorganisierten Lernphasen mit E-Learning und Wissensmanagement.

6 | 7

Struktur des Programms

Dieses Projekt-Kompetenz-Studium wird durch die Beziehungen zwischen Ihnen als MBA-Studierendem, der Siemens AG und der Steinbeis-Hochschule geprägt. Über Ihr studienbegleitendes Praxisprojekt werden Theorie und Praxis optimal miteinander verzahnt.

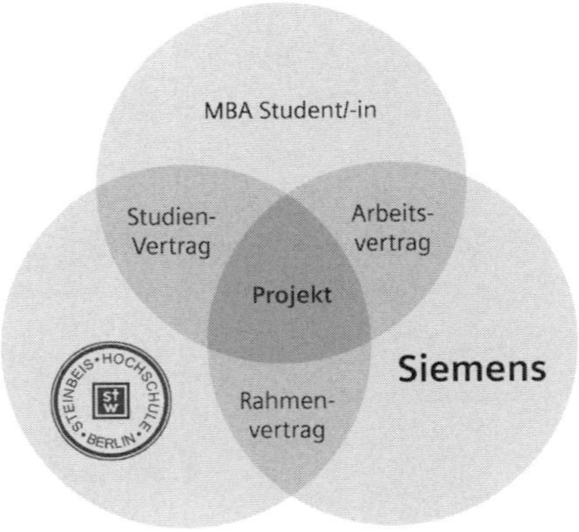

Ziele des Programms

Kompetente Mitarbeiter und Führungskräfte sind der entscheidende Erfolgsfaktor für die Generierung von Wachstum und für die Nutzung von Globalisierungschancen. Sie werden deshalb durch die intelligente Kombination von betriebswirtschaftlichem Management-Studium und anspruchsvoller Praxisarbeit zu umsetzungsstarken Managern entwickelt.

Sie schulen dabei Ihre Fähigkeit zur selbstorganisierten Lösung von Managementproblemen bis hin zum erfolgreichen Transfer Ihres Managementwissens in Ihr Praxisprojekt.

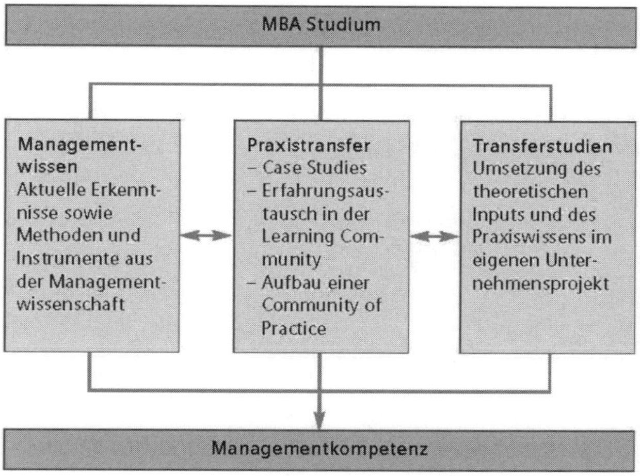

Inhalte des Programms

Im Mittelpunkt der Ausbildung stehen die zentralen Handlungsfelder des General Management.

Die Studienzeit beinhaltet:
60 Tage Präsenzseminar,
11 Tage Gruppenarbeiten,
19 Tage Blended Learning

Die Studierenden werden in zwei Kompetenzbereichen entwickelt:

- Durch die Vermittlung von Soft Skills werden Führungspotentiale systematisch ausgebaut,
- in den Fachseminaren werden sowohl fachlich als auch methodisch die zentralen Managementkompetenzen aufgebaut

Studienbegleitend fertigen die Teilnehmer des MBA-Programms insgesamt 10 Transferarbeiten sowie 5 Projektstudienarbeiten an. Hierbei werden in schriftlichen Ausarbeitungen die in den Seminaren vermittelten Inhalte in das Projekt transferiert und jeweils auch vor Vertretern des Siemens-Managements präsentiert. Benotet wird in erster Linie die praktische Umsetzung. Die Projektarbeit mündet in der Master Thesis, in der diese komplexe Problemstellung systematisch aufgearbeit wird. Sie werden dabei von Experten der Steinbeis-Hochschule sowie durch einen Betreuer aus dem Unternehmen begleitet.

Projektbeispiele

Das MBA-Studium soll sich sowohl für die Studierenden als auch für Siemens lohnen. Deshalb werden die Themen in Abstimmung mit der jeweiligen Führungskraft ausgewählt.

Folgende (verkürzte) Beispiele können als Anregung für die Projektdefinition dienen:

- Innovationsmanagement – Weiterentwicklung und Durchführung eines systematischen Prozesses zur Identifizierung von Innovationen
- Optimierung der Geschäftsprozesse im Unternehmensbereich XY
- Tools on Demand – strategisches Logistikkonzept
- Optimierung der Markteinführung neuer Produkte im Rahmen eines marktorientierten Innovationsmanagements
- Umsetzung einer IT-basierten Geschäftsprozessoptimierung im Rahmen der strategischen Entwicklung
- Seven Modules for Competitive Growth - Ein integriertes Modell zur Steigerung der Wettbewerbsfähigkeit durch organisches Wachstum in Nischenmärkten
- E-Commerce – Der Weg zum langfristigen Erfolg? Strategische Neupositionierung eines Geschäftsbereiches mit Hilfe eines E-Business Portals
- Modell, Prozess und Methoden zur Implementierung angepasster Standardsoftware im weltweiten Vertriebsnetz
- Evaluierung einer Projekt Scorecard im Projekt Management Information Factory (MIF) anhand des Balanced Scorecard Modells

Inhalte

Es gilt die jeweils gültige Studien- und Prüfungsordnung GeneralMBA Growth Management der Steinbeis-Hochschule Berlin

Das Projekt-Kompetenz-Studium

Studium	Projekt-Praxis
General Management	
• Grundlagen der Betriebs- und Volkswirtschaft • Praktische Unternehmensführung 1 (Marktorientierung, Marketing, Trends) • Praktische Unternehmensführung 2 (Strategie, Organisation, Personal) • Werkzeuge der praktischen Unternehmensführung (Fallstudienmethode und Anleitung zur Projektarbeit) • Transfer-Dokumentation und Report • Projektstudienarbeit 1	• Anwendung von Werkzeugen der Praktischen Unternehmensführung in der Praxis • Definition des Projektes • Erstellung der Projektstudienarbeit „Projektplan", Diskussion und Präsentation im Unternehmen
Innovations- und Projektmanagement	
• Innovationsmanagement 1 (Innovationstechniken) • Innovationsmanagement 2 (Management des Innovationsprozesses) • Projektmanagement • Transfer-Dokumentation und Report	• Transfer der Studieninhalte in die Praxis und auf das Projekt • Erstellung und Diskussion von drei Transferarbeiten
Informationsmanagement und Analyse	
• Informationsmanagement und Neue Medien • Wissens-Management und die Zukunft der Arbeitswelt • Marktanalyse • Transfer-Dokumentation und Report	• Transfer der Studieninhalte in die Praxis und auf das Projekt • Erstellung und Diskussion von drei Transferarbeiten

Strategiemanagement

- Strategie- und Changemanagement
- Qualitätsmanagement
- Wirtschafts- und Transfer-Dokumentation
- Strategieplan
- Wirtschafts- und Arbeitsrecht
- Transfer der Studieninhalte in die Praxis und auf das Projekt
- Erstellung der Projektstudienarbeit, Diskussion und Präsentation im Unternehmen

Marketing- und Vertriebsmanagement

- Marketingmanagement 1 (Marketing-Mix, Kommunikation)
- Marketingmanagement 2 (Service, Kundenbindung, Dialog-Marketing)
- Einsatz Neuer Medien (Internet) in Marketing und Vertrieb
- Transfer-Dokumentation und Report
- Marketing- und Vertriebsplan
- Transfer der Studieninhalte in die Praxis und auf das Projekt
- Erstellung der Projektstudienarbeit „Marketing und Vertriebsplan", Diskussion und Präsentation im Unternehmen

Finanzmanagement

- Finanzmanagement 1 (Accounting und Controlling, Financial and Managerial Controlling)
- Finanzmanagement 2 (Investition und Finanzierung, Corporate Finance)
- Transfer-Dokumentation und Report
- Finanzplan
- Transfer der Studieninhalte in die Praxis und auf das Projekt
- Erstellung der Projektstudienarbeit „Finanzplan", Diskussion und Präsentation im Unternehmen

Internationales Management und Auslands-Studie

- Internationales Management
- Emerging Markets – Strukturen und Marketing in Wachstumsmärkten
- Cross-Cultural Management
- Transfer-Dokumentation und Report
- Auslandsaufenthalt mit Studie
- Transfer der Studieninhalte in die Praxis und auf das Projekt
- Erstellung der Projektstudienarbeit „Globalisierungsplan", Diskussion und Präsentation an der Hochschule

Personale Entwicklung, Führung und Personalmanagement

- Führung und Persönlichkeit
- Persönlichkeitsbildung
- Rhetorik
- Personal- und Skill-Management
- Transfer-Dokumentation und Report
- Transfer der Studieninhalte in die Praxis und auf die personale Entwicklung
- Erstellung und Diskussion von vier Transferarbeiten

12 | 13

Blended Learning – das berufsbegleitende Lernkonzept mit Zukunft

Blended Learning ist ein Lernkonzept, in dem Präsenzseminare mit selbstorganisierten Lernphasen auf der Basis von internetbasierten Lernprogrammen (Web Based Training – WBT) und dem Wissensaustausch im Rahmen der Learning Community verknüpft werden.

Blended Learning Konzeption

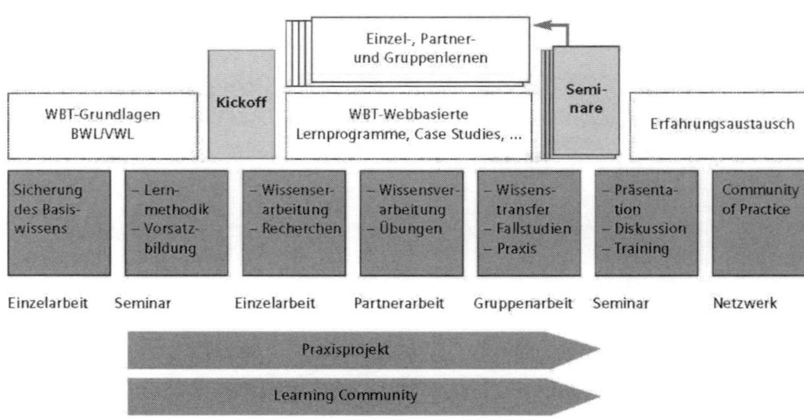

Elemente des Blended Learning

Dieses MBA-Studium ist als Blended Learning Programm gestaltet. Damit wird das berufsbegleitende Studium optimal gefördert.
Dieses internetgestützte Lernsystem verknüpft insgesamt 60 Seminartage und 11 Gruppenarbeitstage mit jeweils mehrwöchigen Phasen des selbstgesteuerten Lernens. Nachdem Sie sich das für ein Thema erforderliche Wissen mit Hilfe der WBT erarbeitet haben, lösen Sie gemeinsam in Ihren Lerngruppen komplexe Anwendungsaufgaben. In den Seminaren präsentieren und diskutieren Sie eigene Vorschläge, Analysen oder Prognosen und entwickeln Ihre fachliche, methodische, persönliche und soziale Kompetenz.

Die Web Based Trainings sind in englischer Sprache erstellt. Die Unterrichtssprache ist zum größten Teil Deutsch, teilweise Englisch.

Diese Entwicklungsprozesse sind durch folgende Elemente gekennzeichnet:
- In der Einführungswoche entwickeln Sie Ihre individuelle Lernmethodik und -planung, bilden Lernpartnerschaften und -gruppen und bauen Ihre persönliche und soziale Kompetenz mit Führungskräftetrainern aus
- In den selbstorganisierten Lernphasen erarbeiten Sie, begleitet von einem Fachtutor, mit den Web Based Trainings und Ihrem Lernpartner, das notwendige Wissen über Managementmodelle und -systeme
- Im Rahmen von Übungs- und Transferaufgaben verarbeiten Sie dieses Wissen praxisbezogen mit Lernpartnern oder in Gruppen
- In den Workshops präsentieren Sie praxisbezogene Lösungsansätze, bearbeiten mit den Dozenten komplexe Problemstellungen und trainieren Ihr Führungshandeln
- In der Praxis und in Projekten transferieren Sie Ihr Wissen in die Arbeitswelt, sammeln Erfahrungen, die Sie in der Learning Community austauschen und bauen damit einen gemeinsamen Wissenspool auf
- In der Projektwoche gegen Ende des Studiums sammeln Sie am Beispiel eines Wachstumsmarktes, z. B. Brasilien, China, Indien oder Russland, wertvolle Erfahrungen

Zulassungsvoraus-setzungen und Kosten

Zulassungsvoraussetzungen
- Abgeschlossenes Studium (an einer Universität, Fachhochschule, Berufsakademie (Staatl. Studienakademie) oder ein vergleichbarer Abschluss an einer ausländischen Hochschule)
- Gute Englischkenntnisse
- Vertrag mit Siemens als projektgebendem Unternehmen
- Erfolgreich durchlaufenes Aufnahmeverfahren der Steinbeis-Hochschule

Anmeldeunterlagen
1. Diplom-/Bachelor-Zeugnis
2. Zeugnis der allgem. Hochschulreife/ Fachhochschulreife/Mittleren Reife
3. Abschlusszeugnis der Berufsausbildung
4. Lebenslauf
5. Bewerbungsbogen von Siemens Professional Education (SPE)

Kosten

Studiengebühr	20.880 €
Bearbeitungs- und Verwaltungsgebühr	1.540 €
Betreuungspauschale SPE	1.920 €

Die Zahlungen erfolgen in vier Raten, beginnend mit der Zulassung.

Ihre Vorteile im Überblick

- Berufsbegleitendes Projekt-Kompetenz-Studium
- International und staatlich anerkanntes Hochschuldiplom
- Akkreditierung durch die FIBAA
- Optimiert als berufsbegleitendes Studium
- Optimale Anzahl von Präsenztagen – überwiegend am Wochenende
- Blended Learning – bedarfsgerechte Verknüpfung von Präsenzunterricht und Selbststudium
- Individuelle Betreuung während des gesamten Studiums
- 10 Tage im Ausland zur Förderung der internationalen Kompetenz